БИЛИНГВА BESTSELLER

Never Let Me Go

Kazuo Ishiguro

Не отпускай меня

Кадзуо Исигуро

Москва
2020

England, late 1990s

PART ONE

Chapter 1

My name is Kathy H. I'm thirty-one years old, and I've been a carer now for over eleven years. That sounds long enough, I know, but actually they want me to go on for another eight months, until the end of this year. That'll make it almost exactly twelve years. Now I know my being a carer so long isn't necessarily because they think I'm fantastic at what I do. There are some really good carers who've been told to stop after just two or three years. And I can think of one carer at least who went on for all of fourteen years despite being a complete waste of space. So I'm not trying to boast. But then I do know for a fact they've been pleased with my work, and by and large, I have too. My donors have always tended to do much better than expected. Their recovery times have been impressive, and hardly any of them have been classified as "agitated," even before fourth donation. Okay, maybe I am boasting now. But it means a lot to me, being able to do my work well, especially that bit about my donors staying "calm." I've developed a kind of instinct around donors. I know when to hang around and comfort them, when to leave them to themselves; when to listen to everything they have to say, and when just to shrug and tell them to snap out of it.

Посвящается Лорне и Наоми

Англия, конец 1990-х

ЧАСТЬ ПЕРВАЯ

Глава 1

Меня зовут Кэти Ш. Мне тридцать один, и я вот уже одиннадцать с лишним лет как помогаю донорам. Долго, конечно, но мне было сказано, чтобы я проработала еще восемь месяцев — до конца года. Получится почти двенадцать лет. Теперь я понимаю, что меня, может быть, совсем не потому держат столько времени, что считают мои успехи фантастическими. Бывали отличные помощники, которым приходилось поставить точку всего через два-три года. С другой стороны, я знала одного, у которого это длилось полных четырнадцать лет, хотя он был настоящее пустое место. Так что я не ради хвастовства говорю. Но все-таки я точно знаю, что они довольны моей работой, и я сама в целом тоже довольна. Состояние моих доноров чаще всего бывало гораздо лучше ожидаемого. Реабилитация шла быстро, и почти никому не писали «возбужден» — даже перед четвертой выемкой. Согласна, сейчас уже, наверное, хвастаюсь. Но это очень много для меня значит — ощущение, что я хорошо делаю свое дело, особенно ту его часть, что должна помочь донору оставаться в категории «спокойных». У меня развилось какое-то внутреннее чутье по отношению к ним. Я знаю, когда надо подбодрить, побыть рядом, когда лучше оставить одного; когда терпеливо выслушать, что он говорит, когда просто отмахнуться и сказать, чтобы переменил пластинку.

Anyway, I'm not making any big claims for myself. I know carers, working now, who are just as good and don't get half the credit. If you're one of them, I can understand how you might get resentful — about my bedsit, my car, above all, the way I get to pick and choose who I look after. And I'm a Hailsham student — which is enough by itself sometimes to get people's backs up. Kathy H., they say, she gets to pick and choose, and she always chooses her own kind: people from Hailsham, or one of the other privileged estates. No wonder she has a great record. I've heard it said enough, so I'm sure you've heard it plenty more, and maybe there's something in it. But I'm not the first to be allowed to pick and choose, and I doubt if I'll be the last. And anyway, I've done my share of looking after donors brought up in every kind of place. By the time I finish, remember, I'll have done twelve years of this, and it's only for the last six they've let me choose.

And why shouldn't they? Carers aren't machines. You try and do your best for every donor, but in the end, it wears you down. You don't have unlimited patience and energy. So when you get a chance to choose, of course, you choose your own kind. That's natural. There's no way I could have gone on for as long as I have if I'd stopped feeling for my donors every step of the way. And anyway, if I'd never started choosing, how would I ever have got close again to Ruth and Tommy after all those years?

But these days, of course, there are fewer and fewer donors left who I remember, and so in practice, I haven't been choosing that much. As I say, the work gets a lot harder when you don't have that deeper link with the

Так или иначе, я не считаю себя кем-то особенным. Я знаю помощников, они и сейчас работают и выполняют свои обязанности не хуже меня, но далеко не так ценятся. Можно понять, если кто-нибудь из них и завидует — моей однокомнатной квартире, моей машине, но в первую очередь тому, что мне позволяют самой решать, о ком я буду заботиться. Ко всему я еще и воспитанница Хейлшема — одного этого иногда хватает, чтобы на меня посмотрели косо. Эта Кэти Ш., говорят они, может выбирать кого захочет и выбирает только своих — воспитанников Хейлшема или какого-нибудь другого привилегированного заведения. Само собой, она на хорошем счету. Я наслушалась такого достаточно, а вы наверняка еще куда больше, и, может быть, своя правда тут имеется. С другой стороны, я не первая, у кого есть право выбора, и, думаю, не последняя. Как бы то ни было, разве я не отработала свое с донорами из всевозможных других мест? Не забывайте, что к тому времени, как я кончу, за плечами у меня будет двенадцать лет, и только последние шесть из них мне разрешают помогать кому сама захочу.

И правильно делают, по-моему. Помощники ведь не автоматы. С каждым донором стараешься изо всех сил, и под конец это может вымотать. Запас терпения и энергии истощается. Поэтому когда есть выбор, разумеется, выбираешь своих — это естественно. Разве я продержалась бы так долго без общности с донорами, без сочувствия к ним от начала до конца? И, безусловно, не могла бы выбирать — не сблизилась бы снова, спустя годы, с Томми и Рут.

Но чем дальше, тем, конечно, меньше и меньше остается доноров, которых я знаю по прошлым годам, так что на практике я пользуюсь своим правом не слишком уж часто. Как я уже сказала, дело идет ку-

donor, and though I'll miss being a carer, it feels just about right to be finishing at last come the end of the year.

Ruth, incidentally, was only the third or fourth donor I got to choose. She already had a carer assigned to her at the time, and I remember it taking a bit of nerve on my part. But in the end I managed it, and the instant I saw her again, at that recovery centre in Dover, all our differences — while they didn't exactly vanish — seemed not nearly as important as all the other things: like the fact that we'd grown up together at Hailsham, the fact that we knew and remembered things no one else did. It's ever since then, I suppose, I started seeking out for my donors people from the past, and whenever I could, people from Hailsham.

There have been times over the years when I've tried to leave Hailsham behind, when I've told myself I shouldn't look back so much. But then there came a point when I just stopped resisting. It had to do with this particular donor I had once, in my third year as a carer; it was his reaction when I mentioned I was from Hailsham. He'd just come through his third donation, it hadn't gone well, and he must have known he wasn't going to make it. He could hardly breathe, but he looked towards me and said: "Hailsham. I bet that was a beautiful place." Then the next morning, when I was making conversation to keep his mind off it all, and I asked where he'd grown up, he mentioned some place in Dorset and his face beneath the blotches went into a completely new kind of grimace. And I realised then how desperately he didn't want reminded. Instead, he wanted to hear about Hailsham.

да тяжелее, когда с донором нет хорошей внутренней связи, поэтому, хотя мне будет не хватать обязанностей помощницы, поставить точку в конце года будет, пожалуй, в самый раз.

Рут, между прочим, была только третьим или четвертым донором, которого мне разрешили выбрать. К ней уже была до этого приставлена помощница, и мне, помню, пришлось добиваться, чтобы Рут передали мне. Но в конце концов я это устроила, и едва я ее вновь увидела — в центре реабилитации в Дувре, — все, что нас разделяло, не то чтобы исчезло, но стало куда менее важным, чем другое — например, то, что мы вместе выросли в Хейлшеме, то, что мы знали и помнили такое, чего не знал и не помнил больше никто. Думаю, именно с тех пор я, чтобы выбрать донора и стать его помощницей, начала искать людей из моего прошлого, и прежде всего из Хейлшема.

Бывало за эти годы и так, что я пыталась оставить Хейлшем позади, говорила себе, что не надо все время оглядываться. Но потом всякий раз наступал момент, когда я переставала сопротивляться. К этому имеет отношение один донор, который был у меня на третьем году работы в качестве помощника. Точнее, его реакция, когда он узнал от меня, что я из Хейлшема. Он только что перенес третью выемку — перенес тяжело и, должно быть, знал, что не вытянет. Он едва дышал, но посмотрел на меня и сказал: «Хейлшем. Там, наверное, было замечательно». На следующее утро, когда я разговаривала с ним, чтобы его отвлечь, и спросила, где вырос он сам, он назвал какое-то место в Дорсете, и его лицо, покрытое пятнами, сложилось в какую-то совсем новую гримасу. Я поняла, как ему не хочется таких напоминаний. Вместо этого он хотел слышать о Хейлшеме.

So over the next five or six days, I told him whatever he wanted to know, and he'd lie there, all hooked up, a gentle smile breaking through. He'd ask me about the big things and the little things. About our guardians, about how we each had our own collection chests under our beds, the football, the rounders, the little path that took you all round the outside of the main house, round all its nooks and crannies, the duck pond, the food, the view from the Art Room over the fields on a foggy morning. Sometimes he'd make me say things over and over; things I'd told him only the day before, he'd ask about like I'd never told him. "Did you have a sports pavilion?" "Which guardian was your special favourite?" At first I thought this was just the drugs, but then I realised his mind was clear enough. What he wanted was not just to hear about Hailsham, but to remember Hailsham, just like it had been his own childhood. He knew he was close to completing and so that's what he was doing: getting me to describe things to him, so they'd really sink in, so that maybe during those sleepless nights, with the drugs and the pain and the exhaustion, the line would blur between what were my memories and what were his. That was when I first understood, really understood, just how lucky we'd been — Tommy, Ruth, me, all the rest of us.

Driving around the country now, I still see things that will remind me of Hailsham. I might pass the corner of a misty field, or see part of a large house in the distance as I come down the side of a valley, even a particular arrangement of poplar trees up on a hillside, and I'll think: "Maybe that's it! I've found it! This actually is Hailsham!" Then I see it's impossible and I go on driving, my thoughts drifting on elsewhere. In particular, there are those pavilions. I spot them all over the country, standing on the far side of playing fields, little

Так что я дней пять или шесть рассказывала ему все, о чем ему хотелось узнать, и у него на лице, хоть он и лежал весь скрюченный, проступала кроткая улыбка. Он расспрашивал обо всем — о большом и малом. Об опекунах, о личных сундучках для коллекций у каждого из нас под кроватью, о футболе, о раундерз, о тропинке, которая шла в обход главного корпуса и всех укромных мест, о пруде для домашних уток, о питании, о виде на поля туманным утром из окон комнаты творчества. Иногда он заставлял меня повторять снова и снова: об услышанном вчера спрашивал так, словно я ни разу еще про это не рассказывала. «А павильон у вас был?.. А кто был твой любимый опекун?» Вначале я объясняла это медикаментами, но потом поняла, что голова у него достаточно ясная. Он хотел не просто слушать про Хейлшем, но вспоминать его, точно свое собственное детство. Он знал, что близок к завершению, вот и требовал от меня, чтобы я все ему описывала, — хотел днем усвоить как следует, чтобы бессонной ночью среди всех этих изнурительных мук, когда обезболивающие не помогают, у него стиралась граница между моими и его воспоминаниями. Тогда-то я и поняла, по-настоящему поняла, как нам повезло — Томми, Рут, мне и всем остальным, кто с нами был.

То, что я встречаю на пути в своих разъездах, и теперь иногда напоминает мне Хейлшем. Скажем, поле, над которым стоит туман. Или, съезжая с холма, вижу вдалеке угол большого здания. Или даже просто взгляд падает на тополиную рощу на взгорке — и думаю: «Неужели здесь? Нашла! Ведь правда же — Хейлшем!» Потом соображаю — нет, ошибка, невозможно — и еду дальше, мысли переходят на другое. Павильоны — вот что чаще всего привлекает внимание, я повсюду их замечаю. У дальней стороны спор-

white prefab buildings with a row of windows unnaturally high up, tucked almost under the eaves. I think they built a whole lot like that in the fifties and sixties, which is probably when ours was put up. If I drive past one, I keep looking over to it for as long as possible, and one day I'll crash the car like that, but I keep doing it. Not long ago I was driving through an empty stretch of Worcestershire and saw one beside a cricket ground so like ours at Hailsham I actually turned the car and went back for a second look.

We loved our sports pavilion, maybe because it reminded us of those sweet little cottages people always had in picture books when we were young. I can remember us back in the Juniors, pleading with guardians to hold the next lesson in the pavilion instead of the usual room. Then by the time we were in Senior 2—when we were twelve, going on thirteen — the pavilion had become the place to hide out with your best friends when you wanted to get away from the rest of Hailsham.

The pavilion was big enough to take two separate groups without them bothering each other — in the summer, a third group could hang about out on the veranda. But ideally you and your friends wanted the place just to yourselves, so there was often jockeying and arguing. The guardians were always telling us to be civilised about it, but in practice, you needed to have some strong personalities in your group to stand a chance of getting the pavilion during a break or free period. I wasn't exactly the wilting type myself, but I suppose it was really because of Ruth we got in there as often as we did.

Usually we just spread ourselves around the chairs and benches — there'd be five of us, six if Jenny B. came along — and had a good gossip. There was a kind of conversation that could only happen when you were hidden

тивного поля — маленькое белое типовое строение, окошки в ряд необычно высоко, почти под самой крышей. Я думаю, таких очень много настроили в пятидесятые и шестидесятые — тогда же, вероятно, появился и наш. Когда попадается такой павильон, я смотрю на него и смотрю, пока можно, и однажды, наверное, дело кончится автокатастрофой — но все равно смотрю. Недавно дорога шла по пустынной местности в Вустершире, и у крикетного поля стоял павильон, который был так похож на наш, что я развернулась и проехала немного назад, чтобы посмотреть еще раз.

Мы любили наш павильон — может быть, потому, что он напоминал нам милые маленькие семейные коттеджи на картинках в детских книжках. Помню, в младших классах мы упрашивали опекунов провести очередной урок не там, где обычно, а в павильоне. А ко второму старшему — нам тогда было двенадцать, шел тринадцатый — павильон стал местом, где можно было уединиться с лучшими друзьями, когда хотелось побыть подальше от остальных.

В павильоне спокойно помещались две компании и не мешали друг другу, а летом на веранде могла расположиться и третья. Но в идеале тебе с друзьями или подружками хотелось занять весь павильон, и часто из-за этого начинались разные маневры и споры. Опекуны то и дело напоминали нам, что решать эти вопросы надо цивилизованно, но на практике, чтобы твоя компания получила павильон на перемену или на свободное время, в ее составе должны были быть сильные личности. Я сама была не робкого десятка, но думаю, что мы так часто занимали павильон благодаря Рут.

Обычно мы рассаживались на стульях и скамейках — нас было пятеро, а если подключалась Дженни Б., то шестеро — и давали волю языкам. Такие разговоры только там, в уединении, и могли проис-

away in the pavilion; we might discuss something that was worrying us, or we might end up screaming with laughter, or in a furious row. Mostly, it was a way to unwind for a while with your closest friends.

On the particular afternoon I'm now thinking of, we were standing up on stools and benches, crowding around the high windows. That gave us a clear view of the North Playing Field where about a dozen boys from our year and Senior 3 had gathered to play football. There was bright sunshine, but it must have been raining earlier that day because I can remember how the sun was glinting on the muddy surface of the grass.

Someone said we shouldn't be so obvious about watching, but we hardly moved back at all. Then Ruth said: "He doesn't suspect a thing. Look at him. He really doesn't suspect a thing."

When she said this, I looked at her and searched for signs of disapproval about what the boys were going to do to Tommy. But the next second Ruth gave a little laugh and said: "The idiot!"

And I realised that for Ruth and the others, whatever the boys chose to do was pretty remote from us; whether we approved or not didn't come into it. We were gathered around the windows at that moment not because we relished the prospect of seeing Tommy get humiliated yet again, but just because we'd heard about this latest plot and were vaguely curious to watch it unfold. In those days, I don't think what the boys did amongst themselves went much deeper than that. For Ruth, for the others, it was that detached, and the chances are that's how it was for me too.

Or maybe I'm remembering it wrong. Maybe even then, when I saw Tommy rushing about that field, undisguised delight on his face to be accepted back in the fold

ходить: мы делились всякими волнениями и заботами, задушевная беседа вполне могла кончиться взрывом хохота или яростной перепалкой. Прежде всего это был способ немного расслабиться, выпустить пар в дружеском обществе.

В тот день, который я сейчас вспоминаю, мы стояли на табуретках и скамейках и глядели в окошки под потолком. Оттуда хорошо было видно северное игровое поле, где собралось для игры в футбол десять-двенадцать мальчишек из второго старшего, как мы, и из третьего. Светило яркое солнце, но утром, наверное, прошел дождь: я помню, как на траве блестела грязь.

Кто-то из нас заметил, что не стоило бы таращиться так явно, но ни одна голова от окон не отодвинулась. Потом Рут сказала: «Он ничего не подозревает. Надо же — совсем ничего».

Услышав это, я бросила на нее взгляд — хотела увидеть, нет ли на ее лице следа неодобрения по поводу того, как ребята собираются поступить с Томми. Но секунду спустя Рут усмехнулась и сказала: «Идиот!»

И я поняла, что в глазах Рут и всей нашей компании замыслы мальчиков были чем-то довольно далеким от нас, одобрять или нет — такого вопроса не возникало. Мы не потому собрались у окон, что хотели порадоваться новому унижению Томми, а просто потому, что слыхали про сегодняшнюю затею и нам было немного любопытно, что из всего этого выйдет. Не думаю, что в то время мальчишеские дела занимали нас сильнее. Для Рут и девочек это были вещи, в общем, чужие, и для меня, скорее всего, тоже.

Или, может быть, я ошибаюсь. Может быть, уже тогда при виде Томми, который носился по полю, давая волю радости из-за того, что его опять берут

again, about to play the game at which he so excelled, maybe I did feel a little stab of pain. What I do remember is that I noticed Tommy was wearing the light blue polo shirt he'd got in the Sales the previous month — the one he was so proud of. I remember thinking: "He's really stupid, playing football in that. It'll get ruined, then how's he going to feel?" Out loud, I said, to no one in particular: "Tommy's got his shirt on. His favourite polo shirt."

I don't think anyone heard me, because they were all laughing at Laura — the big clown in our group— mimicking one after the other the expressions that appeared on Tommy's face as he ran, waved, called, tackled. The other boys were all moving around the field in that deliberately languorous way they have when they're warming up, but Tommy, in his excitement, seemed already to be going full pelt. I said, louder this time: "He's going to be so sick if he ruins that shirt." This time Ruth heard me, but she must have thought I'd meant it as some kind of joke, because she laughed half-heartedly, then made some quip of her own.

Then the boys had stopped kicking the ball about, and were standing in a pack in the mud, their chests gently rising and falling as they waited for the team picking to start. The two captains who emerged were from Senior 3, though everyone knew Tommy was a better player than any of that year. They tossed for first pick, then the one who'd won stared at the group.

"Look at him," someone behind me said. "He's completely convinced he's going to be first pick. Just look at him!"

There was something comical about Tommy at that moment, something that made you think, well, yes, if he's going to be that daft, he deserves what's coming.

в игру, что он опять покажет свой высокий класс, я почувствовала легкий укол боли. Точно помню, я заметила, что на Томми голубая тенниска, которую он приобрел в прошлом месяце на распродаже и которой очень гордился. Помню, подумала: «Он и правда дурак, что пошел в ней играть. Бедная тенниска. И каково ему потом будет?» Вслух я сказала, не обращаясь ни к кому конкретно: «На Томми та самая тенниска. Его любимая».

Никто меня, похоже, не услышал: все смеялись, глядя на Лору, главную нашу клоунессу, которая знай себе изображала, как меняется лицо Томми, когда он бежит, машет, кричит, ведет мяч. Другие ребята кружили по полю в разминочном темпе, все их движения были нарочито расслабленными, а вот Томми взыграл не на шутку и носился во весь дух. Я сказала — теперь погромче: «Горе у него будет, если тенниска придет в негодность». На этот раз Рут услышала, но, кажется, решила, что и мне захотелось над ним поиздеваться: она вяло усмехнулась и произнесла на его счет что-то свое, ядовитое.

Потом мальчики перестали катать друг другу мяч и спокойно, мерно дыша, встали кучкой на грязной траве — ждали разбора игроков по командам. Капитаны вышли вперед — оба из третьего старшего, хотя всем было известно, что Томми играет лучше любого из них. Кинули монетку, кто будет выбирать первым, и капитан, которому повезло, поднял глаза на ребят.

— Гляньте-ка на него, — сказала одна из девчонок у меня за спиной. — Он совершенно уверен, что его возьмут в первую очередь. Только поглядите!

Что-то смешное в нем в тот момент действительно было, и думалось: да, если он и правда такой идиот, он заслужил то, что сейчас произойдет. Другие ребя-

The other boys were all pretending to ignore the picking process, pretending they didn't care where they came in the order. Some were talking quietly to each other, some re-tying their laces, others just staring down at their feet as they trammelled the mud. But Tommy was looking eagerly at the Senior 3 boy, as though his name had already been called.

Laura kept up her performance all through the team-picking, doing all the different expressions that went across Tommy's face: the bright eager one at the start; the puzzled concern when four picks had gone by and he still hadn't been chosen; the hurt and panic as it began to dawn on him what was really going on. I didn't keep glancing round at Laura, though, because I was watching Tommy; I only knew what she was doing because the others kept laughing and egging her on. Then when Tommy was left standing alone, and the boys all began sniggering, I heard Ruth say:

"It's coming. Hold it. Seven seconds. Seven, six, five..."

She never got there. Tommy burst into thunderous bellowing, and the boys, now laughing openly, started to run off towards the South Playing Field. Tommy took a few strides after them — it was hard to say whether his instinct was to give angry chase or if he was panicked at being left behind. In any case he soon stopped and stood there, glaring after them, his face scarlet. Then he began to scream and shout, a nonsensical jumble of swear words and insults.

We'd all seen plenty of Tommy's tantrums by then, so we came down off our stools and spread ourselves around the room. We tried to start up a conversation about something else, but there was Tommy going on and on in the background, and although at first we just rolled our eyes and tried to ignore it, in the end — prob-

та делали вид, что им плевать на капитанский выбор, что им все равно, какими по счету они окажутся. Одни тихо переговаривались, другие перевязывали шнурки, третьи просто разглядывали свои бутсы, вязнущие в грязи. Но Томми смотрел на старшего мальчика с таким энтузиазмом, словно его уже выкликнули.

Лора, пока шло распределение игроков, все время гримасничала — повторяла сменяющие друг друга выражения лица Томми: вначале радостный пыл, потом, когда выбрали четверых, а его еще нет, тревога и озадаченность и, наконец, когда он начал понимать, к чему идет дело, боль и отчаяние. Я, впрочем, смотрела на Томми и на Лору не оборачивалась. О том, чем она занята, я догадывалась по общему смеху и подзадоривающим репликам девочек. Потом, когда Томми остался один и мальчишки начали ухмыляться, я услышала голос Рут:

— Начинается. Внимание. Семь секунд, шесть, пять...

Она не досчитала. Томми громко завопил, а игроки, теперь уже смеявшиеся открыто, побежали к южному игровому полю. Томми сделал несколько шагов за ними — не знаю почему: то ли инстинкт подстрекал его погнаться и поквитаться, то ли он впал в панику из-за того, что его бросили одного. Так или иначе, он сразу остановился. Стоит, лицо багровое, смотрит им вслед. Потом раздались его вопли — бессмысленная смесь похабной ругани и угроз.

Припадков Томми мы к тому времени уже повидали много, так что мы спустились на пол и разошлись по павильону. Начали было разговаривать о чем-то еще, но Томми все время было слышно, и, хотя поначалу мы только пожимали плечами и старались не обращать на выкрики внимания, в конце концов — мо-

ably a full ten minutes after we'd first moved away — we were back up at the windows again.

The other boys were now completely out of view, and Tommy was no longer trying to direct his comments in any particular direction. He was just raving, flinging his limbs about, at the sky, at the wind, at the nearest fence post. Laura said he was maybe "rehearsing his Shakespeare." Someone else pointed out how each time he screamed something he'd raise one foot off the ground, pointing it outwards, "like a dog doing a pee." Actually, I'd noticed the same foot movement myself, but what had struck me was that each time he stamped the foot back down again, flecks of mud flew up around his shins. I thought again about his precious shirt, but he was too far away for me to see if he'd got much mud on it.

"I suppose it is a bit cruel," Ruth said, "the way they always work him up like that. But it's his own fault. If he learnt to keep his cool, they'd leave him alone."

"They'd still keep on at him," Hannah said. "Graham K.'s temper's just as bad, but that only makes them all the more careful with him. The reason they go for Tommy's because he's a layabout."

Then everyone was talking at once, about how Tommy never even tried to be creative, about how he hadn't even put anything in for the Spring Exchange. I suppose the truth was, by that stage, each of us was secretly wishing a guardian would come from the house and take him away. And although we hadn't had any part in this latest plan to rile Tommy, we had taken out ringside seats, and we were starting to feel guilty. But there was no sign of a guardian, so we just kept swapping reasons why Tommy deserved everything he got. Then when Ruth looked at her watch and said even though we still

жет быть, через целых десять минут после того, как мы в первый раз отошли от окон, — мы опять встали на табуретки.

Другие ребята уже совсем скрылись из виду, и вопли Томми теперь летели в разные стороны, а не в одну. Он бушевал, потрясал кулаками, посылал проклятия небу, ветру, ближайшему столбу забора. Лора сказала, что он, наверное, репетирует Шекспира. Какая-то другая девочка заметила, что при каждом выкрике он поднимает и отводит ногу, «как кобель, который делает по-маленькому». Я и сама обратила внимание на это движение ногой, но прежде всего мне бросилось в глаза то, что всякий раз, когда он с силой ставит ногу обратно, вокруг брызгами разлетается грязь. Мне опять пришла на ум его драгоценная тенниска, но он был слишком далеко, чтобы я могла увидеть, сильно ли она испачкана.

— Все-таки это немножко жестоко, — сказала Рут. — Так его заводить. Хотя, конечно, сам виноват. Научился бы собой владеть — оставили бы в покое.

— Нет, не оставили бы, — возразила Ханна. — Грэм К. такой же обидчивый, но они из-за этого только осторожнее с ним себя ведут. Над Томми издеваются потому, что он бездельник.

Тут все заговорили разом — о том, что Томми ни одной попытки даже не сделал проявить себя творчески, о том, что он ничего не выставил на весеннюю Ярмарку. Мне кажется, все в тот момент втайне желали, чтобы из корпуса вышел кто-нибудь из опекунов и забрал Томми. И хотя мы в этом очередном заговоре против Томми не участвовали вовсе, зрительские места мы, как ни крути, занимали и теперь нам было немножко совестно. Но никто из опекунов не появлялся, и мы продолжали объяснять друг другу, почему Томми сам во всем виноват. Когда наконец Рут посмо-

had time, we should get back to the main house, nobody argued.

Tommy was still going strong as we came out of the pavilion. The house was over to our left, and since Tommy was standing in the field straight ahead of us, there was no need to go anywhere near him. In any case, he was facing the other way and didn't seem to register us at all. All the same, as my friends set off along the edge of the field, I started to drift over towards him. I knew this would puzzle the others, but I kept going — even when I heard Ruth's urgent whisper to me to come back.

I suppose Tommy wasn't used to being disturbed during his rages, because his first response when I came up to him was to stare at me for a second, then carry on as before. It was like he was doing Shakespeare and I'd come up onto the stage in the middle of his performance. Even when I said: "Tommy, your nice shirt. You'll get it all messed up," there was no sign of him having heard me.

So I reached forward and put a hand on his arm. Afterwards, the others thought he'd meant to do it, but I was pretty sure it was unintentional. His arms were still flailing about, and he wasn't to know I was about to put out my hand. Anyway, as he threw up his arm, he knocked my hand aside and hit the side of my face. It didn't hurt at all, but I let out a gasp, and so did most of the girls behind me.

That's when at last Tommy seemed to become aware of me, of the others, of himself, of the fact that he was there in that field, behaving the way he had been, and stared at me a bit stupidly.

"Tommy," I said, quite sternly. "There's mud all over your shirt."

трела на часы и, хотя время еще оставалось, сказала, что пора возвращаться в главный корпус, спорить никто не стал.

Томми, когда мы выходили из павильона, еще буйствовал. Корпус был слева от нас, а Томми стоял на поле прямо перед нами, и приближаться к нему необходимости не было. К тому же он смотрел в другую сторону и нас, судя по всему, не замечал вовсе. Тем не менее я отделилась от подруг, которые двинулись краем поля, и пошла к нему. Я знала, что это их озадачит, но все равно отправилась, хотя Рут шепотом настойчиво звала меня обратно.

Томми, как видно, не привык, чтобы к нему кто-нибудь подходил в такие минуты. Когда я приблизилась, он уставился на меня, смотрел секунду-другую, потом снова стал бушевать. И правда словно репетировал Шекспира, а я поднялась на сцену посреди монолога. Даже когда я сказала: «Томми, смотри, что с твоей замечательной тенниской. Всю заплескал», впечатление было, что он не слышит.

Поэтому я протянула руку и коснулась его локтя. О том, что он сделал в этот момент, другие подумали, что он нарочно, но я почти уверена, что нет. Он все еще размахивал руками, и откуда ему было знать, что я до него дотронусь? Как бы то ни было, он вскинул руку, отбил мою ладонь в сторону и ударил меня по щеке. Было совсем не больно, но я вскрикнула — и большинство девчонок позади меня тоже.

Тогда-то наконец Томми, кажется, осознал происходящее — увидел меня, других, себя со стороны, понял, как он выглядит посреди поля и как себя ведет, и взгляд, которым он на меня уставился, был довольно глупым.

— Томми, — сказала я очень сурово. — Вся твоя рубашка в грязи.

"So what?" he mumbled. But even as he said this, he looked down and noticed the brown specks, and only just stopped himself crying out in alarm. Then I saw the surprise register on his face that I should know about his feelings for the polo shirt.

"It's nothing to worry about," I said, before the silence got humiliating for him. "It'll come off. If you can't get it off yourself, just take it to Miss Jody."

He went on examining his shirt, then said grumpily:

"It's nothing to do with you anyway."

He seemed to regret immediately this last remark and looked at me sheepishly, as though expecting me to say something comforting back to him. But I'd had enough of him by now, particularly with the girls watching — and for all I knew, any number of others from the windows of the main house. So I turned away with a shrug and rejoined my friends.

Ruth put an arm around my shoulders as we walked away.

"At least you got him to pipe down," she said. "Are you okay? Mad animal."

Chapter 2

This was all a long time ago so I might have some of it wrong; but my memory of it is that my approaching Tommy that afternoon was part of a phase I was going through around that time — something to do with compulsively setting myself challenges — and I'd more or less forgotten all about it when Tommy stopped me a few days later.

I don't know how it was where you were, but at Hailsham we had to have some form of medical almost every week — usually up in Room 18 at the very top of

— Ну и что? — пробурчал он. Но одновременно опустил глаза, увидел коричневые пятна и едва удержался от вопля. Потом на его лице возникло удивление от того, что я знаю, как он дорожит тенниской.

— Ничего страшного, — сказала я, пока молчание еще не стало для него унизительным. — Отстирается. Если не можешь сам, отдай мисс Джоди.

Но он продолжал исследовать тениску, потом ворчливо сказал:

— Тебе-то какое дело?

Об этих словах он, кажется, тут же пожалел, и его взгляд сделался робким, сконфуженным — можно подумать, он ждал от меня каких-то успокоительных слов. Но я уже была сыта им по горло, тем более что на нас смотрели девчонки — и еще неизвестно сколько любопытных глаз из окон главного корпуса. Так что я пожала плечами, повернулась и пошла к подругам.

Рут, когда мы уходили, обняла меня за плечи.

— По крайней мере, ты заставила его заткнуться, — сказала она. — Ну как ты, ничего? Зверюга бешеный.

Глава 2

Это всё давние дела, так что в чем-то я могу и напутать; но мне помнится, что эпизод с Томми в тот день был для меня частью фазы, которую я тогда проходила, — меня все время подмывало ставить себе трудные задачи, — и я успела более или менее забыть об этом случае, когда через несколько дней Томми ко мне обратился.

Не знаю, как было там, где росли вы, но в Хейлшеме мы почти каждую неделю проходили медосмотр — обычно в кабинете 18 на верхнем этаже, — и прово-

the house — with stern Nurse Trisha, or Crow Face, as we called her. That sunny morning a crowd of us was going up the central staircase to be examined by her, while another lot she'd just finished with was on its way down. So the stairwell was filled with echoing noise, and I was climbing the steps head down, just following the heels of the person in front, when a voice near me went: "Kath!"

Tommy, who was in the stream coming down, had stopped dead on the stairs with a big open smile that immediately irritated me. A few years earlier maybe, if we ran into someone we were pleased to see, we'd put on that sort of look. But we were thirteen by then, and this was a boy running into a girl in a really public situation. I felt like saying: "Tommy, why don't you grow up?" But I stopped myself, and said instead: "Tommy, you're holding everyone up. And so am I."

He glanced upwards and sure enough the flight above was already grinding to a halt. For a second he looked panicked, then he squeezed himself right into the wall next to me, so it was just about possible for people to push past. Then he said:
"Kath, I've been looking all over for you. I meant to say sorry. I mean, I'm really, really sorry. I honestly didn't mean to hit you the other day. I wouldn't dream of hitting a girl, and even if I did, I'd never want to hit you. I'm really, really sorry."

"It's okay. An accident, that's all."
I gave him a nod and made to move away. But Tommy said brightly:
"The shirt's all right now. It all washed out."
"That's good."

дила его суровая медсестра Триша, или Клювастая, как мы ее называли. В то солнечное утро одна толпа мальчишек и девчонок поднималась в ее владения по центральной лестнице, другая, с которой она только что закончила, спускалась. Поэтому весь лестничный колодец был полон голосов, отдававшихся эхом, и я шла вверх, глядя под ноги, чтобы не наступать на пятки идущему впереди. Вдруг рядом прозвучало: «Кэт!»

Томми, который был в потоке спускающихся, намертво встал посреди лестницы с улыбкой до ушей, которая мгновенно рассердила меня. Так улыбаться мы могли несколькими годами раньше, встретившись с тем, кого приятно было увидеть. Но теперь-то нам уже тринадцать, и разве можно мальчику позволять себе такое с девочкой при всех? Мне захотелось пристыдить его: «Томми, сколько тебе лет?» Но я удержалась и сказала вместо этого: «Томми, ты задерживаешь людей. И я тоже».

Он оглянулся и увидел, что задние и правда начали останавливаться. Сперва он растерялся, но секунду спустя прижался к стене рядом со мной, чтобы толпа хоть с трудом, но могла протискиваться. Потом сказал:

— Знаешь, Кэт, я тут искал тебя везде. Хотел извиниться. Серьезно. Прошу у тебя прощения. Я честно не хотел тебя ударить. У меня и в мыслях такого не было, чтобы ударить девочку, а если бы и было, то тебя уж точно в жизни бы не тронул. Прости меня, очень прошу.

— Ладно, все хорошо. Случайно вышло. Пустяки.

Я кивнула ему и двинулась было дальше. Но Томми радостно произнес:

— Рубашка как новенькая! Все отстиралось.

— Рада за тебя.

"It didn't hurt, did it? When I hit you?"

"Sure. Fractured skull. Concussion, the lot. Even Crow Face might notice it. That's if I ever get up there."

"But seriously, Kath. No hard feelings, right? I'm awfully sorry. I am, honestly."

At last I gave him a smile and said with no irony:

"Look, Tommy, it was an accident and it's now one hundred percent forgotten. I don't hold it against you one tiny bit."

He still looked unsure, but now some older students were pushing behind him, telling him to move. He gave me a quick smile and patted my shoulder, like he might do to a younger boy, and pushed his way into the flow. Then, as I began to climb, I heard him shout from below: "See you, Kath!"

I'd found the whole thing mildly embarrassing, but it didn't lead to any teasing or gossip; and I must admit, if it hadn't been for that encounter on the stairs, I probably wouldn't have taken the interest I did in Tommy's problems over the next several weeks.

I saw a few of the incidents myself. But mostly I heard about them, and when I did, I quizzed people until I'd got a more or less full account. There were more temper tantrums, like the time Tommy was supposed to have heaved over two desks in Room 14, spilling all the contents on the floor, while the rest of the class, having escaped onto the landing, barricaded the door to stop him coming out. There was the time Mr. Christopher had had to pin back his arms to stop him attacking Reggie D. during football practice. Everyone could see, too, when the Senior 2 boys went on their fields run, Tommy was the only one without a running partner. He was a good runner, and would

— Слушай, тебе не было больно? Когда я тебя ударил.

— Как же не было. Череп треснул. Сотрясение и все такое. Даже Клювастая заметит. Если, конечно, доберусь до кабинета.

— Нет, серьезно, Кэт. Ты правда не обижаешься? Мне очень, очень жаль. Честно.

Я наконец улыбнулась ему и сказала уже серьезно:

— Томми, это была случайность, все позабыто на сто процентов. Зла на тебя у меня ни капельки нет.

Он все еще выглядел неуверенным, но какие-то старшие воспитанники уже толкали его в спину и требовали, чтобы он двигался. Он улыбнулся мне быстрой улыбкой, легонько хлопнул меня по плечу, как мог бы младшего мальчишку, и втиснулся в поток. Я стала подниматься, и снизу до меня донесся его крик: «Всего хорошего, Кэт!»

Томми, я считала, поставил меня немножко в неловкое положение, но дразнить меня или сплетничать никто не стал. Должна признать, что если бы не эта встреча на лестнице, я в последующие несколько недель, наверное, не заинтересовалась бы так проблемами Томми.

Кое-что я увидела сама, но про большую часть эпизодов услышала. Когда кто-нибудь заговаривал на эту тему, я дотошно всех расспрашивала, пока не составляла более или менее полную картину. Были новые припадки — например, в классе 14, когда Томми будто бы опрокинул два стола, рассыпав по полу то, что на них лежало, и все бросились спасаться от него в коридор и забаррикадировали дверь. В другой раз мистеру Кристоферу пришлось во время футбольной тренировки схватить его за руки и держать, чтобы он не накинулся на Реджи Д. А еще, когда мальчишки из второго старшего соревновались в беге, Томми, я увидела,

quickly open up ten, fifteen yards between him and the rest, maybe thinking this would disguise the fact that no one wanted to run with him. Then there were rumours almost every day of pranks that had been played on him. A lot of these were the usual stuff — weird things in his bed, a worm in his cereal — but some of it sounded point-lessly nasty: like the time someone cleaned a toilet with his toothbrush so it was waiting for him with shit all over the bristles. His size and strength — and I suppose that temper — meant no one tried actual physical bully-ing, but from what I remember, for a couple of months at least, these incidents kept coming. I thought sooner or later someone would start saying it had gone too far, but it just kept on, and no one said anything.

I tried to bring it up once myself, in the dorm after lights-out. In the Seniors, we were down to six per dorm, so it was just our little group, and we often had our most intimate conversations lying in the dark before we fell asleep. You could talk about things there you wouldn't dream of talking about any other place, not even in the pavilion. So one night I brought up Tommy. I didn't say much; I just summed up what had been happening to him and said it wasn't really very fair. When I'd fin-ished, there was a funny sort of silence hanging in the dark, and I realised everyone was waiting for Ruth's re-sponse — which was usually what happened whenever something a bit awkward came up. I kept waiting, then I heard a sigh from Ruth's side of the room, and she said:

"You've got a point, Kathy. It's not nice. But if he wants it to stop, he's got to change his own attitude. He

был единственным, кто бежал один, без напарника. Вообще-то он был хороший бегун и легко отрывался на десять—пятнадцать шагов — может быть, пытался этим затушевать тот факт, что никто не хотел с ним бежать. Кроме всего этого, почти ежедневные слухи об издевательствах и шутках над ним. Многое было обычным — подсунули что-то в постель, подкинули червяка в тарелку, — но кое-что выходило за рамки: однажды, например, его зубной щеткой почистили унитаз, и она дожидалась его с какашками по всей щетине. Из-за того, что он был крупный, сильный — и, думаю, из-за характера, — никто впрямую на него нападать не пытался, но издевательства вроде тех, что я описала, происходили, насколько помню, минимум месяца два. Я думала, рано или поздно кто-нибудь скажет, что хватит, слишком уж далеко зашло, но эти дела продолжались, и никто ничего не говорил.

Однажды я сама затронула эту тему — в спальне, когда выключили свет. В старших классах спальни у нас уже были маленькие, всего на шесть человек, как раз только наша компания и никого посторонних, и в темноте после отбоя у нас часто происходили самые задушевные разговоры. Иной раз о таком, о чем в другом месте, даже в павильоне, и в голову не пришло бы начать беседу. И вот однажды вечером я заговорила про Томми. Особенно долго не распространялась — просто напомнила в общих чертах, что с ним вытворяли, и сказала, что это не слишком справедливо. Когда кончила, в темноте повисло странное молчание, и я поняла, что все ждут, как ответит Рут. Так всегда бывало в трудных или неловких случаях. Я терпеливо ждала, потом с той стороны, где лежала Рут, раздался вздох, и она сказала:

— Ты отчасти права, Кэти. Это нехорошо. Но если он хочет, чтобы они перестали, ему надо изменить свое

didn't have a thing for the Spring Exchange. And has he got anything for next month? I bet he hasn't."

I should explain a bit here about the Exchanges we had at Hailsham. Four times a year — spring, summer, autumn, winter — we had a kind of big exhibition-cum-sale of all the things we'd been creating in the three months since the last Exchange. Paintings, drawings, pottery; all sorts of "sculptures" made from whatever was the craze of the day — bashed-up cans, maybe, or bottle tops stuck onto cardboard. For each thing you put in, you were paid in Exchange Tokens — the guardians decided how many your particular masterpiece merited — and then on the day of the Exchange you went along with your tokens and "bought" the stuff you liked. The rule was you could only buy work done by students in your own year, but that still gave us plenty to choose from, since most of us could get pretty prolific over a three-month period.

Looking back now, I can see why the Exchanges became so important to us. For a start, they were our only means, aside from the Sales — the Sales were something else, which I'll come to later — of building up a collection of personal possessions. If, say, you wanted to decorate the walls around your bed, or wanted something to carry around in your bag and place on your desk from room to room, then you could find it at the Exchange. I can see now, too, how the Exchanges had a more subtle effect on us all. If you think about it, being dependent on each other to produce the stuff that might become your private treasures — that's bound to do things to your relationships. The Tommy business was typical. A lot of the time, how you were regarded at Hailsham, how much you were liked and respected, had to do with how good you were at "creating."

собственное поведение. Он ни единой вещицы не дал на весеннюю Ярмарку. И на следующую Ярмарку через месяц у него, думаете, есть что-нибудь? Наверняка нет.

Тут я должна кое-что пояснить насчет наших хейлшемских Ярмарок. Четыре раза в год — весной, летом, осенью, зимой — у нас происходила большая выставка-продажа всего, что мы сотворили за три месяца. Это и картины, и рисунки, и керамика, и всевозможные «скульптуры», сделанные из того, что считалось в то время модным, — скажем, из раздавленных консервных банок или из бутылочных крышек, наклеенных на картон. За каждую представленную вещь тебе платили жетонами (на сколько тянет твой шедевр, решали опекуны), и потом, в день Ярмарки, каждый приходил со своими жетонами и «покупал», что ему нравилось. По правилам, «покупать» можно было только у ровесников, но выбор все равно был очень большой, потому что многие успевали за три месяца потрудиться на славу.

Оглядываясь теперь назад, я понимаю, почему эти Ярмарки были для нас так важны. Во-первых, они давали единственную возможность, если не считать Распродаж (Распродажи — это другое, о них еще скажу), собрать коллекцию личных вещей. Если, к примеру, тебе хотелось украсить стену возле кровати или носить что-то в сумке из класса в класс и выкладывать всюду на стол, этим можно было обзавестись во время Ярмарки. Но я вижу теперь и другое, более тонкое воздействие этих Ярмарок на нас. Ведь если, желая приобрести что-нибудь ценное для себя, ты зависишь от других, это влияет на твои отношения с ними. Томми — типичный пример. Как к тебе относились в Хейлшеме, насколько тебя любили и уважали — это во многом определялось твоими достижениями в «творчестве».

Ruth and I often found ourselves remembering these things a few years ago, when I was caring for her down at the recovery centre in Dover.

"It's all part of what made Hailsham so special," she said once. "The way we were encouraged to value each other's work."

"True," I said. "But sometimes, when I think about the Exchanges now, a lot of it seems a bit odd. The poetry, for instance. I remember we were allowed to hand in poems, instead of a drawing or a painting. And the strange thing was, we all thought that was fine, we thought that made sense."

"Why shouldn't it? Poetry's important."

"But we're talking about nine-year-old stuff, funny little lines, all misspelt, in exercise books. We'd spend our precious tokens on an exercise book full of that stuff rather than on something really nice for around our beds. If we were so keen on a person's poetry, why didn't we just borrow it and copy it down ourselves any old afternoon? But you remember how it was. An Exchange would come along and we'd be standing there torn between Susie K.'s poems and those giraffes Jackie used to make."

"Jackie's giraffes," Ruth said with a laugh. "They were so beautiful. I used to have one."

We were having this conversation on a fine summer evening, sitting out on the little balcony of her recovery room. It was a few months after her first donation, and now she was over the worst of it, I'd always time my evening visits so that we'd be able to spend a half hour or so out there, watching the sun go down over the rooftops. You could see lots of aerials and satellite dishes, and sometimes, right over in the distance, a glistening line that was the sea. I'd bring mineral water and biscuits, and we'd sit there talking about anything

Рут и я часто потом обсуждали это в центре реабилитации в Дувре, где я ей помогала.

— Хейлшем в том числе и поэтому был единственным в своем роде, — заметила она однажды. — Нас приучали ценить работу друг друга.

— Да, — согласилась я. — Но сейчас я иногда думаю об этих Ярмарках, и многое кажется довольно странным. Взять, например, стихи. Их нам разрешали представлять на Ярмарку наряду с рисунками и живописью, и вот что меня удивляет: мы все считали, что это здорово, что это имеет смысл.

— А почему же не имеет? Поэзия — важная вещь.

— Но ведь кто эти стихи сочинял? Девятилетние, в тетрадках, глупые строчки с кучей ошибок. И мы вместо чего-то действительно красивого, что можно было повесить над кроватью, тратили драгоценные жетоны на тетрадки, исписанные такими вот виршами. Если уж кому-то так нравились чьи-то стихи, почему не взять на время и не переписать? Но нет, ты помнишь, как это было. Приходит Ярмарка — и мы стоим, разрываемся между стихами Сюзи К. и жирафами Джеки.

— Помню, помню, — отозвалась Рут со смехом. — Красивые были жирафы. Я брала одного обычно.

Мы вспоминали об этом погожим летним вечером, сидя на балкончике ее реабилитационной палаты. Прошло уже несколько месяцев после ее первой выемки, и теперь, когда самое тяжелое было позади, я всегда так планировала свои вечерние посещения, чтобы мы могли посидеть там хотя бы полчаса, глядя на солнце, садящееся за крыши. Видно было множество антенн и спутниковых тарелок, а иногда совсем далеко проблескивала полоска моря. Я приносила минеральную воду, печенье, и мы сидели и разгова-

that came into our heads. The centre Ruth was in that
time, it's one of my favourites, and I wouldn't mind at
all if that's where I ended up. The recovery rooms are
small, but they're well-designed and comfortable. Everything — the walls, the floor — has been done in gleaming white tiles, which the centre keeps so clean when you
first go in it's almost like entering a hall of mirrors. Of
course, you don't exactly see yourself reflected back
loads of times, but you almost think you do. When you
lift an arm, or when someone sits up in bed, you can
feel this pale, shadowy movement all around you in the
tiles. Anyway, Ruth's room at that centre, it also had
these big glass sliding panels, so she could easily see the
outside from her bed. Even with her head on the pillow
she'd see a big lot of sky, and if it was warm enough,
she could get all the fresh air she wanted by stepping out
onto the balcony. I loved visiting her there, loved those
meandering talks we had, through the summer to the
early autumn, sitting on that balcony together, talking
about Hailsham, the Cottages, whatever else drifted into
our thoughts.

"What I'm saying," I went on, "is that when we were
that age, when we were eleven, say, we really weren't
interested in each other's poems at all. But remember,
someone like Christy? Christy had this great reputation for poetry, and we all looked up to her for it. Even
you, Ruth, you didn't dare boss Christy around. All because we thought she was great at poetry. But we didn't
know a thing about poetry. We didn't care about it. It's
strange."

But Ruth didn't get my point — or maybe she was
deliberately avoiding it. Maybe she was determined to
remember us all as more sophisticated than we were. Or
maybe she could sense where my talk was leading, and

ривали обо всем, что приходило в голову. Центр, где тогда была Рут, — один из моих любимых, и я бы не прочь сама оказаться там напоследок. Реабилитационные палаты там небольшие, но хорошо оборудованные и комфортабельные. Все поверхности — стены, пол — облицованы блестящим белым кафелем, который сотрудники центра содержат в такой чистоте, что входишь — и кажется, будто попала в зеркальную комнату. Конечно, нет такого, чтобы ты видела множество своих отражений, но можно настроить себя так, что почти видишь. Поднимешь руку или донор сядет в кровати — и ощущаешь это бледное, теневое движение в кафеле повсюду вокруг. К тому же в палате Рут в этом центре были еще и большие окна со скользящими рамами, так что ей легко было из кровати смотреть наружу. Даже не поднимая головы с подушки, она видела очень большой кусок неба, а в хорошую погоду могла вволю дышать на балкончике свежим воздухом. Мне нравилось бывать у нее там, нравились эти не слишком связные разговоры, которые мы вели, сидя на ее балкончике, — о Хейлшеме, о Коттеджах, обо всем, что приходило на ум.

— Я хочу сказать, — продолжала я, — что в том возрасте, скажем, лет в одиннадцать, стихи друг друга нас как таковые не интересовали. Но помнишь, например, Кристи? Она славилась как поэтесса, все ее уважали. Даже ты, Рут, не решалась с ней говорить свысока. И все потому, что мы считали ее докой по этой части. При этом поэзию мы не ценили и не понимали в ней ровно ничего. Странно как-то.

Но Рут не поняла меня — или, может быть, нарочно не захотела понять. Возможно, она была настроена представлять себе нас более утонченными, чем мы были. Или же почувствовала, куда может завести раз-

didn't want us to go that way. Anyway, she let out a long sigh and said:

"We all thought Christy's poems were so good. But I wonder how they'd look to us now. I wish we had some here, I'd love to see what we'd think."

Then she laughed and said:

"I have still got some poems by Peter B. But that was much later, when we were in Senior 4. I must have fancied him. I can't think why else I'd have bought his poems. They're just hysterically daft. Takes himself so seriously. But Christy, she was good, I remember she was. It's funny, she went right off poems when she started her painting. And she was nowhere near as good at that."

But let me get back to Tommy. What Ruth said that time in our dorm after lights-out about how Tommy had brought all his problems on himself, probably summed up what most people at Hailsham thought at that time. But it was when she said what she did that it occurred to me, as I lay there, that this whole notion of his deliberately not trying was one that had been doing the rounds from as far back as the Juniors. And it came home to me, with a kind of chill, that Tommy had been going through what he'd been going through not just for weeks or months, but for years.

Tommy and I talked about all this not so long ago, and his own account of how his troubles began confirmed what I was thinking that night. According to him, it had all started one afternoon in one of Miss Geraldine's art classes. Until that day, Tommy told me, he'd always quite enjoyed painting. But then that day in Miss Geraldine's class, Tommy had done this particular watercolour — of an elephant standing in some tall grass — and that was what started it all off. He'd done it, he claimed,

говор, и решила не идти в этом направлении. Как бы то ни было, она испустила глубокий вздох и сказала:

— Да, стихи Кристи нам всем очень нравились. Интересно, что бы мы сейчас о них сказали. Я бы охотно их с тобой почитала и сравнила впечатления.

Потом она засмеялась:

— У меня до сих пор хранятся стихи Питера Б. Правда, это уже было гораздо позже — в четвертом старшем. Наверное, он мне нравился — иначе зачем я стала бы их покупать? Сплошная истерика и глупость. Жутко серьезное отношение к самому себе. Но Кристи другое дело, она действительно хорошо сочиняла, я помню. Забавно: потом бросила поэзию и перешла на живопись, но там у нее получалось намного хуже.

Хочу, однако, вернуться к Томми. Мнение, которое Рут высказала тогда в спальне после отбоя, — о том, что Томми сам виноват в своих неприятностях, — думаю, совпадало с мнением большинства в Хейлшеме в то время. Но только когда она договорила, мне, лежащей в темноте, пришло на ум, что такое суждение о нем — как о мальчике, не дающем себе труда попытаться, — бытует уже давно, с младших классов. И я даже похолодела слегка, когда мне стало ясно, что эти испытания тянутся у Томми не какие-нибудь там недели или месяцы, а годы.

Сравнительно недавно мы говорили с ним об этом, и рассказ Томми о начале его неприятностей подтвердил мысли, возникшие у меня в тот вечер. Он сказал, что это пошло с одного из уроков изобразительного искусства у мисс Джеральдины. До того дня Томми, по его словам, очень любил живопись. Но тогда на «изо» у мисс Джеральдины Томми нарисовал одну акварель — на ней был слон, стоящий в высокой траве, — и с нее-то все и началось. С его стороны, он сказал,

as a kind of joke. I quizzed him a lot on this point and I suspect the truth was that it was like a lot of things at that age: you don't have any clear reason, you just do it. You do it because you think it might get a laugh, or because you want to see if it'll cause a stir. And when you're asked to explain it afterwards, it doesn't seem to make any sense. We've all done things like that. Tommy didn't quite put it this way, but I'm sure that's how it happened.

Anyway, he did his elephant, which was exactly the sort of picture a kid three years younger might have done. It took him no more than twenty minutes and it got a laugh, sure enough, though not quite the sort he'd expected. Even so, it might not have led to anything — and this is a big irony, I suppose — if Miss Geraldine hadn't been taking the class that day.

Miss Geraldine was everyone's favourite guardian when we were that age. She was gentle, soft-spoken, and always comforted you when you needed it, even when you'd done something bad, or been told off by another guardian. If she ever had to tell you off herself, then for days afterwards she'd give you lots of extra attention, like she owed you something. It was unlucky for Tommy that it was Miss Geraldine taking art that day and not, say, Mr. Robert or Miss Emily herself — the head guardian — who often took art. Had it been either of those two, Tommy would have got a bit of a telling off, he could have done his smirk, and the worst the others would have thought was that it was a feeble joke. He might even have had some students think him a right clown. But Miss Geraldine being Miss Geraldine, it didn't go that way. Instead, she did her best to look at the picture with kindness and understanding. And probably guessing Tommy was in danger of getting stick from the others, she went too far the other way, actually finding

это была вроде как шутка. Я дотошно его расспросила насчет того эпизода и вижу здесь вполне обычную вещь для такого возраста: делаешь что-то без ясных причин, делаешь, и все. Делаешь, потому что хочешь насмешить, взбудоражить, привлечь к себе внимание. А когда потом просят объяснить твой поступок, он кажется тебе бессмысленным. С нами со всеми такое случалось. Томми сказал об этом немножко по-другому, но я уверена, что именно так все и было.

В общем, он нарисовал этого слона — точно такого, какого мог бы изобразить малыш тремя годами младше. Заняла вся работа от силы минут двадцать, и насмешить эта акварель действительно насмешила, хотя не совсем так, как он ожидал. И все равно это вряд ли имело бы серьезные последствия, если бы урок не вела мисс Джеральдина.

Здесь есть какая-то злая ирония: ведь у нас у всех в том возрасте она была любимой опекуншей. Мягкая, спокойная, всегда готовая утешить, если ты в этом нуждаешься, даже если ты сделал что-то не так или тебя отругал другой опекун. Если ей самой приходилось отругать воспитанника, она потом не один день уделяла ему особое внимание, как будто что-то была ему должна. Томми не повезло, что «изо» в тот день проводила она, а не, скажем, мистер Роберт или старшая опекунша мисс Эмили, которые часто вели этот урок. Будь это кто-нибудь из них, Томми, безусловно, отчитали бы, он бы, наверное, ухмыльнулся, и самое худшее, что подумали бы о нем остальные, — что он неудачно пошутил. Иные, пожалуй, даже решили бы, что он большой юморист. Но мисс Джеральдина — это мисс Джеральдина. Она повела себя по-своему: глядя на акварель, всем видом своим постаралась выразить участие и понимание. И, вероятно, боясь, что Томми могут высмеять,

things to praise, pointing them out to the class. That was how the resentment started.

"After we left the room," Tommy remembered, "that's when I first heard them talking. And they didn't care I could hear."

My guess is that from some time before he did that elephant, Tommy had had the feeling he wasn't keeping up — that his painting in particular was like that of students much younger than him — and he'd been covering up the best he could by doing deliberately childish pictures. But after the elephant painting, the whole thing had been brought into the open, and now everyone was watching to see what he did next. It seems he did make an effort for a while, but he'd no sooner have started on something, there'd be sneers and giggles all around him. In fact, the harder he tried, the more laughable his efforts turned out. So before long Tommy had gone back to his original defence, producing work that seemed deliberately childish, work that said he couldn't care less. From there, the thing had got deeper and deeper.

For a while he'd only had to suffer during art lessons — though that was often enough, because we did a lot of art in the Juniors. But then it grew bigger. He got left out of games, boys refused to sit next to him at dinner, or pretended not to hear if he said anything in his dorm after lights-out. At first it wasn't so relentless. Months could go by without incident, he'd think the whole thing was behind him, then something he did — or one of his enemies, like Arthur H. — would get it all going again.

I'm not sure when the big temper tantrums started. My own memory of it is that Tommy was always known for his temper, even in the Infants, but he claimed to me

она перегнула палку: нашла в акварели что-то достойное похвалы и указала на это всему классу. Чем и вызвала недоброжелательство.

— Мы вышли из класса, — вспоминал Томми, — и тогда-то я в первый раз услышал эти разговоры. Им без разницы было, что я их слышу.

Мне кажется, еще до злополучного слона у Томми возникло ощущение, что он не справляется — что рисунки у него, к примеру, получаются гораздо более детскими, чем у сверстников, — и он как мог маскировал свое неумение, нарочно рисуя по-детски. Но после слона это стало явным, и все теперь каждый раз с нетерпением ждали, что он изобразит. Судя по всему, он не сразу сдался окончательно, но стоило ему за что-то взяться, тут же начинались насмешки и издевательства. Чем больше он старался, тем громче над ним смеялись. И довольно скоро Томми вернулся к прежней самозащите — стал рисовать нарочито детские вещи, которыми хотел показать, что он плевать на все это хотел. Проблема усугублялась.

Первое время ему доставалось только на «изо» — впрочем, хватало и этого, потому что в младших классах «изо» было очень много. Но потом стало хуже. Его не брали в игры, мальчишки отказывались садиться с ним за обедом, притворялись, что не слышат, когда он о чем-то заговаривал в спальне после отбоя. Поначалу это проявлялось от случая к случаю. Его могли на месяц оставить в покое, он уже решал, что все позади, но потом либо он, либо один из его врагов — например, Артур Х. — что-то такое делал, из-за чего все начиналось сызнова.

Не могу точно сказать, с каких пор у него пошли сильные припадки ярости. Мне помнится, что Томми всегда, даже в дошкольном возрасте, отличался

they only began after the teasing got bad. Anyway, it was those temper tantrums that really got people going, escalating everything, and around the time I'm talking about— the summer of our Senior 2, when we were thirteen — that was when the persecution reached its peak.

Then it all stopped, not overnight, but rapidly enough. I was, as I say, watching the situation closely around then, so I saw the signs before most of the others. It started with a period — it might have been a month, maybe longer — when the pranks went on pretty steadily, but Tommy failed to lose his temper. Sometimes I could see he was close to it, but he somehow controlled himself; other times, he'd quietly shrug, or react like he hadn't noticed a thing. At first these responses caused disappointment; maybe people were resentful, even, like he'd let them down. Then gradually, people got bored and the pranks became more half-hearted, until one day it struck me there hadn't been any for over a week.

This wouldn't necessarily have been so significant by itself, but I'd spotted other changes. Little things, like Alexander J. and Peter N. walking across the courtyard with him towards the fields, the three of them chatting quite naturally; a subtle but clear difference in people's voices when his name got mentioned. Then once, towards the end of an afternoon break, a group of us were sitting on the grass quite close to the South Playing Field where the boys, as usual, were playing their football. I was joining in our conversation, but keeping an eye on Tommy, who I noticed was right at the heart of the game. At one point he got tripped, and picking himself up, placed the ball on the ground to take the free kick himself. As the

буйным нравом, но он мне сказал, что припадки начались, только когда его всерьез стали доводить. Так или иначе, этими припадками он настраивал всех против себя, провоцировал, и примерно в то время, о котором я рассказываю, — летом после второго старшего, когда нам было тринадцать, — издевательства достигли высшей точки.

А потом они прекратились — не в одночасье, но довольно быстро. Я, как вы уже поняли, пристально наблюдала тогда за ситуацией, так что перемены увидела раньше, чем большинство. Вначале был период — он длился месяц или больше, — когда Томми по-прежнему регулярно дразнили, но он уже не впадал в бешенство. Иногда я видела, что он вот-вот сорвется, но все же ему удавалось сдержать себя; в других случаях он молча пожимал плечами или вел себя так, словно ничего не заметил. Первое время такая реакция обескураживала других мальчишек — они чуть ли не обижались даже, как будто он их подвел. Потом мало-помалу им стало надоедать, и издевательства сделались почти беззлобными. Наконец однажды я обратила внимание, что уже неделю с лишним ничего не происходило.

Само по себе это еще не так много значило, но я заметила и другие перемены. Небольшие вроде бы: например, Александр Дж. и Питер Н. идут с ним через двор к игровым полям, и все трое непринужденно беседуют. Несильно, но вполне различимо изменилась интонация, с какой произносилось его имя. Потом однажды в конце большой перемены наша компания сидела на траве около южного игрового поля, где мальчишки, как обычно, играли в футбол. Я участвовала в разговоре и одновременно наблюдала за Томми, который был в самой гуще игры. В какой-то момент его остановили подножкой, он встал, взял мяч и положил его, чтобы самому пробить штрафной. Игроки,

boys spread out in anticipation, I saw Arthur H. — one of his biggest tormentors — a few yards behind Tommy's back, begin mimicking him, doing a daft version of the way Tommy was standing over the ball, hands on hips. I watched carefully, but none of the others took up Arthur's cue. They must all have seen, because all eyes were looking towards Tommy, waiting for his kick, and Arthur was right behind him — but no one was interested. Tommy floated the ball across the grass, the game went on, and Arthur H. didn't try anything else.

I was pleased about all these developments, but also mystified. There'd been no real change in Tommy's work — his reputation for "creativity" was as low as ever. I could see that an end to the tantrums was a big help, but what seemed to be the key factor was harder to put your finger on. There was something about Tommy himself — the way he carried himself, the way he looked people in the face and talked in his open, good-natured way — that was different from before, and which had in turn changed the attitudes of those around him. But what had brought all this on wasn't clear.

I was mystified, and decided to probe him a bit the next time we could talk in private. The chance came along before long, when I was lining up for lunch and spotted him a few places ahead in the queue.

I suppose this might sound odd, but at Hailsham, the lunch queue was one of the better places to have a private talk. It was something to do with the acoustics in the Great Hall; all the hubbub and the high ceilings meant that so long as you lowered your voices, stood quite close, and made sure your neighbours were deep in their own chat, you had a fair chance of not being overheard. In any case, we weren't exactly spoilt for choice. "Quiet" places were often the worst, because there was

готовясь к удару, стали рассредоточиваться по полю, и тут Артур Х., один из главных его мучителей, стоя в нескольких шагах за спиной у Томми, начал его передразнивать: изобразил, как он стоит над мячом, уперев руки в бока. Я смотрела внимательно, но, похоже, никто выходку Артура не поддержал. Видеть наверняка видел каждый, ведь все глаза были на Томми, который собирался пробить, а Артур стоял прямо за ним — но никто не проявил интереса. Томми нанес удар, игра пошла дальше, и Артур Х. новых попыток уже не делал.

Все это меня обрадовало — и вместе с тем заинтриговало: ведь в «творчестве» Томми по-прежнему, мягко говоря, не блистал. Я видела, что прекращение припадков ему очень помогло, но нащупать первопричину улучшения мне не удавалось. Что-то изменилось в самом Томми — он по-другому теперь себя держал, по-другому разговаривал, глядя собеседнику в глаза, в своей открытой, доброжелательной манере. И это, в свою очередь, изменило отношение к нему окружающих. Но как так получилось — я понять не могла.

Заинтригованная, я решила немножко его расспросить, когда удастся еще раз поговорить с ним без посторонних ушей. Случай вскоре представился: я стояла в очереди на ланч и увидела его на несколько человек впереди.

Как ни странно, в Хейлшеме очередь на ланч была одним из лучших мест для разговора наедине. Отчасти дело тут в акустике Большого зала: среди общего гвалта, который эхом отдавался от высокого потолка, надо было стоять близко друг к другу и понизить голос, и тогда, если соседи были увлечены своими разговорами, появлялся неплохой шанс, что тебя не подслушают. Так или иначе, вариантов было не слишком много. «Тихие» уголки очень часто подводили: вечно оказы-

always someone likely to be passing within earshot. And
as soon as you looked like you were trying to sneak off
for a secret talk, the whole place seemed to sense it within minutes, and you'd have no chance.

So when I saw Tommy a few places ahead of me,
I waved him over — the rule being that though you
couldn't jump the queue going forwards it was fine to
go back. He came over with a delighted smile, and we
stood together for a moment without saying much — not
out of awkwardness, but because we were waiting for
any interest aroused by Tommy's moving back to fade.
Then I said to him:

"You seem much happier these days, Tommy. Things
seem to be going much better for you."

"You notice everything, don't you, Kath?" He said
this completely without sarcasm. "Yeah, everything's
all right. I'm getting on all right."

"So what's happened? Did you find God or something?"

"God?" Tommy was lost for a second. Then he laughed
and said: "Oh, I see. You're talking about me not... getting so angry."

"Not just that, Tommy. You've turned things around
for yourself. I've been watching. So that's why I was
asking."

Tommy shrugged.

"I've grown up a bit, I suppose. And maybe everyone
else has too. Can't keep on with the same stuff all the
time. Gets boring."

I said nothing, but just kept looking right at him,
until he gave another little laugh and said:

"Kath, you're so nosy. Okay, I suppose there is something. Something that happened. If you want, I'll tell
you."

"Well, go on then."

валось, что кто-то проходит мимо в пределах слышимости. И если твое поведение давало повод подумать, что ты ищешь местечко для секретного разговора, это за считаные минуты становилось известно всем и каждому и на уединение можно было не рассчитывать.

Так что, увидев Томми впереди, я помахала ему. Перескакивать в очереди вперед правилами запрещалось, а назад — пожалуйста. Он подошел ко мне с довольной улыбкой, и некоторое время мы постояли, ничего особенного не говоря, — не из-за неловкости, а в ожидании, пока спадет интерес, вызванный его перемещением. Потом я сказала:

— Ты повеселел последнее время. Дела, похоже, налаживаются?

— Все-то ты примечаешь, Кэт. — Он произнес это без всякой иронии. — Да, дела идут нормально. Все хорошо.

— Что случилось? Уж не к Богу ли ты пришел?

— К Богу? — Томми на секунду опешил, потом усмехнулся. — А, понятно. Ты о том, что я... что я меньше злюсь.

— Об этом, но не только. Ты вообще сильно изменился. Я наблюдала за тобой. Потому и спрашиваю.

Томми пожал плечами:

— Повзрослел, наверное. И я, и остальные. Неохота стало повторять по кругу одно и то же. Надоедает.

Я молчала, только смотрела на него, пока он опять не усмехнулся и не сказал:

— Любопытная ты, Кэт. Да, если хочешь знать, кое-что случилось. Могу и рассказать, если тебе интересно.

— Говори, я слушаю.

"I'll tell you, Kath, but you mustn't spread it, all right? A couple of months back, I had this talk with Miss Lucy. And I felt much better afterwards. It's hard to explain. But she said something, and it all felt much better."

"So what did she say?"

"Well... The thing is, it might sound strange. It did to me at first. What she said was that if I didn't want to be creative, if I really didn't feel like it, that was perfectly all right. Nothing wrong with it, she said."

"That's what she told you?"

Tommy nodded, but I was already turning away.

"That's just rubbish, Tommy. If you're going to play stupid games, I can't be bothered."

I was genuinely angry, because I thought he was lying to me, just when I deserved to be taken into his confidence. Spotting a girl I knew a few places back, I went over to her, leaving Tommy standing. I could see he was bewildered and crestfallen, but after the months I'd spent worrying about him, I felt betrayed, and didn't care how he felt. I chatted with my friend — I think it was Matilda — as cheerfully as possible, and hardly looked his way for the rest of the time we were in the queue.

But as I was carrying my plate to the tables, Tommy came up behind me and said quickly:

"Kath, I wasn't trying to pull your leg, if that's what you think. It's what happened. I'll tell you about it if you give me half a chance."

"Don't talk rubbish, Tommy."

"Kath, I'll tell you about it. I'll be down at the pond after lunch. If you come down there, I'll tell you."

I gave him a reproachful look and walked off without responding, but already, I suppose, I'd begun to enter-

— Хорошо, но пусть это останется между нами, ладно? Месяца два назад у меня был разговор с мисс Люси. И после него мне стало гораздо лучше. Это трудно объяснить. Она кое-что сказала, и стало лучше.

— Что она сказала?

— Ну… это может показаться странным. Мне, по крайней мере, сперва показалось. Она сказала, что если я не хочу заниматься творчеством, если меня к нему не тянет, то ничего плохого в этом нет. Все нормально, так она сказала.

— Прямо так?

Томми кивнул, но я уже начала отворачиваться.

— Не валяй дурака, Томми. Я не из тех, кому можно вешать лапшу на уши.

Я действительно рассердилась: я заслуживаю доверия, а он мне врет — так я решила. Увидев сзади в очереди знакомую девочку, я отправилась к ней и оставила Томми одного. Я понимала, что он обескуражен и удручен, но после месяцев переживаний ощущала себя преданной им, и мне было все равно, какие чувства он испытывает. Все время, пока двигалась очередь, я как могла непринужденно болтала с подругой (кажется, это была Матильда) и старалась не смотреть в его сторону.

Но когда я несла тарелку на стол, Томми приблизился сзади и быстро сказал:

— Кэт, если ты думаешь, что я вру, ты ошибаешься. Именно так оно и было. Я все тебе расскажу, если ты мне позволишь.

— Не болтай чепуху, Томми.

— Кэт, я тебе все расскажу. После ланча я буду около пруда. Подойдешь — все услышишь.

Я укоризненно на него посмотрела и отошла, ничего не ответив, но, кажется, уже допускала возмож-

tain the possibility that he wasn't, after all, making it up about Miss Lucy. And by the time I sat down with my friends, I was trying to figure out how I could sneak off afterwards down to the pond without getting everyone curious.

Chapter 3

The pond lay to the south of the house. To get there you went out the back entrance, and down the narrow twisting path, pushing past the overgrown bracken that, in the early autumn, would still be blocking your way. Or if there were no guardians around, you could take a short cut through the rhubarb patch. Anyway, once you came out to the pond, you'd find a tranquil atmosphere waiting, with ducks and bulrushes and pondweed. It wasn't, though, a good place for a discreet conversation — not nearly as good as the lunch queue. For a start you could be clearly seen from the house. And the way the sound travelled across the water was hard to predict; if people wanted to eavesdrop, it was the easiest thing to walk down the outer path and crouch in the bushes on the other side of the pond. But since it had been me that had cut him off in the lunch queue, I supposed I had to make the best of it. It was well into October by then, but the sun was out that day and I decided I could just about make out I'd gone strolling aimlessly down there and happened to come across Tommy.

Maybe because I was keen to keep up this impression — though I'd no idea if anyone was actually watching — I didn't try and sit down when I eventually found him seated on a large flat rock not far from the water's edge. It must have been a Friday or a weekend, because I remember we had on our own clothes. I don't remember exactly what Tommy was wearing — probably one of the

ность, что он сказал правду насчет мисс Люси. И к тому времени, как мы с подругами сели за стол, я начала прикидывать, как бы мне ускользнуть потом на пруд, не привлекая внимания.

Глава 3

Пруд находился к югу от корпуса. Чтобы к нему попасть, надо было выйти через заднюю дверь и пройти по узкой извилистой тропинке, раздвигая сильно разросшийся папоротник, который загораживал дорогу даже ранней осенью. Или же, если поблизости не было опекунов, можно было срезать через заросли ревеня. Так или иначе, у пруда тебя ожидало сонное спокойствие: утки, камыш, ряска. Для секретного разговора это место, однако, не очень годилось — в сто раз лучше была очередь на ланч. Во-первых, пруд хорошо просматривался из корпуса. Кроме того, никогда не угадаешь, как пойдет по воде звук. Если кому-нибудь захотелось бы подслушивать, надо было только прошмыгнуть по дальней тропинке и спрятаться в кустах на той стороне пруда. Но ведь я сама оборвала Томми в очереди на ланч — так что теперь привередничать не приходилось. Хотя стоял октябрь, и уже не первые числа, день был солнечный, и я решила сделать вид, что гуляю там просто так и на Томми натыкаюсь случайно.

Может быть, потому, что я настроилась так себя вести — хотя понятия не имела, смотрит кто-нибудь или нет, — я не стала садиться, когда наконец увидела его сидящим на большом плоском камне поблизости от воды. Одежда на нас, помню, была своя — значит, была пятница или уик-энд. Во что именно был одет Томми, сказать теперь не могу — скорее всего, на

raggy football shirts he wore even when the weather was chilly — but I definitely had on the maroon track suit top that zipped up the front, which I'd got at a Sale in Senior 1. I walked round him and stood with my back to the water, facing the house, so that I'd see if people started gathering at the windows. Then for a few minutes we talked about nothing in particular, just like the lunch-queue business hadn't happened. I'm not sure if it was for Tommy's benefit, or for any onlookers', but I'd kept my posture looking very provisional, and at one point made a move to carry on with my stroll. I saw a kind of panic cross Tommy's face then, and I immediately felt sorry to have teased him, even though I hadn't meant to. So I said, like I'd just remembered:

"By the way, what was that you were saying earlier on? About Miss Lucy telling you something?"

"Oh..." Tommy gazed past me to the pond, pretending too this was a topic he'd forgotten all about. "Miss Lucy. Oh that."

Miss Lucy was the most sporting of the guardians at Hailsham, though you might not have guessed it from her appearance. She had a squat, almost bulldoggy figure, and her odd black hair, when it grew, grew upwards so it never covered her ears or chunky neck. But she was really strong and fit, and even when we were older, most of us — even the boys — couldn't keep up with her on a fields run. She was superb at hockey, and could even hold her own with the Senior boys on the football pitch. I remember watching once when James B. tried to trip her as she went past him with the ball, and he was the one sent flying instead. When we'd been in the Juniors, she'd never been someone like Miss Geraldine who you turned to when you were upset. In fact, she didn't tend

нем была одна из потрепанных футболок, которые он носил даже в прохладную погоду. А я совершенно точно была в тренировочной куртке на молнии, которую приобрела на Распродаже в первом старшем. Я обогнула камень и стала спиной к пруду, лицом к корпусу, чтобы заметить, если в окнах начнут появляться лица. Потом мы несколько минут говорили о всяких пустяках, как будто в очереди на ланч ничего не случилось. Не знаю, кому — Томми или возможным зрителям — это предназначалось, но держалась я нарочито обыденно и один раз даже пошла было дальше, вроде как продолжать прогулку. Но тут на лице у Томми изобразилось чуть ли не отчаяние, и я мгновенно раскаялась: получалось, что я дразню его, хотя у меня этого и в мыслях не было. И я спросила, словно только что вспомнила:

— Кстати, о чем это ты начал тогда говорить? Насчет мисс Люси.

— А, да... — Томми уставился мимо меня на пруд, тоже делая вид, что совершенно об этом позабыл. — Мисс Люси. Было дело.

Мисс Люси по праву считалась в Хейлшеме самой спортивной опекуншей, хотя по ее виду не всякий мог бы такое предположить. Коренастая, она чем-то напоминала бульдога, и ее черные волосы странно росли вверх и никогда не закрывали ни ушей, ни короткой толстой шеи. При этом она была очень сильная и натренированная, и даже в старших классах мало кто из нас — включая мальчишек — мог тягаться с ней на беговой дорожке. Она великолепно играла в хоккей на траве и не уступала парням старшего возраста на футбольном поле. Помню, однажды Джеймс Б. попытался, когда она вела мяч, остановить ее подножкой, но не тут-то было — сам полетел на траву. Когда мы были в младших классах, она обращалась с нами со-

to speak much to us when we were younger. It was only in the Seniors, really, we'd started to appreciate her brisk style.

"You were saying something," I said to Tommy. "Something about Miss Lucy telling you it was all right not to be creative."

"She did say something like that. She said I shouldn't worry. Not mind what other people were saying. A couple of months ago now. Maybe longer."

Over at the house, a few Juniors had stopped at one of the upstairs windows and were watching us. But I now crouched down in front of Tommy, no longer pretending anything.

"Tommy, that's a funny thing for her to say. Are you sure you got it right?"

"Of course I got it right." His voice lowered suddenly. "She didn't just say it once. We were in her room and she gave me a whole talk about it."

When she'd first asked him to come to her study after Art Appreciation, Tommy explained, he'd expected yet another lecture about how he should try harder — the sort of thing he'd had already from various guardians, including Miss Emily herself. But as they were walking from the house towards the Orangery — where the guardians had their living quarters — Tommy began to get an inkling this was something different. Then, once he was seated in Miss Lucy's easy chair — she'd remained standing by the window — she asked him to tell her the whole story, as he saw it, of what had been happening to him. So Tommy had begun going through it all. But before he was even half way she'd suddenly broken in and started to talk herself. She'd known a lot of students, she'd said, who'd for a long time found it

всем не так, как мисс Джеральдина, которая могла утешить в беде. В младших она вообще мало с нами разговаривала. Только повзрослев, мы начали ценить ее скупую, энергичную манеру речи.

— Ты стал рассказывать, — напомнила я Томми, — про разговор с мисс Люси. Будто она сказала, что если ты не хочешь заниматься творчеством, то ничего страшного.

— Да, что-то в этом роде. Сказала, чтобы я не беспокоился. Мало ли кто что про меня говорит. Это было месяца два назад. Или чуть побольше.

В корпусе несколько младшеклассников остановились у одного из верхних окон и начали смотреть на нас. Но я, забыв о притворстве, присела на корточки напротив сидящего Томми.

— Томми, ведь это очень странно звучит. Ты уверен, что правильно ее понял?

— Конечно уверен. — Он вдруг понизил голос. — Она не один раз это повторила. Мы были в ее кабинете, и она закатила об этом целую речь.

Когда она попросила его зайти к ней в кабинет после урока восприятия искусства, Томми, объяснил он мне, подумал, что его ждет очередная лекция о необходимости прилагать старания. Опекуны, в том числе даже мисс Эмили, проводили с ним такие беседы уже не раз. Но когда Томми и мисс Люси шли от корпуса к оранжерее (там у нас жили опекуны), у него возникло ощущение, что сегодня будет по-другому. Потом, когда он сел в ее удобное кресло (сама мисс Люси осталась стоять у окна), она попросила его рассказать, что, по его мнению, с ним все это время происходило. Томми начал было, но даже до середины не дошел, как она вдруг перебила его и заговорила сама. Она, мол, знала множество воспитанников, которым долгое время очень трудно давалось творчество. Жи-

very difficult to be creative: painting, drawing, poetry, none of it going right for years. Then one day they'd turned a corner and blossomed. It was quite possible Tommy was one of these.

Tommy had heard all of this before, but there was something about Miss Lucy's manner that made him keep listening hard.

"I could tell," he told me, "she was leading up to something. Something different."

Sure enough, she was soon saying things Tommy found difficult to follow. But she kept repeating it until eventually he began to understand. If Tommy had genuinely tried, she was saying, but he just couldn't be very creative, then that was quite all right, he wasn't to worry about it. It was wrong for anyone, whether they were students or guardians, to punish him for it, or put pressure on him in any way. It simply wasn't his fault. And when Tommy had protested it was all very well Miss Lucy saying this, but everyone did think it was his fault, she'd given a sigh and looked out of her window. Then she'd said:

"It may not help you much. But just you remember this. There's at least one person here at Hailsham who believes otherwise. At least one person who believes you're a very good student, as good as any she's ever come across, never mind how creative you are."

"She wasn't having you on, was she?" I asked Tommy. "It wasn't some clever way of telling you off?"

"It definitely wasn't anything like that. Anyway..." For the first time he seemed worried about being overheard and glanced over his shoulder towards the house. The Juniors at the window had lost interest and gone; some girls from our year were walking towards the pa-

вопись, рисунок, поэзия — все это не один год шло у них со скрипом. Потом в один прекрасный день они вдруг раз — и расцветали. Вполне возможно, сказала она Томми, что и с ним так будет.

Томми слыхал подобное и раньше, но было в тоне мисс Люси что-то такое, что заставило его прислушаться.

— Мне ясно стало, — сказал он мне, — что она к чему-то клонит. К чему-то другому.

И действительно, вскоре она начала говорить необычные вещи, которые Томми не сразу воспринял. Но она твердила свое, и понемногу он стал понимать. Если, сказала она, Томми старается по-настоящему, но с творчеством все равно ничего не выходит, это не беда, беспокоиться не надо. Никто — ни опекуны, ни воспитанники — не должен наказывать его, давить на него, мучить его за это. Его вины здесь нет. А когда Томми возразил, что если мисс Люси так думает — это, конечно, хорошо, но все-то остальные считают виноватым именно его, она вздохнула и посмотрела в окно. Потом сказала:

— Может быть, это и не сильно тебе поможет, но знай: в Хейлшеме есть по крайней мере один человек, который думает по-другому. Который считает тебя очень хорошим воспитанником, ничуть не хуже остальных, независимо от твоих творческих результатов.

— Может, она голову тебе морочила? — спросила я Томми. — Может, она таким хитрым способом решила сделать тебе втык?

— Точно нет. Дело в том... — Вдруг, в первый раз за весь разговор, он обеспокоился, что нас могут подслушивать, и оглянулся на корпус. Младшеклассники уже потеряли интерес и отошли от окна; к павильону направлялись несколько девчонок нашего

vilion, but they were still a good way off. Tommy turned back to me and said almost in a whisper:

"Anyway, when she said all this, she was shaking."

"What do you mean, shaking?"

"Shaking. With rage. I could see her. She was furious. But furious deep inside."

"Who at?"

"I wasn't sure. Not at me anyway, that was the most important thing!" He gave a laugh, then became serious again. "I don't know who she was angry with. But she was angry all right."

I stood up again because my calves were aching.

"It's pretty weird, Tommy."

"Funny thing is, this talk with her, it did help. Helped a lot. When you were saying earlier on, about how things seemed better for me now. Well, it's because of that. Because afterwards, thinking about what she'd said, I realised she was right, that it wasn't my fault. Okay, I hadn't handled it well. But deep down, it wasn't my fault. That's what made the difference. And whenever I felt rocky about it, I'd catch sight of her walking about, or I'd be in one of her lessons, and she wouldn't say anything about our talk, but I'd look at her, and she'd sometimes see me and give me a little nod. And that's all I needed. You were asking earlier if something had happened. Well, that's what happened. But Kath, listen, don't breathe a word to anyone about this, right?"

I nodded, but asked:

"Did she make you promise that?"

"No, no, she didn't make me promise anything. But you're not to breathe a word. You've got to really promise."

"All right."

The girls heading for the pavilion had spotted me and were waving and calling. I waved back and said to Tommy:

возраста, но они пока что были далеко. Томми опять повернулся ко мне и сказал чуть ли не шепотом:

— Дело в том, что когда она это говорила, ее трясло.

— Как это — трясло?

— Натурально. От злости. Я прекрасно видел. Она, глубоко внутри, была в бешенстве.

— Из-за кого?

— Не знаю. Но не из-за меня, вот что самое главное! — Он усмехнулся, потом опять стал серьезным. — Понятия не имею, на кого она злилась. Но злилась здорово.

У меня затекли ноги, и я встала.

— Странно все это, Томми.

— И самое интересное, что этот разговор мне помог. Очень даже помог. Ты сегодня сказала, что дела у меня как будто налаживаются. Ну так это из-за мисс Люси. Я стал потом думать о ее словах и понял: она права, я не виноват. Да, я вел себя не так, как надо. Но все равно где-то там, в самой глубине, я не виноват. Вот это-то все и меняет. А если я чувствую, что могу сорваться, хорошо бывает встретить ее где-нибудь или просто посмотреть на нее, когда сижу на уроке. Она ничего, конечно, не скажет про наш разговор, только слегка кивнет. Но мне этого хватает. Ну вот — ты спрашивала, что со мной случилось. Теперь ты знаешь. Но слушай, Кэт, обещай мне: ни слова никому, хорошо?

Я кивнула, но спросила:

— Это она потребовала?

— Нет-нет, она ничего от меня не требовала. Но все равно молчи как рыба. Ты должна дать мне слово.

— Ладно, даю слово.

Девочки, которые шли к павильону, увидели меня и стали махать руками и кричать. Я помахала в ответ и сказала Томми:

"I'd better go. We can talk more about it soon."

But Tommy ignored this.

"There's something else," he went on. "Something else she said I can't quite figure out. I was going to ask you about it. She said we weren't being taught enough, something like that."

"Taught enough? You mean she thinks we should be studying even harder than we are?"

"No, I don't think she meant that. What she was talking about was, you know, about us. What's going to happen to us one day. Donations and all that."

"But we have been taught about all that," I said. "I wonder what she meant. Does she think there are things we haven't been told yet?"

Tommy thought for a moment, then shook his head.

"I don't think she meant it like that. She just thinks we aren't taught about it enough. Because she said she'd a good mind to talk to us about it herself."

"About what exactly?"

"I'm not sure. Maybe I got it all wrong, Kath, I don't know. Maybe she was meaning something else completely, something else to do with me not being creative. I don't really understand it."

Tommy was looking at me as though he expected me to come up with an answer. I went on thinking for a few seconds, then said:

"Tommy, think back carefully. You said she got angry..."

"Well, that's what it looked like. She was quiet, but she was shaking."

"All right, whatever. Let's say she got angry. Was it when she got angry she started to say this other stuff? About how we weren't taught enough about donations and the rest of it?"

"I suppose so..."

— Я теперь пойду. Давай потом это обсудим.

Но Томми будто не слышал.

— Было еще кое-что, — продолжал он. — Она и про другое мне говорила, но я толком не понял. Хотел тебя об этом спросить. Она сказала, нас недостаточно учат, что-то в этом роде.

— Недостаточно учат? То есть она думает, что мы должны еще больше заниматься?

— Нет, кажется, она не к этому вела. Она говорила... ну... про нас вообще. Про то, что с нами будет. Про донорство и все такое.

— Но ведь нам это объясняли, — удивилась я. — Не понимаю, что она хотела сказать. Что есть такие вещи, которые от нас пока держат в секрете?

Томми ненадолго задумался, потом помотал головой:

— Нет, по-моему. Просто она думает, что нас надо больше этому учить, вот и все. Она сказала, ей бы очень хотелось самой с нами потолковать на эти темы.

— На какие именно?

— Не знаю, Кэт. Может быть, я вообще не так ее понял. Может быть, она совсем даже не это имела в виду, а еще что-нибудь насчет моих нулевых творческих результатов. Я как в тумане, если честно.

Томми смотрел на меня так, словно ждал, что я добуду откуда-нибудь ответ. Я поразмыслила еще несколько секунд, потом сказала:

— Томми, постарайся вспомнить. Ты говоришь, она злилась...

— Да, вид был такой. Тихая, но ее трясло.

— Хорошо, допустим — она злилась. И что, злость напала на нее, как раз когда она затеяла этот новый разговор? Про то, что нам мало объясняют насчет донорства и прочего?

— Кажется, так...

"Now, Tommy, think. Why did she bring it up? She's talking about you and you not creating. Then suddenly she starts up about this other stuff. What's the link? Why did she bring up donations? What's that got to do with you being creative?"

"I don't know. There must have been some reason, I suppose. Maybe one thing reminded her of the other. Kath, you're getting really worked up about this yourself now."

I laughed, because he was right: I'd been frowning, completely lost in my thoughts. The fact was, my mind was going in various directions at once. And Tommy's account of his talk with Miss Lucy had reminded me of something, perhaps a whole series of things, little incidents from the past to do with Miss Lucy that had puzzled me at the time.

"It's just that..." I stopped and sighed. "I can't quite put it right, not even to myself. But all this, what you're saying, it sort of fits with a lot of other things that are puzzling. I keep thinking about all these things. Like why Madame comes and takes away our best pictures. What's that for exactly?"

"It's for the Gallery."

"But what is her gallery? She keeps coming here and taking away our best work. She must have stacks of it by now. I asked Miss Geraldine once how long Madame's been coming here, and she said for as long as Hailsham's been here. What is this gallery? Why should she have a gallery of things done by us?"

"Maybe she sells them. Outside, out there, they sell everything."

I shook my head.

"That can't be it. It's got something to do with what Miss Lucy said to you. About us, about how one day

64

— Теперь, Томми, подумай. С какой стати она сюда вырулила? Говорила про тебя, про твои трудности с творчеством. Потом вдруг начинает про эти вещи. Где связь? При чем тут вообще донорство? Какое оно имеет отношение к твоим делам?

— Не знаю — какое-то, наверное, имеет. Может быть, одно почему-то навело ее на другое. Кэт, ты что-то слишком во все это погрузилась.

Я засмеялась, потому что он был прав: я хмурила брови, полностью уйдя в свои мысли. Они двигались в разных направлениях одновременно. Рассказ Томми о разговоре с мисс Люси заставил меня кое о чем вспомнить — пожалуй, сразу о нескольких вещах, о мелких эпизодах с участием мисс Люси, которые озадачили меня в свое время.

— Просто... — Я замолчала, вздохнула. — Не могу понятно объяснить, даже сама себе. Просто то, что ты говоришь, напоминает о всяком-разном — о довольно-таки загадочном. Я часто про это думаю. Например, зачем Мадам приезжает и забирает наши лучшие картины? Для чего они ей нужны?

— Для Галереи.

— Но что это за Галерея? Приезжает раз за разом и увозит лучшее, что мы делаем. У нее уже горы должны были накопиться. Я однажды спросила мисс Джеральдину, с каких пор Мадам стала сюда приезжать, и она ответила, что с самого основания Хейлшема. Что это за Галерея? Почему она вдруг решила сделать галерею из наших работ?

— Может быть, продает. Там, снаружи, они всем торгуют.

Я покачала головой:

— Нет, не то. Здесь должна быть какая-то ниточка к тому, что сказала тебе мисс Люси. Про нас, про то,

we'll start giving donations. I don't know why, but I've had this feeling for some time now, that it's all linked in, though I can't figure out how. I'll have to go now, Tommy. Let's not tell anyone yet, about what we've been saying."

"No. And don't tell anyone about Miss Lucy."

"But will you tell me if she says anything else to you like that?"

Tommy nodded, then glanced around him again.

"Like you say, you'd better go, Kath. Someone's going to hear us soon."

The gallery Tommy and I were discussing was something we'd all of us grown up with. Everyone talked about it as though it existed, though in truth none of us knew for sure that it did. I'm sure I was pretty typical in not being able to remember how or when I'd first heard about it. Certainly, it hadn't been from the guardians: they never mentioned the Gallery, and there was an unspoken rule that we should never even raise the subject in their presence.

I'd suppose now it was something passed down through the different generations of Hailsham students. I remember a time when I could only have been five or six, sitting at a low table beside Amanda C., our hands clammy with modelling clay. I can't remember if there were other children with us, or which guardian was in charge. All I remember is Amanda C. — who was a year older than me — looking at what I was making and exclaiming: "That's really, really good, Kathy! That's so good! I bet that'll get in the Gallery!"

I must by then have already known about the Gallery, because I remember the excitement and pride when she said that — and then the next moment, thinking to

что нам предстоит, про донорство. Не знаю, но мне кажется, что все тут связано одно с другим, хотя не могу сообразить как. Ладно, я пойду, Томми. Давай пока будем молчать обо всем.

— Конечно. И никому про мисс Люси.

— Но ты мне скажешь, если она еще о чем-нибудь таком с тобой заговорит?

Томми кивнул, потом опять оглянулся.

— Ты правда иди, Кэт. А то кто-нибудь нас услышит.

С Галереей, о которой вспомнили мы с Томми, мы, можно сказать, выросли. Все говорили о ней как о чем-то реальном, хотя никто из нас не был по-настоящему уверен в ее существовании. Не помню, когда и от кого я в первый раз про нее услышала, и наверняка я в этом отношении случай довольно типичный. Точно могу сказать, что не от опекунов: они о Галерее никогда не упоминали, и действовало негласное правило, что в их присутствии мы даже и заговаривать не должны на эту тему.

Мне думается теперь, что представление о Галерее передавалось в Хейлшеме от поколения к поколению воспитанников. Помню, мне было всего пять или шесть и я сидела за низким столиком рядом с Амандой С. Руки у нас были липкие от пластилина. Не могу сейчас сказать, были ли в комнате другие дети и кто из опекунов вел занятие. Точно знаю одно: Аманда С., которая была на год старше, посмотрела на то, что я леплю, и воскликнула: «Ой, Кэти, какая красота! Вот здорово! Точно тебе говорю — это возьмут в Галерею!»

Наверняка я уже знала про Галерею. Помню свои волнение и гордость, когда я это услышала, и помню, что мгновение спустя я подумала: «Ну

myself: "That's ridiculous. None of us are good enough for the Gallery yet."

As we got older, we went on talking about the Gallery. If you wanted to praise someone's work, you'd say: "That's good enough for the Gallery." And after we discovered irony, whenever we came across any laughably bad work, we'd go: "Oh yes! Straight to the Gallery with that one!"

But did we really believe in the Gallery? Today, I'm not sure. As I've said, we never mentioned it to the guardians and looking back, it seems to me this was a rule we imposed on ourselves, as much as anything the guardians had decided. There's an instance I can remember from when we were about eleven. We were in Room 7 on a sunny winter's morning. We'd just finished Mr. Roger's class, and a few of us had stayed on to chat with him. We were sitting up on our desks, and I can't remember exactly what we were talking about, but Mr. Roger, as usual, was making us laugh and laugh. Then Carole H. had said, through her giggles: "You might even get it picked for the Gallery!" She immediately put her hand over her mouth with an "oops!" and the atmosphere remained light-hearted; but we all knew, Mr. Roger included, that she'd made a mistake. Not a disaster, exactly: it would have been much the same had one of us let slip a rude word, or used a guardian's nickname to his or her face. Mr. Roger smiled indulgently, as though to say: "Let it pass, we'll pretend you never said that," and we carried on as before.

If for us the Gallery remained in a hazy realm, what was solid enough fact was Madame's turning up usually twice — sometimes three or four times — each year to select from our best work. We called her "Madame" be-

нет, глупости, никто из нас еще не годится для Галереи».

Мы становились старше, и Галерея то и дело возникала в наших разговорах. Если кому-нибудь хотелось похвалить чужую работу, он говорил: «Класс! Прямо для Галереи». Когда мы доросли до иронии, то, увидев какое-нибудь смехотворно неудачное произведение, потешались: «Вот это шедевр! В Галерею немедленно!»

Но действительно ли мы верили в существование Галереи? Сегодня я в этом не убеждена. Как я уже сказала, мы никогда не упоминали о ней в разговорах с опекунами, и мне сейчас кажется, что это правило мы настолько же установили для себя сами, насколько оно исходило от опекунов. Помню один случай, когда нам было лет одиннадцать. Класс 7, солнечное зимнее утро. Только что кончился урок мистера Роджера, и некоторые из нас остались поболтать с ним. Мы сидим на столах, о чем именно идет беседа — не помню, но мистер Роджер, как всегда, заставляет нас покатываться со смеху. И тут Кэрол Х. возьми и скажи сквозь хохот: «Ну просто перл! Хоть в Галерее выставляй!» Она мигом прихлопнула рот ладонью, и настроение в классе осталось веселым, но все, в том числе мистер Роджер, понимали, что она совершила ошибку. Не катастрофическую — такую, как если бы с языка сорвалось грубое словцо или прозвучало прозвище опекуна в его присутствии. Мистер Роджер снисходительно улыбнулся, словно говоря: «Ничего, сделаем вид, что это не было сказано», и мы продолжили в прежнем духе.

Если Галерея оставалась для нас чем-то туманным, то вполне ощутимыми были визиты Мадам, отбиравшей наши лучшие работы, — она приезжала два, а иногда три или четыре раза в год. Мы называли

cause she was French or Belgian — there was a dispute as to which — and that was what the guardians always called her. She was a tall, narrow woman with short hair, probably quite young still, though at the time we wouldn't have thought of her as such. She always wore a sharp grey suit, and unlike the gardeners, unlike the drivers who brought in our supplies — unlike virtually anyone else who came in from outside — she wouldn't talk to us and kept us at a distance with her chilly look. For years we thought of her as "snooty," but then one night, around when we were eight, Ruth came up with another theory.

"She's scared of us," she declared.

We were lying in the dark in our dorm. In the Juniors, we were fifteen to a dorm, so didn't tend to have the sort of long intimate conversations we did once we got to the Senior dorms. But most of what became our "group" had beds close together by then, and we were already getting the habit of talking into the night.

"What do you mean, scared of us?" someone asked. "How can she be scared of us? What could we do to her?"

"I don't know," Ruth said. "I don't know, but I'm sure she is. I used to think she was just snooty, but it's something else, I'm sure of it now. Madame's scared of us."

We argued about this on and off for the next few days. Most of us didn't agree with Ruth, but then that just made her all the more determined to prove she was right. So in the end we settled on a plan to put her theory to the test the next time Madame came to Hailsham.

ее между собой Мадам, потому что она была францу-
женка или бельгийка (кто именно, возникали споры)
и так к ней всегда обращались опекуны. Это была
высокая худая женщина с короткой стрижкой, видимо, еще довольно молодая, хотя тогда мы считали
по-другому. На ней каждый раз был элегантный серый костюм, и, в отличие от садовников, от шоферов,
привозивших нам продукты и прочее, практически
ото всех, кто приезжал извне, она с нами не разговаривала и своей прохладной манерой держала нас на
расстоянии. Не один год мы считали ее «задавакой»,
но однажды вечером, когда нам было лет восемь, Рут
выдвинула другое предположение.

— Она нас боится, — заявила она.

Мы лежали в кроватях в темноте. В младших
классах нас приходилось по пятнадцати на спальню,
поэтому у нас еще не могло быть таких долгих за-
душевных бесед, какие мы начали вести в старшем
возрасте. Тем не менее у большей части нашей компании кровати стояли близко друг к другу, и позд-
ние разговоры уже тогда начали входить у нас в привычку.

— Как это — боится? — спросила одна из девчонок. — С какой стати она будет нас бояться? Что мы
ей можем сделать?

— Не знаю, — сказала Рут. — Не знаю, но точно вам говорю, что это так. Я думала, она просто за-
давака, но нет, Мадам нас боится, я теперь в этом
уверена.

Мы спорили об этом несколько дней. Большинство
не согласились с мнением Рут, но это только придало
ей решимости доказать свою правоту. И в конце концов, чтобы проверить ее теорию, мы придумали план,
который должны были привести в действие, когда
Мадам опять приедет в Хейлшем.

Although Madame's visits were never announced, it was always pretty obvious when she was due. The lead-up to her arrival began weeks before, with the guardians sifting through all our work — our paintings, sketches, pottery, all our essays and poems. This usually went on for at least a fortnight, by the end of which four or five items from each Junior and Senior year would have ended up in the billiards room. The billiards room would get closed during this period, but if you stood on the low wall of the terrace outside, you'd be able to see through the windows the haul of stuff getting larger and larger. Once the guardians started laying it out neatly, on tables and easels, like a miniature version of one of our Exchanges, then you knew Madame would be coming within a day or two.

That autumn I'm now talking about, we needed to know not just the day, but the precise moment Madame turned up, since she often stayed no longer than an hour or two. So as soon as we saw the stuff getting displayed in the billiards room, we decided to take turns keeping look-out.

This was a task made much easier by the way the grounds were laid out. Hailsham stood in a smooth hollow with fields rising on all sides. That meant that from almost any of the classroom windows in the main house — and even from the pavilion — you had a good view of the long narrow road that came down across the fields and arrived at the main gate. The gate itself was still a fair distance off, and any vehicle would then have to take the gravelled drive, going past shrubs and flower-erbeds, before at last reaching the courtyard in front of the main house. Days could sometimes go by without us seeing a vehicle coming down that narrow road, and the ones that did were usually vans or lorries bringing supplies, gardeners or workmen. A car was a rarity, and the

Хотя о приездах Мадам никогда не объявляли, всякий раз было вполне очевидно, что ее ждут. Подготовка к визиту начиналась загодя. Опекуны просматривали все наши работы — картины, рисунки, керамику, прозу, стихи. Продолжалось это недели две, и в итоге по четыре-пять вещей от каждого года обучения, от старших и младших, отбирались и помещались в бильярдную. Бильярдная на это время запиралась, но если забраться снаружи на низенькую ограду, можно было заглянуть в окно и увидеть, как растет улов. Когда опекуны начинали аккуратно все располагать на столах и стендах, устраивая своего рода Ярмарку в миниатюре, мы знали, что Мадам появится через день-два.

Но осенью, про которую я рассказываю, нам нужно было знать не только день, но и точный момент, потому что нередко Мадам гостила всего час-другой. Так что когда мы увидели, что в бильярдной идет раскладка вещей, мы решили дежурить и высматривать ее по очереди.

Задачу сильно облегчало наше местоположение. Хейлшем находился в низине, откуда во все стороны плавно поднимались поля. Это означало, что почти из каждого классного окна в главном корпусе — и даже из павильона — хорошо видно было длинное узкое шоссе, которое шло через поля вниз к главным воротам. Да и от этих ворот расстояние до корпуса еще было приличное, и любой машине, чтобы попасть на площадку перед ним, надо было проехать по гравийной дорожке мимо кустов и клумб. Нередко за день мы не видели на шоссе ни одной машины, а те, что изредка появлялись, обычно были фургончиками или грузовиками, которые везли садовников, рабочих и снабжали Хейлшем всем необходимым. Легковой

sight of one in the distance was sometimes enough to cause bedlam during a class.

The afternoon Madame's car was spotted coming across the fields, it was windy and sunny, with a few storm clouds starting to gather. We were in Room 9—on the first floor at the front of the house — and when the whisper went around, poor Mr. Frank, who was trying to teach us spelling, couldn't understand why we'd suddenly got so restless.

The plan we'd come up with to test Ruth's theory was very simple: we — the six of us in on it — would lie in wait for Madame somewhere, then "swarm out" all around her, all at once. We'd all remain perfectly civilised and just go on our way, but if we timed it right, and she was taken off-guard, we'd see — Ruth insisted — that she really was afraid of us.

Our main worry was that we just wouldn't get an opportunity during the short time she was at Hailsham. But as Mr. Frank's class drew to an end, we could see Madame, directly below in the courtyard, parking her car. We had a hurried conference out on the landing, then followed the rest of the class down the stairs and loitered just inside the main doorway. We could see out into the bright courtyard, where Madame was still sitting behind the wheel, rummaging in her briefcase. Eventually she emerged from the car and came towards us, dressed in her usual grey suit, her briefcase held tightly to herself in both arms. At a signal from Ruth we all sauntered out, moving straight for her, but like we were all in a dream. Only when she came to a stiff halt did we each murmur: "Excuse me, Miss," and separate.

автомобиль был редкостью, и, возникнув в отдалении, он иной раз вызывал в классе настоящий переполох.

День, когда мы заметили на шоссе машину Мадам, был солнечным, но ветреным, с грозовыми тучами на небосклоне. Мы сидели на втором этаже в классе 9 — окна со стороны фасада, — как вдруг по рядам побежал шепот, и бедный мистер Фрэнк, пытавшийся учить нас правописанию, не мог понять, какая муха нас укусила.

План, который мы разработали для проверки теории Рут, был очень простым. Мы, шесть девчонок, должны были устроить где-нибудь засаду и в подходящий момент, все разом, оказаться около Мадам. Вести себя при этом вполне прилично, приблизиться и сразу же двигаться дальше, но если сделать все вовремя, можно застать ее врасплох и, как уверяла Рут, увидеть, что она нас боится.

Нашей главной заботой было подловить Мадам за то короткое время, что она пробудет в Хейлшеме. Когда урок мистера Фрэнка кончился, мы увидели в окно, как она останавливает свою машину на площадке прямо под нами. Мы торопливо посовещались в коридоре, спустились вслед за остальными по лестнице и стали околачиваться в вестибюле у главного входа. Глядя в дверь на освещенную солнцем площадку, мы видели Мадам, которая все еще сидела за рулем и копалась в своем портфеле. Наконец она вышла из машины и двинулась в нашу сторону. На ней был обычный серый костюм, портфель она крепко прижимала к себе обеими руками. Рут подала знак, и мы, словно желая прогуляться, высыпали за дверь и направились прямо к ней — но были точно в забытьи. И только когда она остановилась как вкопанная, каждая из нас пробормотала: «Прошу прощения, мисс», — и обошла ее справа или слева.

I'll never forget the strange change that came over us the next instant. Until that point, this whole thing about Madame had been, if not a joke exactly, very much a private thing we'd wanted to settle among ourselves. We hadn't thought much about how Madame herself, or anyone else, would come into it. What I mean is, until then, it had been a pretty light-hearted matter, with a bit of a dare element to it. And it wasn't even as though Madame did anything other than what we predicted she'd do: she just froze and waited for us to pass by. She didn't shriek, or even let out a gasp. But we were all so keenly tuned in to picking up her response, and that's probably why it had such an effect on us. As she came to a halt, I glanced quickly at her face — as did the others, I'm sure. And I can still see it now, the shudder she seemed to be suppressing, the real dread that one of us would accidentally brush against her. And though we just kept on walking, we all felt it; it was like we'd walked from the sun right into chilly shade. Ruth had been right: Madame was afraid of us. But she was afraid of us in the same way someone might be afraid of spiders. We hadn't been ready for that. It had never occurred to us to wonder how we would feel, being seen like that, being the spiders.

By the time we'd crossed the courtyard and reached the grass, we were a very different group from the one that had stood about excitedly waiting for Madame to get out of her car. Hannah looked ready to burst into tears. Even Ruth looked really shaken. Then one of us — I think it was Laura — said:

"If she doesn't like us, why does she want our work? Why doesn't she just leave us alone? Who asks her to come here anyway?"

Никогда не забуду странную перемену, которая случилась с нами в следующий миг. До тех пор вся затея была для нас если и не просто шуткой, то во многом нашим частным делом, больше никого не касающимся. Мы не особенно думали о том, как в нем может участвовать сама Мадам или кто-либо еще. То есть до последнего момента это было довольно легкомысленное предприятие с небольшой примесью дерзости. И не сказать, чтобы Мадам повела себя каким-нибудь совсем неожиданным образом: она просто замерла и подождала, пока мы пройдем. Не вскрикнула, даже вздоха не испустила. Но мы все очень напряженно ждали, что будет, и, вероятно, поэтому ее реакция так на нас подействовала. Когда Мадам остановилась, я быстро посмотрела на ее лицо, и такой же взгляд, я уверена, бросили другие. И я до сих пор вижу еле заметное содрогание, которое она подавила, — признак реальной боязни случайно дотронуться до кого-нибудь из нас. И хотя мы все просто прошли мимо, каждая это почувствовала: словно из-под солнца мы на секунду переместились в холодную тень. Рут была права: Мадам действительно нас боялась. Но боялась так, как другие боятся пауков. К этому мы не были готовы. Обдумывая план, мы не задавались вопросом, как мы сами себя почувствуем в такой роли — в роли пауков.

К тому времени как мы пересекли площадку и вышли на траву, мы уже были совсем другой компанией, чем та, что стояла и азартно ждала, когда Мадам выйдет из машины. Ханна, казалось, вот-вот расплачется. Даже Рут выглядела потрясенной. Потом одна из нас — по-моему, Лора — сказала:

— Если она нас не любит, зачем ей наши работы? Почему бы просто не оставить нас в покое? Кто вообще ее просит сюда приезжать?

No one answered, and we carried on over to the pavilion, not saying anything more about what had happened.

Thinking back now, I can see we were just at that age when we knew a few things about ourselves — about who we were, how we were different from our guardians, from the people outside — but hadn't yet understood what any of it meant. I'm sure somewhere in your childhood, you too had an experience like ours that day; similar if not in the actual details, then inside, in the feelings. Because it doesn't really matter how well your guardians try to prepare you: all the talks, videos, discussions, warnings, none of that can really bring it home. Not when you're eight years old, and you're all together in a place like Hailsham; when you've got guardians like the ones we had; when the gardeners and the delivery men joke and laugh with you and call you "sweetheart."

All the same, some of it must go in somewhere. It must go in, because by the time a moment like that comes along, there's a part of you that's been waiting. Maybe from as early as when you're five or six, there's been a whisper going at the back of your head, saying: "One day, maybe not so long from now, you'll get to know how it feels." So you're waiting, even if you don't quite know it, waiting for the moment when you realise that you really are different to them; that there are people out there, like Madame, who don't hate you or wish you any harm, but who nevertheless shudder at the very thought of you — of how you were brought into this world and why — and who dread the idea of your hand brushing against theirs. The first time you glimpse yourself through the eyes of a person like that, it's a cold moment. It's like walking past a mirror you've walked past every day of your life, and suddenly it shows you something else, something troubling and strange.

Никто не ответил, и мы пошли в павильон — больше о случившемся не было сказано ни слова.

Теперь мне ясно, что мы были как раз в таком возрасте, когда уже знали кое-что о себе — кто мы такие, чем отличаемся от опекунов, от людей вне Хейлшема, — но еще не понимали, что это означает. Я уверена, что и у вас когда-нибудь в детстве было переживание, сходное с нашим в тот день. Сходное не внешне, не в деталях, а внутренне, чувствами. Потому что как бы ни готовили тебя опекуны, сколько бы ни было бесед, видеофильмов, обсуждений, предостережений, до сознания все это по-настоящему не доходит — по крайней мере, когда тебе только восемь лет, когда вы все вместе в таком заведении, как Хейлшем, когда у вас такие опекуны, как были у нас, когда садовники и шоферы шутят с вами, смеются и называют вас «золотко».

И где-то тем не менее это копится. Копится, потому что, когда наступает такой момент, как у нас, оказывается, что часть тебя этого ждала. Лет, может быть, с пяти или шести что-то в твоей голове тихо шепчет: «Когда-нибудь — может, даже и скоро — ты поймешь, каково это». И ты ждешь, пусть даже и не вполне это понимаешь, ждешь момента, когда тебе станет ясно, что ты действительно отличаешься от них, что там, снаружи, есть люди, которые, как Мадам, не питают к тебе ненависти и не желают тебе зла, но тем не менее содрогаются при самой мысли о тебе — о том, как ты появился в этом мире и зачем, — и боятся случайно дотронуться до твоей руки. Миг, когда ты впервые глядишь на себя глазами такого человека, — это отрезвляющий миг. Это как пройти мимо зеркала, мимо которого ты ходил каждый день, и вдруг увидеть в нем что-то иное, что-то странное и тревожное.

Chapter 4

I won't be a carer any more come the end of the year, and though I've got a lot out of it, I have to admit I'll welcome the chance to rest — to stop and think and remember. I'm sure it's at least partly to do with that, to do with preparing for the change of pace, that I've been getting this urge to order all these old memories. What I really wanted, I suppose, was to get straight all the things that happened between me and Tommy and Ruth after we grew up and left Hailsham. But I realise now just how much of what occurred later came out of our time at Hailsham, and that's why I want first to go over these earlier memories quite carefully. Take all this curiosity about Madame, for instance. At one level, it was just us kids larking about. But at another, as you'll see, it was the start of a process that kept growing and growing over the years until it came to dominate our lives.

After that day, mention of Madame became, while not taboo exactly, pretty rare among us. And this was something that soon spread beyond our little group to just about all the students in our year. We were, I'd say, as curious as ever about her, but we all sensed that to probe any further — about what she did with our work, whether there really was a gallery — would get us into territory we weren't ready for yet.

The topic of the Gallery, though, still cropped up every once in a while, so that when a few years later Tommy started telling me beside the pond about his odd talk with Miss Lucy, I found something tugging away at my memory. It was only afterwards, when I'd left him

Глава 4

К концу года я уже перестану работать помощницей, и, хотя я очень много от этой работы получила, должна признаться, что буду рада возможности отдохнуть — остановиться, поразмыслить, кое-что вспомнить. Наверняка две вещи в какой-то мере связаны — предстоящая перемена в моей жизни и эта потребность разложить по полочкам воспоминания давних лет. В первую очередь, думаю, мне хотелось разобраться в том, что произошло между мной, Томми и Рут после того, как мы выросли и уехали из Хейлшема. Но теперь мне стало понятно, что из случившегося позже очень многое берет начало в наших хейлшемских временах, и поэтому я хочу вначале аккуратно пройтись по ранним воспоминаниям. Взять, например, наше любопытство в отношении Мадам. На первый взгляд детская забава, и только. Но если посмотреть глубже — начало процесса, который с годами развивался и развивался, пока не стал главенствовать в нашей жизни.

С того дня упоминание о Мадам сделалось у нас если не табу, то довольно редким событием. И вскоре это распространилось с нашей маленькой компании почти на всех наших ровесников. Не то чтобы мы стали менее любопытны на ее счет, но в большинстве своем мы почувствовали, что попытки копнуть глубже — задаться, например, вопросами, что она делает с нашими работами, существует ли Галерея, — могут завести нас на территорию, куда нам ступать еще рано.

Впрочем, тема Галереи все же изредка возникала, так что несколько лет спустя, когда Томми принялся рассказывать мне у пруда о странном разговоре с мисс Люси, в моей памяти что-то забрезжило. Но только потом, когда я оставила его сидеть на камне,

sitting on his rock and was hurrying towards the fields to catch up with my friends, that it came back to me.

It was something Miss Lucy had once said to us during a class. I'd remembered it because it had puzzled me at the time, and also because it was one of the few occasions when the Gallery had been mentioned so deliberately in front of a guardian.

We'd been in the middle of what we later came to call the "tokens controversy." Tommy and I discussed the tokens controversy a few years ago, and we couldn't at first agree when it had happened. I said we'd been ten at the time; he thought it was later, but in the end came round to agreeing with me. I'm pretty sure I got it right: we were in Junior 4 — a while after that incident with Madame, but still three years before our talk by the pond.

The tokens controversy was, I suppose, all part of our getting more acquisitive as we grew older. For years — I think I've said already — we'd thought that having work chosen for the billiards room, never mind taken away by Madame, was a huge triumph. But by the time we were ten, we'd grown more ambivalent about it. The Exchanges, with their system of tokens as currency, had given us a keen eye for pricing up anything we produced. We'd become preoccupied with T-shirts, with decorating around our beds, with personalising our desks. And of course, we had our "collections' to think of.

I don't know if you had "collections" where you were. When you come across old students from Hailsham, you always find them, sooner or later, getting nostalgic about their collections. At the time, of course, we took it all for granted. You each had a wooden chest with your

а сама поспешила к игровому полю догонять подруг, я вспомнила, что это было.

Это были слова, которые мисс Люси как-то раз сказала на уроке. Я их запомнила, потому что они меня заинтриговали и еще потому, что это был один из редких случаев, когда о Галерее был задан прямой вопрос опекуну.

В самом разгаре у нас было то, что позднее мы назвали «жетонными дебатами». Уже став взрослыми, мы с Томми вспоминали однажды эти дела и поначалу не могли прийти к согласию о том, сколько нам тогда было лет. Я утверждала, что десять, он доказывал, что больше, но в конце концов признал мою правоту. Я, в общем, уверена, что не ошиблась: мы учились тогда в четвертом младшем — эпизод с Мадам был уже позади, но до разговора у пруда оставалось три года.

«Жетонные дебаты» были, я думаю, следствием того, что с возрастом в нас усиливался элемент собственничества. Долгое время, как я уже, кажется, говорила, мы считали, что если твою работу берут в бильярдную — и тем более если ее берет Мадам, — то это большое счастье, триумф. Но к десяти годам мы начали испытывать двойственные чувства на этот счет. Ярмарки с их системой жетонов, заменявших деньги, развили в нас привычку назначать цену всему, что мы создавали. Нас стали интересовать футболки с рисунками и надписями, мы принялись украшать стены над кроватями, индивидуализировать письменные столы. И конечно, нас заботили наши «коллекции».

Не знаю, собирали ли вы «коллекции» там, где росли. Когда встречаешь воспитанников Хейлшема, они всегда, раньше или позже, начинают предаваться ностальгическим воспоминаниям о своих «коллекциях». В то время, конечно, мы воспринимали это как

name on it, which you kept under your bed and filled with your possessions — the stuff you acquired from the Sales or the Exchanges. I can remember one or two students not bothering much with their collections, but most of us took enormous care, bringing things out to display, putting other things away carefully.

The point is, by the time we were ten, this whole notion that it was a great honour to have something taken by Madame collided with a feeling that we were losing our most marketable stuff. This all came to a head in the tokens controversy.

It began with a number of students, mainly boys, muttering that we should get tokens to compensate when Madame took something away. A lot of students agreed with this, but others were outraged by the idea. Arguments went on between us for some time, and then one day Roy J. — who was a year above us, and had had a number of things taken by Madame — decided to go and see Miss Emily about it.

Miss Emily, our head guardian, was older than the others. She wasn't especially tall, but something about the way she carried herself, always very straight with her head right up, made you think she was. She wore her silvery hair tied back, but strands were always coming loose and floating around her. They would have driven me mad, but Miss Emily always ignored them, like they were beneath her contempt. By the evening, she was a pretty strange sight, with bits of loose hair everywhere which she wouldn't bother to push away off her face when she talked to you in her quiet, deliberate voice. We were all pretty scared of her and didn't think of her in the way we did the other guardians. But we considered her to be fair and respected her decisions; and even

само собой разумеющееся. У каждого под кроватью стоял именной деревянный сундучок, где хранилось личное достояние, приобретенное на Распродажах и Ярмарках. Могу припомнить лишь одного-двух воспитанников, которых коллекции мало интересовали, между тем как подавляющее большинство заботилось о них чрезвычайно: одно выставляли напоказ, другое бережно прятали.

И к десяти годам представление о том, что Мадам, когда забирает вещь, оказывает автору великую честь, вступило в противоречие с ощущением, что мы теряем самый ходовой товар. Критической точки все это достигло в «жетонных дебатах».

Началось с того, что некоторые воспитанники, главным образом мальчишки, принялись ворчать: почему за работы, которые Мадам берет в Галерею, не дают жетонов? Многие с этим согласились, но другие были возмущены. Некоторое время мы спорили об этом между собой, и наконец Рой Дж. (он был на год старше нас, и Мадам взяла несколько его вещей) решил поговорить с мисс Эмили.

Мисс Эмили, наша главная опекунша, была старше остальных. При среднем росте она казалась высокой из-за осанки: мисс Эмили всегда ходила с прямой спиной и высоко поднятой головой. Седоватые волосы она стягивала к затылку, но пряди постоянно выбивались и реяли вокруг ее головы. Я у себя такого не вынесла бы, но мисс Эмили не удостаивала пряди внимания. К вечеру она выглядела довольно странно: кругом эти волосы, которые она, говоря с тобой, как всегда, негромко, неторопливо, не считала нужным отводить с лица. Мы все здорово ее боялись и относились к ней иначе, чем к другим опекунам. При этом считали мисс Эмили справедливой и уважали ее решения; даже в младших классах мы, кажется, чувство-

in the Juniors, we probably recognised that it was her presence, intimidating though it was, that made us all feel so safe at Hailsham.

It took some nerve to go and see her without being summoned; to go with the sort of demands Roy was making seemed suicidal. But Roy didn't get the terrible telling-off we were expecting, and in the days that followed, there were reports of guardians talking — even arguing — about the tokens question. In the end, it was announced that we would get tokens, but not many because it was a "most distinguished honour" to have work selected by Madame. This didn't really go down well with either camp, and the arguments rumbled on.

It was against this background that Polly T. asked Miss Lucy her question that morning. We were in the library, sitting around the big oak table. I remember there was a log burning in the fireplace, and that we were doing a play-reading. At some point, a line in the play had led to Laura making some wisecrack about the tokens business, and we'd all laughed, Miss Lucy included. Then Miss Lucy had said that since everyone at Hailsham was talking about little else, we should forget the play-reading and spend the rest of the lesson exchanging our views about the tokens. And that's what we were doing when Polly asked, completely out of the blue: "Miss, why does Madame take our things anyway?"

We all went silent. Miss Lucy didn't often get cross, but when she did, you certainly knew about it, and we thought for a second Polly was for it. But then we saw Miss Lucy wasn't angry, just deep in thought. I remember feeling furious at Polly for so stupidly breaking the unwritten rule, but at the same time, being terribly excited about what answer Miss Lucy might give.

вали, что именно ее присутствие, пусть и внушающее некоторый страх, дает нам в Хейлшеме ощущение общей безопасности.

Чтобы отправиться к ней по своей инициативе, нужна была изрядная храбрость, а пойти с таким требованием, какое собирался выдвинуть Рой, казалось самоубийством. Но Рой не получил жестокого нагоняя, которого мы все ожидали, и в последующие дни пошли слухи о разговорах и даже спорах между опекунами по поводу жетонов. В конце концов было объявлено, что жетоны выдавать будут, но не очень много, потому что Мадам, выбирая чьи-либо работы, оказывает автору «чрезвычайную честь». Решение не удовлетворило полностью ни тот ни другой лагерь, и ворчание не утихло.

В этой атмосфере Полли Т. задала мисс Люси свой вопрос. Мы сидели в библиотеке вокруг большого дубового стола. Помню, в камине горело полено, и у нас была читка пьесы. Какая-то строчка в пьесе дала Лоре повод отпустить шутку насчет этой жетонной истории, и мы все, в том числе мисс Люси, засмеялись. Потом мисс Люси сказала, что, поскольку в Хейлшеме сейчас только об этом и говорят, она предлагает прекратить читку и провести остальную часть урока за обменом мнениями по поводу жетонов. Чем мы и занимались, пока Полли совершенно неожиданно не спросила: «Мисс, а почему все-таки Мадам забирает наши работы?»

Все замолчали. Мисс Люси редко сердилась, но если уж сердилась, то всерьез, и на мгновение мы подумали, что Полли влипла. Но потом увидели, что мисс Люси совсем даже не злится, а глубоко задумалась. Я, с одной стороны, внутренне взъярилась на Полли за глупое нарушение неписаного правила, с другой — страшно взволновалась: как ответит ей мисс Люси?

And clearly I wasn't the only one with these mixed emotions: virtually everybody shot daggers at Polly, before turning eagerly to Miss Lucy — which was, I suppose, pretty unfair on poor Polly. After what seemed a very long while, Miss Lucy said:

"All I can tell you today is that it's for a good reason. A very important reason. But if I tried to explain it to you now, I don't think you'd understand. One day, I hope, it'll be explained to you."

We didn't press her. The atmosphere around the table had become one of deep embarrassment, and curious as we were to hear more, we wanted most for the talk to get away from this dodgy territory. The next moment, then, we were all relieved to be arguing again — a bit artificially perhaps — about the tokens. But Miss Lucy's words had puzzled me and I kept thinking about them on and off for the next few days. That's why that afternoon by the pond, when Tommy was telling me about his talk with Miss Lucy, about how she'd said to him we weren't being "taught enough" about some things, the memory of that time in the library — along with maybe one or two other little episodes like that — started tugging at my mind.

While we're on the subject of the tokens, I want just to say a bit about our Sales, which I've mentioned a few times already. The Sales were important to us because that was how we got hold of things from outside. Tommy's polo shirt, for instance, came from a Sale. That's where we got our clothes, our toys, the special things that hadn't been made by another student.

Once every month, a big white van would come down that long road and you'd feel the excitement all through the house and grounds. By the time it pulled up in the

Смешанные чувства, разумеется, испытывала не я одна: почти все с нетерпением уставились на мисс Люси, испепелив вначале взглядами бедную Полли, что, наверное, было по отношению к ней довольно жестоко. После паузы, которая показалась очень долгой, мисс Люси сказала:

— Сегодня могу дать только один ответ: по серьезной причине. По очень веской причине. Но если бы я попыталась вам сейчас объяснить, вы вряд ли поняли бы. Когда-нибудь, надеюсь, вам объяснят.

Мы не стали допытываться. Вокруг стола воцарилось глубокое смятение, и, хотя нам очень хотелось услышать больше, нам еще сильнее хотелось, чтобы разговор перешел с этой скользкой темы на что-нибудь другое. Поэтому несколько секунд спустя мы с облегчением возобновили спор о жетонах, в котором теперь была, наверное, доля искусственности. Так или иначе, слова мисс Люси меня заинтриговали, и несколько дней я то и дело принималась о них думать. Вот почему потом, у пруда, когда Томми стал рассказывать о разговоре с мисс Люси, о том, как она сказала, что нас «недостаточно учат» каким-то вещам, эпизод в библиотеке и один-два других подобных ему замаячили у меня в памяти.

Раз уж я заговорила о жетонах, скажу и о Распродажах, о которых уже вскользь упоминала. Распродажи были важны для нас потому, что давали возможность получать вещи извне. Тениску свою, к примеру, Томми приобрел на Распродаже. Одежда, игрушки, всевозможные вещицы, изготовленные не нами самими, — все это приходило к нам именно оттуда.

Раз в месяц на длинной дороге, которую видно было из окон, появлялся белый фургончик, и чувствовалось, как по всему корпусу и территории стремитель-

courtyard there'd be a crowd waiting — mainly Juniors, because once you were past twelve or thirteen it wasn't the thing to be getting so obviously excited. But the truth was we all were.

Looking back now, it's funny to think we got so worked up, because usually the Sales were a big disappointment. There'd be nothing remotely special and we'd spend our tokens just renewing stuff that was wearing out or broken with more of the same. But the point was, I suppose, we'd all of us in the past found something at a Sale, something that had become special: a jacket, a watch, a pair of craft scissors never used but kept proudly next to a bed. We'd all found something like that at one time, and so however much we tried to pretend otherwise, we couldn't ever shake off the old feelings of hope and excitement.

Actually there was some point in hanging about the van as it was being unloaded. What you did — if you were one of these Juniors — was to follow back and forth from the storeroom the two men in overalls carrying the big cardboard boxes, asking them what was inside. "A lot of goodies, sweetheart," was the usual reply. Then if you kept asking: "But is it a bumper crop?" they'd sooner or later smile and say: "Oh, I'd say so, sweetheart. A real bumper crop," bringing a thrilled cheer.

The boxes were often open at the top, so you'd catch glimpses of all kinds of things, and sometimes, though they weren't really supposed to, the men would let you move a few items about for a better look. And that was

но распространяется волнение. К тому моменту, как он останавливался у корпуса, его уже ждала толпа — главным образом малышня, потому что после двенадцати-тринадцати нехорошо было так явно показывать свое нетерпение. Но равнодушным, если честно, не оставался никто.

Теперь, годы спустя, эта взбудораженность кажется нелепой: Распродажи чаще всего приносили разочарование. Ничего особенного фургончик обычно не привозил, и мы тратили жетоны на то, чтобы взамен изношенного и сломанного приобретать новое похожее. Все дело, по-моему, в том, что каждый из нас в прошлом находил на Распродаже такое, что становилось милой, любимой вещью, — жакетку, часики, какие-нибудь особые ножницы, которые никогда не использовались, но хранились у кровати и были предметом гордости. Такие приобретения когда-то случались у всех, поэтому, как мы ни изображали безразличие, нас помимо воли охватывали былые надежды и волнение.

В том, чтобы присутствовать при разгрузке машины, свой толк все же был. Если ты принадлежал к числу этих младшеклассников, ты хвостом ходил в кладовку и обратно за двумя мужчинами в комбинезонах, носившими туда большие картонные коробки, и спрашивал их, что там внутри. «Масса всякого добра, золотко», — отвечали они обычно. Если ты не унимался: «Что, невиданное чудо какое-нибудь?», они рано или поздно улыбались: «Да, золотко, пожалуй, так. Невиданное чудо», за чем следовал восторженный вопль.

Сверху многие коробки были открыты, так что можно было бросить взгляд на их содержимое, и иногда, хотя это не полагалось, мужчины разрешали запустить туда руку и что-то подвинуть, чтобы

why, by the time of the actual Sale a week or so later, all sorts of rumours would be going around, maybe about a particular track suit or a music cassette, and if there was trouble, it was almost always because a few students had set their hearts on the same item.

The Sales were a complete contrast to the hushed atmosphere of the Exchanges. They were held in the Dining Hall, and were crowded and noisy. In fact the pushing and shouting was all part of the fun, and they stayed for the most part pretty good-humoured. Except, as I say, every now and then, things would get out of hand, with students grabbing and tugging, sometimes fighting. Then the monitors would threaten to close the whole thing down, and we'd all of us have to face a talking to from Miss Emily at assembly the next morning.

Our day at Hailsham always began with an assembly, which was usually pretty brief — a few announcements, maybe a poem read out by a student. Miss Emily didn't often say much; she'd just sit very straight on the stage, nodding at whatever was being said, occasionally turning a frosty eye towards any whispering in the crowd. But on a morning after a rowdy Sale, everything was different. She'd order us to sit down on the floor — we usually stood at assemblies — and there'd be no announcements or performances, just Miss Emily talking to us for twenty, thirty minutes, sometimes even longer. She'd rarely raise her voice, but there was something steely about her on these occasions and none of us, not even the Senior 5s, dared make a sound.

лучше было видно. Вот почему к моменту Распродажи, которая происходила примерно неделю спустя, успевали распространиться всевозможные слухи — например, о каком-нибудь особенном тренировочном костюме или о музыкальной кассете, — и порой оттого, что несколько воспитанников нацеливались на одну и ту же вещь, между ними возникало некоторое напряжение.

Распродажи были полной противоположностью Ярмаркам с их чинной атмосферой. В столовой, где проводились Распродажи, всегда было тесно и шумно. Но толкотня и шум тоже были своего рода развлечением, и в целом обстановка на Распродажах была довольно-таки дружественная. Разве что изредка, как я уже сказала, вспыхивал конфликт из-за какой-нибудь вещи, которую хватали и тянули несколько рук, и дело иной раз кончалось дракой. Тогда дежурные старшие воспитанники грозились прекратить все мероприятие, и на следующее утро на общем собрании нас ждал разнос от мисс Эмили.

Наш день в Хейлшеме всегда начинался с общего собрания, которое обычно было довольно коротким — несколько объявлений, потом, может быть, кто-то из воспитанников читал стихотворение. Мисс Эмили, как правило, говорила мало. Держа спину очень прямо, она сидела на сцене нашего зала, кивала на все, что слышала от выступающих, и время от времени бросала суровый взгляд на шепчущихся. Но наутро после неважно прошедшей Распродажи все было по-другому. Она отдала нам распоряжение сесть на пол (обычно на общих собраниях мы стояли), и не было никаких объявлений и стихов, просто мисс Эмили распекала нас не умолкая двадцать, тридцать минут, а то и дольше. Голос она повышала редко, но в ней в подобных случаях ощущалась какая-то сталь, и ни-

There was a real sense of feeling bad that we had, in some collective way, let down Miss Emily, but try as we might, we couldn't really follow these lectures. It was partly her language. "Unworthy of privilege" and "misuse of opportunity": these were two regular phrases Ruth and I came up with when we were reminiscing in her room at the centre in Dover. Her general drift was clear enough: we were all very special, being Hailsham students, and so it was all the more disappointing when we behaved badly. Beyond that though, things became a fog. Sometimes she'd be going on very intensely then come to a sudden stop with something like: "What is it? What is it? What can it be that thwarts us?" Then she'd stand there, eyes closed, a frown on her face like she was trying to puzzle out the answer. And although we felt bewildered and awkward, we'd sit there willing her on to make whatever discovery was needed in her head. She might then resume with a gentle sigh — a signal that we were going to be forgiven — or just as easily explode out of her silence with: "But I will not be coerced! Oh no! And neither will Hailsham!"

When we were remembering these long speeches, Ruth remarked how odd it was they should have been so unfathomable, since Miss Emily, in a classroom, could be as clear as anything. When I mentioned how I'd sometimes seen the head wandering around Hailsham in a dream, talking to herself, Ruth took offence, saying:

"She was never like that! How could Hailsham have been the way it was if the person in charge had been potty? Miss Emily had an intellect you could slice logs with."

I didn't argue. Certainly, Miss Emily could be uncannily sharp. If, say, you were somewhere you shouldn't be

кто из нас, даже самые старшие, не осмеливался издать ни звука.

Мы и правда чувствовали себя тогда коллективно виноватыми перед ней, чувствовали, что подвели ее, однако толком воспринимать эти нотации, как ни старались, не могли. Отчасти — из-за ее способа изъясняться. «Недостойны привилегии», «злоупотребление возможностью» — вот два частых выражения, которые вспомнили я и Рут, когда говорили о прошлом в палате дуврского центра. Общий смысл был, пожалуй, еще понятен: мы в Хейлшеме находимся на особом положении и, следовательно, ведя себя плохо, не оправдываем надежд. Но в остальном — полный туман. То она несется вперед на всех парах, то вдруг — резкая остановка со словами типа: «Что это? Что это? Что нас подкашивает?» После чего она стояла с закрытыми глазами и нахмуренным лицом, точно пыталась разгадать загадку. И мы изо всех сил, хоть и сидели смущенные и озадаченные, желали, чтобы она разрешила внутри себя вопрос, который не давал ей покоя. Потом она могла продолжить с мягким вздохом, означавшим, что мы прощены, но с таким же успехом мог последовать и взрыв: «Но я не сдамся! Никогда! Ни я, ни Хейлшем!»

Рут, когда мы с ней вспоминали эти длинные речи, удивлялась: в классе все, что говорила мисс Эмили, было понятно, а тут — ничего не разберешь. Когда я сказала, что иногда видела, как главная опекунша ходит по Хейлшему точно во сне и разговаривает сама с собой, Рут возмутилась:

— Да брось ты, быть такого не могло! Разве стал бы Хейлшем тем, чем он стал, если бы его начальница была чокнутая? Нет, нет! Интеллект у мисс Эмили был как бритва.

Я не стала возражать. Да, мисс Эмили могла быть жутко проницательной. Если, скажем, ты находилась

in the main house or the grounds, and you heard a guardian coming, you could often hide somewhere. Hailsham was full of hiding places, indoors and out: cupboards, nooks, bushes, hedges. But if you saw Miss Emily coming, your heart sank because she'd always know you were there hiding. It was like she had some extra sense. You could go into a cupboard, close the door tight and not move a muscle, you just knew Miss Emily's footsteps would stop outside and her voice would say: "All right. Out you come."

That was what had happened to Sylvie C. once on the second-floor landing, and on that occasion Miss Emily had gone into one of her rages. She never shouted like, say, Miss Lucy did when she got mad at you, but if anything Miss Emily getting angry was scarier. Her eyes narrowed and she'd whisper furiously to herself, like she was discussing with an invisible colleague what punishment was awful enough for you. The way she did it meant half of you was dying to hear and the other half completely not wanting to. But usually with Miss Emily nothing too awful would come out of it. She hardly ever put you in detention, made you do chores or withdrew privileges. All the same, you felt dreadful, just knowing you'd fallen in her estimation, and you wanted to do something straight away to redeem yourself.

But the thing was, there was no predicting with Miss Emily. Sylvie may have got a full portion that time, but when Laura got caught running through the rhubarb patch, Miss Emily just snapped: "Shouldn't be here, girl. Off you go," and walked on.

там, где не положено, будь то в главном корпусе или на территории, то при появлении опекуна часто можно было где-нибудь спрятаться. В Хейлшеме имелось очень много подходящих местечек — и в помещении, и снаружи: стенные шкафы, ниши, кусты, живые изгороди. Но если оказывалось, что приближается мисс Эмили, сердце у тебя падало, потому что она всегда знала, где ты прячешься. Какое-то шестое чувство ей подсказывало. К примеру, ты залезла в стенной шкаф, плотно закрыла дверь, ни один мускул у тебя не дрогнет — и все равно шаги мисс Эмили остановятся у шкафа и ее голос скажет: «Так. Выходи».

Именно это однажды произошло с Сильвией С. на площадке третьего этажа, и тогда у мисс Эмили случился один из ее приступов гнева. Хотя она, в отличие, скажем, от мисс Люси, никогда не принималась на тебя кричать, гнев мисс Эмили был, пожалуй, страшнее. Глаза сужались, и она начинала что-то яростно шептать сама себе, словно обсуждала с невидимым коллегой, какое жестокое наказание подойдет для тебя лучше всего. С одной стороны, тебе при этом очень хотелось услышать, что она шепчет, с другой стороны, совершенно этого не хотелось. Впрочем, обычно мисс Эмили никаким ужасным образом воспитанников не наказывала. Она почти никогда не оставляла их после уроков, не давала штрафных поручений, не лишала привилегий. И все равно само сознание, что ты упала в ее глазах, было невыносимо, и ты хотела немедленно что-то сделать во искупление вины.

Но предсказать что-либо, если дело касалось мисс Эмили, было невозможно. Сильвия, по-моему, получила от нее в тот раз сполна, но, остановив однажды Лору, которая бежала через заросли ревеня, мисс Эмили всего-навсего бросила: «Здесь нельзя, девочка. Мигом домой». И пошла дальше.

And then there was the time I thought I was in hot water with her. The little footpath that went all round the back of the main house was a real favourite of mine. It followed all the nooks, all the extensions; you had to squeeze past shrubs, you went under two ivy-covered arches and through a rusted gate. And all the time you could peer in through the windows, one after the other. I suppose part of the reason I liked the path so much was because I was never sure if it was out of bounds. Certainly, when classes were going on, you weren't supposed to walk past. But at the weekends or in the evenings — that was never clear. Most students avoided it anyway, and maybe the feeling of getting away from everyone else was another part of the appeal.

In any case, I was doing this little walk one sunny evening. I think I was in Senior 3. As usual I was glancing into the empty rooms as I went past, and then suddenly I was looking into a classroom with Miss Emily in it. She was alone, pacing slowly, talking under her breath, pointing and directing remarks to an invisible audience in the room. I assumed she was rehearsing a lesson or maybe one of her assembly talks, and I was about to hurry past before she spotted me, but just then she turned and looked straight at me. I froze, thinking I was for it, but then noticed she was carrying on as before, except now she was mouthing her address at me. Then, natural as you like, she turned away to fix her gaze on some other imaginary student in another part of the room. I crept away along the path, and for the next day or so kept dreading what Miss Emily would say when she saw me. But she never mentioned it at all.

But that's not really what I want to talk about just now. What I want to do now is get a few things down about Ruth, about how we met and became friends, about

Был случай, когда я испугалась, что мне от нее здорово достанется. Я очень любила узкую тропу, которая огибала главный корпус сзади. Она повторяла все выступы и углубления стены; идешь — раздвигаешь кусты, проныриваешь под двумя оплетенными плющом арками и через ржавую калитку. И всю дорогу можно было заглядывать в окна, в одно за другим. Тропа, я думаю, так мне нравилась помимо прочего потому, что я никогда не знала, разрешается по ней гулять или нет. В учебное время, разумеется, нет, но в выходной или вечером — неизвестно. Так или иначе, на ней редко кто появлялся, и, наверное, дополнительное удовольствие давало мне ощущение, что я здесь сама по себе.

И вот однажды я шла по этой тропе солнечным вечером. Кажется, я была тогда в третьем старшем. По пути, как обычно, заглядывала в пустые классы и вдруг в одном из них увидела мисс Эмили. Она была там одна, медленно расхаживала взад-вперед, вполголоса что-то говорила, показывала на что-то рукой и адресовала высказывания невидимым слушателям. Я решила, что она репетирует урок или, может быть, речь на общем собрании, и хотела прошмыгнуть, пока она не видит, но в эту самую секунду она повернулась и посмотрела прямо на меня. Я замерла и подумала, что влипла, но потом увидела, что она продолжает говорить, только теперь обращается ко мне. Потом, как ни в чем не бывало, она повернулась в другую сторону и устремила взгляд на какого-то воображаемого воспитанника. Я пробралась по тропе и весь следующий день боялась встречи с мисс Эмили. Но она ничего мне не сказала.

Однако я, собственно, хочу сейчас о другом. Хочу записать кое-что насчет Рут — о том, как мы встретились и подружились, о наших детских отношениях.

our early days together. Because more and more these days, I'll be driving past fields on a long afternoon, or maybe drinking my coffee in front of a huge window in a motorway service station, and I'll catch myself thinking about her again.

She wasn't someone I was friends with from the start. I can remember, at five or six, doing things with Hannah and with Laura, but not with Ruth. I only have the one vague memory of Ruth from that early part of our lives.

I'm playing in a sandpit. There are a number of others in the sand with me, it's too crowded and we're getting irritated with each other. We're in the open, under a warm sun, so it's probably the sandpit in the Infants' play area, just possibly it's the sand at the end of the long jump in the North Playing Field. Anyway it's hot and I'm feeling thirsty and I'm not pleased there are so many of us in the sandpit. Then Ruth is standing there, not in the sand with the rest of us, but a few feet away. She's very angry with two of the girls somewhere behind me, about something that must have happened before, and she's standing there glaring at them. My guess is that I knew Ruth only very slightly at that point. But she must already have made some impression on me, because I remember carrying on busily with whatever I was doing in the sand, absolutely dreading the idea of her turning her gaze on me. I didn't say a word, but I was desperate for her to realise I wasn't with the girls behind me, and had had no part in whatever it was that had made her cross.

And that's all I remember of Ruth from that early time. We were the same year so we must have run into each other enough, but aside from the sandpit incident, I don't remember having anything to do with her until the Juniors a couple of years later, when we were seven, going on eight.

Потому что все чаще последнее время, проезжая днем через бесконечные поля или сидя за чашкой кофе у широкого окна на станции обслуживания, я ловлю себя на том, что вновь о ней думаю.

Мы не с самого раннего детства водили дружбу. Как в пять-шесть лет мы играли с Ханной и Лорой, я помню, как с ней — нет. Я сохранила с тех времен только одно расплывчатое воспоминание о Рут.

Я играю на песке. Рядом другие дети, нам тесновато, и мы начинаем злиться друг на дружку. Мы под открытым небом, нас греет солнце, так что, скорее всего, это песочница на нашей площадке для малышей или, может быть, яма с песком для прыжков в длину на северном игровом поле. Так или иначе, мне жарко, хочется пить, и неприятно, что нас тут собралось так много. Потом вижу Рут — она стоит не на песке вместе со всеми, а чуть поодаль. Она очень сердита на двух девочек у меня за спиной из-за чего-то, что, видимо, случилось раньше, стоит и смотрит на них с негодованием. Думаю, что я и Рут были тогда очень мало знакомы, но она, видимо, успела когда-то раньше произвести на меня впечатление: помню, я с двойным усердием стала опять копаться в песке, очень боясь, что она обратит свой гнев и на меня. Я ни слова ей не сказала, но отчаянно хотела дать ей понять, что к тем двум девочкам не имею никакого отношения и совершенно не участвовала в том, что ее рассердило.

Вот и все, что я могу о ней вспомнить из тех ранних времен. Мы были одного возраста и наверняка виделись довольно часто, но, если не считать эпизода в песке, между нами ничего не происходило, кажется, лет до семи, когда мы уже были одноклассницами.

The South Playing Field was the one used most by the Juniors and it was there, in the corner by the poplars, that Ruth came up to me one lunchtime, looked me up and down, then asked:

"Do you want to ride my horse?"

I was in the midst of playing with two or three others at that point, but it was clear Ruth was addressing only me. This absolutely delighted me, but I made a show of weighing her up before giving a reply.

"Well, what's your horse's name?"

Ruth came a step closer.

"My best horse," she said, "is Thunder. I can't let you ride on him. He's much too dangerous. But you can ride Bramble, as long as you don't use your crop on him. Or if you like, you could have any of the others." She reeled off several more names I don't now remember. Then she asked: "Have you got any horses of your own?"

I looked at her and thought carefully before replying:

"No. I don't have any horses."

"Not even one?"

"No."

"All right. You can ride Bramble, and if you like him, you can have him to keep. But you're not to use your crop on him. And you've got to come now."

My friends had, in any case, turned away and were carrying on with what they'd been doing. So I gave a shrug and went off with Ruth.

The field was filled with playing children, some a lot bigger than us, but Ruth led the way through them very purposefully, always a pace or two in front. When we were almost at the wire mesh boundary with the garden, she turned and said:

Из двух игровых полей мы, младшие, кучковались в основном на южном, и там, в углу около тополей, Рут подошла ко мне однажды в большую перемену, смерила взглядом и спросила:

— Хочешь покататься на моем жеребце?

В этот момент я увлеченно играла с двумя-тремя другими детьми, но было совершенно ясно, что Рут обращается ко мне одной. Это привело меня в полный восторг, но, прежде чем согласиться, я сделала вид, что взвешиваю предложение.

— А как его зовут?

Рут подошла на шаг ближе.

— Моего лучшего жеребца, — сказала она, — зовут Гром. Но его я тебе не дам, потому что слетишь — он горячий. Но можешь, если хочешь, взять Воронка, только без хлыста, пожалуйста. Или бери кого угодно из остальных. — Она произнесла несколько кличек, которые я уже не помню, потом спросила: — А свои лошади у тебя есть?

Прежде чем ответить, я посмотрела на нее и усиленно помозговала.

— Нет. Своих нету.

— Ни одной?

— Ни одной.

— Ладно, так и быть, бери Воронка, и если он тебе понравится, можешь взять насовсем. Только без хлыста. И если идти, то немедленно.

Мои подружки уже отвернулись от меня и опять погрузились в игру. Поэтому я пожала плечами и последовала за Рут.

На поле было множество играющих детей, иные гораздо старше нас, но Рут шла сквозь них очень целеустремленно и все время на шаг-другой меня опережала. Когда мы приблизились к проволочной сетке, огораживающей сад, она обернулась и сказала:

"Okay, we'll ride them here. You take Bramble."

I accepted the invisible rein she was holding out, and then we were off, riding up and down the fence, sometimes cantering, sometimes at a gallop. I'd been correct in my decision to tell Ruth I didn't have any horses of my own, because after a while with Bramble, she let me try her various other horses one by one, shouting all sorts of instructions about how to handle each animal's foibles.

"I told you! You've got to really lean back on Daffodil! Much more than that! She doesn't like it unless you're right back!"

I must have done well enough, because eventually she let me have a go on Thunder, her favourite. I don't know how long we spent with her horses that day: it felt a substantial time, and I think we both lost ourselves completely in our game. But then suddenly, for no reason I could see, Ruth brought it all to an end, claiming I was deliberately tiring out her horses, and that I'd have to put each of them back in its stable. She pointed to a section of the fence, and I began leading the horses to it, while Ruth seemed to get crosser and crosser with me, saying I was doing everything wrong. Then she asked:

"Do you like Miss Geraldine?"

It might have been the first time I'd actually thought about whether I liked a guardian. In the end I said:

"Of course I like her."

"But do you really like her? Like she's special? Like she's your favourite?"

"Yes, I do. She's my favourite."

Ruth went on looking at me for a long time. Then finally she said:

"All right. In that case, I'll let you be one of her secret guards."

— Вот тут и покатаемся. Садись давай на Воронка.

Я взяла у нее из рук невидимые поводья, и мы начали «кататься» взад и вперед вдоль забора, переходя с рыси на галоп и обратно. Я правильно решила сказать Рут, что у меня нет собственных лошадей, потому что после Воронка она дала мне попробовать на всех своих по очереди, выкрикивая всевозможные указания о том, как с ними обращаться — ведь у каждого животного свои причуды:

— Я же тебе говорила! На Маргаритке сиди прямо! Еще распрямись, еще! Не гнись крючком, она этого не любит!

Видимо, я неплохо все исполняла, потому что под конец она даже позволила мне прокатиться на Громе, своем любимце. Не могу сказать, сколько времени мы провели с ее лошадьми, — по-моему, много, и обе погрузились в игру с головой. Но вдруг без всякой явной причины Рут ее прекратила, заявив, что я нарочно утомляю лошадей и мне пора поставить их всех в конюшню. Она показала на одну из секций забора, и я начала заводить лошадей в стойла одну за другой. Рут чем дальше, тем больше на меня сердилась, говорила, что я все делаю неправильно. Потом спросила:

— Тебе нравится мисс Джеральдина?

Наверное, это был первый раз, когда я по-настоящему задумалась, нравится ли мне опекунша. Наконец я ответила:

— Конечно нравится.

— Нет, я хочу знать — действительно нравится? Очень-очень? Больше всех?

— Да, больше всех.

Рут долго не сводила с меня взгляда. В конце концов сказала:

— Хорошо. Тогда я принимаю тебя в ее тайную охрану.

We started to walk back towards the main house then and I waited for her to explain what she meant, but she didn't. I found out though over the next several days.

Chapter 5

I'm not sure for how long the "secret guard" business carried on. When Ruth and I discussed it while I was caring for her down in Dover, she claimed it had been just a matter of two or three weeks — but that was almost certainly wrong. She was probably embarrassed about it and so the whole thing had shrunk in her memory. My guess is that it went on for about nine months, a year even, around when we were seven, going on eight.

I was never sure if Ruth had actually invented the secret guard herself, but there was no doubt she was the leader. There were between six and ten of us, the figure changing whenever Ruth allowed in a new member or expelled someone. We believed Miss Geraldine was the best guardian in Hailsham, and we worked on presents to give her — a large sheet with pressed flowers glued over it comes to mind. But our main reason for existing, of course, was to protect her.

By the time I joined the guard, Ruth and the others had already known for ages about the plot to kidnap Miss Geraldine. We were never quite sure who was behind it. We sometimes suspected certain of the Senior boys, sometimes boys in our own year. There was a guardian we didn't like much — a Miss Eileen — who we thought for a while might be the brains behind it. We didn't know when the abduction would take place, but one thing we felt convinced about was that the woods would come into it.

Мы пошли к главному корпусу, и я ждала, что она объяснит, о чем идет речь, но она молчала. Впрочем, через несколько дней я все уже знала.

Глава 5

Не могу точно сказать, как долго продолжалась эта затея с «тайной охраной». Рут, когда мы говорили об этом в центре реабилитации в Дувре, заявила, что всего две-три недели, — но она почти наверняка ошиблась. Видимо, вся эта история смущала ее и потому сократилась в ее памяти. Я думаю, она длилась месяцев девять, а может, и год, нам тогда было семь-восемь лет.

Сама ли Рут придумала «тайную охрану», не знаю, но в том, что она была вожаком, сомнений быть не может. Число участников колебалось между шестью и девятью: Рут то и дело кого-то исключала и кого-то принимала. Мы считали мисс Джеральдину лучшей опекуншей Хейлшема и готовили ей в подарок всякие поделки: вспоминается большой лист с наклеенными на него засушенными цветами. Но главным, ради чего мы объединились, была, конечно, ее защита.

К тому времени как я вступила в «охрану», Рут и другие уже сто лет знали о заговоре с целью похитить мисс Джеральдину. Кто за ним стоит, с уверенностью сказать мы не могли. То подозревали кое-кого из старших мальчишек, то мальчишек нашего возраста. Мисс Эйлин, опекуншу, которую мы не очень жаловали, мы одно время считали мозгом заговора. Когда должна произойти попытка похищения, мы не знали, но в одном были убеждены: к ней будет иметь отношение лес.

The woods were at the top of the hill that rose behind Hailsham House. All we could see really was a dark
fringe of trees, but I certainly wasn't the only one of
my age to feel their presence day and night. When it
got bad, it was like they cast a shadow over the whole
of Hailsham; all you had to do was turn your head or
move towards a window and there they'd be, looming
in the distance. Safest was the front of the main house,
because you couldn't see them from any of the windows.
Even so, you never really got away from them.

There were all kinds of horrible stories about the
woods. Once, not so long before we all got to Hailsham,
a boy had had a big row with his friends and run off beyond the Hailsham boundaries. His body had been found
two days later, up in those woods, tied to a tree with the
hands and feet chopped off. Another rumour had it that
a girl's ghost wandered through those trees. She'd been
a Hailsham student until one day she'd climbed over a
fence just to see what it was like outside. This was a long
time before us, when the guardians were much stricter,
cruel even, and when she tried to get back in, she wasn't
allowed. She kept hanging around outside the fences,
pleading to be let back in, but no one let her. Eventually, she'd gone off somewhere out there, something had
happened and she'd died. But her ghost was always wandering about the woods, gazing over Hailsham, pining
to be let back in.

The guardians always insisted these stories were
nonsense. But then the older students would tell us that
was exactly what the guardians had told them when they
were younger, and that we'd be told the ghastly truth
soon enough, just as they were.

The woods played on our imaginations the most after
dark, in our dorms as we were trying to fall asleep. You
almost thought then you could hear the wind rustling

Я говорю о лесе, которым порос холм, поднимавшийся за главным корпусом. Реально мы видели только темную зубчатую полосу деревьев, но, безусловно, не я одна из сверстников день и ночь ощущала их присутствие. В худшие минуты казалось, что лес отбрасывает тень на весь Хейлшем; стоило только повернуть голову или подойти к окну — и вот он, маячит в отдалении. Спокойнее всего было в передней части корпуса: из окон фасада увидеть лес было нельзя. Но даже там невозможно было совсем от него избавиться.

О лесе ходили всевозможные страшные легенды. Однажды, незадолго до того, как нас привезли в Хейлшем, какой-то мальчик поссорился с друзьями и убежал с территории. Два дня спустя в том самом лесу нашли его привязанный к дереву труп с отрубленными ступнями и кистями рук. Другой слух был о том, что в лесу бродит призрак девочки. Она воспитывалась в Хейлшеме и однажды перелезла через забор посмотреть, что там снаружи. Это якобы случилось давно, задолго до нас, опекуны были тогда гораздо более строгими, даже жестокими, и когда она попросилась обратно, ее не пустили. Так она и ходила вокруг забора, умоляя, чтобы ей разрешили вернуться, но ей не разрешили. В конце концов она отправилась куда-то еще, там с ней что-то произошло, и она умерла. Но ее призрак все время бродит по лесу, смотрит на Хейлшем и тоскует о нем.

Опекуны твердили нам, что эти истории — полная чушь. Но старшие воспитанники говорили, что в нашем возрасте они слышали от опекунов то же самое и что со временем нам будет, как им, сообщена ужасная правда.

Сильнее всего лес действовал на наше воображение в темной спальне, когда мы пытались уснуть. Нам чуть ли не слышался шум ветвей при порывах

the branches, and talking about it seemed to only make things worse. I remember one night, when we were furious with Marge K. — she'd done something really embarrassing to us during the day — we chose to punish her by hauling her out of bed, holding her face against the window pane and ordering her to look up at the woods. At first she kept her eyes screwed shut, but we twisted her arms and forced open her eyelids until she saw the distant outline against the moonlit sky, and that was enough to ensure for her a sobbing night of terror.

I'm not saying we necessarily went around the whole time at that age worrying about the woods. I for one could go weeks hardly thinking about them, and there were even days when a defiant surge of courage would make me think: "How could we believe rubbish like that?" But then all it took would be one little thing — someone retelling one of those stories, a scary passage in a book, even just a chance remark reminding you of the woods —and that would mean another period of being under that shadow. It was hardly surprising then that we assumed the woods would be central in the plot to abduct Miss Geraldine.

When it came down to it, though, I don't recall our taking many practical steps towards defending Miss Geraldine; our activities always revolved around gathering more and more evidence concerning the plot itself. For some reason, we were satisfied this would keep any immediate danger at bay.

Most of our "evidence" came from witnessing the conspirators at work. One morning, for instance, we watched from a second-floor classroom Miss Eileen and Mr. Roger talking to Miss Geraldine down in the courtyard. After a while Miss Geraldine said goodbye and went off towards the Orangery, but we kept on watching, and saw Miss Eileen and Mr. Roger put their heads

ветра, и от разговоров обо всем этом делалось еще хуже. Помню один вечер, когда мы, разозлившись на Мардж К. из-за одного дневного проступка, решили ее наказать: вытащили из постели, притиснули лицом к оконному стеклу и велели смотреть на лес. Вначале она держала глаза зажмуренными, но мы скрутили ей руки и силой подняли веки. Она увидела дальний лесной силуэт на фоне лунного неба, и этого хватило, чтобы обеспечить ей ночь сплошного ужаса и рыданий.

Я не говорю, что мы в том возрасте каждую минуту мучились мыслями о лесе. Бывало, я почти не вспоминала о нем неделями, и случалось, что с приливом храбрости приходила мысль: «Как можно было верить такой чепухе?» Но потом какая-нибудь мелочь — скажем, опять услышишь одну из этих историй, прочтешь что-нибудь страшное в книге или просто чьи-нибудь слова напомнят тебе о лесе, — и снова на тебя надолго упадет эта тень. Нечего поэтому удивляться, что лес, как мы воображали, играл центральную роль в заговоре с целью выкрасть мисс Джеральдину.

Впрочем, если всерьез, я не помню, чтобы мы предприняли много практических шагов для защиты мисс Джеральдины. По большей части мы ограничивались сбором улик против заговорщиков. Почему-то нам казалось, что этим мы отводим прямую опасность.

Источником большинства «улик» было наблюдение за предполагаемыми злоумышленниками. Например, однажды утром мы увидели из классного окна на третьем этаже, как внизу во дворе мисс Эйлин и мистер Роджер разговаривают с мисс Джеральдиной. Через некоторое время мисс Джеральдина попрощалась с ними и пошла к оранжерее, но мы

closer together to confer furtively, their gazes fixed on Miss Geraldine's receding figure.

"Mr. Roger," Ruth sighed on that occasion, shaking her head. "Who'd have guessed he was in it too?"

In this way we built up a list of people we knew to be in on the plot — guardians and students whom we declared our sworn enemies. And yet, all the time, I think we must have had an idea of how precarious the foundations of our fantasy were, because we always avoided any confrontation. We could decide, after intense discussions, that a particular student was a plotter, but then we'd always find a reason not to challenge him just yet — to wait until "we had in all the evidence." Similarly, we always agreed Miss Geraldine herself shouldn't hear a word of what we'd found out, since she'd get alarmed to no good purpose.

It would be too easy to claim it was just Ruth who kept the secret guard going long after we'd naturally outgrown it. Sure enough, the guard was important to her. She'd known about the plot for much longer than the rest of us, and this gave her enormous authority; by hinting that the real evidence came from a time before people like me had joined — that there were things she'd yet to reveal even to us — she could justify almost any decision she made on behalf of the group. If she decided someone should be expelled, for example, and she sensed opposition, she'd just allude darkly to stuff she knew "from before." There's no question Ruth was keen to keep the whole thing going. But the truth was, those of us who'd grown close to her, we each played our part in preserving the fantasy and making it last for as long as possible. What happened after that

продолжали наблюдать и увидели, как мисс Эйлин и мистер Роджер, глядя на удаляющуюся мисс Джеральдину и склонив друг к другу головы, украдкой совещаются.

— Мистер Роджер, надо же, — сказала тогда Рут со вздохом, качая головой. — Кто бы мог подумать.

Так составился список тех, кто, по нашим сведениям, участвовал в заговоре, — опекунов и воспитанников, которых мы считали нашими заклятыми врагами. Тем не менее мне кажется, что мы все время ощущали шаткость наших построений, и не случайно на столкновение мы никогда не шли. После горячих дискуссий могли решить, что тот или иной воспитанник — один из заговорщиков, но затем всякий раз находилась причина, чтобы до поры, «пока не соберем все улики», не выступать против него открыто. И мы всегда были согласны в том, что сама мисс Джеральдина ни слова не должна слышать о наших умозаключениях: не следует беспокоить ее понапрасну.

Легче всего было бы сказать, что затея с «тайной охраной» так долго держалась после того, как мы, по существу, ее переросли, усилиями одной Рут. Да, «охрана» очень много для нее значила. Она «узнала о заговоре» гораздо раньше остальных, и это обеспечивало ей огромный авторитет; намекая, что главные улики появились до того, как в охрану вступили такие, как я, что есть сведения, которых она даже нам пока не может доверить, она могла оправдать чуть ли не всякое свое решение от имени или по поводу нашего кружка. Если, например, у нее возникало желание кого-то исключить и она чувствовала сопротивление, она просто-напросто смутно намекала на кое-что известное ей «уже давно». Безусловно, Рут очень хотелось, чтобы охрана действовала как можно дольше. Но, по правде говоря, каждый, кого она приблизила

row over the chess illustrates pretty well the point I'm making.

I'd assumed Ruth was something of a chess expert and that she'd be able to teach me the game. This wasn't so crazy: we'd pass older students bent over chess sets, in window seats or on the grassy slopes, and Ruth would often pause to study a game. And as we walked off again, she'd tell me about some move she'd spotted that neither player had seen. "Amazingly dim," she'd murmur, shaking her head. This had all helped get me fascinated, and I was soon longing to become engrossed myself in those ornate pieces. So when I'd found a chess set at a Sale and decided to buy it — despite it costing an awful lot of tokens — I was counting on Ruth's help.

For the next several days, though, she sighed whenever I brought the subject up, or pretended she had something else really urgent to do. When I finally cornered her one rainy afternoon, and we set out the board in the billiards room, she proceeded to show me a game that was a vague variant on draughts. The distinguishing feature of chess, according to her, was that each piece moved in an L-shape — I suppose she'd got this from watching the knight — rather than in the leap-frogging way of draughts. I didn't believe this, and I was really disappointed, but I made sure to say nothing and went along with her for a while. We spent several minutes knocking each other's pieces off the board, always sliding the attacking piece in an "L." This continued until the time I tried to take her and she claimed it wouldn't count because I'd slid my piece up to hers in too straight a line.

At this, I stood up, packed up the set and walked off. I never said out loud that she didn't know how to

к себе, по-своему старался поддержать эту фантазию и продлить ей жизнь. В порядке иллюстрации расскажу о том, что случилось после ссоры из-за шахмат.

Я считала Рут докой по шахматной части и надеялась, что она научит меня играть. Свой резон в этой надежде был: когда мы проходили мимо воспитанников, сидевших над доской у окна или на травянистом склоне, Рут нередко останавливалась посмотреть, а потом, идя со мной дальше, говорила мне про какой-нибудь тонкий ход, который она, в отличие от обоих игроков, увидела. «Потрясающая тупость», — бормотала она, качая головой. Это действовало на меня, интриговало, и вскоре я уже мечтала, что сама смогу погрузиться в мир этих затейливых фигур. Так что, когда я увидела шахматы на Распродаже и решила купить, хотя они стоили уйму жетонов, я рассчитывала на помощь Рут.

Несколько дней потом, однако, когда я заговаривала о шахматах, она вздыхала или делала вид, что у нее какое-то неотложное дело. Наконец дождливым днем я приперла ее к стенке, мы разложили доску в бильярдной, но игра, которую она мне продемонстрировала, была некой сомнительной разновидностью шашек. Отличие шахмат, заявила она, состоит в том, что каждая фигура скачет не прямо, а буквой «Г» (судя по всему, она помнила, как ходит конь). Я ей не поверила и была горько разочарована, но виду не подала и несколько минут плясала под ее дудку: мы снимали с доски фигуры друг друга, перемещая свои буквой «Г». Это продолжалось, пока она не заявила, что я неправильно, по слишком прямой линии двинула фигуру, которой хотела что-то у нее побить.

После этого я встала, собрала шахматы, повернулась и ушла. Что она не знает, как играть, я ни тогда,

play — disappointed as I was, I knew not to go that far — but my storming off was, I suppose, statement enough for her.

It was maybe a day later, I came into Room 20 at the top of the house, where Mr. George had his poetry class. I don't remember if it was before or after the class, or how full the room was. I remember having books in my hands, and that as I moved towards where Ruth and the others were talking, there was a strong patch of sun across the desk-lids they were sitting on.

I could see from the way they had their heads together they were discussing secret guard stuff, and although, as I say, the row with Ruth had been only the day before, for some reason I went up to them without a second thought. It was only when I was virtually right up to them — maybe there was a look exchanged between them — that it suddenly hit me what was about to happen. It was like the split second before you step into a puddle, you realise it's there, but there's nothing you can do about it. I felt the hurt even before they went silent and stared at me, even before Ruth said: "Oh, Kathy, how are you? If you don't mind, we've got something to discuss just now. We'll be finished in just a minute. Sorry."

She'd hardly finished her sentence before I'd turned and was on my way out, angry more at myself for having walked into it than at Ruth and the others. I was upset, no doubt about it, though I don't know if I actually cried. And for the next few days, whenever I saw the secret guard conferring in a corner or as they walked across a field, I'd feel a flush rising to my cheeks.

Then about two days after this snub in Room 20, I was coming down the stairs of the main house when I found Moira B. just behind me. We started talking — about nothing special — and wandered out of the house

ни позже ей не сказала: при всем своем разочарова-
нии я чувствовала, что так далеко лучше не заходить.
Впрочем, я и так, думаю, дала ей понять все, что нужно было.

День-два спустя я вошла в класс 20 на верхнем этаже, где мистер Джордж всегда вел уроки поэзии. До
урока это было или после, много ли в классе было народу — не помню. Мне запомнилось, что в руках у меня были книги и что Рут и еще несколько человек,
к которым я направлялась, сидели на столах в ярком
пятне солнечного света и о чем-то разговаривали.

По тому, как они склонились друг к другу, я догадалась, что они обсуждают «тайную охрану», и хотя,
как я уже сказала, всего день или два назад я и Рут поссорились, почему-то я без колебаний двинулась прямо
к ним. И только когда я уже почти подошла, что-то —
может быть, взгляды, которыми они обменялись, —
вдруг подсказало мне, чем это кончится. Похоже на
долю секунды перед тем, как ступишь в лужу: видишь
ее, но ничего уже сделать не можешь. Мне стало больно
еще до того, как они замолчали и посмотрели на меня,
до того как Рут сказала: «А, это ты, Кэти? Здравствуй.
Извини, нам тут кое о чем надо побеседовать. Мы за-
кончим через минутку, подожди, хорошо?»

Она еще не договорила, но я уже повернулась
и двинулась прочь, сердитая больше даже на себя,
чем на них. Не помню, плакала или нет, но огорчена
была страшно. Несколько дней после этого при виде
«тайной охраны», которая совещалась в углу или шла
через поле, я чувствовала, как у меня горят щеки.

Дня через два после унижения в классе 20, когда
я спускалась по лестнице главного корпуса, меня на-
гнала Мойра Б. Мы вышли из корпуса вместе, беседуя
о том о сем. Была, наверное, большая перемена: во

together. It must have been the lunch break because as we stepped into the courtyard there were about twenty students loitering around chatting in little groups. My eyes went immediately to the far side of the courtyard, where Ruth and three of the secret guard were standing together, their backs to us, gazing intently towards the South Playing Field. I was trying to see what it was they were so interested in, when I became aware of Moira beside me also watching them. And then it occurred to me that only a month before she too had been a member of the secret guard, and had been expelled. For the next few seconds I felt something like acute embarrassment that the two of us should now be standing side by side, linked by our recent humiliations, actually staring our rejection in the face, as it were. Maybe Moira was experiencing something similar; anyway, she was the one who broke the silence, saying:

"It's so stupid, this whole secret guard thing. How can they still believe in something like that? It's like they're still in the Infants."

Even today, I'm puzzled by the sheer force of the emotion that overtook me when I heard Moira say this. I turned to her, completely furious:

"What do you know about it? You just don't know anything, because you've been out of it for ages now! If you knew everything we'd found out, you wouldn't dare say anything so daft!"

"Don't talk rubbish." Moira was never one to back down easily. "It's just another of Ruth's made-up things, that's all."

"Then how come I've personally heard them talking about it? Talking about how they're going to take Miss Geraldine to the woods in the milk van? How come I heard them planning it myself, nothing to do with Ruth or anyone else?"

дворе маленькими группками прогуливались и разговаривали человек двадцать. Мой взгляд сразу же метнулся к дальнему концу двора, где спиной к нам стояли и пристально смотрели в сторону южного игрового поля Рут и еще трое из «тайной охраны». Я пыталась увидеть, что их так заинтересовало, и вдруг почувствовала, что Мойра глядит туда же, куда и я. И тогда я вспомнила, что раньше она тоже была в охране и ее исключили всего месяц назад. Несколько секунд я испытывала острое замешательство: вот мы стоим бок о бок, связанные общим недавним унижением, и, можно сказать, уставились этому унижению в лицо. Нечто подобное, может быть, ощущала и Мойра; так или иначе, молчание нарушила именно она:

— Глупость несусветная — вся эта затея с «тайной охраной». Как они могут до сих пор в это верить? Детский сад.

Меня даже сегодня изумляет сила эмоций, овладевших мной, когда я услышала эти слова. В полнейшей ярости я повернулась к Мойре:

— Да что ты об этом знаешь? Ровно ничего, тебя давным-давно исключили! Ты понятия не имеешь о том, что мы выяснили, иначе не смела бы нести такую чушь!

Но Мойру не так-то легко было сбить.

— Это ты несешь чушь. Очередная выдумка Рут, только и всего.

— К твоему сведению, я своими ушами слышала, как они это обсуждали! Как собираются увезти мисс Джеральдину в лес в молочном фургоне! Своими ушами — и никакая Рут тут ни при чем!

Moira looked at me, unsure now.

"You heard it yourself? How? Where?"

"I heard them talking, clear as anything, heard every word, they didn't know I was there. Down by the pond, they didn't know I could hear. So that just shows how much you know!"

I pushed past her and as I made my way across the crowded courtyard, I glanced back to the figures of Ruth and the others, still gazing out towards the South Playing Field, unaware of what had just happened between me and Moira. And I noticed I didn't feel angry at all with them any more; just hugely irritated with Moira.

Even now, if I'm driving on a long grey road and my thoughts have nowhere special to go, I might find myself turning all of this over. Why was I so hostile to Moira B. that day when she was, really, a natural ally? What it was, I suppose, is that Moira was suggesting she and I cross some line together, and I wasn't prepared for that yet. I think I sensed how beyond that line, there was something harder and darker and I didn't want that. Not for me, not for any of us.

But at other times, I think that's wrong — that it was just to do with me and Ruth, and the sort of loyalty she inspired in me in those days. And maybe that's why, even though I really wanted to on several occasions, I never brought it up — about what had happened that day with Moira — the whole time I was caring for Ruth down at the centre in Dover.

All of this about Miss Geraldine reminds me of something that happened about three years later, long after the secret guard idea had faded away.

Мойра посмотрела на меня — мои слова ее поколебали.

— Ты сама слышала? Где? Когда?

— Слышала их разговор, очень отчетливо, каждое слово, они и заподозрить ничего не могли. Там, у пруда, — они думали, что одни-одинешеньки. Говорю, только чтоб показать тебе, как мало ты знаешь!

Задев ее плечом, я резко двинулась дальше и, проходя через двор, где гуляло много народу, опять посмотрела на Рут и ее компанию, по-прежнему не сводивших взгляда с южного игрового поля и не подозревавших о том, что сейчас произошло между мной и Мойрой. Я почувствовала, что обида на них у меня прошла — осталась только громадная досада на Мойру.

Даже сейчас, если я еду по длинной серой дороге и мыслям обратиться особенно не на что, я иногда ловлю себя на том, что прокручиваю все это снова. Почему я так разозлилась на Мойру Б., которая, по идее, должна была стать в тот день моей союзницей? Я думаю, что Мойра предложила мне тогда пересечь с ней вместе какую-то черту, а я еще не была к этому готова. Мне кажется, я чувствовала, что за этой чертой меня ждет что-то суровое и темное, такое, чего я бы не хотела ни для себя, ни для остальных.

Но временами я думаю иначе — думаю, что это объясняется только моим отношением к Рут, преданностью, которую я к ней тогда питала. Может быть, именно поэтому, помогая потом Рут в дуврском центре, я так и не рассказала ей про случай с Мойрой, хотя у меня несколько раз возникало такое желание.

Все эти дела, связанные с мисс Джеральдиной, напоминают мне о том, что произошло примерно три года спустя, когда идея «тайной охраны» давно уже канула в прошлое.

We were in Room 5 on the ground floor at the back of the house, waiting for a class to start. Room 5 was the smallest room, and especially on a winter morning like that one, when the big radiators came on and steamed up the windows, it would get really stuffy. Maybe I'm exaggerating it, but my memory is that for a whole class to fit into that room, students literally had to pile on top of each other.

That morning Ruth had got a chair behind a desk, and I was sitting up on its lid, with two or three others of our group perched or leaning in nearby. In fact, I think it was when I was squeezing up to let someone else in beside me that I first noticed the pencil case.

I can see the thing now like it's here in front of me. It was shiny, like a polished shoe; a deep tan colour with circled red dots drifting all over it. The zip across the top edge had a furry pom-pom to pull it. I'd almost sat on the pencil case when I'd shifted and Ruth quickly moved it out of my way. But I'd seen it, as she'd intended me to, and I said:

"Oh! Where did you get that? Was it in the Sale?"

It was noisy in the room, but the girls nearby had heard, so there were soon four or five of us staring admiringly at the pencil case. Ruth said nothing for a few seconds while she checked carefully the faces around her. Finally she said very deliberately:

"Let's just agree. Let's agree I got it in the Sale."

Then she gave us all a knowing smile.

This might sound a pretty innocuous sort of response, but actually it was like she'd suddenly got up and hit me, and for the next few moments I felt hot and chilly at the same time. I knew exactly what she'd meant by her answer and smile: she was claiming the pencil case was a gift from Miss Geraldine.

Мы ждали начала урока в классе 5 на первом этаже с задней стороны корпуса. Класс 5 был самый маленький из всех, и там часто бывало душно, особенно такими, как в тот раз, зимними утрами, когда из-за больших жарких радиаторов запотевали окна. Может быть, я преувеличиваю, но мне помнится, что, если в помещение набивался класс целиком, нам буквально приходилось сидеть друг у друга на голове.

В то утро Рут достался стул за столом, на котором примостилась я, и здесь же, сидя или стоя, теснились еще двое или трое наших. Кажется, именно после того, как я подвинулась, чтобы дать кому-то место, я и увидела пенал.

Я и сейчас как будто его вижу. Он был блестящий, как лакированная туфелька, темно-коричневый, его усеивали красные точки, обведенные кружками. По краю шла застежка-молния с пушистым шариком. Когда я подвинулась, я едва не села на этот пенал, и Рут торопливо убрала его из-под меня. Но я увидела его, как Рут и хотела. Я сказала:

— Ух ты! Где ты такой отхватила? На Распродаже?

В классе было шумно, но ближние услышали, и моментально еще три или четыре девчонки стали восхищенно рассматривать вещь. Рут молчала несколько секунд — внимательно изучала лица вокруг. Потом очень обдуманно произнесла:

— Будем считать, что так. Будем считать, что на Распродаже.

И многозначительно улыбнулась.

Ответ может показаться довольно безобидным, но я восприняла его так, словно Рут внезапно размахнулась и ударила меня. На несколько секунд меня бросило в жар и холод одновременно. Я отлично поняла, что означали ее слова и улыбка: что пенал ей подарила мисс Джеральдина.

There could be no mistake about this because it had been building up for weeks. There was a certain smile, a certain voice Ruth would use — sometimes accompanied by a finger to the lips or a hand raised stage-whisper style — whenever she wanted to hint about some little mark of favour Miss Geraldine had shown her: Miss Geraldine had allowed Ruth to play a music tape in the billiards room before four o'clock on a weekday; Miss Geraldine had ordered silence on a fields walk, but when Ruth had drawn up beside her, she'd started to talk to her, then let the rest of the group talk. It was always stuff like that, and never explicitly claimed, just implied by her smile and "let's say no more" expression.

Of course, officially, guardians weren't supposed to show favouritism, but there were little displays of affection all the time within certain parameters; and most of what Ruth suggested fell easily within them. Still, I hated it when Ruth hinted in this way. I was never sure, of course, if she was telling the truth, but since she wasn't actually "telling" it, only hinting, it was never possible to challenge her. So each time it happened, I'd have to let it go, biting my lip and hoping the moment would pass quickly.

Sometimes I'd see from the way a conversation was moving that one of these moments was coming, and I'd brace myself. Even then, it would always hit me with some force, so that for several minutes I wouldn't be able to concentrate on anything going on around me. But on that winter morning in Room 5, it had come at me straight out of the blue. Even after I'd seen the pencil case, the idea of a guardian giving a present like that was so beyond the bounds, I hadn't seen it coming at all.

Ошибки быть не могло — ведь это готовилось уже не одну неделю. Желая намекнуть на тот или иной небольшой знак внимания к себе со стороны мисс Джеральдины, Рут пускала в ход особую улыбочку, особый голос, иногда добавляя к ним и жест — палец у губ или ладонь у театрально шепчущего рта. Мисс Джеральдина разрешила ей в будний день поставить в бильярдной музыкальную кассету, хотя еще не было четырех часов; мисс Джеральдина на прогулке велела всем молчать, но когда к ней подошла Рут, сама затеяла с ней беседу, а потом и всем позволила разговаривать. Вечно что-нибудь вроде этого, причем Рут никогда не высказывалась прямо, а лишь обиняками, дополняя слова улыбкой и интригующим выражением лица.

Считалось, разумеется, что опекуны не должны заводить любимчиков, но мелкие, лежащие в определенных рамках знаки предпочтения оказывались всегда, и большая часть того, на что намекала Рут, из этих рамок не выходила. Тем не менее я каждый раз молча бесилась. Конечно, никогда нельзя было знать, правду ли она говорит, но, поскольку она ничего, собственно, не говорила, а только давала понять, вывести ее на чистую воду было невозможно. Поэтому мне ничего не оставалось, как смириться, закусить губу и рассчитывать, что обида скоро пройдет.

Иногда наступление одного из таких моментов предвещал ход разговора, и я успевала внутренне собраться. Но и в этом случае удар был ощутимым, и несколько минут потом я не могла сосредоточиться на происходящем вокруг. А в то зимнее утро в классе 5 все случилось совершенно неожиданно. Даже после того, как я увидела пенал, мне и в голову не могла прийти дикая мысль, что это подарок опекуна. Поэтому, услышав слова Рут, я не смогла, как обычно,

So once Ruth had said what she'd said, I wasn't able, in my usual way, to let the emotional flurry just pass. I just stared at her, making no attempt to disguise my anger. Ruth, perhaps seeing danger, said to me quickly in a stage whisper: "Not a word!" and smiled again. But I couldn't return the smile and went on glaring at her. Then luckily the guardian arrived and the class started.

I was never the sort of kid who brooded over things for hours on end. I've got that way a bit these days, but that's the work I do and the long hours of quiet when I'm driving across these empty fields. I wasn't like, say, Laura, who for all her clowning around could worry for days, weeks even, about some little thing someone said to her. But after that morning in Room 5, I did go around in a bit of a trance. I'd drift off in the middle of conversations; whole lessons went by with me not knowing what was going on. I was determined Ruth shouldn't get away with it this time, but for a long while I wasn't doing anything constructive about it; just playing fantastic scenes in my head where I'd expose her and force her to admit she'd made it up. I even had one hazy fantasy where Miss Geraldine herself heard about it and gave Ruth a complete dressing-down in front of everyone.

After days of this I started to think more solidly. If the pencil case hadn't come from Miss Geraldine, where had it come from? She might have got it from another student, but that was unlikely. If it had belonged to anyone else first, even someone years above us, a gorgeous item like that wouldn't have gone unnoticed. Ruth would never risk a story like hers knowing the pencil case had already knocked around Hailsham. Almost certainly she'd found it at a Sale. Here, too, Ruth ran the risk of others having seen it before she'd bought it. But

справиться с наплывом переживаний. Я смотрела на нее, даже не пытаясь скрыть злость. Возможно, она почувствовала опасность — громко шепнула мне: «Ни слова!» — и опять улыбнулась. Но я не в силах была ответить ей улыбкой и продолжала смотреть все тем же взглядом. Тут, к счастью, вошел опекун и начался урок.

В том возрасте у меня еще не было привычки раздумывать о чем-то часы напролет. Сейчас это в какой-то мере появилось, но здесь причиной моя работа и долгая одинокая езда через пустые поля. Я не была похожа, скажем, на Лору, которая при всех своих клоунских замашках могла целые дни, даже недели переживать из-за какой-то мелочи, из-за слов, которые кто-то бросил мимоходом. Но после того утра в классе 5 я ходила в каком-то трансе. Могла отключиться посреди разговора, целый урок мог пройти мимо меня. Я была твердо настроена не позволить на этот раз Рут остаться безнаказанной, но долго не предпринимала ничего существенного — только разыгрывала в уме сцены разоблачения, когда припирала Рут к стенке и заставляла признать, что она все выдумала. Однажды я даже нафантазировала, что о ее лжи узнаёт мисс Джеральдина и при всех устраивает Рут хорошую головомойку.

Шли дни, и в конце концов я начала размышлять об этом более основательно. Если пенал не от мисс Джеральдины, то откуда он взялся? Рут могла, конечно, получить его от кого-то из воспитанников, но это было маловероятно. Если бы он раньше кому-то принадлежал, пусть даже хозяин был бы на несколько лет старше нас, такая потрясающая вещь не осталась бы незамеченной. Зная, что пенал в Хейлшеме уже видели, Рут не затеяла бы эту игру — не посмела бы. Почти наверняка она купила его на Распродаже. Свой

if — as sometimes happened, though it wasn't really allowed — she'd heard about the pencil case coming in and reserved it with one of the monitors before the Sale opened, she could then be reasonably confident hardly anyone had seen it.

Unfortunately for Ruth, though, there were registers kept of everything bought at the Sales, along with a record of who'd done the buying. While these registers weren't easily obtainable — the monitors took them back to Miss Emily's office after each Sale — they weren't top secret either. If I hung around a monitor at the next Sale, it wouldn't be difficult to browse through the pages.

So I had the outlines of a plan, and I think I went on refining it for several days before it occurred to me it wasn't actually necessary to carry out all the steps. Provided I was right about the pencil case coming from a Sale, all I had to do was bluff.

That was how Ruth and I came to have our conversation under the eaves. There was fog and drizzle that day. The two of us were walking from the dorm huts perhaps towards the pavilion, I'm not sure. Anyway, as we were crossing the courtyard, the rain suddenly got heavier and since we were in no hurry, we tucked ourselves in under the eaves of the main house, a little to one side of the front entrance.

We sheltered there for a while, and every so often a student would come running out of the fog and in through the doors of the house, but the rain didn't ease. And the longer we continued to stand there, the more tense I grew because I could see this was the opportunity I'd been waiting for. Ruth too, I'm sure, sensed something was coming up. In the end, I decided to come straight out with it.

риск в этом, конечно, тоже был. Но если — как иногда происходило, хотя вообще-то не разрешалось — она прослышала о пенале до Распродажи и заранее договорилась о покупке с кем-нибудь из дежурных старших воспитанников, она имела основания рассчитывать, что все будет шито-крыто.

Впрочем, все, да не все. На каждой Распродаже покупки и имена покупателей записывались в журнал. Хотя эти журналы не были легкодоступны (после Распродажи дежурные относили их в кабинет мисс Эмили), сверхсекретными они тоже не были. Если на следующей Распродаже я буду околачиваться рядом с дежурным, заглянуть в журнал особого труда не составит.

Так в голове у меня начал вырисовываться план, и, поразмышляв несколько дней о его деталях, я вдруг сообразила, что реально осуществлять все шаги не обязательно. Если моя догадка, что пенал куплен на Распродаже, верна, я добьюсь своего и с помощью блефа.

Результатом был разговор между мной и Рут под карнизом. В тот день стоял туман и моросил дождь. Вдвоем мы куда-то шли от спальных домиков — может быть, к павильону, не помню. Так или иначе, мы шли через двор, и тут дождь внезапно усилился, и поскольку торопиться было некуда, мы укрылись под карнизом главного корпуса сбоку от входа.

Там мы немного постояли, из тумана время от времени возникали воспитанники и вбегали в корпус, дождь все не утихал. И чем дольше мы там стояли, тем сильнее я напрягалась, потому что понимала: вот она — возможность, которой я ждала. Рут тоже, я уверена, чувствовала, что назревает какой-то разговор. Наконец я решила — все, хватит ждать, вперед.

"At the Sale last Tuesday," I said. "I was just looking through the book. You know, the register thing."

"Why were you looking at the register?" Ruth asked quickly. "Why were you doing something like that?"

"Oh, no reason. Christopher C. was one of the monitors, so I was just talking to him. He's the best Senior boy, definitely. And I was just turning over the pages of the register, just for something to do."

Ruth's mind, I could tell, had raced on, and she now knew exactly what this was about. But she said calmly:

"Boring sort of thing to look at."

"No, it was quite interesting really. You can see all the things people have bought."

I'd said this staring out at the rain. Then I glanced at Ruth and got a real shock. I don't know what I'd expected; for all my fantasies of the past month, I'd never really considered what it would be like in a real situation like the one unfolding at that moment. Now I saw how upset Ruth was; how for once she was at a complete loss for words, and had turned away on the verge of tears. And suddenly my behaviour seemed to me utterly baffling. All this effort, all this planning, just to upset my dearest friend. So what if she'd fibbed a little about her pencil case? Didn't we all dream from time to time about one guardian or other bending the rules and doing something special for us? A spontaneous hug, a secret letter, a gift? All Ruth had done was to take one of these harmless daydreams a step further; she hadn't even mentioned Miss Geraldine by name.

I now felt awful, and I was confused. But as we stood there together staring at the fog and rain, I could think

— Во вторник на Распродаже я листала журнал, — сказала я. — Ну, знаешь, — журнал покупок.

— Чего ради ты его листала? — быстро спросила Рут. — Зачем тебе вдруг понадобилось?

— Да так просто. Дежурил Кристофер К., я с ним разговорилась. Он больше всех мне нравится из старших мальчишек. Мы говорили, и я листала журнал — просто так, от нечего делать.

Рут — мне ясно было — моментально смекнула, к чему я об этом начала. Но она отозвалась безразличным тоном:

— Скучное, наверное, чтение.

— Да нет, довольно интересно было. Ведь там все указано — кто что купил.

Произнося эти слова, я смотрела на дождь. Потом перевела взгляд на Рут — и меня как током ударило. Не знаю уж, чего я ожидала; целый месяц до этого я размышляла и фантазировала, но даже не попыталась вообразить себе, как все может произойти в действительности. Я увидела, что Рут потрясена, уничтожена; в один миг она полностью лишилась дара речи и, казалось, вот-вот разрыдается. И вдруг мое поведение представилось мне совершенно диким. Все эти замыслы, планы — только для того, чтобы расстроить мою лучшую подругу? Ну приврала она маленько насчет пенала — что из этого? Разве не посещали нас всех иногда мечты: а вдруг кто-нибудь из опекунов немножко нарушит ради меня правила и сделает мне что-то хорошее? Неожиданно обнимет, напишет тайное письмо, подарит что-нибудь? Рут всего-навсего продвинула одно из этих безобидных мечтаний на шаг дальше; она даже не упомянула имени мисс Джеральдины.

Теперь и я почувствовала себя ужасно, и я пришла в смятение. Но пока мы стояли там и смотрели на ту-

of no way now to repair the damage I'd done. I think I said something pathetic like: "It's all right, I didn't see anything much," which hung stupidly in the air. Then after a few further seconds of silence, Ruth walked off into the rain.

Chapter 6

I think I'd have felt better about what had happened if Ruth had held it against me in some obvious way. But this was one instance when she seemed just to cave in. It was like she was too ashamed of the matter — too crushed by it — even to be angry or to want to get me back. The first few times I saw her after the conversation under the eaves, I was ready for at least a bit of huffiness, but no, she was completely civil, if a little flat. It occurred to me she was scared I'd expose her — the pencil case, sure enough, vanished from view — and I wanted to tell her she'd nothing to fear from me. The trouble was, because none of this had actually been talked about in the open, I couldn't find a way of bringing it all up with her.

I did my best, meanwhile, to take any opportunity to imply to Ruth she had a special place in Miss Geraldine's heart. There was the time, for example, when a bunch of us were desperate to go out and practise rounders during break, because we'd been challenged by a group from the year above. Our problem was that it was raining, and it looked unlikely we'd be allowed outside. I noticed though that Miss Geraldine was one of the guardians on duty, and so I said:

"If Ruth goes and asks Miss Geraldine, then we'd stand a chance."

ман и дождь, я не могла придумать способа уменьшить вред, который нанесла. Кажется, я промямлила что-то жалкое: «А впрочем, ты права, ничего особенного я там не увидела» — или вроде того; мои слова по-идиотски повисли в воздухе. Потом, после еще нескольких секунд молчания, Рут ушла под дождь.

Глава 6

Я думаю, мне было бы легче, если бы Рут каким-нибудь явным образом рассердилась на меня. Но, похоже, она просто сдалась, сникла. Словно ей было слишком стыдно, она была слишком раздавлена, чтобы злиться или хотеть дать мне сдачи. После разговора под карнизом поначалу, встречаясь с ней, я ожидала по крайней мере некоторого раздражения с ее стороны — но нет, она держалась вполне вежливо, хоть и суховато. Я подумала — наверное, она боится меня, боится, что я всем расскажу (пенал, конечно, больше не появлялся), — и захотела сказать ей, что она может быть спокойна на мой счет. Но поскольку эта тема открыто между нами не обсуждалась, я не знала, как подступиться, как начать разговор.

Между тем я при любой возможности давала всем понять, что, по моему мнению, Рут занимает особое место в сердце мисс Джеральдины. Однажды, например, наша компания очень захотела поиграть на перемене в раундерз для тренировки: нас вызвала на матч команда воспитанников годом старше. Но шел дождь, и шансов, что нас выпустят, было мало. Я, однако, обратила внимание, что среди дежурных опекунов есть мисс Джеральдина. Я сказала:

— Если Рут пойдет попросит мисс Джеральдину, может, нам и разрешат.

As far as I remember, this suggestion wasn't taken up; maybe hardly anyone heard it, because a lot of us were talking all at once. But the point is, I said it standing right behind Ruth, and I could see she was pleased.

Then another time a few of us were leaving a classroom with Miss Geraldine, and I happened to find myself about to go out the door right after Miss Geraldine herself. What I did was to slow right down so that Ruth, coming behind me, could instead pass through the door beside Miss Geraldine. I did this without any fuss, as though this were the natural and proper thing and what Miss Geraldine would like — just the way I'd have done if, say, I'd accidentally got myself between two best friends. On that occasion, as far as I remember, Ruth looked puzzled and surprised for a split second, then gave me a quick nod and went past.

Little things like these might well have pleased Ruth, but they were still far removed from what had actually happened between us under the eaves that foggy day, and the sense that I'd never be able to sort things just continued to grow. There's a particular memory I have of sitting by myself one evening on one of the benches outside the pavilion, trying over and over to think of some way out, while a heavy mix of remorse and frustration brought me virtually to tears. If things had stayed that way, I'm not sure what would have happened. Maybe it would all have got forgotten eventually; or maybe Ruth and I would have drifted apart. As it was, right out of the blue, a chance came along for me to put things right.

We were in the middle of one of Mr. Roger's art lessons, except for some reason he'd gone out half way. So we were all just drifting about among the easels, chat-

Поддержки, насколько помню, предложение не получило; скорее всего, его вообще мало кто слышал, потому что многие говорили разом. Но важно было другое — я сказала это, стоя возле Рут, и мне видно было, что ей приятно.

В другой раз несколько человек выходили из класса с мисс Джеральдиной, и случилось так, что следом за ней к двери первая приблизилась я. В этот момент я замедлила шаг, чтобы вместо меня около мисс Джеральдины оказалась Рут, которая шла за мной. Все было сделано очень спокойно, без всякой театральности, как если бы это был вполне естественный, обычный поступок, который должен прийтись по душе мисс Джеральдине, — поступок человека, скажем, случайно затесавшегося между двух лучших друзей. Рут, насколько помню, долю секунды выглядела озадаченной, потом быстро кивнула мне и прошла.

Подобные мелочи, видимо, нравились Рут, но все это пока еще было очень далеко от случившегося между нами под карнизом в тот туманный день, и ощущение, что я никогда не смогу поправить дело, нарастало и нарастало. Помню, однажды вечером я сидела на скамейке у павильона, снова и снова пыталась найти какой-то выход, и смесь раскаяния и бессилия была такой густой и тяжелой, что я не могла сдержать слез. Не знаю, что было бы, если бы все между нами так и осталось. Может быть, в конце концов мы забыли бы о произошедшем; может быть, отдалились бы друг от друга. В реальной жизни, однако, мне ни с того ни с сего вдруг представился случай загладить свой промах.

Шел урок изобразительного искусства, и мистер Роджер, который его вел, почему-то вышел. Поэтому мы просто слонялись вокруг мольбертов, болтали и разглядывали работы друг друга. В какой-то момент

ting and looking at each other's work. Then at one point a girl called Midge A. came over to where we were and said to Ruth, in a perfectly friendly way:

"Where's your pencil case? It's so luscious."

Ruth tensed and glanced quickly about to see who was present. It was our usual gang with perhaps a couple of outsiders loitering nearby. I hadn't mentioned to a soul anything about the Sales Register business, but I suppose Ruth wasn't to know that. Her voice was softer than usual when she replied to Midge:

"I haven't got it here. I keep it in my collection chest."

"It's so luscious. Where did you get it?"

Midge was quizzing her completely innocently, that was now obvious. But almost all of us who'd been in Room 5 the time Ruth had first brought out the pencil case were here now, looking on, and I saw Ruth hesitate. It was only later, when I replayed it all, that I appreciated how perfectly shaped a chance it was for me. At the time I didn't really think. I just came in before Midge or anyone else had the chance to notice Ruth was in a curious quandary.

"We can't say where it came from."

Ruth, Midge, the rest of them, they all looked at me, maybe a little surprised. But I kept my cool and went on, addressing only Midge.

"There are some very good reasons why we can't tell you where it came from."

Midge shrugged.

"So it's a mystery."

"A big mystery," I said, then gave her a smile to show her I wasn't trying to be nasty to her.

The others were nodding to back me up, though Ruth herself had on a vague expression, like she'd suddenly become preoccupied with something else entirely. Midge shrugged again, and as far as I remember that was the

девочка по имени Мидж А. подошла к нам и вполне доброжелательным тоном спросила Рут:

— Слушай, а где твой пенал? Вещица — прелесть!

Рут вся напряглась и стрельнула глазами туда-сюда, чтобы знать, кто рядом. Кроме нашей обычной компании, еще, может быть, двое или трое — остальные были далеко. Я ни одной живой душе не сказала про журнал покупок, но Рут-то этого не знала. Ее голос, когда она отвечала Мидж, был мягче обычного:

— Я не взяла его с собой. Я держу его у себя в сундучке.

— Прелесть он все-таки. Откуда он у тебя?

Мидж расспрашивала без всякой задней мысли — это было уже очевидно. Но почти все, кто находился в классе 5, когда Рут впервые вынула пенал, были теперь рядом, слушали, и я видела, что Рут колеблется. Только потом, проигрывая все заново в уме, я оценила, какой мне выпал великолепный шанс. Но тогда я не думала. Просто взяла и вмешалась, прежде чем Мидж или еще кто-нибудь успел заметить странное смятение Рут:

— Мы не можем тебе сказать, откуда этот пенал.

Рут, Мидж и все остальные посмотрели на меня с удивлением. Но я знай себе продолжала, обращаясь к одной Мидж:

— Есть очень серьезные причины, по которым мы не можем тебе этого сказать.

Мидж пожала плечами:

— Тайны какие-то...

— Одна большая тайна, — сказала я и улыбнулась ей, давая понять, что вовсе не хочу ее обидеть.

Другие кивнули, поддерживая меня, а вот у Рут выражение лица стало отсутствующим, как будто она внезапно озаботилась чем-то совершенно посторон-

end of it. Either she walked off, or else she started talking about something different.

Now, for much the same reasons I'd not been able to talk openly to Ruth about what I'd done to her over the Sales Register business, she of course wasn't able to thank me for the way I'd intervened with Midge. But it was obvious from her manner towards me, not just over the next few days, but over the weeks that followed, how pleased she was with me. And having recently been in much the same position, it was easy to recognise the signs of her looking around for some opportunity to do something nice, something really special for me. It was a good feeling, and I remember even thinking once or twice how it would be better if she didn't get a chance for ages, just so the good feeling between us could go on and on. As it was, an opportunity did come along for her, about a month after the Midge episode, the time I lost my favourite tape.

I still have a copy of that tape and until recently I'd listen to it occasionally driving out in the open country on a drizzly day. But now the tape machine in my car's got so dodgy, I don't dare play it in that. And there never seems enough time to play it when I'm back in my bedsit. Even so, it's one of my most precious possessions. Maybe come the end of the year, when I'm no longer a carer, I'll be able to listen to it more often.

The album's called Songs After Dark and it's by Judy Bridgewater. What I've got today isn't the actual cassette, the one I had back then at Hailsham, the one I lost. It's the one Tommy and I found in Norfolk years afterwards — but that's another story I'll come to later. What I want to talk about is the first tape, the one that disappeared.

I should explain before I go any further this whole

ним. Мидж еще раз пожала плечами, и, насколько помню, на этом все и кончилось. То ли она отошла, то ли заговорила о чем-то другом.

Во многом по тем же причинам, по каким я не могла открыто извиниться перед Рут за разговор о журнале покупок, она теперь, конечно, не могла поблагодарить меня за помощь после вопроса Мидж. Но по ее поведению в течение даже не дней, а недель мне хорошо было видно, насколько она расположена ко мне. Из-за того, что недавно я сама была в похожем положении, мне очень даже заметны были признаки желания сделать для меня что-то хорошее, чем-нибудь меня порадовать. Ощущение было очень приятное, и раз или два, помню, я даже подумала, что хорошо бы она долго-долго не находила для этого возможности, — тогда теплому чувству между нами не было бы конца. Возможность ей все же представилась — примерно через месяц после случая с Мидж, когда я потеряла любимую кассету.

Точно такую же кассету, которая появилась у меня много позже, я храню, и до недавнего времени я, бывало, ставила ее, когда ехала в дождь по открытой местности. Но теперь магнитофон в машине стал барахлить, и я опасаюсь, что он испортит кассету. А в квартире слушать ее у меня обычно нет времени. И все равно это одна из самых дорогих мне вещей, какие у меня есть. Может быть, к концу года, когда я больше не буду помощницей, я смогу слушать ее чаще.

Подборка песен называется «После захода солнца», а исполнительницу зовут Джуди Бриджуотер. У меня уже не та кассета, что была в Хейлшеме, — ту я потеряла, — а другая такая же, которую мы с Томми нашли в Норфолке годы спустя. Но об этом я расскажу потом. Сейчас — о первой кассете, об исчезнувшей.

thing we had in those days about Norfolk. We kept it going for years and years — it became a sort of in-joke, I suppose — and it all started from one particular lesson we had when we were pretty young.

It was Miss Emily herself who taught us about the different counties of England. She'd pin up a big map over the blackboard, and next to it, set up an easel. And if she was talking about, say, Oxfordshire, she'd place on the easel a large calendar with photos of the county. She had quite a collection of these picture calendars, and we got through most of the counties this way. She'd tap a spot on the map with her pointer, turn to the easel and reveal another picture. There'd be little villages with streams going through them, white monuments on hillsides, old churches beside fields; if she was telling us about a coastal place, there'd be beaches crowded with people, cliffs with seagulls. I suppose she wanted us to have a grasp of what was out there surrounding us, and it's amazing, even now, after all these miles I've covered as a carer, the extent to which my idea of the various counties is still set by these pictures Miss Emily put up on her easel. I'd be driving through Derbyshire, say, and catch myself looking for a particular village green with a mock-Tudor pub and a war memorial — and realise it's the image Miss Emily showed us the first time I ever heard of Derbyshire.

Anyway, the point is, there was a gap in Miss Emily's calendar collection: none of them had a single picture of Norfolk. We had these same lectures repeated a number of times, and I'd always wonder if this time she'd found a picture of Norfolk, but it was always the same. She'd wave her pointer over the map and say, as a sort of

Прежде чем двигаться дальше, следует объяснить, какое представление у нас тогда возникло насчет Норфолка. Оно держалось годы и годы — в какой-то момент стало, думаю, расхожей шуткой, — а началось все с одного урока, когда мы еще были довольно маленькие.

О графствах Англии нам рассказывала сама мисс Эмили. Она прикалывала к доске большую карту, а рядом устанавливала стенд и, если говорила, к примеру, про Оксфордшир, на стенд помещала большой календарь с фотографиями разных уголков графства. У нее была изрядная коллекция этих цветных календарей, и большинство графств мы изучили именно таким образом. Она показывала какое-нибудь место на карте, потом поворачивалась к стенду и открывала соответствующую картинку. Мы видели то деревушку с протекающей через нее речкой, то белый монумент на холме, то старую церковь среди полей; если речь шла о морском побережье, были пляжи, полные отдыхающих, утесы с чайками. Я думаю, она хотела дать нам представление о большом мире вокруг нас, и очень странно, что даже сейчас, когда я столько миль намотала в качестве помощницы, понятие о тех или иных графствах во многом задано у меня этими картинками на стенде у мисс Эмили. Еду, скажем, по Дербиширу и ловлю себя на том, что высматриваю площадь в центре городка с пабом в тюдоровском стиле и военный мемориал — в общем, те самые виды, что показала нам мисс Эмили, когда я впервые услышала от нее о Дербишире.

Но важно для меня сейчас другое: в коллекции календарей у мисс Эмили был пробел. Ни единой картинки, посвященной Норфолку. Таких уроков она провела с нами несколько, и я все думала: может быть, сегодня она наконец покажет нам норфолкские виды? Но нет, каждый раз одно и то же. Она пере-

Кадзуо Исигуро

afterthought: "And over here, we've got Norfolk. Very nice there."

Then, that particular time, I remember how she paused and drifted off into thought, maybe because she hadn't planned what should happen next instead of a picture. Eventually she came out of her dream and tapped the map again.

"You see, because it's stuck out here on the east, on this hump jutting into the sea, it's not on the way to anywhere. People going north and south"— she moved the pointer up and down—"they bypass it altogether. For that reason, it's a peaceful corner of England, rather nice. But it's also something of a lost corner."

A lost corner. That's what she called it, and that was what started it. Because at Hailsham, we had our own "Lost Corner" up on the third floor, where the lost property was kept; if you lost or found anything, that's where you went. Someone — I can't remember who it was — claimed after the lesson that what Miss Emily had said was that Norfolk was England's "lost corner," where all the lost property found in the country ended up. Somehow this idea caught on and soon had become accepted fact virtually throughout our entire year.

Not long ago, when Tommy and I were reminiscing about all of this, he thought we'd never really believed in the notion, that it was a joke right from the start. But I'm pretty certain he was wrong there. Sure enough, by the time we were twelve or thirteen, the Norfolk thing had become a big joke. But my memory of it — and Ruth remembered it the same way — is that at the beginning, we believed in Norfolk in the

142

мещала указку по карте и говорила словно бы в добавление к сказанному: «А здесь находится графство Норфолк. Очень милое место».

Но вот однажды она в этот момент задумалась — может быть, не определила заранее, что пойдет дальше вместо картинки. Потом опомнилась и снова отыскала указкой точку на карте.

— Вы видите — это самый восток, выступ суши, омываемый морем, через который никаких путей никуда не проходит. Когда люди направляются на север или на юг, — указка пошла вверх, потом вниз, — они проезжают мимо. Поэтому Норфолк — тихий край, довольно мирный, приятный. Но в каком-то смысле потерянный.

Потерянный край. Край потерь. Так она назвала Норфолк, и с этого-то все и началось. Потому что в Хейлшеме на четвертом этаже был свой «край потерь» — место, где складывали забытые или потерянные вещи. Если ты что-нибудь потерял или нашел, надо было идти на четвертый этаж. Кто-то — не помню, кто именно, — сказал после того урока, что мисс Эмили потому назвала Норфолк потерянным, что там в конце концов оказывается потерянное имущество со всей страны. Почему-то эта идея прижилась и вскоре в глазах почти всех моих сверстников превратилась в непреложный факт.

Не так давно, когда мы с Томми обсуждали прошлые дела, он сказал, что по-настоящему мы никогда в это не верили, что с самого начала это была шутка и только. Но я практически уверена, что здесь он ошибся. Да, к двенадцати-тринадцати годам Норфолк стал для нас постоянной шуткой. Но насколько я помню (Рут, кстати, со мной согласилась), вначале мы верили в Норфолк в совершенно буквальном

most literal way; that just as lorries came to Hailsham with our food and stuff for our Sales, there was some similar operation going on, except on a grander scale, with vehicles moving all over England, delivering anything left behind in fields and trains to this place called Norfolk. The fact that we'd never seen a picture of the place only added to its mystique.

This might all sound daft, but you have to remember that to us, at that stage in our lives, any place beyond Hailsham was like a fantasy land; we had only the haziest notions of the world outside and about what was and wasn't possible there. Besides, we never bothered to examine our Norfolk theory in any detail. What was important to us, as Ruth said one evening when we were sitting in that tiled room in Dover, looking out at the sunset, was that "when we lost something precious, and we'd looked and looked and still couldn't find it, then we didn't have to be completely heartbroken. We still had that last bit of comfort, thinking one day, when we were grown up, and we were free to travel around the country, we could always go and find it again in Norfolk."

I'm sure Ruth was right about that. Norfolk came to be a real source of comfort for us, probably much more than we admitted at the time, and that was why we were still talking about it — albeit as a sort of joke — when we were much older. And that's why, years and years later, that day Tommy and I found another copy of that lost tape of mine in a town on the Norfolk coast, we didn't just think it pretty funny; we both felt deep down some tug, some old wish to believe again in something that was once close to our hearts.

смысле: мы считали, что подобно тому, как в Хейлшем едут машины с продовольствием и товарами для Распродаж, так и по всей Англии, то есть в масштабе куда большем, движутся грузовики в этот самый Норфолк, доставляя туда все, что забыто или потеряно в полях и поездах. То, что мы никогда не видели изображений Норфолка, лишь добавляло этому графству загадочности.

Это может показаться неимоверной глупостью, но вы не должны забывать, что для нас в то время любое место за пределами Хейлшема было какой-то сказочной страной; о внешнем мире, о том, что там возможно и что невозможно, мы имели чрезвычайно смутное представление. Кроме того, мы совершенно не стремились как-либо проверить нашу норфолкскую теорию. Важно для нас, как сказала однажды вечером Рут, когда мы сидели в этой облицованной кафелем дуврской палате и смотрели на закат, было то, что «если ты потеряла что-нибудь ценное, искала-искала и не нашла, ты не должна была отчаиваться. У тебя оставалось последнее утешение — мысль, что когда-нибудь, когда ты вырастешь и тебе позволят свободно ездить по стране, ты, если захочешь, сможешь отправиться в Норфолк и найти потерянное».

Думаю, Рут была права. Норфолк стал для нас настоящим, большим утешением, которое, пожалуй, значило гораздо больше, чем мы представляли себе тогда, — потому-то мы и, став постарше, говорили на эту тему, пусть и в шутливом тоне. И не случайно годы спустя, когда мы с Томми нашли в Норфолке в приморском городке другой экземпляр потерянной мной кассеты, и не подумали, что это забавно и только. Мы оба почувствовали глубоко внутри какой-то толчок, какое-то ожившее желание опять поверить в то, что раньше было дорого нашему сердцу.

But I wanted to talk about my tape, Songs After Dark by Judy Bridgewater. I suppose it was originally an LP — the recording date's 1956—but what I had was the cassette, and the cover picture was what must have been a scaled-down version of the record sleeve. Judy Bridgewater is wearing a purple satin dress, one of those off-the-shoulder ones popular in those days, and you can see her from just above the waist because she's sitting on a bar-stool. I think it's supposed to be South America, because there are palms behind her and swarthy waiters in white tuxedos. You're looking at Judy from exactly where the barman would be when he's serving her drinks. She's looking back in a friendly, not too sexy way, like she might be flirting just a tiny bit, but you're someone she knows from way back. Now the other thing about this cover is that Judy's got her elbows up on the bar and there's a cigarette burning in her hand. And it was because of this cigarette that I got so secretive about the tape, right from the moment I found it at the Sale.

I don't know how it was where you were, but at Hailsham the guardians were really strict about smoking. I'm sure they'd have preferred it if we never found out smoking even existed; but since this wasn't possible, they made sure to give us some sort of lecture each time any reference to cigarettes came along. Even if we were being shown a picture of a famous writer or world leader, and they happened to have a cigarette in their hand, then the whole lesson would grind to a halt. There was even a rumour that some classic books — like the Sherlock Holmes ones — weren't in our library because the main characters smoked too much, and when you came across a page torn out of an illustrated book or magazine, this was because there'd been a picture on it of someone smoking. And then there were the actual

Но я собиралась рассказать про кассету — про «После захода солнца» Джуди Бриджуотер. Первоначально это была долгоиграющая пластинка (запись 1956 года), но мне, естественно, досталась кассета, и картинка на вкладыше, вероятно, представляла собой уменьшенную копию пластиночного конверта. На Джуди Бриджуотер пурпурное атласное платье, по тогдашней моде не закрывающее плеч, и видна только верхняя часть ее фигуры, потому что она сидит за стойкой бара. Задний план приводит на ум Южную Америку: пальмы, смуглые официанты в белых смокингах. Джуди сфотографирована с той точки, в какой мог бы находиться бармен, подающий ей напиток. Она смотрит на тебя дружелюбным, в меру завлекательным взглядом — если флиртует, то лишь чуть-чуть, как с человеком, знакомым ей давным-давно. Еще одна деталь: Джуди положила локти на стойку и держит дымящуюся сигарету. Именно из-за сигареты я с первой же минуты, когда обнаружила кассету на Распродаже, развела вокруг нее такую секретность.

Не знаю, как там, где были вы, но в Хейлшеме опекуны ужасно строго относились ко всему, что связано с курением. Они, я уверена, были бы очень рады, если бы от нас можно было скрыть, что такая вещь, как курение, существует; но такой возможности не было, и поэтому они при любом возникновении этой темы читали нам своего рода лекцию. Если, скажем, нам показывали портрет знаменитого писателя или политического деятеля, а у него в руке была сигарета, течение урока немедленно прерывалось. Ходил даже слух, что некоторых классических книг — например, о Шерлоке Холмсе — потому нет в нашей библиотеке, что главные герои там слишком много курят, и если в иллюстрированной книжке или журнале попадалась вырванная страница, иные говорили, что там навер-

lessons where they showed us horrible pictures of what smoking did to the insides of your body. That's why it was such a shock that time Marge K. asked Miss Lucy her question.

We were sitting on the grass after a rounders match and Miss Lucy had been giving us a typical talk on smoking when Marge suddenly asked if Miss Lucy had herself ever had a cigarette. Miss Lucy went quiet for a few seconds. Then she said:

"I'd like to be able to say no. But to be honest, I did smoke for a little while. For about two years, when I was younger."

You can imagine what a shock this was. Before Miss Lucy's reply, we'd all been glaring at Marge, really furious she'd asked such a rude question — to us, she might as well have asked if Miss Lucy had ever attacked anyone with an axe. And for days afterwards I remember how we made Marge's life an utter misery; in fact, that incident I mentioned before, the night we held Marge's face to the dorm window to make her look at the woods, that was all part of what came afterwards. But at the time, the moment Miss Lucy said what she did, we were too confused to think any more about Marge. I think we all just stared at Miss Lucy in horror, waiting for what she'd say next.

When she did speak, Miss Lucy seemed to be weighing up each word carefully.

"It's not good that I smoked. It wasn't good for me so I stopped it. But what you must understand is that for you, all of you, it's much, much worse to smoke than it ever was for me."

Then she paused and went quiet. Someone said later she'd gone off into a daydream, but I was pretty sure,

няка был изображен кто-то с сигаретой или трубкой. На уроках нам не раз демонстрировали жуткие картинки, показывающие, что происходит с внутренностями у курильщика. Вот почему вопрос, с которым Мардж К. обратилась однажды к мисс Люси, вызвал такое потрясение.

Мы сидели на траве после игры в раундерз, и мисс Люси вела с нами обычный предостерегающий разговор о курении, как вдруг Мардж спросила, не пробовала ли когда-нибудь курить сама мисс Люси. Несколько секунд мисс Люси молчала, потом сказала:

— Я была бы рада ответить тебе «нет». Но если честно, я курила некоторое время. Примерно два года, когда была моложе.

Можете себе представить, какой это был шок. Пока мисс Люси медлила с ответом, мы все негодующе смотрели на Мардж, посмевшую задать такой грубый вопрос, — все равно что спросить, не набрасывалась ли мисс Люси на людей с топором. Не на один день потом мы превратили жизнь Мардж в сплошное страдание; о вечерней пытке, когда мы прижали Мардж лицом к окну спальни и заставили смотреть на лес, я уже упоминала. Но в первый момент, после того как мисс Люси сделала свое признание, мы были так ошеломлены, что напрочь забыли про Мардж. Помню, мы в ужасе уставились на мисс Люси, ожидая, что она скажет дальше.

Когда она наконец заговорила, то взвешивала каждое слово очень тщательно.

— Я плохо поступила, когда стала курить. Курение приносило мне вред, и я с ним покончила. Но я хочу, чтобы вы поняли: вам, всем без исключения, курение намного, намного вреднее, чем даже мне.

Она остановилась и замолчала. Кто-то потом сказал, что она замечталась, но мне, как и Рут, было яс-

as was Ruth, that she was thinking hard about what to say next. Finally she said:

"You've been told about it. You're students. You're... special. So keeping yourselves well, keeping yourselves very healthy inside, that's much more important for each of you than it is for me."

She stopped again and looked at us in a strange way. Afterwards, when we discussed it, some of us were sure she was dying for someone to ask: "Why? Why is it so much worse for us?" But no one did. I've often thought about that day, and I'm sure now, in the light of what happened later, that we only needed to ask and Miss Lucy would have told us all kinds of things. All it would have taken was just one more question about smoking.

So why had we stayed silent that day? I suppose it was because even at that age — we were nine or ten— we knew just enough to make us wary of that whole territory. It's hard now to remember just how much we knew by then. We certainly knew — though not in any deep sense — that we were different from our guardians, and also from the normal people outside; we perhaps even knew that a long way down the line there were donations waiting for us. But we didn't really know what that meant. If we were keen to avoid certain topics, it was probably more because it embarrassed us. We hated the way our guardians, usually so on top of everything, became so awkward whenever we came near this territory. It unnerved us to see them change like that. I think that's why we never asked that one further question, and why we punished Marge K. so cruelly for bringing it all up that day after the rounders match.

Anyway, that's why I was so secretive about my tape. I even turned the cover inside out so you'd only see Judy

но: она усиленно думает, что говорить дальше. Наконец она произнесла:

— Вам об этом уже известно. Вы воспитанники. Вы... особый случай. Поэтому заботиться о своем здоровье, держать в порядке свое тело для каждого из вас гораздо важнее, чем для меня.

Она опять умолкла и странно на нас посмотрела. Потом, когда мы это обсуждали, некоторые говорили, что наверняка она ужасно хотела услышать вопрос: «Почему? Почему для нас это важнее?» Но никто его не задал. Я часто вспоминала тот день и уверена теперь, в свете случившегося позднее, что если бы вопрос прозвучал, мисс Люси сказала бы нам все как есть. Всего-навсего надо было задать еще один вопрос о курении.

Так почему же мы промолчали? Мне кажется, потому, что уже в том возрасте (нам было девять или десять лет) мы знали достаточно, чтобы опасаться ступать на эту территорию. Мне трудно припомнить в точности, что нам тогда было известно, а что нет. Безусловно, мы знали, пусть это знание и было очень поверхностным, что отличаемся от наших опекунов и от всех нормальных людей снаружи; может быть, мы даже знали, что в далеком будущем нас ждет донорство. Но смысла всего этого мы по-настоящему не понимали, и если избегали разговоров на какие-то темы, то скорее потому, что они смущали нас. Вдобавок ко всему тяжело было видеть неловкость, которую испытывали опекуны, когда мы приближались к этой территории. Перемена, которая с ними происходила, расстраивала нас. Потому-то, думаю, мы и не стали ни о чем больше спрашивать мисс Люси, потому-то и наказали так жестоко Мардж К. за то, что она вылезла со своим вопросом после игры в раундерз.

Теперь вам понятно, почему я окружила кассету такой тайной. Я даже повернула бумажку картинкой

and her cigarette if you opened up the plastic case. But the reason the tape meant so much to me had nothing to do with the cigarette, or even with the way Judy Bridgewater sang — she's one of those singers from her time, cocktail-bar stuff, not the sort of thing any of us at Hailsham liked. What made the tape so special for me was this one particular song: track number three, "Never Let Me Go."

It's slow and late night and American, and there's a bit that keeps coming round when Judy sings: "Never let me go... Oh baby, baby... Never let me go..." I was eleven then, and hadn't listened to much music, but this one song, it really got to me. I always tried to keep the tape wound to just that spot so I could play the song whenever a chance came by.

I didn't have so many opportunities, mind you, this being a few years before Walkmans started appearing at the Sales. There was a big machine in the billiards room, but I hardly ever played the tape in there because it was always full of people. The Art Room also had a player, but that was usually just as noisy. The only place I could listen properly was in our dorm.

By then we'd gone into the small six-bed dorms over in the separate huts, and in ours we had a portable cassette player up on the shelf above the radiator. So that's where I used to go, in the day when no one else was likely to be about, to play my song over and over.

What was so special about this song? Well, the thing was, I didn't used to listen properly to the words; I just waited for that bit that went: "Baby, baby, never let me go..." And what I'd imagine was a woman who'd been

внутрь, так что Джуди и ее сигарету теперь можно было увидеть, только открыв пластмассовый футляр. Но кассета так много значила для меня вовсе не из-за сигареты и даже не из-за того, как Джуди Бриджуотер пела, — это типичная эстрада того времени, песни коктейль-баров, такие никому из нас в Хейлшеме не нравились. Кассета стала мне так дорога из-за одной определенной песни, которая идет под номером третьим: «Не отпускай меня».

Вещь медленная, ночная, американская, и одно место там Джуди повторяет несколько раз: «Не отпускай меня... О детка, детка... Не отпускай меня...» Мне было одиннадцать лет, и до тех пор я нечасто слушала музыку, но эта песня меня проняла. Я всегда старалась держать кассету перемотанной на начало, чтобы можно было послушать при первом же удобном случае.

А случаев представлялось не так уж много: до того времени, как на Распродажах начали появляться плееры, оставалось еще несколько лет. Большой магнитофон стоял в бильярдной, но там всегда было полно народу, и свою кассету я там почти никогда не ставила. В комнате творчества тоже был магнитофон, но шумели там обычно не меньше, чем в бильярдной. Так что единственным местом, где я могла нормально послушать, оставалась наша спальня.

К тому времени мы перебрались в маленькие спальни на шесть кроватей в отдельных домиках, и на полке над радиатором у нас стоял портативный кассетник. Вот туда-то я и уходила — обычно днем, когда в спальню редко кто заглядывал, — слушать свою песню еще и еще раз.

Что, собственно, в этой песне было такого? К словам, надо сказать, я толком не прислушивалась — просто дожидалась этого места: «Детка, детка, не отпускай меня...» И мне представлялась женщина, ко-

told she couldn't have babies, who'd really, really wanted them all her life. Then there's a sort of miracle and
she has a baby, and she holds this baby very close to her
and walks around singing: "Baby, never let me go..."
partly because she's so happy, but also because she's so
afraid something will happen, that the baby will get ill
or be taken away from her. Even at the time, I realised
this couldn't be right, that this interpretation didn't fit
with the rest of the lyrics. But that wasn't an issue with
me. The song was about what I said, and I used to listen
to it again and again, on my own, whenever I got the
chance.

There was one strange incident around this time I
should tell you about here. It really unsettled me, and
although I wasn't to find out its real meaning until years
later, I think I sensed, even then, some deeper significance to it.

It was a sunny afternoon and I'd gone to our dorm to
get something. I remember how bright it was because the
curtains in our room hadn't been pulled back properly, and
you could see the sun coming in in big shafts and see all the
dust in the air. I hadn't meant to play the tape, but since
I was there all by myself, an impulse made me get the cassette out of my collection box and put it into the player.

Maybe the volume had been turned right up by whoever had been using it last, I don't know. But it was
much louder than I usually had it and that was probably why I didn't hear her before I did. Or maybe I'd
just got complacent by then. Anyway, what I was doing
was swaying about slowly in time to the song, holding
an imaginary baby to my breast. In fact, to make it all
the more embarrassing, it was one of those times I'd
grabbed a pillow to stand in for the baby, and I was doing this slow dance, my eyes closed, singing along softly
each time those lines came around again:

торой сказали, что у нее не может быть детей, — а она всю жизнь очень-очень хотела их иметь. Потом случается какое-то чудо, у нее рождается ребенок, и она прижимает этого ребенка к себе, ходит с ним и поет: «Детка, детка, не отпускай меня...» Поет отчасти потому, что очень счастлива, но еще и потому, что очень боится чего-то, что может произойти, — что дитя заболеет или его отнимут у нее. Я и тогда понимала, что это неверное толкование, что оно противоречит другим словам песни. Но для меня это было неважно. Песня была о том, о чем я сказала, и я слушала ее одна снова и снова при первой возможности.

Здесь я должна рассказать об одном странном событии, которое произошло в то время. Оно очень сильно на меня подействовало, и хотя я только годы спустя узнала его настоящий смысл, мне кажется, я уже тогда почувствовала, что смысл есть, и глубокий.

Был солнечный день, и я зашла в спальню что-то взять. Хорошо помню, какой яркий был свет: занавески не были отдернуты как следует, и в широких солнечных полосах плавали пылинки. Я не собиралась ставить кассету, но, оказавшись в комнате одна, вдруг захотела послушать песню, вынула кассету из сундучка и вставила в магнитофон.

Как видно, девочка, которая включала его последней, увеличила громкость, и из-за этой громкости я не услышала шагов и не сразу почувствовала, что на меня смотрят. Или, может быть, я просто чересчур увлеклась. Я медленно покачивалась в такт пению, прижимая к груди воображаемого младенца. В довершение картины это был один из тех случаев, когда в роли младенца у меня выступала подушка: я двигалась с ней в медленном танце, закрыв глаза и тихо подпевая всякий раз, когда звучали эти слова:

"Oh baby, baby, never let me go..."

The song was almost over when something made me realise I wasn't alone, and I opened my eyes to find myself staring at Madame framed in the doorway.

I froze in shock. Then within a second or two, I began to feel a new kind of alarm, because I could see there was something strange about the situation. The door was almost half open — it was a sort of rule we couldn't close dorm doors completely except for when we were sleeping — but Madame hadn't nearly come up to the threshold. She was out in the corridor, standing very still, her head angled to one side to give her a view of what I was doing inside. And the odd thing was she was crying. It might even have been one of her sobs that had come through the song to jerk me out of my dream.

When I think about this now, it seems to me, even if she wasn't a guardian, she was the adult, and she should have said or done something, even if it was just to tell me off. Then I'd have known how to behave. But she just went on standing out there, sobbing and sobbing, staring at me through the doorway with that same look in her eyes she always had when she looked at us, like she was seeing something that gave her the creeps. Except this time there was something else, something extra in that look I couldn't fathom.

I didn't know what to do or say, or what to expect next. Perhaps she would come into the room, shout at me, hit me even, I didn't have a clue. As it was, she turned and the next moment I could hear her footsteps leaving the hut. I realised the tape had gone on to the next track, and I turned it off and sat down on the nearest bed. And as I did so, I saw through the window in front of me her figure hurrying off towards the main house. She didn't glance back, but I could tell from the way her back was hunched up she was still sobbing.

— О детка, детка, не отпускай меня...

Песня почти уже кончилась, когда у меня возникло ощущение, что я не одна. Я открыла глаза и увидела за дверью Мадам.

Пораженная, я замерла. Потом, секунду-другую спустя, мне стало по-новому тревожно: я увидела еще кое-что странное. Дверь была полуоткрыта — совсем закрывать двери спален нам не разрешалось, за исключением времени сна, — и Мадам стояла даже не на пороге, а в коридоре. Она стояла очень тихо, склонив голову набок, чтобы лучше меня видеть. И вот что удивительно: она плакала. Возможно, один из ее всхлипов, долетев сквозь пение, и вывел меня из забытья.

Хоть она и не была опекуншей, она была взрослой, и, как мне сейчас кажется, я ждала от нее каких-то слов или действий — может быть, нагоняя. Тогда я знала бы, как себя вести. Но она просто стояла там и стояла, всхлипывала и всхлипывала, и во взгляде, которым она смотрела на меня сквозь дверной проем, было то же, что и всегда, когда она глядела на нас, — какая-то брезгливость, чуть ли не отвращение. Но на этот раз было в ее взгляде и другое, чего я не могла понять.

Я не знала, что сделать, что сказать или чего теперь ждать. Может быть, она войдет в комнату, раскричится, даже ударит — я понятия не имела. Но она повернулась, и в следующую секунду я услышала ее удаляющиеся шаги. До меня вдруг дошло, что звучит уже следующая песня, я выключила магнитофон и села на ближайшую кровать. В этот момент я увидела в окно, как Мадам торопливо идет от нашего домика к главному корпусу. Она не оглядывалась, но по сгорбленной спине я поняла, что она все еще плачет.

When I got back to my friends a few minutes later, I didn't tell them anything about what had happened. Someone noticed I wasn't right and said something, but I just shrugged and kept quiet. I wasn't ashamed exactly: but it was a bit like that earlier time, when we'd all waylaid Madame in the courtyard as she got out of her car. What I wished more than anything was that the thing hadn't happened at all, and I thought that by not mentioning it I'd be doing myself and everyone else a favour.

I did, though, talk to Tommy about it a couple of years later. This was in those days following our conversation by the pond when he'd first confided in me about Miss Lucy; the days during which — as I see it — we started off our whole thing of wondering and asking questions about ourselves that we kept going between us through the years. When I told Tommy about what had happened with Madame in the dorm, he came up with a fairly simple explanation. By then, of course, we all knew something I hadn't known back then, which was that none of us could have babies. It's just possible I'd somehow picked up the idea when I was younger without fully registering it, and that's why I heard what I did when I listened to that song. But there was no way I'd known properly back then. As I say, by the time Tommy and I were discussing it, we'd all been told clearly enough. None of us, incidentally, was particularly bothered about it; in fact, I remember some people being pleased we could have sex without worrying about all of that — though proper sex was still some way off for most of us at that stage. Anyway, when I told Tommy about what had happened, he said:

"Madame's probably not a bad person, even though she's creepy. So when she saw you dancing like that, holding your baby, she thought it was really tragic,

Через несколько минут я вернулась к подругам, но о произошедшем ничего им не сказала. Одна из них увидела, что я слегка не в себе, и что-то об этом спросила, но я только пожала плечами. Я не то чтобы стыдилась признаться, но было немножко похоже на наше состояние после того, как мы подстерегли Мадам, приехавшую в машине, у входа в корпус. Больше всего на свете я хотела превратить случившееся в неслучившееся, и мне казалось, что, умалчивая обо всем, я делаю для себя и других доброе дело.

Через пару лет, однако, я призналась Томми. Это было вскоре после разговора у пруда, когда он рассказал мне о беседе с мисс Люси, — в те дни, когда мы, как я вижу теперь, начали задумываться о самих себе, задаваться вопросами и делиться мыслями друг с другом (это потом длилось у нас не один год). Услышав от меня про Мадам в дверях спальни, Томми дал этому довольно простое объяснение. Тогда, конечно, мы все уже знали то, чего не знали раньше: что никто из нас не может иметь детей. Допускаю, что я каким-то образом, когда была младше, смутно это уловила и потому так истолковала песню. Но узнать по-настоящему мне в том возрасте было неоткуда. А вот к тому времени, когда мы с Томми начали обсуждать эти дела, нам, как я сказала, уже все вполне понятно объяснили. Никто из нас, между прочим, не был этим особенно огорчен; помню, кое-кто даже радовался, что можно будет заниматься сексом без оглядки на последствия, — хотя, конечно, для большинства секс в полном смысле слова был тогда еще делом будущего. Так или иначе, Томми, узнав от меня обо всем, сказал:

— Мадам, похоже, не такая уж плохая женщина, хоть и брезгует нами. Когда она увидела, как ты танцуешь с ребенком в руках, она подумала: вот ведь

how you couldn't have babies. That's why she started crying."

"But Tommy," I pointed out, "how could she have known the song had anything to do with people having babies? How could she have known the pillow I was holding was supposed to be a baby? That was only in my head."

Tommy thought about this, then said only half-jokingly:

"Maybe Madame can read minds. She's strange. Maybe she can see right inside you. It wouldn't surprise me."

This gave us both a little chill, and though we giggled, we didn't say any more about it.

The tape disappeared a couple of months after the incident with Madame. I never linked the two events at the time and I've no reason to link them now. I was in the dorm one night, just before lights-out, and was rummaging through my collection chest to pass the time until the others came back from the bathroom. It's odd but when it first dawned on me the tape wasn't there any more, my main thought was that I mustn't give away how panicked I was. I can remember actually making a point of humming absent-mindedly while I went on searching. I've thought about it a lot and I still don't know how to explain it: these were my closest friends in that room with me and yet I didn't want them to know how upset I was about my tape going missing.

I suppose it had something to do with it being a secret, just how much it had meant to me. Maybe all of us at Hailsham had little secrets like that — little private nooks created out of thin air where we could go off alone with our fears and longings. But the very fact that we had such needs would have felt wrong to

беда какая, у этой девочки никогда не будет детей. И заплакала.

— Да нет, Томми, — не согласилась я. — Откуда она могла знать, что я именно так воспринимаю песню? Откуда она могла знать, что подушка заменяет ребенка? Ведь это было только у меня в голове.

Томми поразмыслил и сказал хоть отчасти и шутливо, но наполовину серьезно:

— Может быть, Мадам читает мысли. Она же не такая, как все. Может быть, в голову заглядывает. Я бы не удивился.

Нам обоим, хоть мы и захихикали, стало от его слов чуточку не по себе, и больше мы об этом не говорили.

Кассета исчезла месяца через два после инцидента с Мадам. Я не связывала эти два события тогда, и у меня нет причин связывать их теперь. Однажды вечером в спальне незадолго до отбоя я рылась в своем сундучке, чтобы скоротать время, пока другие вернутся из ванной. Что странно, главной мыслью у меня, когда я заподозрила, что кассеты нет, была такая: я не должна показывать своей паники. Помню, продолжая искать, я нарочно стала якобы рассеянно что-то напевать себе под нос. Сколько я потом ни думала, так и не могу себе до конца этого объяснить: со мной были лучшие подруги, а я не хотела, чтобы они знали, как я огорчена пропажей.

Мне кажется, моя скрытность имеет отношение к тому, как много значила для меня кассета. Возможно, у всех у нас в Хейлшеме были такие маленькие секреты — маленькие личные убежища, сотворенные из ничего, из пустяка, убежища, где ты уединяешься со своими смутными страхами и желаниями. Но

us at the time — like somehow we were letting the side down.

Anyway, once I was quite sure the tape was gone, I asked each of the others in the dorm, very casually, if they'd seen it. I wasn't yet completely distraught because there was just the chance I'd left it in the billiards room; otherwise my hope was that someone had borrowed it and would give it back in the morning.

Well, the tape didn't turn up the next day and I've still no idea what happened to it. The truth is, I suppose, there was far more thieving going on at Hailsham than we — or the guardians — ever wanted to admit. But the reason I'm going into all this now is to explain about Ruth and how she reacted. What you have to remember is that I lost my tape less than a month after that time Midge had quizzed Ruth in the Art Room about her pencil case and I'd come to the rescue. Ever since, as I told you, Ruth had been looking out for something nice to do for me in return, and the tape disappearing gave her a real opportunity. You could even say it wasn't until after my tape vanished that things got back to normal with us — maybe for the first time since that rainy morning I'd mentioned the Sales Register to her under the eaves of the main house.

The night I first noticed the tape had gone, I'd made sure to ask everyone about it, and that of course had included Ruth. Looking back, I can see how she must have realised, then and there, exactly what losing the tape meant to me, and at the same time, how important it was for me there was no fuss. So she'd replied that night with a distracted shrug and gone on with what she was doing. But the next morning, when I was coming back from the bathroom, I could hear her — in a casual voice like it wasn't anything

сама эта потребность, может быть, казалась нам тогда в какой-то мере постыдной, казалась чем-то вроде предательства.

Как бы то ни было, уверившись, что кассеты нет, я вскользь, как о чем-то маловажном, спросила каждую из соседок по спальне, не видела ли она ее. Полностью, впрочем, я надежду еще не потеряла: оставался маленький шанс, что я оставила кассету в бильярдной или что кто-то взял ее на время и утром вернет.

Однако кассета не нашлась и назавтра, и я по сей день понятия не имею, что с ней случилось. Мне думается, в Хейлшеме было гораздо больше мелкого воровства, чем мы — или опекуны — готовы были признать. Но я стала рассказывать обо всем этом сейчас для того, чтобы подвести к Рут и ее реакции. Должна вам напомнить, что я потеряла кассету меньше чем через месяц после того, как Мидж в комнате творчества поинтересовалась пеналом Рут и я пришла подруге на помощь. С тех пор все время, как я уже сказала, Рут искала случая сделать для меня что-нибудь хорошее в ответ, и пропажа кассеты дала ей такую возможность. Пожалуй, только после этой пропажи наши отношения опять стали вполне нормальными — может быть, впервые с того дождливого утра, когда я сказала ей про журнал покупок под карнизом главного корпуса.

Вечером, когда я хватилась кассеты, я спросила о ней всех — в том числе, конечно, и Рут. Оглядываясь теперь назад, я вижу, что она моментально поняла, как сильно эта пропажа по мне ударила и как важно для меня, несмотря на это, чтобы не поднималось шума. Поэтому она в ответ только небрежно помотала головой, продолжая заниматься, чем занималась. Но наутро, выходя из ванной, я услышала, как она словно бы между прочим спрашивает у Ханны, точно ли она не видела моей кассеты.

much — asking Hannah if she was sure she hadn't seen my tape.

Then maybe a fortnight later, when I'd long reconciled myself to having truly lost my tape, she came and found me during the lunch break. It was one of the first really good days of spring that year, and I'd been sitting on the grass talking with a couple of the older girls. When Ruth came up and asked if I wanted to go for a little stroll, it was obvious she had something particular on her mind. So I left the older girls and followed her to the edge of the North Playing Field, then up the north hill, until we were standing there by the wooden fence looking down on the sweep of green dotted with clusters of students. There was a strong breeze at the top of the hill, and I remember being surprised by it because I hadn't noticed it down on the grass. We stood there looking over the grounds for a while, then she held out a little bag to me. When I took it, I could tell there was a cassette tape inside and my heart leapt. But Ruth said immediately:

"Kathy, it's not your one. The one you lost. I tried to find it for you, but it's really gone."

"Yeah," I said. "Gone to Norfolk."

We both laughed. Then I took the tape out of the bag with a disappointed air, and I'm not sure the disappointment wasn't still there on my face while I examined it.

I was holding something called Twenty Classic Dance Tunes. When I played it later, I discovered it was orchestra stuff for ballroom dancing. Of course, the moment she was giving it to me, I didn't know what sort of music it was, but I did know it wasn't anything like Judy Bridgewater. Then again, almost immediately, I saw how Ruth wasn't to know that — how to Ruth, who

Прошло, может быть, недели две, я давно уже смирилась с мыслью, что кассета пропала, и тут неожиданно Рут подошла ко мне во время большой перемены. Был один из первых по-настоящему хороших весенних дней, я сидела на траве и болтала с двумя старшими девочками. Когда Рут приблизилась и предложила мне немножко с ней прогуляться, я сразу поняла, что это неспроста. Я оставила старших девочек, и мы пошли к концу северного игрового поля, потом вверх по холму до деревянного забора, откуда открывался хороший вид на наши зеленые лужайки, усеянные гуляющими воспитанниками. Наверху дул свежий ветер — помню, это меня удивило, внизу на траве ветра не чувствовалось. Мы немного постояли, глядя на территорию, потом она протянула мне пакетик. Взяв его, я почувствовала, что внутри лежит кассета, и сердце у меня забилось. Но Рут тут же сказала:

— Нет, Кэти, это не та, что ты потеряла. Ту я пыталась найти, но не получилось.

— Та сделала ручкой, — отозвалась я. — Отправилась в Норфолк.

Мы обе засмеялись. Потом я с разочарованным видом вынула кассету из пакетика и не уверена, что разочарование не было написано у меня на лице, когда я ее рассматривала.

Называлась она «Двадцать классических танцевальных мелодий». Когда я ее потом поставила, оказалось, что это оркестровые вещи для бальных танцев. Получив подарок, я, конечно, не могла знать, что это за музыка, но ясно было, что ничего общего с Джуди Бриджуотер. Но затем, почти сразу, до меня дошло, что Рут этого понимать не может, что, по мнению

didn't know the first thing about music, this tape might easily make up for the one I'd lost. And suddenly I felt the disappointment ebbing away and being replaced by a real happiness. We didn't do things like hug each other much at Hailsham. But I squeezed one of her hands in both mine when I thanked her. She said:

"I found it at the last Sale. I just thought it's the sort of thing you'd like." And I said that, yes, it was exactly the sort of thing.

I still have it now. I don't play it much because the music has nothing to do with anything. It's an object, like a brooch or a ring, and especially now Ruth has gone, it's become one of my most precious possessions.

Chapter 7

I want to move on now to our last years at Hailsham. I'm talking about the period from when we were thirteen to when we left at sixteen. In my memory my life at Hailsham falls into two distinct chunks: this last era, and everything that came before. The earlier years — the ones I've just been telling you about — they tend to blur into each other as a kind of golden time, and when I think about them at all, even the not-so-great things, I can't help feeling a sort of glow. But those last years feel different. They weren't unhappy exactly — I've got plenty of memories I treasure from them — but they were more serious, and in some ways darker. Maybe I've exaggerated it in my mind, but I've got an impression of things changing rapidly around then, like day moving into night.

Рут, которая в музыке не смыслит ровно ничего, эта кассета будет для меня ничуть не хуже потерянной. И вдруг я почувствовала, как разочарование уходит под натиском подлинного счастья. У нас в Хейлшеме не очень-то в ходу были нежности, объятия. Но я в благодарность сжала ее руку своими. Она сказала:

— Я ее увидела на последней Распродаже. Я подумала, тебе, наверное, понравится.

Я ответила, что уж точно понравится, и еще как.

Кассета сохранилась у меня до сих пор. Я не часто ее слушаю, потому что сама музыка тут ни при чем. Эта кассета — такая же вещица, как брошь или кольцо, и особенно сейчас, когда Рут уже нет, вещица из самых для меня ценных.

Глава 7

Хочу теперь перейти к нашим последним годам в Хейлшеме. Я имею в виду возраст с тринадцати лет до шестнадцати — в шестнадцать мы переехали в другое место. У меня в памяти жизнь в Хейлшеме четко разделяется надвое: эта последняя часть и все, что было до нее. Ранние годы, о которых я только что рассказывала, норовят слиться в какое-то одно золотое время, и когда я что-нибудь тогдашнее вспоминаю — не важно даже что, хоть бы и мелочь, — во мне невольно будто загорается свет. Но в последний период было иначе. Не то чтобы совсем уж несчастливые годы — у меня от них сохранилась масса дорогих воспоминаний, — но годы более серьезные и в каком-то смысле более мрачные. Может быть, память что-то сегодня искажает, преувеличивает, но у меня осталось впечатление быстрых перемен, как если бы день уступал место ночи.

That talk with Tommy beside the pond: I think of it now as a kind of marker between the two eras. Not that anything significant started to happen immediately afterwards; but for me at least, that conversation was a turning point. I definitely started to look at everything differently. Where before I'd have backed away from awkward stuff, I began instead, more and more, to ask questions, if not out loud, at least within myself.

In particular, that conversation got me looking at Miss Lucy in a new light. I watched her carefully whenever I could, not just from curiosity, but because I now saw her as the most likely source of important clues. And that's how it was, over the next year or two, I came to notice various odd little things she said or did that my friends missed altogether.

There was the time, for example, maybe a few weeks after the talk by the pond, when Miss Lucy was taking us for English. We'd been looking at some poetry, but had somehow drifted onto talking about soldiers in World War Two being kept in prison camps. One of the boys asked if the fences around the camps had been electrified, and then someone else had said how strange it must have been, living in a place like that, where you could commit suicide any time you liked just by touching a fence. This might have been intended as a serious point, but the rest of us thought it pretty funny. We were all laughing and talking at once, and then Laura — typical of her — got up on her seat and did a hysterical impersonation of someone reaching out and getting electrocuted. For a moment things got riotous, with everyone shouting and mimicking touching electric fences.

I went on watching Miss Lucy through all this and I could see, just for a second, a ghostly expression come

Этот разговор с Томми у пруда: сейчас он мне кажется разделяющей вехой между ранним временем и поздним. Нельзя сказать, чтобы сразу потом стало происходить что-нибудь значительное, — и все же, для меня по крайней мере, это был переломный момент. Несомненно, я начала смотреть на все иначе. Если раньше сторонилась всего смутного и тревожного, то теперь принялась все чаще и чаще задавать вопросы — если не вслух, то по крайней мере про себя.

Важно, например, что этот разговор заставил меня по-новому взглянуть на мисс Люси. Всюду, где могла, я теперь пристально за ней наблюдала — не только из любопытства, но и потому, что видела в ней вероятный источник путеводных нитей. Вот как вышло, что в последующие год-два я взяла на заметку кое-какие ее необычные слова и поступки, на которые мои сверстники не обратили внимания.

Вспоминаю, к примеру, один урок английского через несколько недель после того разговора с Томми. Началось с каких-то стихов, но потом разговор перешел на военнопленных Второй мировой, которых держали в лагерях. Один из мальчишек спросил, пускали ли по ограждениям лагерей электрический ток, и еще кто-то тогда сказал: сумасшедшая это, наверное, была жизнь, когда в любую минуту можно было покончить с собой, просто коснувшись проволоки. Ничего смешного он, скорее всего, в виду не имел, но другим это показалось чрезвычайно забавным. Все разом засмеялись и заговорили, и тогда Лора — очень на нее похоже! — вскочила на стул и в истерической манере изобразила, как человек протягивает руку и его убивает током. На минуту-другую класс пошел вразнос: все кричали наперебой и делали вид, что хватаются за оголенные провода.

А я все время наблюдала за мисс Люси и поэтому увидела, как буквально на секунду ее лицо, обращен-

over her face as she watched the class in front of her. Then — I kept watching carefully — she pulled herself together, smiled and said:

"It's just as well the fences at Hailsham aren't electrified. You get terrible accidents sometimes."

She said this quite softly, and because people were still shouting, she was more or less drowned out. But I heard her clearly enough. "You get terrible accidents sometimes." What accidents? Where? But no one picked her up on it, and we went back to discussing our poem.

There were other little incidents like that, and before long I came to see Miss Lucy as being not quite like the other guardians. It's even possible I began to realise, right back then, the nature of her worries and frustrations. But that's probably going too far; chances are, at the time, I noticed all these things without knowing what on earth to make of them. And if these incidents now seem full of significance and all of a piece, it's probably because I'm looking at them in the light of what came later — particularly what happened that day at the pavilion while we were sheltering from the downpour.

We were fifteen by then, already into our last year at Hailsham. We'd been in the pavilion getting ready for a game of rounders. The boys were going through a phase of "enjoying" rounders in order to flirt with us, so there were over thirty of us that afternoon. The downpour had started while we were changing, and we found ourselves gathering on the veranda — which was sheltered by the pavilion roof — while we waited for it to stop. But the rain kept going, and when the last of us had emerged, the veranda was pretty crowded, with everyone milling around restlessly. I remember Laura was demonstrating

ное к классу, стало очень странным. Потом (я смотрела внимательно) она взяла себя в руки, улыбнулась и сказала:

— У нас в Хейлшеме электрических ограждений нет, и это очень хорошо. Ужасные случаи иногда бывают.

Она произнесла эти слова довольно тихо, и, поскольку в классе еще стоял крик, они, можно считать, в нем утонули. Но я их услышала вполне ясно. «Ужасные случаи иногда бывают». Какие случаи? Где? Но никто на сказанное не отреагировал, и мы вернулись к разговору о стихах.

Были и другие похожие мелкие эпизоды, и вскоре я стала считать мисс Люси не совсем такой, как остальные опекуны. Возможно даже, что уже тогда я начала разбираться в причинах ее смятения и огорчений. Хотя тут я, пожалуй, хватила через край: в то время, скорее всего, я просто примечала эти странности и понятия не имела, что из них можно вывести. И если сейчас эти эпизоды кажутся полными смысла и выстраиваются во что-то единое, дело, наверное, в том, что я смотрю на них в свете более поздних событий и в первую очередь того, что произошло на веранде павильона, когда мы пережидали дождь.

Нам тогда было уже пятнадцать, пошел наш последний год в Хейлшеме. Мы готовились в павильоне к игре в раундерз. У мальчишек начался период «увлечения» раундерз ради возможности пофлиртовать с нами, поэтому в павильон набилось в тот день человек тридцать, если не больше. Пока мы переодевались, полил сильный дождь, и в ожидании мы столпились на веранде под навесом. Но ливень не переставал, и когда на веранду вывалили все, на ней стало довольно тесно, люди толклись и вели себя беспокойно. Помню, Лора показала мне один фирменный способ

to me an especially disgusting way of blowing your nose for when you really wanted to put off a boy.

Miss Lucy was the only guardian present. She was leaning over the rail at the front, peering into the rain like she was trying to see right across the playing field. I was watching her as carefully as ever in those days, and even as I was laughing at Laura, I was stealing glances at Miss Lucy's back. I remember wondering if there wasn't something a bit odd about her posture, the way her head was bent down just a little too far so she looked like a crouching animal waiting to pounce. And the way she was leaning forward over the rail meant drops from the overhanging gutter were only just missing her — but she seemed to show no sign of caring. I remember actually convincing myself there was nothing unusual in all this — that she was simply anxious for the rain to stop — and turning my attention back to what Laura was saying. Then a few minutes later, when I'd forgotten all about Miss Lucy and was laughing my head off at something, I suddenly realised things had gone quiet around us, and that Miss Lucy was speaking.

She was standing at the same spot as before, but she'd turned to face us now, so her back was against the rail, and the rainy sky behind her.

"No, no, I'm sorry, I'm going to have to interrupt you," she was saying, and I could see she was talking to two boys sitting on the benches immediately in front of her. Her voice wasn't exactly strange, but she was speaking very loudly, in the sort of voice she'd use to announce something to the lot of us, and that was why we'd all gone quiet. "No, Peter, I'm going to have to stop you. I can't listen to you any more and keep silent."

Then she raised her gaze to include the rest of us and took a deep breath.

презрительно высморкаться, когда хочешь отшить парня.

Из опекунов была одна мисс Люси. Стоя у перил веранды, она подалась вперед и уставилась сквозь дождь куда-то вдаль, за игровое поле. Я, как всегда в то время, внимательно за ней наблюдала и, даже смеясь вместе с Лорой, то и дело поглядывала на спину опекунши. Помню, ее поза показалась мне немножко странной: голова выдвинута вперед, как у припавшего к земле и готового броситься хищника. Она довольно сильно перегнулась через перила, так что капли с карниза пролетали совсем близко от ее лба, но ей, казалось, было все равно. Мне помнится, я сказала себе, что ничего такого в этом нет — ей просто хочется, чтобы дождь поскорее кончился, — и я опять стала слушать Лору. Но через несколько минут, когда я напрочь позабыла про мисс Люси и вовсю над чем-то хохотала, я вдруг почувствовала, что кругом стало тихо и мисс Люси начала говорить.

Она стояла на том же месте, но теперь лицом к нам, отвернувшись от дождевого неба и прислонясь спиной к перилам.

— Так, прошу прощения, но мне приходится вмешаться, — сказала мисс Люси, и я увидела, что она обращается к двум мальчикам, сидевшим прямо перед ней. Ее голос был не то чтобы странным, но очень уж громким, словно она хотела объявить что-то всем присутствующим, потому-то мы и замолчали. — Мне приходится перебить тебя, Питер. Молча слушать тебя я больше не могу.

Она подняла глаза на остальных и набрала в грудь воздуху.

"All right, you can hear this, it's for all of you. It's time someone spelt it out."

We waited while she kept staring at us. Later, some people said they'd thought she was going to give us a big telling-off; others that she was about to announce a new rule on how we played rounders. But I knew before she said another word it would be something more.

"Boys, you must forgive me for listening. But you were right behind me, so I couldn't help it. Peter, why don't you tell the others what you were saying to Gordon just now?"

Peter J. looked bewildered and I could see him getting ready his injured innocence face. But then Miss Lucy said again, this time much more gently:

"Peter, go on. Please tell the others what you were just saying."

Peter shrugged.

"We were just talking about what it would feel like if we became actors. What sort of life it would be."

"Yes," Miss Lucy said, "and you were saying to Gordon you'd have to go to America to stand the best chance."

Peter J. shrugged again and muttered quietly:

"Yes, Miss Lucy."

But Miss Lucy was now moving her gaze over the lot of us.

"I know you don't mean any harm. But there's just too much talk like this. I hear it all the time, it's been allowed to go on, and it's not right." I could see more drops coming off the gutter and landing on her shoulder, but she didn't seem to notice. "If no one else will talk to you," she continued, "then I will. The problem, as I see it, is that you've been told and not told. You've

— Послушайте и вы, это имеет отношение к каждому из вас. Пора, чтобы кто-нибудь вам это сказал.

Она смотрела на нас — а мы ждали. Потом некоторые говорили, что им показалось, будто она собирается устроить нам хорошую головомойку; другие подумали, что она хочет объявить о каком-то новом правиле для раундерз. Но я еще до того, как она опять заговорила, знала, что ждать надо чего-то большего.

— Простите меня, ребята, что я услышала ваш разговор. Но вы так близко за мной сидели, что я ничего не могла поделать. Питер, может быть, ты повторишь для всех то, что говорил сейчас Гордону?

Питер Дж. явно растерялся и попытался изобразить на лице оскорбленную невинность. Но мисс Люси обратилась к нему еще раз, теперь уже гораздо более мягким тоном:

— Питер, пожалуйста, повтори для всех то, что ты сейчас сказал.

Питер пожал плечами:

— Мы просто говорили о том, как бы это было, если бы мы стали артистами. Что это была бы за жизнь.

— Да, — подтвердила мисс Люси, — и ты сказал Гордону, что поехал бы в Америку, потому что там больше шансов.

Питер Дж. опять пожал плечами и тихо сказал:

— Да, мисс Люси.

Но мисс Люси уже начала обводить взглядом всех, кто был на веранде.

— Я знаю, что ты не имел в виду ничего плохого. Но таких разговоров слишком много, я слышу их все время и считаю, что вам напрасно разрешают их вести. — С карниза ей на плечо падали капли, но она, кажется, их не замечала. — Раз никто другой с вами объясниться не хочет, — продолжала она, — придется мне. Проблема, как я ее вижу, вот в чем: вам гово-

175

been told, but none of you really understand, and I dare say, some people are quite happy to leave it that way. But I'm not. If you're going to have decent lives, then you've got to know and know properly. None of you will go to America, none of you will be film stars. And none of you will be working in supermarkets as I heard some of you planning the other day. Your lives are set out for you. You'll become adults, then before you're old, before you're even middle-aged, you'll start to donate your vital organs. That's what each of you was created to do. You're not like the actors you watch on your videos, you're not even like me. You were brought into this world for a purpose, and your futures, all of them, have been decided. So you're not to talk that way any more. You'll be leaving Hailsham before long, and it's not so far off, the day you'll be preparing for your first donations. You need to re- member that. If you're to have decent lives, you have to know who you are and what lies ahead of you, every one of you."

Then she went silent, but my impression was that she was continuing to say things inside her head, because for some time her gaze kept roving over us, going from face to face just as if she were still speaking to us. We were all pretty relieved when she turned to look out over the playing field again.

"It's not so bad now," she said, even though the rain was as steady as ever. "Let's just go out there. Then maybe the sun will come out too."

I think that was all she said. When I was discussing it with Ruth a few years ago at the centre in Dover, she claimed Miss Lucy had told us a lot more; that she'd ex-

рят и не говорят. Вам говорят кое-что, но никто из вас толком не понимает, и осмелюсь утверждать, что есть люди, которые вполне довольны таким положением вещей. Но только не я. Если мы хотим, чтобы вы прожили достойную жизнь, надо, чтобы вы запомнили, и запомнили как следует: никто из вас не поедет в Америку, никому из вас не стать кинозвездой. И никто из вас не будет работать в супермаркете — я слышала на днях, как некоторые делились друг с другом такими планами. Как пройдет ваша жизнь, известно наперед. Вы повзрослеете, но до того, как состаритесь, даже до того, как достигнете среднего возраста, у вас начнут брать внутренние органы для пересадки. Ради этих донорских выемок вы и появились на свет. Вы по-другому сотворены, чем актеры, играющие в фильмах на ваших видеокассетах, вы даже по-другому сотворены, чем я. Вас растят для определенной цели, и ваша судьба известна заранее. Поэтому не нужно больше таких разговоров. Пройдет совсем немного времени, и вы покинете Хейлшем, да и день первой выемки для каждого из вас не так уж далек. Помните об этом. Если вы хотите прожить достойную жизнь, вы должны знать, кто вы такие и что вас ожидает — всех без исключения.

Она умолкла, но мне показалось, что про себя она продолжает вести этот разговор: некоторое время ее взгляд блуждал, переходя с одного лица на другое, как будто она все еще объясняла нам что-то мысленно. Когда она опять повернулась лицом к игровому полю, мы все вздохнули с облегчением.

— Теперь, пожалуй, можно, — сказала она, хотя дождь лил так же сильно. — Пошли. А там, может быть, и солнце выглянет.

По-моему, это все, что мы от нее тогда услышали. Несколько лет назад, когда я и Рут вспоминали это в дуврском центре, она стала меня убеждать, что

plained how before donations we'd all spend some time first as carers, about the usual sequence of the donations, the recovery centres and so on — but I'm pretty sure she didn't. Okay, she probably intended to when she began talking. But my guess is once she'd set off, once she'd seen the puzzled, uncomfortable faces in front of her, she realised the impossibility of completing what she'd started.

It's hard to say clearly what sort of impact Miss Lucy's outburst at the pavilion made. Word got round fast enough, but the talk mostly focused on Miss Lucy herself rather than on what she'd been trying to tell us. Some students thought she'd lost her marbles for a moment; others that she'd been asked to say what she had by Miss Emily and the other guardians; there were even some who'd actually been there and who thought Miss Lucy had been telling us off for being too rowdy on the veranda. But as I say there was surprisingly little discussion about what she'd said. If it did come up, people tended to say: "Well so what? We already knew all that."

But that had been Miss Lucy's point exactly. We'd been "told and not told," as she'd put it. A few years ago, when Tommy and I were going over it all again, and I reminded him of Miss Lucy's "told and not told" idea, he came up with a theory.

Tommy thought it possible the guardians had, throughout all our years at Hailsham, timed very carefully and deliberately everything they told us, so that we were always just too young to understand properly the latest piece of information. But of course we'd take it in at some level, so that before long all this stuff was there in our heads without us ever having examined it properly.

мисс Люси рассказала нам еще много чего — про необходимость для каждого из нас побыть до выемок помощником доноров, про обычную последовательность выемок, про центры реабилитации и так далее, — но я более или менее уверена, что Рут ошиблась. Начиная говорить, мисс Люси, вполне возможно, и собиралась нам все это выложить, но думаю, что, увидев наши озадаченные, тревожные лица, она просто-напросто не смогла на это решиться.

Как подействовало на нас то, что выплеснулось у мисс Люси в павильоне, точно объяснить не могу. Слух распространился довольно быстро, но разговоры шли больше о самой мисс Люси, чем о том, что она пыталась нам втолковать. Некоторые решили, что она на минуточку спятила, другие — что она говорила по поручению мисс Эмили и прочих опекунов; кое-кто из тех, кто был тогда в павильоне, даже считал потом, что мисс Люси всего-навсего отругала нас за шум и беспорядок на веранде. Сами же ее слова, повторяю, обсуждались на удивление мало. Если про них и вспоминал кто-нибудь, обычная реакция была такая: «Ну и что? А то мы не знали».

Но ведь об этом-то и вела речь мисс Люси: нам «говорят и не говорят». Несколько лет назад, когда мы с Томми перебирали прошлые дела, я напомнила ему про это ее «говорят и не говорят», и он выдвинул своего рода теорию.

Томми предположил, что с первого нашего года в Хейлшеме до последнего опекуны очень четко выбирали момент для всего, что они нам сообщали, и каждый раз получалось, что мы чуточку не доросли до правильного понимания новых сведений. Но на каком-то уровне эти сведения, конечно, откладывались, и через короткое время они сами собой оказывались на нужных полочках у нас в голове.

It's a bit too much like a conspiracy theory for me — I don't think our guardians were that crafty — but there's probably something in it. Certainly, it feels like I always knew about donations in some vague way, even as early as six or seven. And it's curious, when we were older and the guardians were giving us those talks, nothing came as a complete surprise. It was like we'd heard everything somewhere before.

One thing that occurs to me now is that when the guardians first started giving us proper lectures about sex, they tended to run them together with talk about the donations. At that age — again, I'm talking of around thirteen — we were all pretty worried and excited about sex, and naturally would have pushed the other stuff into the background. In other words, it's possible the guardians managed to smuggle into our heads a lot of the basic facts about our futures.

Now to be fair, it was probably natural to run these two subjects together. If, say, they were telling us how we'd have to be very careful to avoid diseases when we had sex, it would have been odd not to mention how much more important this was for us than for normal people outside. And that, of course, would bring us onto the donations.

Then there was the whole business about our not being able to have babies. Miss Emily used to give a lot of the sex lectures herself, and I remember once, she brought in a life-size skeleton from the biology class to demonstrate how it was done. We watched in complete astonishment as she put the skeleton through various contortions, thrusting her pointer around without the slightest self-consciousness. She was going through all the nuts and bolts of how you did it, what went in where, the different

Я лично не думаю, что наши опекуны были способны на такой хитроумный заговор, — и все же что-то в рассуждениях Томми, может, и есть. Меня не оставляет ощущение, что смутно я всегда знала о донорстве и выемках, даже в какие-нибудь шесть-семь лет. Ведь вот что интересно: когда мы подросли и опекуны начали нам про это рассказывать, полной неожиданностью ничто из услышанного не стало. Словно мы и вправду откуда-то все уже знали.

Помимо прочего, мне сейчас приходит на ум, что когда опекуны начали просвещать нас насчет половой жизни, они всякий раз старались соединить это с разговором о донорстве. В том возрасте — опять-таки лет в тринадцать — каждый из нас был изрядно взбудоражен и обеспокоен из-за секса, и все остальное, разумеется, оттеснялось на второй план. Иными словами, можно думать, что опекунам удалось таким образом незаметно протащить нам в сознание массу важных сведений о нашем будущем.

Скажу справедливости ради, что в совмещении этих двух тем есть и свой резон. Если, скажем, опекун ведет речь об инфекциях, которых нам надо будет избегать во время половых сношений, он, естественно, сразу же упоминает о том, что для нас это намного важнее, чем для нормальных людей снаружи. И отсюда, конечно, прямая дорога к разговору о донорстве.

Потом — вся эта история насчет того, что у нас не может быть детей. Многие лекции про секс нам читала сама мисс Эмили, и помню, однажды она принесла из кабинета биологии скелет в полный человеческий рост, чтобы показать, как это происходит. В полном изумлении мы смотрели, как она извивает скелет, придает ему позы, тычет повсюду указкой без малейшего смущения. Она продемонстрировала нам всю механику этого дела, что куда вводится, все вариан-

variations, like this was still Geography. Then suddenly, with the skeleton in an obscene heap on the desktop, she turned away and began telling us how we had to be careful who we had sex with. Not just because of the diseases, but because, she said, "sex affects emotions in ways you'd never expect." We had to be extremely careful about having sex in the outside world, especially with people who weren't students, because out there sex meant all sorts of things. Out there people were even fighting and killing each other over who had sex with whom. And the reason it meant so much — so much more than, say, dancing or table-tennis — was because the people out there were different from us students: they could have babies from sex. That was why it was so important to them, this question of who did it with whom. And even though, as we knew, it was completely impossible for any of us to have babies, out there, we had to behave like them. We had to respect the rules and treat sex as something pretty special.

Miss Emily's lecture that day was typical of what I'm talking about. We'd be focusing on sex, and then the other stuff would creep in. I suppose that was all part of how we came to be "told and not told."

I think in the end we must have absorbed quite a lot of information, because I remember, around that age, a marked change in the way we approached the whole territory surrounding the donations. Until then, as I've said, we'd done everything to avoid the subject; we'd backed off at the first sign we were entering that ground, and there'd been severe punishment for any idiot — like Marge that time — who got careless. But from when we were thirteen, like I say, things started to change. We still didn't discuss the donations and all that went with them; we still found the whole area awkward enough. But it became something we made jokes about, in much the way we joked about sex. Looking back now, I'd say

ты, как если бы шел обычный предмет вроде геогра-
фии. Потом вдруг, отвернувшись от скелета, который
непристойно раскинулся на столе, завела разговор
о том, как нам важно правильно выбирать, с кем
вступать в половую связь. Не только из-за инфекций,
но и потому, что секс, она сказала, «непредсказуемо
действует на эмоции». Надо быть очень осторожными
насчет половых сношений вне Хейлшема и особенно
насчет сношений с невоспитанниками, потому что во
внешнем мире секс может означать самое разное: там
люди даже дерутся и убивают друг друга из-за того,
кому с кем этим заниматься. И хотя, как мы знаем,
детей никто из нас не может иметь в принципе, в мире обычных людей нам надо будет вести себя как они,
соблюдать общие правила и относиться к сексу как
к чему-то особенному.

Эта лекция мисс Эмили — типичный пример того,
о чем я сказала. Начинается с секса, он овладевает
нашим вниманием, и тогда можно подпустить что-то
другое. Вот и получалось — «говорят и не говорят».

Постепенно мы, я думаю, усвоили таким способом
немало чего, и не случайно примерно в том возрасте мы
заметно иначе стали относиться ко всему, что связано
с донорством и выемками. До тех пор мы, как я говорила, всячески старались обходить эту тему. Мы пяти-
лись, стоило нам ступить на зыбкую почву, и жестоко
наказывали любого идиота, не проявлявшего осторож-
ности, — например, Мардж с ее вопросом о курении. Но
лет с тринадцати, повторяю, положение стало меняться.
Правда, о донорстве и о том, что его окружало, мы по-
прежнему прямо не говорили: мешали все те же смутные
опасения. Однако шутить на эту тему мы начали — шутить примерно так же, как насчет секса. Вспоминая все

the rule about not discussing the donations openly was still there, as strong as ever. But now it was okay, almost required, every now and then, to make some jokey allusion to these things that lay in front of us.

A good example is what happened the time Tommy got the gash on his elbow. It must have been just before my talk with him by the pond; a time, I suppose, when Tommy was still coming out of that phase of being teased and taunted.

It wasn't such a bad gash, and though he was sent to Crow Face to have it seen to, he was back almost straight away with a square of dressing plastered to his elbow. No one thought much about it until a couple of days later, when Tommy took off the dressing to reveal something at just that stage between sealing and still being an open wound. You could see bits of skin starting to bond, and soft red bits peeping up from underneath. We were in the middle of lunch, so everyone crowded round to go "urgh!" Then Christopher H., from the year above, said with a dead straight face: "Pity it's on that bit of the elbow. Just about anywhere else, it wouldn't matter."

Tommy looked worried — Christopher being someone he looked up to in those days — and asked what he meant. Christopher went on eating, then said nonchalantly:

"Don't you know? If it's right on the elbow like that, it can unzip. All you have to do is bend your arm quickly. Not just that actual bit, the whole elbow, it can all unzip like a bag opening up. Thought you'd know that."

I could hear Tommy complaining that Crow Face hadn't warned him of anything of that sort, but Christopher shrugged and said:

"She thought you knew, of course. Everyone knows."

это сейчас, я вижу, что запрет на открытое обсуждение донорства был тогда не менее строгим, чем раньше, но теперь не только дозволялись, но даже и поощрялись всевозможные шутливые намеки на то, что нас ожидало.

Хороший пример — события после того, как Томми поранил локоть. Кажется, это было незадолго до нашего с ним разговора у пруда; у Томми, судя по всему, еще не кончился период, когда его дразнили и подкалывали.

Рана была не такая уж серьезная, и, хотя его послали к Клювастой, он очень скоро вернулся всего-навсего с пластырем на локте. Особого внимания никто на это не обращал, пока пару дней спустя Томми не отклеил пластырь и под ним не обнаружилось нечто среднее между затянувшейся и открытой раной. Местами кожа уже срослась, но виднелись и участки чего-то мягкого, красного. Дело было посреди ланча, и все столпились вокруг с возгласами: «Ух ты! Бр-р!» Потом Кристофер Х., годом старше, сказал с совершенно серьезным лицом:

— Плохо, что на этом самом месте. Чуть повыше или пониже — и ничего страшного бы не было.

Томми обеспокоился — Кристофер тогда пользовался у него авторитетом — и спросил, что это значит. Кристофер некоторое время продолжал жевать, потом небрежно произнес:

— Ты разве не слыхал? Если вот так прямо на локте, может вывалиться. Согнешь быстро руку — и готово. Не только это место, весь локоть вжик — и расстегнется, как молния у сумки. Думал, ты знаешь.

Томми стал было говорить, что Клювастая его ни о чем таком не предупреждала, но Кристофер пожал плечами:

— Она была уверена, что ты знаешь. Это всем известно.

A number of people nearby murmured agreement.

"You've got to keep your arm dead straight," someone else said. "Bending it at all's really dangerous."

The next day I could see Tommy going about with his arm held out very rigidly and looking worried. Everybody was laughing at him, and I was cross about that, but I had to admit, there was a funny side to it. Then towards the end of the afternoon as we were leaving the Art Room, he came up to me in the corridor and said:

"Kath, can I just have a quick word?"

This was maybe a couple of weeks after the time I'd gone up to him in the playing field to remind him about his polo shirt, so it had got about we were special friends of some sort. All the same, his coming up like that asking for a private talk was pretty embarrassing and threw me off balance. Maybe that partly explains why I wasn't more helpful than I was.

"I'm not too worried or anything," he began, once he'd got me aside. "But I wanted to play safe, that's all. We should never take chances with our health. I need someone to help, Kath."

He was, he explained, concerned about what he'd do in his sleep. He might easily bend his elbow in the night.

"I have these dreams all the time where I'm fighting loads of Roman soldiers."

When I quizzed him a bit, it became obvious all kinds of people — people who hadn't been there that lunchtime — had been coming up to him to repeat Christopher H.'s warning. In fact, it seemed a few had carried the joke further: Tommy had been told of a student who'd gone to sleep with a cut on the elbow just like his and woken up to find his whole upper arm and hand

Несколько человек поблизости, подыгрывая ему, закивали. Кто-то сказал:

— Тебе совсем прямо надо держать руку. Сгибать очень опасно.

На следующий день я увидела, что Томми ходит с неестественно выпрямленной рукой и обеспокоенным лицом. Все смеялись над ним, я злилась, но, должна признать, забавная сторона здесь тоже была. Потом, в конце учебного дня, когда мы выходили из комнаты творчества, он остановил меня в коридоре.

— Кэт, можно тебя на два слова?

С того дня, когда я подошла к нему на игровом поле напомнить про тениску, миновало, наверное, недели две, и о том, что у нас своего рода дружба, уже было широко известно. Тем не менее попросить меня при всех о разговоре наедине значило поставить меня в неловкое положение. Он смутил меня, и, может быть, этим отчасти объясняется моя недостаточная готовность помочь ему.

— Я не то что психую из-за чего-то, не думай, — начал он, отведя меня в сторонку. — Хочу обойтись без лишнего риска, вот и все. Здоровьем мы не имеем права бросаться. Поэтому, Кэт, мне нужна помощь.

Его, объяснил он, беспокоит то, что может случиться во сне. Согнуть руку в локте ночью можно запросто.

— Мне все время снится, что я отбиваюсь от толпы римских легионеров.

После недолгих расспросов я поняла, что к нему за это время подходили многие — те, кого не было тогда во время ланча, — и повторяли предостережение Кристофера Х. Кто-то из них творчески развил шутку: Томми рассказали о воспитаннике, который уснул однажды с таким порезом, а когда проснулся, вся рука от кисти до плеча была у него оголена, как

skeletally exposed, the skin flopping about next to him "like one of those long gloves in My Fair Lady."

What Tommy was asking me now was to help tie a splint on the arm to keep it rigid through the night.

"I don't trust any of the others," he said, holding up a thick ruler he wanted to use. "They might deliberately do it so it comes undone in the night."

He was looking at me in complete innocence and I didn't know what to say. A part of me wanted badly to tell him what was going on, and I suppose I knew that to do anything else would be to betray the trust we'd built up since the moment I'd reminded him about his polo shirt. And for me to strap up his arm in a splint would have meant my becoming one of the main perpetrators of the joke. I still feel ashamed I didn't tell him then. But you've got to remember I was still young, and that I only had a few seconds to decide. And when someone's asking you to do something in such a pleading way, everything goes against saying no.

I suppose the main thing was that I didn't want to upset him. Because I could see, for all his anxiety about his elbow, Tommy was touched by all the concern he believed had been shown him. Of course, I knew he'd find out the truth sooner or later, but at that moment I just couldn't tell him. The best I could do was to ask:

"Did Crow Face tell you you had to do this?"

"No. But imagine how angry she'd be if my elbow slipped out."

I still feel bad about it, but I promised to strap his arm for him — in Room 14 half an hour before the night bell — and watched him go off grateful and reassured.

у скелета, — кожа снялась, точно «длинная перчатка в „Моей прекрасной леди"».

Просьба Томми ко мне состояла в том, чтобы помочь наложить лубок, который не даст руке согнуться ночью.

— Другим я никому не доверяю, — сообщил он мне, показывая толстую линейку, которую собирался использовать. — Могут нарочно сделать так, что во сне развяжется.

Он смотрел на меня совершенно невинным взором, и я не знала, что сказать. Какая-то часть меня очень хотела объяснить ему происходящее, и мне кажется, я понимала, что поступить по-другому — значит обмануть доверие, возникшее между нами после тенниски. Привязав ему линейку, я стала бы одним из главных авторов розыгрыша. Мне до сих пор стыдно, что я не сказала ему правды. Но вы должны учесть, сколько мне тогда было лет и что я должна была принять решение за считаные секунды. Когда тебя о чем-то просят таким умоляющим тоном, очень трудно ответить «нет».

Я не хотела его огорчать — вот что, наверное, сыграло главную роль. Потому что я видела: Томми при всем его беспокойстве из-за локтя был растроган участием, которое, он считал, все к нему проявляли. Конечно, я понимала, что рано или поздно он узнает, но в тот момент сказать ему правду я не могла. Меня хватило только на то, чтобы спросить:

— Это тебе Клювастая велела сделать?

— Нет. Но представь, как она разозлится, если у меня вывалится локоть.

Мне и сейчас из-за этого совестно. Я пообещала помочь ему с линейкой (в комнате 14 за полчаса до отбоя) и смотрела, как он уходил, благодарный и успокоенный.

As it happened, I didn't have to go through with it because Tommy found out first. It was around eight in the evening, I was coming down the main staircase, and heard a burst of laughter rising up the stairwell from the ground floor. My heart sank because I knew immediately it was to do with Tommy. I paused on the first-floor landing and looked over the rail just as Tommy came out of the billiards room with thunderous footsteps. I remember thinking: "At least he's not shouting." And he didn't, the whole time he went to the cloakroom, got his things and left the main house. And all that time, laughter kept coming from the open doorway of the billiards room, and voices yelling things like: "If you lose your temper, your elbow will definitely pop out!"

I thought about following him out into the evening and catching up with him before he got to his dorm hut, but then I remembered how I'd promised to put his arm in a splint for the night, and didn't move. I just kept saying to myself: "At least he didn't have a tantrum. At least he kept hold of that temper."

But I've gone off a bit. The reason I was talking about all this was because the idea of things "unzipping" carried over from Tommy's elbow to become a running joke among us about the donations. The idea was that when the time came, you'd be able just to unzip a bit of yourself, a kidney or something would slide out, and you'd hand it over. It wasn't something we found so funny in itself; it was more a way of putting each other off our food. You unzipped your liver, say, and dumped it on someone's plate, that sort of thing. I remember once Gary B., who had this unbelievable appetite, coming back with a third helping of pudding, and virtually the whole table "unzipping" bits of themselves and piling it all over Gary's bowl, while he went on determinedly stuffing himself.

Исполнить обещание мне не пришлось: Томми все узнал раньше. Около восьми вечера, когда я спускалась по главной лестнице, с первого этажа донесся взрыв хохота, и сердце у меня упало. Я мгновенно поняла, что смеются над Томми. Я задержалась на площадке второго этажа, перегнулась через перила — и как раз в этот момент Томми, оглушительно топая, вышел из бильярдной. Помню, я подумала: «Хорошо хоть не кричит». Да, он молча вошел в гардероб, молча оделся и вышел из корпуса. Все это время из открытой двери бильярдной вырывался смех, летели возгласы: «Смотри не разозлись — а то локоть уж точно выскочит!»

Я хотела было кинуться за ним в темноту и догнать, пока он не скрылся в спальном домике, — но вспомнила, что обещала наложить ему на ночь лубок, и осталась на месте. Только и знала, что повторяла про себя: «Хорошо хоть сдержался. Хорошо хоть не бесится».

Но я немного отклонилась от темы. Я потому решила об этом рассказать, что представление о «расстегивающейся молнии» и о чем-то, что «вываливается», стало после истории с локтем постоянным источником шуток по поводу донорства. Картинка такая: в нужный момент ты просто расстегиваешь у себя какое-то место, почка или что-нибудь еще вываливается тебе в ладонь, и ты это отдаешь. Собственно, смешного мы в этом видели не так уж много — скорее это был способ портить друг другу аппетит. Ты, к примеру, расстегиваешься и вываливаешь в чью-то тарелку свою печень — такого рода вещи. Помню, однажды Гэри Б., который слыл невероятным обжорой, вернулся со второй добавкой пудинга, и практически все за столом принялись что-то в этот

Tommy never liked it much when the unzipping stuff came up again, but by then the days of his being teased were past and no one connected the joke with him any more. It was just done to get a laugh, to put someone off their dinner — and, I suppose, as some way of acknowledging what was in front of us. And this was my original point. By that time in our lives, we no longer shrank from the subject of donations as we'd have done a year or two earlier; but neither did we think about it very seriously, or discuss it. All that business about "unzipping," that was typical of the way the whole subject impinged on us when we were thirteen.

So I'd say Miss Lucy had it about right when she said, a couple of years later, that we'd been "told and not told." And what's more, now I think about it, I'd say what Miss Lucy said to us that afternoon led to a real shift in our attitudes. It was after that day, jokes about donations faded away, and we started to think properly about things. If anything, the donations went back to being a subject to be avoided, but not in the way it had been when we were younger. This time round it wasn't awkward or embarrassing any more; just sombre and serious.

"It's funny," Tommy said to me when we were remembering it all again a few years ago. "None of us stopped to think about how she felt, Miss Lucy herself. We never worried if she'd got into trouble, saying what she did to us. We were so selfish back then."

"But you can't blame us," I said. "We'd been taught to think about each other, but never about the guardians. The idea the guardians had differences between them, that never occurred to us."

"But we were old enough," Tommy said. "By that age, it should have occurred to us. But it didn't. We

пудинг из себя «вываливать» — а Гэри знай себе наворачивал.

Томми эпизоды с «расстегиванием» удовольствия не доставляли, но время, когда его интересно было дразнить, уже прошло, и никто эту шутку с ним больше не связывал. Просто повод посмеяться, способ отбить у кого-то охоту обедать — и еще, думаю, косвенное признание готовности к предстоящему. В этом-то и состоит мысль, к которой я хочу вернуться. В тот период мы уже не уклонялись, как годом-двумя раньше, от всего, что имело отношение к донорству, но думать об этом всерьез и обсуждать это мы тогда не хотели. Всяческие «расстегивания» — образец того, как мы управлялись с проблемой в тринадцать лет.

Так что два года спустя мисс Люси, по-моему, была близка к истине, когда сказала, что нам «говорят и не говорят». И еще: теперь я вижу, что после тех ее слов наше отношение к теме донорства заметно изменилось. Шуток по этому поводу стало меньше, и мы принялись думать обо всем по-настоящему. Тема опять ушла внутрь, но по-другому, чем раньше. Нас сдерживало теперь не смущение, не неловкость, а начатки сумрачного, трезвого понимания.

— Вот что любопытно, — сказал мне Томми, когда мы вспоминали это несколько лет назад. — Никто из нас не задумался, чего это все стоит ей — самой мисс Люси. Нас не беспокоило, что у нее могут быть неприятности из-за того, что она нам сообщила. Эгоисты мы были.

— Нас нельзя винить, — возразила я. — Нас учили думать друг о друге, а не об опекунах. Нам и в голову не приходило, что у них могут быть разногласия.

— Но лет-то нам было сколько, — сказал Томми. — В том возрасте это должно было приходить

didn't think about poor Miss Lucy at all. Not even after that time, you know, when you saw her."

I knew straight away what he meant. He was talking about the morning early in our last summer at Hailsham, when I'd stumbled across her up in Room 22. Thinking about it now, I'd say Tommy had a point. After that moment it should have been clear, even to us, how troubled Miss Lucy had become. But as he said, we never considered anything from her viewpoint, and it never occurred to us to say or do anything to support her.

Chapter 8

Many of us had turned sixteen by then. It was a morning of brilliant sunshine and we'd all just come down to the courtyard after a lesson in the main house, when I remembered something I'd left in the classroom. So I went back up to the third floor and that's how the thing with Miss Lucy happened.

In those days I had this secret game. When I found myself alone, I'd stop and look for a view — out of a window, say, or through a doorway into a room — any view so long as there were no people in it. I did this so that I could, for a few seconds at least, create the illusion the place wasn't crawling with students, but that instead Hailsham was this quiet, tranquil house where I lived with just five or six others. To make this work, you had to get yourself into a sort of dream, and shut off all the stray noises and voices. Usually you had to be pretty patient too: if, say, you were focusing from a window on one particular bit of the playing field, you could wait ages for those couple of seconds when there wasn't anyone at all in your frame. Anyway, that was what I was doing that morning after I'd fetched what-

нам в голову. Но не пришло. Даже после того — помнишь? — как ты обнаружила ее в классе.

Я мгновенно поняла, о чем он говорит, — об утре в начале нашего последнего лета в Хейлшеме, когда я нечаянно увидела ее в классе 22. Сейчас я склонна согласиться с Томми: после того утра даже нам должно было стать ясно, как неспокойно на душе у мисс Люси. Но мы действительно тогда ни разу не попробовали поставить себя на ее место, и нам не приходило на ум сказать или сделать что-нибудь ей в поддержку.

Глава 8

Многим из нас уже исполнилось тогда шестнадцать. Солнце в то утро было ослепительное, мы спустились во двор после урока в главном корпусе, но тут я вспомнила, что оставила в классе какую-то вещь. Я вернулась на четвертый этаж, и там-то моя встреча с мисс Люси и произошла.

В те дни у меня была тайная игра. Оказавшись одна, я останавливалась и искала вид — скажем, из окна или на часть комнаты за открытой дверью, — любой вид, лишь бы без людей. Хоть на несколько мгновений представить себе, что это место не кишит воспитанниками, что Хейлшем — тихий, спокойный дом, где живут кроме меня еще человек пять-шесть. Чтобы игра удалась, надо было немножко забыться, отключиться от всех звуков и голосов. И терпением обычно тоже надо было запастись: если, скажем, смотришь в окно на лужайку, можно чуть не целый век дожидаться той пары секунд, когда в поле зрения никого не останется. В общем, именно этим я занималась тем утром, взяв в классе забытое и выйдя обратно на площадку четвертого этажа.

ever it was I'd left in the classroom and come back out onto the third-floor landing.

I was keeping very still near a window looking down onto a section of the courtyard where I'd been standing only moments before. My friends had gone, and the courtyard was steadily emptying, so I was waiting for my trick to work, when I heard behind me what sounded like gas or steam escaping in sharp bursts.

It was a hissing noise that would go on for about ten seconds, pause, then come again. I wasn't alarmed exactly, but since I seemed to be the only person around, I thought I'd better go and investigate.

I went across the landing towards the sound, along the corridor past the room I'd just been in, and down to Room 22, second from the end. The door was partly open, and just as I came up to it, the hissing started up again with a new intensity. I don't know what I expected to discover as I cautiously pushed the door, but I was properly surprised to find Miss Lucy.

Room 22 was hardly used for classes because it was so small and, even on a day like that one, hardly any light got in. The guardians sometimes went in there to mark our work or get on with reading. That morning the room was darker than ever because the blinds had been pulled almost all the way down. There were two tables pushed together for a group to sit around, but Miss Lucy was there alone near the back. I could see several loose sheets of dark, shiny paper scattered over the table in front of her. She herself was leaning over in concentration, forehead very low, arms up on the surface, scrawling furious lines over a page with a pencil. Underneath the heavy black lines I could see neat blue handwriting. As I watched, she went on scrubbing the pencil point over the paper, almost in the way we did shading in Art, except

Я неподвижно стояла у окна и смотрела на то место двора, где только что сама находилась. Мои подруги уже оттуда ушли, двор постепенно пустел, я ждала, когда моя затея сработает, — и тут у меня за спиной послышались шипящие звуки, как от резко вырывающегося газа или пара.

Секунд десять шипения, тишина, потом опять. Особой тревоги я не ощутила, но, поскольку рядом, похоже, никого не было, решила пойти проверить.

Я пересекла лестничную площадку в направлении звуков и двинулась по коридору мимо класса, куда только что заходила, к классу 22 — второму от конца. Дверь была полуоткрыта, и, как раз когда я приблизилась, зашипело с новой силой. Уж не знаю, что я ожидала увидеть, когда опасливо толкнула дверь; к полному моему изумлению, в классе оказалась мисс Люси.

Класс 22 редко использовался для занятий, потому что был совсем маленький и, даже в такой солнечный день, очень темный. Опекуны иногда проверяли там наши работы или сидели за книгами. В то утро класс был еще темнее обычного из-за штор, опущенных почти до конца. Два стола были сдвинуты вместе, чтобы вокруг могли рассесться воспитанники, но, кроме мисс Люси, сидевшей в глубине, в классе никого не было. На столе перед ней в беспорядке лежало несколько листов темной блестящей бумаги. Очень сосредоточенно, низко наклонив над столом голову и положив на него обе руки, она с силой черкала по бумаге карандашом. Под жирными черными линиями виднелись голубые строчки, аккуратно написанные от руки. Я стояла и смотрела, как она орудует каран-

her movements were much more angry, as if she didn't mind gouging right through the sheet. Then I realised, in the same instant, that this was the source of the odd noise, and that what I'd taken for dark shiny paper on the table had also, not long before, been pages of neat handwriting.

She was so lost in what she was doing, it took a while for her to realise I was there. When she looked up with a start, I could see her face was flushed, but there were no traces of tears. She stared at me, then put down her pencil.

"Hello, young lady," she said, then took a deep breath. "What can I do for you?"

I think I turned away so I didn't have to look at her or at the papers over the desk. I can't remember if I said very much — if I explained about the noise and how I'd worried about it being gas. In any case, there was no proper conversation: she didn't want me there and neither did I. I think I made some apology and went out, half expecting her to call me back. But she didn't, and what I remember now is that I went down the staircase burning with shame and resentment. At that moment I wished more than anything that I hadn't seen what I'd just seen, though if you'd asked me to define just what I was so upset about, I wouldn't have been able to explain. Shame, as I say, had a lot to do with it, and also fury, though not exactly at Miss Lucy herself. I was very confused, and that's probably why I didn't say anything about it to my friends until much later.

After that morning I became convinced something else — perhaps something awful — lay around the corner to do with Miss Lucy, and I kept my eyes and ears open

дашом, — примерно так мы на «изо» делали штриховку, но ее движения были злые, яростные, словно она и порвать бумагу была не прочь. Потом, в одно и то же мгновение, я поняла две вещи: что странный звук шел из-под ее карандаша и что «темная блестящая бумага» совсем недавно была белыми страницами, исписанными аккуратным почерком.

Она была так поглощена своим занятием, что мое присутствие почувствовала не сразу. Наконец она подняла голову, вздрогнула, и я увидела, что лицо у нее покрасневшее, но следов слез заметно не было. Она смотрела на меня какое-то время, потом положила карандаш.

— Доброе утро, юная леди, — сказала она и глубоко вздохнула. — Чем могу быть полезна?

По-моему, я отвела взгляд, чтобы не видеть ее лица и бумаг на столе. Не помню, много ли я говорила — объяснила ли про звук и про свое беспокойство насчет утечки газа. Как бы то ни было, разговора у нас не получилось: ее наша встреча не обрадовала, и меня тоже. Кажется, я пробормотала какое-то извинение и вышла, желая и не желая, чтобы она меня окликнула. Но она этого не сделала, и мне помнится сейчас, что, спускаясь по лестнице, я сгорала от стыда и возмущения. Больше всего на свете мне хотелось сделать так, чтобы я ничего этого не видела, хотя спроси меня, из-за чего я так расстроилась, — я не смогла бы ответить. Почему-то мне, повторяю, было очень стыдно, и в то же время я негодовала — но не столько на мисс Люси, сколько на кого-то еще. Я была в полном смятении и, наверное, поэтому очень долго никому ничего не говорила.

После того утра я была убеждена: близится что-то другое, связанное с мисс Люси, может быть, что-то ужасное, и я постоянно была начеку. Но день за

for it. But the days passed and I heard nothing. What I didn't know at the time was that something pretty significant had happened only a few days after I'd seen her in Room 22—something between Miss Lucy and Tommy that had left him upset and disorientated. There would have been a time not so much earlier when Tommy and I would have immediately reported to each other any news of this sort; but just around that summer, various things were going on which meant we weren't talking so freely.

That's why I didn't hear about it for so long. Afterwards I could have kicked myself for not guessing, for not seeking Tommy out and getting it out of him. But as I've said, there was a lot going on around then, between Tommy and Ruth, a whole host of other stuff, and I'd put all the changes I'd noticed in him down to that.

It's probably going too far to say Tommy's whole act fell apart that summer, but there were times when I got seriously worried he was turning back into the awkward and changeable figure from several years before. Once, for instance, a few of us were going back from the pavilion towards the dorm huts and found ourselves walking behind Tommy and a couple of other boys. They were just a few paces ahead, and all of them — Tommy included — looked to be in good form, laughing and shoving each other. In fact, I'd say Laura, who was walking beside me, took her cue from the way the boys were larking about. The thing was, Tommy must have been sitting on the ground earlier, because there was a sizeable chunk of mud stuck on his rugby shirt near the small of his back. He was obviously unaware of it, and I don't think his friends had seen it either or they'd surely have made something of it. Anyway, Laura being Laura shouted out something like: "Tommy! You got poo-poo on your back! What have you been doing?"

днем — никаких новостей. Я не знала тогда, что всего через несколько дней после встречи в классе 22 кое-что довольно важное действительно случилось — кое-что между мисс Люси и Томми, чем он был сильно огорчен и сбит с толку. Было время — оно кончилось немногим раньше, — когда любой такой же новостью Томми немедленно поделился бы со мной или я с ним; но как раз тем летом вокруг шло немало событий, из-за которых мы разговаривали уже не так свободно.

Вот почему я очень долго понятия ни о чем не имела. Потом я локти готова была себе кусать из-за того, что не догадалась — не разыскала Томми, не выпытала у него. Но тогда, как я уже сказала, происходило много всякого разного, между Томми и Рут, и не только, и все перемены, которые я в нем увидела, я объясняла этим.

Я не хочу сказать, что Томми в то лето совсем расклеился, но в иные минуты я всерьез тревожилась, что он опять станет таким же обидчивым и уязвимым, как несколько лет назад. Однажды, например, я в компании девочек направлялась из павильона к спальным домикам, а впереди шли Томми и еще двое парней. Нас разделяло всего несколько шагов, и мальчишки, включая самого Томми, были, судя по всему, в отличном настроении — хохотали, толкались. Лора, шедшая рядом со мной, видимо, взяла с них пример и решила пошутить. Томми, похоже, сидел до этого на земле, и к его спортивной рубашке около поясницы прилип солидный комок глины. Он явно об этом не знал, его дружки, думаю, тоже ничего не заметили, а то не упустили бы случая развлечься. Ну а Лора — это была Лора всегда и везде. Она крикнула что-то типа: «Томми! У тебя на спине какашки! Чем это ты занимался?»

She'd done this in a completely friendly way, and if some of the rest of us made a few noises too, it wasn't anything more than the sort of thing students did the whole time. So it was a complete shock when Tommy came to a dead halt, wheeled round and stared at Laura with a face like thunder. We all stopped too — the boys looking as bewildered as we were — and for a few seconds I thought Tommy was going to blow for the first time in years. But then he abruptly stalked off, leaving us all swapping looks and shrugging.

Nearly as bad was the time I showed him Patricia C.'s calendar. Patricia was two years below us but everyone was in awe of her drawing skills, and her stuff was always sought after at the Art Exchanges. I'd been particularly pleased with the calendar, which I'd managed to get at the last Exchange, because word had been going round about it from weeks before. It wasn't anything like, say, Miss Emily's flappy colour calendars of the English counties. Patricia's calendar was tiny and dumpy, and for each month there was a stunning little pencil sketch of a scene from Hailsham life. I wish I still had it now, especially since in some of the pictures — like the ones for June and for September — you can make out the faces of particular students and guardians. It's one of the things I lost when I left the Cottages, when my mind was elsewhere and I wasn't being so careful what I took with me — but I'll come to all that in its place. My point now is that Patricia's calendar was a real catch, I was proud of it, and that's why I wanted to show it to Tommy.

Тон у нее при этом был вполне дружелюбный, и если даже кто-то еще что-нибудь подпустил вдогонку, все это не выходило из границ обычного нашего зубоскальства. Поэтому когда Томми встал как вкопанный, круто обернулся и пригвоздил Лору к месту страшным взглядом, это было полной неожиданностью. Мы все тоже остановились, мальчики были в таком же недоумении, как и мы, и несколько секунд мне казалось, что в первый раз за годы Томми сейчас сорвется. Но, постояв, он резко зашагал прочь, нам же оставалось только переглядываться и пожимать плечами.

Почти такая же неприятность получилась, когда я показала ему календарь Патриции С. Патриция была на два года младше нас, но ее художественными способностями восхищались все, и на Ярмарках искусства ее вещи всегда шли нарасхват. О календаре, который мне удалось заполучить на последней Ярмарке, за несколько недель до ее начала стали ходить толки, и поэтому я была им очень горда. Он не имел ничего общего, к примеру, с большими перекидными календарями мисс Эмили, по которым она рассказывала нам о графствах Англии. Календарь Патриции был гораздо меньшего формата, ладненький, толстенький, и на каждый месяц она нарисовала в нем карандашом великолепную сценку из хейлшемской жизни. Я жалею, что не сохранила его, — жалею прежде всего потому, что на некоторых картинках, например июньской и сентябрьской, можно было узнать лица вполне определенных опекунов и воспитанников. Календарь, и не только он, пропал при моем отъезде из Коттеджей, когда голова у меня была занята другим и я мало думала о том, что брать с собой, а что нет, — но до этого я еще дойду. Пока самое главное — что заиметь календарь Патриции было очень большой удачей, я страшно гордилась, и меня подмывало показать календарь Томми.

I'd spotted him standing in the late afternoon sunshine beside the big sycamore near the South Playing Field, and since my calendar was there in my bag — I'd been showing it off during our music lesson — I'd gone over to him.

He was absorbed in a football match involving some younger boys over in the next field and at this stage his mood seemed just fine, tranquil even. He smiled when I came up to him and we chatted for a minute about nothing in particular. Then I said:

"Tommy, look what I managed to get."

I didn't try to keep the triumph out of my voice, and I may even have gone "dah-dah!" as I brought it out and handed it to him. When he took the calendar, there was still a smile on his features, but as he flicked through I could see something closing off inside him.

"That Patricia," I began to say, but I could hear my own voice changing. "She's so clever..."

But Tommy was already handing it back to me. Then without another word he marched past me off towards the main house.

This last incident should have given me a clue. If I'd thought about it with half a brain, I should have guessed Tommy's recent moods had something to do with Miss Lucy and his old problems about "being creative." But with everything else going on just at that time, I didn't, as I say, think in these terms at all. I suppose I must have assumed those old problems had been left behind with our early teen years, and that only the big issues that now loomed so large could possibly preoccupy any of us.

So what had been going on? Well, for a start, Ruth and Tommy had had a serious bust-up. They'd been a couple for about six months by then; at least, that's how

Я засекла его под вечер, когда он стоял в лучах низкого солнца под большим кленом у южного игрового поля. Календарь был у меня в сумке — я доставала его на уроке музыки, чтобы похвастаться, — и я подошла к Томми.

Он был поглощен футбольным матчем между младшеклассниками на соседнем поле, и на лице у него в этот момент было написано довольство и даже умиротворение. Увидев меня, он улыбнулся, и минуту-другую мы поболтали о всяких пустяках. Потом я не выдержала:

— Смотри, что я раздобыла!

Я не попыталась сделать тон менее торжествующим и, вынимая календарь, кажется, даже изобразила голосом фанфару: «Пам-парарам!» Когда Томми его брал, он еще улыбался, но начал листать — и я почувствовала, что внутри у него что-то замкнулось.

— Патриция — такая... — начала я, но услышала, как мой голос меняется. — Такая молодец...

Но Томми уже протягивал мне календарь обратно. Потом, не говоря ни слова, зашагал мимо меня к главному корпусу.

Уж этот-то случай должен был заставить меня задуматься. Если бы я хоть чуть-чуть пошевелила мозгами, я догадалась бы, что последние настроения Томми связаны с мисс Люси и с его давними неудачами по части «творчества». Но в то время, повторяю, вокруг много всего происходило, и я не думала в этой плоскости. Насколько помню, я считала, что все старые проблемы остались у нас позади вместе с отрочеством и занимать нас сейчас может только то большое и мрачное, что отбрасывало тень из будущего.

Теперь — о том многом, что происходило. Во-первых, Рут и Томми всерьез поссорились. Они уже были вместе примерно полгода — во всяком случае,

long they'd been "public" about it — walking around with arms around each other, that kind of thing. They were respected as a couple because they weren't show-offs. Some others, Sylvia B. and Roger D., for example, could get stomach-churning, and you had to give them a chorus of vomiting noises just to keep them in order. But Ruth and Tommy never did anything gross in front of people, and if sometimes they cuddled or whatever, it felt like they were genuinely doing it for each other, not for an audience.

Looking back now, I can see we were pretty confused about this whole area around sex. That's hardly surprising, I suppose, given we were barely sixteen. But what added to the confusion — I can see it more clearly now — was the fact that the guardians were themselves confused. On the one hand we had, say, Miss Emily's talks, when she'd tell us how important it was not to be ashamed of our bodies, to "respect our physical needs," how sex was "a very beautiful gift" as long as both people really wanted it. But when it came down to it, the guardians made it more or less impossible for any of us actually to do much without breaking rules. We couldn't visit the boys' dorms after nine o'clock, they couldn't visit ours. The classrooms were all officially "out of bounds' in the evenings, as were the areas behind the sheds and the pavilion. And you didn't want to do it in the fields even when it was warm enough, because you'd almost certainly discover afterwards you'd had an audience watching from the house passing around binoculars. In other words, for all the talk of sex being beautiful, we had the distinct impression we'd be in trouble if the guardians caught us at it.

I say this, but the only real case I personally knew of like that was when Jenny C. and Rob D. got interrupted

эти полгода они ничего не скрывали, ходили в обнимку и все такое. Но спектакля они из этого не устраивали, и потому их уважали как пару. Некоторые другие — например, Сильвия Б. и Роджер Д. — иногда вели себя тошнотворно, и, чтобы их унять, приходилось хором издавать рвотные звуки. Но Рут и Томми ничего неприятного для посторонних себе не позволяли и если порой ласкались, то видно было, что это взаправду друг для друга, а не на публику.

По поводу всех этих сексуальных дел мы, надо сказать, пребывали тогда в изрядном замешательстве. Иначе, конечно, и быть не могло — ведь нам едва исполнилось шестнадцать. Но вдобавок, как я вижу сейчас, нам передавалось замешательство самих опекунов. С одной стороны — скажем, беседы мисс Эмили о том, что не надо стыдиться своего тела, что следует «серьезно относиться к своим плотским потребностям», что секс — «драгоценный дар», если оба участника действительно хотят близости. Но как только доходило до дела, оказывалось, что правила, установленные опекунами, дают нам очень мало возможностей. Девочкам после девяти вечера не разрешалось заходить в спальни к мальчикам, и наоборот. Классы формально были для нас по вечерам запретной территорией, как и участки за складами и за павильоном. А заниматься этим на траве даже в теплую погоду желающих было немного: потом почти всегда выяснялось, что из корпуса за вами наблюдала компания любопытных с биноклем, переходившим из рук в руки. В общем, несмотря на все разговоры о драгоценном даре, было полное впечатление, что парочке, которую опекуны застанут, не поздоровится.

Впечатление впечатлением, но единственный реальный случай, о котором я знала доподлинно, про-

in Room 14. They were doing it after lunch, right there over one of the desks, and Mr. Jack had come in to get something. According to Jenny, Mr. Jack had turned red and gone right out again, but they'd been put off and had stopped. They'd more or less dressed themselves when Mr. Jack came back, just as though for the first time, and pretended to be surprised and shocked.

"It's very clear to me what you've been doing and it's not appropriate," he'd said, and told them both to go and see Miss Emily.

But once they'd got to Miss Emily's office, she'd told them she was on her way to an important meeting and didn't have time to talk to them.

"But you know you shouldn't have been doing whatever you were doing, and I don't expect you'll do it again," she'd said, before rushing out with her folders.

Gay sex, incidentally, was something we were even more confused about. For some reason, we called it "umbrella sex"; if you fancied someone your own sex, you were "an umbrella." I don't know how it was where you were, but at Hailsham we definitely weren't at all kind towards any signs of gay stuff. The boys especially could do the cruellest things. According to Ruth this was because quite a few of them had done things with each other when they'd been younger, before they'd realised what they were doing. So now they were ridiculously tense about it. I don't know if she was right, but for sure, accusing someone of "getting all umbrella" could easily end in a fight.

When we discussed all these things — as we did endlessly back then — we couldn't decide whether or not the guardians wanted us to have sex or not. Some people thought they did, but that we kept trying to do it at all the wrong times. Hannah had the theory that it

изошел, когда Дженни С. и Робу Д. помешали в классе 14. После ланча они устроились там прямо на одном из столов, и вдруг вошел мистер Джек что-то взять. По словам Дженни, опекун густо покраснел и пулей вылетел обратно; так или иначе, их это сбило, они перестали, что-то надели на себя — и тут мистер Джек вошел снова, как бы в первый раз, и прикинулся, что изумлен и шокирован.

— Мне совершенно ясно, чем вы сейчас занимались, и я этого не одобряю, — отчеканил он и велел обоим явиться к мисс Эмили.

Но когда они пришли в ее кабинет, оказалось, что она торопится на важное совещание и говорить с ними ей некогда.

— Я думаю, вы понимаете, что вам не следовало этого делать, и надеюсь, что это не повторится, — сказала она, торопливо уходя со своими папками.

Что до однополого секса, он смущал нас еще больше. Почему-то он назывался у нас «универсальным сексом»; если тебе нравился кто-то одного с тобой пола, говорили, что ты «универсал». Не знаю, как было там, где росли вы, но у нас в Хейлшеме на все гомосексуальное воспитанники смотрели косо — особенно мальчики. Они иногда вели себя очень жестоко. Причина, сказала мне Рут, вот какая: многие из них пробовали это друг с другом в младшем возрасте, а потом, поняв, что они делали, нервничали и становились нетерпимыми до идиотизма. Права она или нет, не знаю, но хорошо помню: если кто-то слышал о себе, что он «универсал», дело запросто могло кончиться дракой.

Когда мы говорили про это между собой — а таким разговорам в то время конца не было, — мы часто спорили, хотят ли опекуны, чтобы мы занимались сексом. Некоторые считали, что хотят, — просто мы плохо выбираем момент. Ханна развивала мысль, что

was their duty to make us have sex because otherwise we wouldn't be good donors later on. According to her, things like your kidneys and pancreas didn't work properly unless you kept having sex. Someone else said what we had to remember was that the guardians were "normals." That's why they were so odd about it; for them, sex was for when you wanted babies, and even though they knew, intellectually, that we couldn't have babies, they still felt uneasy about us doing it because deep down they couldn't quite believe we wouldn't end up with babies.

Annette B. had another theory: that the guardians were uncomfortable about us having sex with each other because they'd then want to have sex with us. Mr. Chris in particular, she said, looked at us girls in that way. Laura said that what Annette really meant was she wanted to have sex with Mr. Chris. We all cracked up at this because the idea of having sex with Mr. Chris seemed absurd, as well as completely sick-making. The theory I think came closest was the one put forward by Ruth.

"They're telling us about sex for after we leave Hailsham," she said. "They want us to do it properly, with someone we like and without getting diseases. But they really mean it for after we leave. They don't want us doing it here, because it's too much hassle for them."

My guess, anyway, is that there wasn't nearly as much sex going on as people made out. A lot of snogging and touching up, maybe; and couples hinting they were having proper sex. But looking back, I wonder how much of it there really was. If everyone who claimed to be doing it really had been, then that's all you'd have seen when you walked about Hailsham — couples going at it left, right and centre.

их задача — настроить нас на половую жизнь, потому что иначе мы не сможем стать хорошими донорами. Она говорила, что если нет секса, то почки, поджелудочная железа и тому подобное не будут правильно действовать. Кто-то другой сказал, что нам надо помнить: опекуны — люди «нормальные». Потому-то они и относятся к этому так чудно; для них секс — это когда хочется иметь детей, и пусть даже умом они понимают, что мы детей иметь не можем, им все равно не по себе, потому что в самой глубине у них остается опасение, что и у нас дело кончится детьми.

У Аннетты Б. была другая теория — что опекунам из-за того трудно смириться с сексом среди воспитанников, что они сами хотят заниматься с нами сексом. Особенно мистер Крис, заявила она: не замечали, как он смотрит на девочек? Лора тут же сказала, что это Аннетта хочет заниматься сексом с мистером Крисом. Все чуть не лопнули со смеху: ничего более нелепого и тошнотворного, чем секс с мистером Крисом, вообразить было невозможно.

Ближе всего к истине подошла, по-моему, Рут.

— Они говорят нам про секс на будущее, чтобы мы занимались им после Хейлшема, — сказала она. — Им надо, чтобы мы делали это как полагается — по склонности и так, чтобы ничем не заразиться. Но не сейчас, а после отъезда. Сейчас это им ни к чему — лишние проблемы.

Мне кажется, впрочем, что секса у нас было гораздо меньше, чем пытались представить. Ласкались, обнимались — этого сколько угодно, и были пары, которые намекали, что у них секс в полном объеме. Но сейчас я думаю, что все это сильно преувеличивалось. Если бы все, кто изображал себя опытными любовниками, действительно ими были, в Хейлшеме проходу бы не было от пыхтящих парочек.

What I remember is that there was this discreet agreement among us all not to quiz each other too much about our claims. If, say, Hannah rolled her eyes when you were discussing another girl and murmured: "Virgin"—meaning "Of course we're not, but she is, so what can you expect?"—then it definitely wasn't on to ask her: "Who did you do it with? When? Where?" No, you just nodded knowingly. It was like there was some parallel universe we all vanished off to where we had all this sex.

I must have seen at the time how all these claims being made around me didn't add up. All the same, as that summer approached, I began to feel more and more the odd one out. In a way, sex had got like "being creative" had been a few years earlier. It felt like if you hadn't done it yet, you ought to, and quickly. And in my case, the whole thing was made more complicated by the fact that two of the girls I was closest to definitely had done it. Laura with Rob D., even though they'd never been a proper couple. And Ruth with Tommy.

For all that, I'd been holding it off for ages, repeating to myself Miss Emily's advice—"If you can't find someone with whom you truly wish to share this experience, then don't!" But around the spring of the year I'm talking about now, I started to think I wouldn't mind having sex with a boy. Not just to see what it was like, but also because it occurred to me I needed to get familiar with sex, and it would be just as well to practise first with a boy I didn't care about too much. Then later on, if I was with someone special, I'd have more chance of doing everything right. What I mean is, if Miss Emily was correct and sex was this really big deal between people, then I didn't want to be doing it for the first time when it was really important how well it went.

О чем я помню — что у нас действовало благоразумное соглашение: не слишком допрашивать друг друга по поводу наших претензий на опытность. Если, к примеру, Ханна, когда обсуждали какую-нибудь девочку, закатывала глаза и говорила: «Девственница», подразумевая: «Что с нее возьмешь, с бедняжки. Мы-то нет», — неуместно было спросить ее: «А с кем, интересно, ты потеряла невинность? Когда? Где?» Нет, кивнешь понимающе — и все. Можно подумать, был какой-то параллельный мир, куда мы все переносились и где происходил весь этот секс.

Я и тогда, по-моему, видела, что все эти притязания не стыкуются между собой. И все-таки с приближением того лета я все больше чувствовала себя белой вороной. В каком-то смысле секс занял место «творчества» наших прежних лет. Было ощущение, что если ты еще этого не испытала, должна испытать, и немедленно. А у меня вдобавок ко всему обе лучшие подруги это точно уже испытали. Лора — с Робом Д., хотя настоящей парой они не стали. А Рут — с Томми.

И все-таки я тянула с этим и тянула, повторяя про себя совет мисс Эмили: «Если нет человека, с которым действительно хочется разделить это переживание, то не надо!» Но весной того года, о котором я рассказываю, я тем не менее начала подумывать, что пора бы и мне с кем-нибудь попробовать. Не только из любопытства, но и потому, что считала необходимым хоть немного освоиться с сексом, а для этого лучше было на первый раз выбрать парня, к которому у меня нет особых чувств. Тогда потом, если кто-нибудь станет мне по-настоящему дорог, будет больше шансов, что я сделаю все как надо. Если, рассуждала я, мисс Эмили права и секс значит между людьми так много, неправильно будет

So I had my eye on Harry C. I chose him for a number of reasons. First, I knew he'd definitely done it before, with Sharon D. Next, I didn't fancy him that much, but I certainly didn't find him sick-making. Also, he was quiet and decent, so unlikely to go round gossiping afterwards if it was a complete disaster. And he'd hinted a few times he'd like to have sex with me. Okay, a lot of the boys were making flirty noises in those days, but it was clear by then what was a real proposition and what was the usual boys' stuff.

So I'd chosen Harry, and I only delayed those couple of months because I wanted to make sure I'd be all right physically. Miss Emily had told us it could be painful and a big failure if you didn't get wet enough and this was my one real worry. It wasn't being ripped apart down there, which we often joked about, and was the secret fear of quite a few girls. I kept thinking, as long as I got wet quick enough, there'd be no problem, and I did it a lot on my own just to make sure.

I realise this may sound like I was getting obsessive, but I remember I also spent a lot of time re-reading passages from books where people had sex, going over the lines again and again, trying to tease out clues. The trouble was, the books we had at Hailsham weren't at all helpful. We had a lot of nineteenth-century stuff by Thomas Hardy and people like that, which was more or less useless. Some modern books, by people like Edna O'Brien and Margaret Drabble, had some sex in them, but it wasn't ever very clear what was happening be-

без опыта пускаться на это в ситуации, когда очень важно, чтобы все прошло хорошо.

Я выбрала Гарри С., и причин тому было несколько. Во-первых, я наверняка знала, что он делал это раньше — с Шарон Д. Во-вторых, хоть я и не так уж по нему сохла, отвращения он у меня точно не вызывал. К тому же он был из тихих и скромных, поэтому, думала я, вряд ли станет болтать направо и налево, если из-за меня ничего толком не получится. И наконец, он несколько раз намекал, что не прочь заняться со мной сексом. Конечно, мальчишки в то время почти поголовно были настроены на игривый лад, но я уже умела отличить настоящее предложение от обычного трепа.

Так что я остановилась на Гарри и только решила пару месяцев еще выждать, чтобы наверняка быть готовой физически. Мисс Эмили говорила нам, что, если смазки окажется недостаточно, будет больно и все кончится большой неудачей, и это было единственным, о чем я всерьез беспокоилась. Не о том, что меня там внизу разорвут, распорют, о чем мы часто шутили между собой и чего очень многие девочки втайне боялись. Если смазка пойдет хорошо, проблем, я считала, не будет, и я много раз занималась этим сама, просто ради уверенности.

Кому-то, наверное, покажется, что это стало у меня навязчивой идеей: я, помимо прочего, все время возвращалась к тем местам в книгах, где говорится про секс, — пыталась вычитать что-нибудь полезное. Но от книг, которые имелись в Хейлшеме, проку, к сожалению, было мало. Девятнадцатый век был очень широко представлен писателями вроде Томаса Гарди, совсем бесполезными в этом смысле. В некоторых современных вещах — например, у Эдны О'Брайен и Маргарет Дрэббл — секс иногда встречался, но о том, как

cause the authors always assumed you'd already had a lot of sex before and there was no need to go into details. So I was having a frustrating time with the books, and the videos weren't much better. We'd got a video player in the billiards room a couple of years earlier, and by that spring had built up quite a good collection of movies. A lot of them had sex in them, but most scenes would end just as the sex was starting up, or else you'd only see their faces and their backs. And when there was a useful scene, it was difficult to see it more than fleetingly because there were usually twenty others in the room watching with you. We'd evolved this system where we called for particular favourite scenes to be played again — like, for instance, the moment the American jumps over the barbed wire on his bike in *The Great Escape.* There'd be a chant of: "Rewind! Rewind!" until someone got the remote and we'd see the portion again, sometimes three, four times. But I could hardly, by myself, start shouting for rewinds just to see sex scenes again.

So I kept delaying week by week, while I went on preparing, until the summer came and I decided I was as ready as I'd ever be. By then, I was even feeling reasonably confident about it, and began dropping hints to Harry. Everything was going fine and according to plan, when Ruth and Tommy split up and it all got confused.

Chapter 9

What happened was that a few days after they split, I was in the Art Room with some other girls, working on a still life. I remember it being stifling that day, even though we had the fan rattling behind us. We were us-

это происходит, ясно ни разу не говорилось: авторы, похоже, считали, что читатель знает секс вдоль и поперек и подробности ему не нужны. Поэтому книги обычно приносили разочарование, и с видеофильмами было ненамного лучше. В бильярдной пару лет назад поставили видеомагнитофон, и к той весне у нас собралась приличная коллекция фильмов. Секс во многих из них был, но чаще всего сцена именно в этот момент прерывалась — или видно было только лицо, затылок, спину. А если вдруг даже и попадался полезный эпизод, хорошенько посмотреть не получалось, потому что, как правило, вместе с тобой в комнате сидело еще человек двадцать. У нас выработалась такая система, что по требованию кассету сплошь и рядом перематывали назад, к началу сцены — например, когда американец в «Большом побеге» прыгает на мотоцикле через колючую проволоку. Тогда начинали кричать: «Повтор! Повтор!», пока кто-нибудь не брал пульт и не нажимал на перемотку, — иногда один кусок крутили три-четыре раза. Но сама потребовать повтора сексуальной сцены я не отваживалась.

В общем, я откладывала с недели на неделю, готовилась, и вот наконец наступило лето и я решила, что пора. Я даже уверенность какую-то почувствовала и начала подбрасывать Гарри намеки. Все двигалось гладко и по плану — и тут Рут с Томми разругались и пошла полная путаница.

Глава 9

Дело было вот как: через несколько дней после их ссоры я и еще кто-то из девочек сидели в комнате творчества и рисовали натюрморт. Духота, помню, была страшная, не помогал даже вентилятор, кото-

ing charcoal, and because someone had commandeered all the easels, we were having to work with our boards propped up on our laps. I was sitting beside Cynthia E., and we'd just been chatting and complaining about the heat. Then somehow we'd got onto the subject of boys, and she'd said, not looking up from her work:

"And Tommy. I knew it wouldn't last with Ruth. Well, I suppose you're the natural successor."

She'd said it in a throwaway manner. But Cynthia was a perceptive person, and the fact that she wasn't part of our group just gave her remark more weight. What I mean is, I couldn't help thinking she represented what anyone with any distance on the subject would think. After all, I'd been Tommy's friend for years until all this couples stuff had come up. It was perfectly possible that to someone on the outside, I'd look like Ruth's "natural successor." I just let it go, though, and Cynthia, who wasn't trying to make any big point, said nothing else about it.

Then maybe a day or two later, I was coming out of the pavilion with Hannah when she suddenly nudged me and nodded towards a group of boys over on the North Playing Field.

"Look," she said quietly. "Tommy. Sitting by himself."

I shrugged, as though to say: "So what?" And that's all there was to it. But afterwards I found myself thinking a lot about it. Maybe all Hannah had meant to do was point out how Tommy, since splitting with Ruth, looked a bit of a spare part. But I couldn't quite buy this; I knew Hannah too well. The way she'd nudged me and lowered her voice had made it all too obvious she too was expressing some assumption, probably doing the rounds, about me being the "natural successor."

рый стрекотал сзади. Работали углем, пристроив доски на коленях, потому что мольберты кто-то унес. Рядом со мной сидела Синтия И., мы болтали о том о сем и жаловались на жару. Потом как-то разговор съехал на мальчиков, и она сказала, не поднимая глаз от рисунка:

— А насчет Томми — я ведь знала, что у него и Рут это ненадолго. Ты теперь, думаю, полноправная преемница.

Произнесено было вскользь, но проницательности Синтия не была лишена, и то, что она не принадлежала к нашей компании, лишь добавляло ее замечанию веса. Я хочу сказать — невольно возникла мысль: Синтия выразила то, что думает каждый, с какого бы расстояния он на все ни смотрел. Как ни верти, мы дружили с Томми не один год, пока не пришло время всех этих парочек. Со стороны я и правда запросто могу выглядеть «полноправной преемницей» Рут. На замечание Синтии я, однако, не отреагировала никак, и она эту тему, которую затронула только мимоходом, развивать не стала.

День или два спустя, когда я выходила из павильона с Ханной, она вдруг подтолкнула меня локтем и кивком показала на группу парней на северном игровом поле.

— Смотри, — сказала она тихо. — Томми. Сидит один-одинешенек.

Я пожала плечами, словно говоря: «Ну и что?» На том у нас и кончилось, но чуть позже в голову полезли всякие мысли. Что Ханна имела в виду? Что Томми без Рут выглядит каким-то потерянным? И только? Да нет, не похоже — я слишком хорошо знала Ханну. Она так шевельнула локтем и так понизила голос, что было совершенно ясно: она тоже думает обо мне как о «полноправной преемнице» — скорее всего, так думают обо мне многие.

Кадзуо Исигуро

All this did, as I say, put me in a bit of a confusion, because until then I'd been all set on my Harry plan. In fact, looking back now, I'm sure I would have had sex with Harry if it hadn't been for this "natural successor" business. I'd had it all sorted, and my preparations had gone well. And I still think Harry was a good choice for that stage in my life. I think he would have been considerate and gentle, and have understood what I was wanting from him.

I saw Harry fleetingly a couple of years ago at the recovery centre in Wiltshire. He was being brought in after a donation. I wasn't in the best of moods because my own donor had just completed the night before. No one was blaming me for that — it had been a particularly untidy operation — but I wasn't feeling great all the same. I'd been up most of the night, sorting all the arrangements, and I was in the front reception getting ready to leave when I saw Harry coming in. He was in a wheelchair — because he was so weak, I found out later, not because he couldn't actually walk — and I'm not sure he recognised me when I went up and said hello. I suppose there's no reason I should have any special place in his memory. We'd never had much to do with each other apart from that one time. To him, if he remembered me at all, I'd just be this daft girl who came up to him once, asked if he wanted sex, then backed off. He must have been pretty mature for his age, because he didn't get annoyed or go round telling people I was a tease, or any of that. So when I saw him being brought in that day, I felt grateful to him and wished I was his carer. I looked about, but whoever was his carer wasn't even around. The orderlies were impatient to get him to his room, so I didn't talk with him long. I just said hello, that I hoped he'd feel better soon, and he smiled tiredly. When I mentioned

Все это, как я сказала, здорово меня запутало, а ведь до того момента у меня только и было, что план насчет Гарри. Сейчас я на сто процентов уверена, что, если бы не эта история с «полноправной преемницей», Гарри стал бы у меня первым. Я все для этого подготовила, дело было на мази. Я и сейчас думаю, что Гарри — это был хороший выбор на тот момент. Мне кажется, он был бы ласков и тактичен, он понял бы, что мне от него нужно.

Я мельком видела Гарри около двух лет назад в центре реабилитации в Уилтшире. Его привезли после выемки. Я была не в лучшем настроении, потому что мой донор завершил прошлой ночью. Виноватой меня в этом никто не считал — причиной стала небрежно проведенная операция, — и все-таки я чувствовала себя не ахти. Большую часть ночи провела на ногах, дел в таких случаях хватает, и утром была в приемном отделении, собиралась уже уходить, как вдруг появился Гарри. Его ввезли на кресле-каталке — не потому, как я потом выяснила, что он в принципе не мог сам передвигаться, а из-за слабости, — и я более или менее уверена, что он не узнал меня, когда я подошла и поздоровалась. Я думаю, у меня не было причин претендовать на какое-то особое место в его памяти. Кроме той попытки сближения, дела мы друг с другом почти не имели. Для него, если он помнил меня вообще, я, наверное, была дурочкой, которая подкатилась к нему однажды, спросила, как он насчет секса, а потом пошла на попятный. Он тогда, надо сказать, повел себя очень даже по-взрослому: не разозлился на меня, не стал всем говорить, что я динамистка, ничего такого. Так что когда я в тот день увидела, как его везут, возникло чувство благодарности и стало жаль, что не я его помощница. Я огляделась, но того, кто был его помощником, даже не оказалось поблизости. Санита-

Hailsham he did a thumbs-up, but I could tell he didn't recognise me. Maybe later, when he wasn't so tired, or when the medication wasn't so strong, he'd have tried to place me and remembered.

Anyway, I was talking about back then: about how after Ruth and Tommy split, all my plans got confused. Looking at it now, I feel a bit sorry for Harry. After all the hints I'd been dropping the previous week, there I was, suddenly whispering stuff to put him off. I suppose I must have assumed he was raring to go, that I had my work cut out just to hold him off. Because whenever I saw him, I'd always get something in quick, then rush off before he could say anything back. It was only much later, when I thought about it, it occurred to me he might not have had sex on his mind at all. For all I know, he might have been happy to forget the whole thing, except that every time he saw me, along a corridor or in the grounds, I'd come up and whisper some excuse why I didn't want sex with him just then. It must have looked pretty daft from his side, and if he hadn't been such a decent type, I'd have been a laughing stock in no time. Well, anyway, this era of putting Harry off lasted maybe a couple of weeks, and then came Ruth's request.

That summer, right up until the warm weather faded, we developed this odd way of listening to music together in the fields. Walkmans had started appearing at Hailsham since the previous year's Sales and by that summer there were at least six of them in circulation. The craze was for several people to sit on the grass around a single

ры спешили увезти Гарри в палату, поэтому говорили мы недолго. Я просто поздоровалась, пожелала ему побыстрее набраться сил, он устало улыбнулся. Когда я упомянула о Хейлшеме, он поднял большой палец, но я видела, что он меня не узнал. Если бы мы встретились позже, когда он уже не был таким обессиленным и не так был напичкан медикаментами, он, может быть, постарался бы и припомнил меня.

Но я говорю, собственно, о делах более ранних — о том, как ссора между Томми и Рут нарушила мой план. Вспоминаю сейчас — и мне совестно из-за Гарри. После всех намеков, которые я ему делала целую неделю, вдруг шепчу что-то прямо противоположное. Мне кажется, я думала, что он страшно распален, что мне не так-то просто будет от него отделаться. Помню, всякий раз, как я его видела, я быстро что-то ему говорила и убегала, не дожидаясь ответа. И только гораздо позже, когда я стала об этом думать, мне пришло в голову, что он, может быть, и не хотел со мной ничего. Вполне допускаю, что он был бы только рад, если бы я оставила его в покое, но стоило нам увидеться в коридоре или на территории, я тут же подходила и шепотом принималась объяснять, почему именно сегодня я не могу заняться с ним сексом. Наверное, ему казалось, что я маленько тронулась умом, и не будь он таким тактичным и сдержанным, я моментально сделалась бы посмешищем для всех. Так или иначе, разбиралась я с Гарри недели две — а потом Рут обратилась ко мне с просьбой.

В то лето в Хейлшеме возникла и держалась до осени, пока не стало прохладно, странноватая мода слушать по очереди музыку на траве. С прошлогодних Распродаж у нас начали появляться кассетные плееры, и тем летом их уже было в употреблении по меньшей мере штук шесть. Считалось, что самое оно — это

Walkman, passing the headset around. Okay, it sounds a stupid way to listen to music, but it created a really good feeling. You listened for maybe twenty seconds, took off the headset, passed it on. After a while, provided you kept the same tape going over and over, it was surprising how close it was to having heard all of it by yourself. As I say, the craze really took off that summer, and during the lunch breaks you'd see all these clusters of students lying about the grass around the Walkmans. The guardians weren't too keen, saying we'd spread ear infections, but they let us carry on. I can't remember that last summer without thinking about those afternoons around the Walkmans. Someone would wander up and ask: "What's the sound?" and if they liked the answer, they'd sit down on the grass and wait their turn. There was almost always a good atmosphere around these sessions and I don't remember anyone being refused a share of the headset.

Anyway, that's what I was up to with a few other girls when Ruth came up to ask if we could have a talk. I could tell it was something important, so I left my other friends and the two of us walked off, all the way to our dorm hut. When we got to our room, I sat down on Ruth's bed, close to the window — the sun had warmed the blanket — and she sat on mine over by the back wall. There was a bluebottle buzzing around, and for a minute we had a laugh playing "bluebottle tennis," throwing our hands about to make the demented creature go from one to the other of us. Then it found its way out of the window, and Ruth said:

"I want me and Tommy to get back together again. Kathy, will you help?"

Then she asked:

"What's the matter?"

когда несколько человек сидят на открытом месте вокруг одного плеера и передают друг другу наушники. Согласна, довольно глупый способ слушать музыку, но ощущение было и правда приятное. Послушаешь секунд двадцать, снимешь наушники, передашь. И спустя какое-то время, когда раз за разом крутится одна кассета, становится на удивление похоже на то, как если слушаешь все подряд. Мода, как я сказала, появилась только тем летом: выйдешь в большую перемену — и наверняка увидишь несколько компаний на травке вокруг плееров. Опекуны не были в восторге, говорили, что так передаются ушные инфекции, но запрещать не запрещали. Без этих дневных сидений-лежаний с плеерами мне последнее хейлшемское лето и не вспоминается. Кто-нибудь подойдет, спросит: «Что слушаем?» — и если ответ его удовлетворит, сядет в круг и станет ждать очереди. Атмосфера почти всегда была очень дружелюбная, и я не помню, чтобы кому-нибудь отказались дать наушники.

Так я проводила однажды время с несколькими девочками, когда подошла Рут и позвала меня поговорить. Я сразу поняла, что разговор важный, без единого слова оставила подруг, и Рут повела меня в наш спальный домик. В комнате я села на ее кровать у окна — одеяло было нагрето солнцем, — а она на мою у противоположной стены. Летала большая муха, и мы со смехом немножко поиграли в «теннис», гоняя обалдевшее существо туда-сюда ладонями. Наконец муха вылетела в окно, и Рут сказала:

— Я хочу, чтобы мы с Томми опять были вместе. Поможешь мне, Кэти?

Потом она спросила:

— Да что с тобой?

"Nothing. I was just a bit surprised, after what's happened. Of course I'll help."

"I haven't told anybody else about wanting to get back with Tommy. Not even Hannah. You're the only one I trust."

"What do you want me to do?"

"Just talk to him. You've always had this way with him. He'll listen to you. And he'll know you're not bullshitting about me."

For a moment we sat there swinging our feet under our beds.

"It's really good you're telling me this," I said eventually. "I probably am the best person. Talking to Tommy and all that."

"What I want is for us to make a fresh start. We're about evens now, we've both done daft things just to hurt each other, but it's enough now. Martha bloody H., I ask you! Maybe he did it just to give me a good laugh. Well you can tell him he succeeded, and the scores are all even again. It's time we grew up and started afresh. I know you can reason with him, Kathy. You'll deal with it the best way possible. Then if he's still not prepared to be sensible, I'll know there's no point carrying on with him."

I shrugged.

"As you say, Tommy and I, we've always been able to talk."

"Yeah, and he really respects you. I know because he's often talked about it. How you've got guts and how you always do what you say you're going to do. He told me once if he was in a corner, he'd rather have you backing him than any of the boys." She did a quick laugh. "Now you've got to admit, that's a real compliment. So you see, it's got to be you to our rescue. Tommy and I

— Ничего. Просто я немножко удивилась — после всего. Конечно помогу.

— Я никому до тебя не говорила, что хочу помириться с Томми. Даже Ханне. Только тебе могу доверять.

— Что мне сделать?

— Просто поговори с ним. Ты же всегда знала, с какой стороны к нему подойти. Тебя он выслушает и не будет думать, что ты пудришь ему мозги.

Какое-то время мы просто сидели на кроватях, покачивали ногами. В конце концов я сказала:

— Ты правильно ко мне обратилась. Я лучше других это смогу, наверное, — поговорить с Томми и все такое.

— Хочу начать с ним все сначала. Теперь мы, похоже, квиты: оба понатворили глупостей, только чтобы друг друга помучить. Но все уже, хватит. Ну Марта Х., ну поганка — слов просто нет! Может, он сделал это, чтобы меня насмешить? Если так, цель достигнута, можешь ему сказать, — в общем, счет у нас опять равный. Хватит, большие уже — все надо забыть и начать с нуля. Ты сможешь его убедить, Кэти, я уверена. Ты самый лучший подход к нему найдешь. А если и сейчас не образумится — значит, нечего с ним вообще иметь дело.

Я пожала плечами.

— Общий язык мы с Томми всегда находили, в этом ты права.

— Да, и он тебя очень уважает. Я знаю, он часто мне об этом говорил. Что у тебя есть характер, что ты всегда как скажешь, так и сделаешь. Он сказал, что в трудном положении скорее хотел бы иметь рядом тебя, чем любого из мальчишек. — Она усмехнулась. — Согласись, это действительно комплимент. Вот и получается, что, кроме тебя, выручать нас некому. Мы

were made for each other and he'll listen to you. You'll
do it for us, won't you, Kathy?"

I didn't say anything for a moment. Then I asked:

"Ruth, are you serious about Tommy? I mean, if I
do persuade him, and you get back together, you won't
hurt him again?"

Ruth gave an impatient sigh.

"Of course I'm serious. We're adults now. Soon we'll
be leaving Hailsham. It's not a game any more."

"Okay. I'll talk to him. Like you say, we'll be leaving
here soon. We can't afford to waste time."

After that, I remember us sitting on those beds, talking for some time. Ruth wanted to go over everything
again and again: how stupid he was being, why they
were really suited to each other, how differently they'd
do things next time round, how they'd keep much more
private, how they'd have sex in better places at better
times. We talked about it all and she wanted my advice
on everything. Then at one point, I was looking out of
the window towards the hills in the distance, when I was
startled to feel Ruth, suddenly beside me, squeeze my
shoulders.

"Kathy, I knew we could depend on you," she said.
"Tommy's right. You're just the person to have when
you're in a corner."

What with one thing and another, I didn't get a
chance to talk to Tommy for the next few days. Then
one lunch-time I spotted him on the edge of the South
Playing Field practising with his football. He'd been
having a kickabout earlier with two other boys, but now
he was alone, juggling the ball about in the air. I went
over and sat down on the grass behind him, putting my
back against a fence post. This couldn't have been long
after that time I'd shown him Patricia C.'s calendar and

с Томми созданы друг для друга, и он тебя послушает. Помоги нам, Кэти, хорошо?

Я немного помолчала, потом спросила:

— Рут, а ты к Томми серьезно относишься? В смысле, если я его уговорю и вы опять будете вместе, тебе больше не захочется его мучить?

Рут досадливо вздохнула.

— Конечно серьезно, как же еще. Мы ведь не малыши. В Хейлшеме совсем чуть-чуть осталось пожить. Время игр кончилось.

— Ладно. Я с ним поговорю. Ты права: скоро отсюда уезжать, мы не можем тратить время на пустяки.

После этого, помню, мы еще посидели на тех же кроватях, поговорили. Рут опять и опять возвращалась к тому же самому: он вел себя по-идиотски, они созданы друг для друга, теперь надо будет делать все иначе — не показывать лишнего посторонним, лучше выбирать время и место для секса. Мы говорили, и обо всем она спрашивала у меня совета. Потом в какой-то момент я засмотрелась в окно на дальние холмы — и вздрогнула, потому что Рут, оказавшись рядом, обняла меня за плечи.

— Кэти, я знала, что на тебя можно рассчитывать, — сказала она. — Прав был Томми: в трудном положении ты незаменимый человек.

Из-за всяких дел и помех возможность поговорить с Томми у меня появилась только через несколько дней, когда в большую перемену я увидела его с футбольным мячом у кромки южного игрового поля. Чуть раньше он отрабатывал с двумя мальчиками игру в пас, но теперь был один, жонглировал мячом. Я подошла и села позади него на траву, прислонившись к столбу забора. После того как я показала ему календарь Патриции С. и он молча двинулся прочь,

he'd marched off, because I remember we weren't sure how we stood with each other. He went on with his ball-juggling, scowling with concentration — knee, foot, head, foot — while I sat there picking away at clovers and gazing at the woods in the distance that we'd once been so frightened of. In the end I decided to break the deadlock and said:

"Tommy, let's talk now. There's something I want to talk to you about."

As soon as I said this, he let the ball roll away and came to sit down beside me. It was typical of Tommy that once he knew I was willing to talk, there was suddenly no trace left of any sulkiness; just a kind of grateful eagerness that reminded me of the way we were back in the Juniors when a guardian who'd been telling us off went back to being normal. He was panting a bit, and though I knew this was from the football, it added to his overall impression of eagerness. In other words, before we'd said anything, he'd already got my back up. Then when I said to him: "Tommy, I can tell. You haven't been too happy lately," he said: "What do you mean? I'm perfectly happy. I really am." And he did a big beam, followed by this hearty laugh. That was what did it. Years later, when I saw a shadow of it every now and then, I'd just smile. But back then, it really used to get to me. If Tommy happened to say to you: "I'm really upset about it," he'd have to put on a long, downcast face, then and there, to back up his words. I don't mean he did this ironically. He actually thought he'd be more convincing. So now, to prove he was happy, here he was, trying to sparkle with bonhomie. As I say, there would come a time when I'd think this was sweet; but that summer all I could see was that it advertised what a child he still was, and how easily you could take advantage of him. I didn't know much then about the world that awaited

времени точно прошло немного: нам, помню, было теперь не вполне ясно, в каких мы отношениях. Он продолжал подбрасывать мяч, сосредоточенно хмурясь — колено, ступня, лоб, ступня, — а я сидела, рвала травинки и смотрела на дальний лес, которого мы раньше так боялись. В конце концов я решила сдвинуться с мертвой точки:

— Томми, давай поговорим. Я кое-что хочу тебе сказать.

Как только я это произнесла, он дал мячу укатиться, подошел и сел рядом. Это было очень на него похоже: стоило ему увидеть мое желание с ним разговаривать, вся его угрюмость тут же сменялась благодарным энтузиазмом, напоминавшим мне нас в младших классах, когда опекун, отругав нас за что-нибудь, смягчался. После футбола он дышал чуточку учащенно, и впечатление энтузиазма от этого усиливалось. В общем, мы еще ничего друг другу не сказали, а он уже меня рассердил. На мои слова: «Я вижу, Томми, ты последнее время что-то не очень счастлив» — он ответил: «Не понимаю. Со мной все в полном порядке. Ты о чем?» И он лучезарно улыбнулся, а потом еще и хохотнул этим своим громким хохотом. Это-то меня и добило. Много позже, когда у него проскакивало что-то похожее, я только улыбалась. Но в то время меня просто бесили такие вещи. Если Томми говорил, что огорчен чем-то, он для убедительности всегда делал в этот момент вытянутое печальное лицо. Иронии никакой здесь не было, он просто считал нужным подкрепить слова мимикой. А тогда, у игрового поля, в доказательство, что с ним все хорошо, он, наоборот, принял довольный-предовольный вид. Потом, повторяю, пришло время, когда мне даже нравилась в нем эта черта, но последним хейлшемским летом я видела здесь только яркое подтверждение того, какой он еще

231

us beyond Hailsham, but I'd guessed we'd need all our wits about us, and when Tommy did anything like this, I felt something close to panic. Until that afternoon I'd always let it go — it always seemed too difficult to explain — but this time I burst out, saying:

"Tommy, you look so stupid, laughing like that! If you want to pretend you're happy, you don't do it that way! Just take it from me, you don't do it that way! You definitely don't! Look, you've got to grow up. And you've got to get yourself back on track. Everything's been falling apart for you just lately, and we both know why."

Tommy was looking puzzled. When he was sure I'd finished, he said:

"You're right. Things have been falling apart for me. But I don't see what you mean, Kath. What do you mean, we both know? I don't see how you could know. I haven't told anyone."

"Obviously I don't have all the details. But we all know about you splitting with Ruth."

Tommy still looked puzzled. Finally he did another little laugh, but this time it was a real one.

"I see what you mean," he mumbled, then paused a moment to think something over. "To be honest, Kath," he said eventually, "that's not really what's bothering me. It's really something else altogether. I just keep thinking about it all the time. About Miss Lucy."

And that was how I came to hear about it, about what had happened between Tommy and Miss Lucy at the start of that summer. Later, when I'd had time to think it over, I worked out it must have happened no more than a few days after the morning I'd seen Miss Lucy up in Room 22 scrawling over her paperwork. And

ребенок и как легко его могут использовать. Я тогда мало что знала о мире, который ждал нас за пределами Хейлшема, но предчувствовала, что нам понадобится там весь наш ум, и когда Томми так себя вел, я была близка к панике. До того дня я никогда ничего ему не говорила — не знала, как объяснить, чтобы он понял, — но на этот раз взорвалась:

— Томми, этот твой смех — он просто идиотский! Если тебе зачем-то обязательно надо притвориться счастливым, не смейся так! Просто поверь мне на слово — нельзя так смеяться! Нельзя, слышишь! Томми, тебе давно пора повзрослеть. И пожалуйста, возьми себя в руки! У тебя в последнее время все разладилось, и мы оба знаем почему.

Вид у Томми стал озадаченный, и он сказал, когда убедился, что я закончила:

— Да, ты права. У меня все разладилось. Но я что-то тебя не понимаю, Кэт. Как это ты говоришь: мы оба знаем? Ты не можешь знать, я никому об этом не говорил.

— Разумеется, я не знаю всех подробностей. Но о твоем разрыве с Рут известно всем.

Какое-то время Томми еще выглядел озадаченным. Наконец опять хохотнул, но на этот раз искренне.

— Понял тебя теперь, — пробормотал он, потом помедлил, что-то обдумывая. — Если честно, Кэт, — сказал он после паузы, — не это главное, что меня беспокоит. Совсем другое. Я все время про это думаю. Тут замешана мисс Люси.

И он рассказал, что случилось между ним и мисс Люси в начале лета. Позднее, когда я смогла все спокойно обдумать, я высчитала, что к тому времени могло пройти самое большее несколько дней после того, как я застала мисс Люси в классе 22 за вымарыванием написанного. И, повторяю, я локти готова была

like I said, I felt like kicking myself I hadn't found out from him earlier.

It had been in the afternoon near the "dead hour"— when the lessons were finished but there was still some time to go until supper. Tommy had seen Miss Lucy coming out of the main house, her arms loaded with flipcharts and box files, and because it looked like she'd drop something any moment, he'd run over and offered to help.

"Well, she gave me a few things to carry and said we were headed back to her study with it all. Even between the two of us there was too much and I dropped a couple of things on the way. Then when we were coming up to the Orangery, she suddenly stopped, and I thought she'd dropped something else. But she was looking at me, like this, straight in the face, all serious. Then she says we've got to have a talk, a good talk. I say fine, and so we go into the Orangery, into her study, put all the stuff down. And she tells me to sit down, and I end up exactly where I was the last time, you know, that time years ago. And I can tell she's remembering that time as well, because she starts talking about it like it was only the day before. No explanations, nothing, she just starts off saying something like: "Tommy, I made a mistake, when I said what I did to you. And I should have put you right about it long before now." Then she's saying I should forget everything she told me before. That she'd done me a big disservice telling me not to worry about being creative. That the other guardians had been right all along, and there was no excuse for my art being so rubbish..."

"Hold on, Tommy. Did she actually say your art was 'rubbish'?"

"If it wasn't 'rubbish' it was something like it. Negligible. That might have been it. Or incompetent. She

себе кусать за то, что не догадалась и не выспросила у него все раньше.

Произошло это под вечер, в так называемый мертвый час, когда занятия уже окончены, но до ужина еще есть время. Томми увидел, как мисс Люси выходит из главного корпуса, вся нагруженная лекционными плакатами и картотечными ящиками. Впечатление было, что она вот-вот что-нибудь уронит, и он подбежал помочь.

— Она дала мне часть вещей и сказала, что мы идем к ней в кабинет. Даже двоим нести было многовато, и у меня пару раз по дороге что-то падало. Когда уже подходили к оранжерее, она вдруг остановилась, и я подумал, у нее тоже что-то вываливается. Но нет, она просто смотрела на меня, вот так, прямо в лицо, очень серьезно. Потом сказала: нам надо побеседовать, серьезно побеседовать. Я отвечаю — ладно, и мы вошли в оранжерею, там в ее кабинет, все положили. Она мне: садись, и я сажусь в то же самое кресло, что в тот раз. Ну, ты помнишь — тогда, давно. И сразу стало ясно, что и она помнит про тот разговор, потому что она так об этом начала, как будто продолжала что-то вчерашнее. Ни объяснений, ничего, просто с ходу вот что примерно: «Томми, я все неправильно тебе тогда сказала. И мне давно уже надо было с тобой объясниться». Потом велела мне забыть все, что я от нее раньше слышал. Говорит, она оказала мне очень плохую услугу, когда посоветовала не беспокоиться из-за творчества. Правы, говорит, были другие опекуны, а не она, и тому, что в творческих делах у меня выходит такая дрянь, нет никаких оправданий...

— Постой, Томми. Что, так прямо и сказала: дрянь?

— Ну, если не дрянь, что-нибудь в этом роде. Нулевой результат, полный провал. В общем, все равно

might as well have said rubbish. She said she was sorry she'd told me what she had the last time because if she hadn't, I might have sorted it all by now."

"What were you saying through all this?"

"I didn't know what to say. In the end, she actually asked. She said: "Tommy, what are you thinking?" So I said I wasn't sure but that she shouldn't worry either way because I was all right now. And she said, no, I wasn't all right. My art was rubbish, and that was partly her fault for telling me what she had. And I said to her, but what does it matter? I'm all right now, no one laughs at me about that any more. But she keeps shaking her head saying: "It does matter. I shouldn't have said what I did." So it occurs to me she's talking about later, you know, about after we leave here. So I say: "But I'll be all right, Miss. I'm really fit, I know how to look after myself. When it's time for donations, I'll be able to do it really well." When I said this, she starts shaking her head, shaking it really hard so I'm worried she'll get dizzy. Then she says: "Listen, Tommy, your art, it is important. And not just because it's evidence. But for your own sake. You'll get a lot from it, just for yourself.""

"Hold on. What did she mean, "evidence"?"

"I don't know. But she definitely said that. She said our art was important, and "not just because it's evidence." God knows what she meant. I did actually ask her, when she said that. I said I didn't understand what she was telling me, and was it something to do with Madame and her gallery? And she did a big sigh and said: "Madame's gallery, yes, that's important. Much more important than I once thought. I see that now." Then she said: "Look, there are all kinds of things you don't

что дрянь. Говорит, ей очень жаль, что она сбила меня тогда с толку, если бы не она, я, может быть, к сегодняшнему дню уже выправился бы.

— А ты на все это что отвечал?

— Я просто не знал, что сказать. Под конец она сама меня спросила. «Томми, что ты об этом думаешь?» Я ответил, что не знаю, но, по-моему, беспокоиться ей в любом случае не стоит, потому что со мной сейчас все в порядке. А она мне: нет, не все в порядке. Мое творчество — полная дрянь, и отчасти виновата в этом она. Я ее спрашиваю: но какая разница? У меня теперь все хорошо, никто больше из-за этого надо мной не смеется. Но она мотает, мотает головой и говорит: «Есть разница. Я тогда неправильный совет тебе дала». Тут мне пришло в голову, что она имеет в виду дальнейшее — ну, после того как мы отсюда уедем. И я ей так сказал: «Да вы не волнуйтесь из-за меня, мисс. Я нормально готов, я справлюсь. Когда придет время стать донором, я все сделаю как надо». Выслушала — и очень сильно опять начала мотать головой, я даже испугался, что у нее она закружится. Потом говорит: «Поверь мне, Томми. Твое творчество — очень важно. И не только как показатель. Но и ради тебя самого. Ты получишь от него очень много — просто для себя».

— Погоди. Что это значит — показатель?

— Не знаю. Но это слово точно было, я помню. Говорит: ваше творчество важно, и не только как показатель. Кто ее знает, что она хотела сказать. Я, кстати, поинтересовался. Спрашиваю: «Мне не совсем ясно, это что, имеет отношение к Мадам и ее Галерее?» Тут она глубоко вздохнула и говорит: «Галерея Мадам — да, она много значит. Я это вижу теперь. Гораздо больше значит, чем я раньше думала». Потом она сказала: «Ты знаешь, Томми, есть много такого,

understand, Tommy, and I can't tell you about them. Things about Hailsham, about your place in the wider world, all kinds of things. But perhaps one day, you'll try and find out. They won't make it easy for you, but if you want to, really want to, you might find out." She started shaking her head again after that, though not as bad as before, and she says: "But why should you be any different? The students who leave here, they never find out much. Why should you be any different?" I didn't know what she was talking about, so I just said again: "I'll be all right, Miss." She was quiet for a time, then she suddenly stood up and kind of bent over me and hugged me. Not in a sexy way. More like they used to do when we were little. I just kept as still as possible. Then she stood back and said again she was sorry for what she'd told me before. And that it wasn't too late, I should start straight away, making up the lost time. I don't think I said anything, and she looked at me and I thought she'd hug me again. But instead she said: "Just do it for my sake, Tommy." I told her I'd do my best, because by then I just wanted out of there. I was probably bright scarlet, what with her hugging me and everything. I mean, it's not the same, is it, now we've got bigger."

Until this point I'd been so engrossed in Tommy's story, I'd forgotten my reason for having this talk with him. But this reference to our getting "bigger" reminded me of my original mission.

"Look, Tommy," I said, "we'll have to talk this over carefully soon. It's really interesting and I can see how it must have made you miserable. But either way, you're going to have to pull yourself together a bit more. We're

чего ты не понимаешь, а объяснить я тебе не могу. Насчет Хейлшема, насчет твоего положения в большом мире и так далее. Но когда-нибудь, может быть, ты сам попытаешься и найдешь ответ. Облегчать это они тебе не будут, не надейся, но если захочешь, если по-настоящему захочешь — может, что-нибудь и поймешь». Тут она опять замотала головой, но уже не так сильно и говорит: «Но с какой стати ты должен отличаться? Воспитанники живут здесь, уезжают и не находят никаких ответов. С какой стати ты должен отличаться?» Мне было непонятно, о чем это она, и я просто повторил: «Да вы не волнуйтесь из-за меня, мисс». Она молчит сколько-то времени, потом вдруг встала, как-то так наклонилась надо мной и обняла. Не сексуально, а скорее вроде того, как они нас маленьких обнимали. Я сижу тихо, как только могу. Потом на шаг отошла и опять сказала, что не должна была меня так настраивать. Но, говорит, еще совсем даже не поздно, если, говорит, я сейчас прямо начну, то могу все наверстать. По-моему, я ничего на это не ответил, а она смотрела на меня, и я подумал, что сейчас, наверное, опять обнимет. Но она только сказала: «Постарайся ради меня, Томми». Я пообещал, что постараюсь, просто потому, что хотел поскорее уйти. Я думаю, я красный был как рак из-за этих объятий и всего остального. Ведь согласись — сейчас это совсем не то же самое, мы уже не маленькие.

Рассказ Томми так меня увлек, что я забыла, с чем к нему пришла. Но слова «мы уже не маленькие» мне про это напомнили.

— Вот что, Томми, — сказала я, — давай в ближайшее время все подробно обсудим. Ты рассказал очень интересные вещи, и я понимаю, какие у тебя сейчас переживания. Но в любом случае тебе надо

going to be leaving here this summer. You've got to get yourself sorted again, and there's one thing you can straighten out right now. Ruth told me she's prepared to call it quits and have you get back with her again. I think that's a good chance for you. Don't mess it up." He was quiet for a few seconds, then said:

"I don't know, Kath. There are all these other things to think about."

"Tommy, just listen. You're really lucky. Of all the people here, you've got Ruth fancying you. After we leave, if you're with her, you won't have to worry. She's the best, you'll be fine so long as you're with her. She's saying she wants a fresh start. So don't blow it."

I waited but Tommy gave no response, and again I felt something like panic coming over me. I leaned forward and said:

"Look, you fool, you're not going to get many more chances. Don't you realise, we won't be here together like this much longer?"

To my surprise Tommy's response, when it came, was calm and considered — the side of Tommy that was to emerge more and more in the years ahead.

"I do realise that, Kath. That's exactly why I can't rush back into it with Ruth. We've got to think about the next move really carefully." Then he sighed and looked right at me. "Like you say, Kath. We're going to be leaving here soon. It's not like a game any more. We've got to think carefully."

I was suddenly lost for what to say and just sat there tugging away at the clovers. I could feel his eyes on me, but I didn't look up. We might have gone on that way for a while longer, except we were interrupted. I think the

как-то собраться. Этим летом нам уезжать. Ты должен взять себя в руки, и есть одно, что ты можешь исправить прямо сейчас. Рут мне сказала, что готова все забыть и возобновить отношения. По-моему, это хороший шанс для тебя. Не упусти его.

Он несколько секунд помолчал, потом сказал:

— Не знаю, Кэт. Столько всего другого надо обдумать.

— Томми, послушай. Тебе сказочно повезло. Не кто-нибудь, а именно Рут к тебе неравнодушна. Когда мы отсюда уедем, если она будет с тобой, ты горя не будешь знать. Она тут лучше всех, держись около нее — и все у тебя будет отлично. Она говорит — хочет начать с тобой все сначала. Смотри не проворонь такой случай.

Я ждала ответа, но Томми ничего не говорил, и опять меня охватила чуть ли не паника. Я подалась к нему со словами:

— Слушай, дурак набитый, ты думаешь, у тебя будет много других возможностей? Пойми, мы недолго еще тут пробудем все вместе!

К моему удивлению, ответ, когда он прозвучал, был спокойным и взвешенным — эта сторона Томми все больше и больше стала проявляться только годы спустя.

— Я знаю, Кэт. И как раз поэтому не хочу бросаться сломя голову к Рут. Нам очень хорошо надо обдумывать свои шаги. — Он вздохнул и посмотрел мне в глаза. — Ты правильно говоришь, Кэт. Скоро нас здесь уже не будет. Это больше не игра. И нам надо крепко обо всем подумать.

Вдруг я растерялась — сижу, не знаю что сказать и только дергаю травинки. Я чувствовала, что Томми на меня смотрит, но глаз не поднимала. Это и еще могло продлиться, но нам помешали. Не помню — то ли

boys he'd been playing football with earlier came back, or maybe it was some students strolling by who came and sat down with us. Anyway, our little heart-to-heart was at an end and I came away feeling I hadn't done what I'd set out to do — that I'd somehow let Ruth down.

I never got to assess what kind of impact my talk with Tommy had had, because it was the very next day the news broke. It was midway through the morning and we'd been in yet another Culture Briefing. These were classes where we had to role play various people we'd find out there — waiters in cafes, policemen and so on. The sessions always got us excited and worried all at the same time, so we were pretty keyed up anyway. Then at the end of the lesson, as we were filing out, Charlotte F. came rushing into the room and the news about Miss Lucy leaving Hailsham spread through us in an instant. Mr. Chris, who'd been taking the class and who must have known all along, shuffled off guiltily before we could ask him anything. At first we weren't sure if Charlotte was just reporting a rumour, but the more she told us, the clearer it became this was for real. Earlier in the morning, one of the other Senior classes had gone into Room 12 expecting Music Appreciation with Miss Lucy. But Miss Emily had been there instead and she'd told them Miss Lucy couldn't come just at that moment, so she would take the class. For the next twenty minutes or so everything had gone quite normally. Then suddenly — right in mid-sentence, apparently — Miss Emily had broken off from talking about Beethoven and announced that Miss Lucy had left Hailsham and wouldn't be returning. That class had finished several minutes early — Miss Emily had rushed off with a preoccupied frown — and the word had started to go round as soon as the students had come out.

вернулись мальчики, с которыми он катал мяч, то ли какая-то гуляющая компания заметила нас и подсела. Так или иначе, разговор по душам у нас кончился, и уходила я с мыслью, что не исполнила намеченное и каким-то образом подвела Рут.

Понять, как подействовал на Томми наш разговор, я так никогда и не смогла, потому что следующий день принес новость. Было позднее утро, и шел очередной урок погружения в культуру. Нам приходилось играть роли разных людей, с которыми мы должны были потом иметь дело, — официантов, полицейских и так далее. Эти занятия нас одновременно возбуждали и тревожили, так что мы были и без новости изрядно взвинчены. Урок окончился, собираемся выходить — и тут врывается Шарлотта Ф., и мигом всем становится известно, что мисс Люси уехала из Хейлшема. Мистер Крис, который вел урок и наверняка уже все знал, с виноватым видом удалился до того, как мы успели приступить к нему с расспросами. Вначале мы допускали, что Шарлотта, может быть, повторяет чей-то пустой треп, но чем больше она рассказывала, тем яснее становилось, что это правда. Сегодня утром, по ее словам, другая группа старших воспитанников пришла в класс 12, где мисс Люси должна была вести восприятие музыки. Но вместо нее они увидели мисс Эмили, которая сказала, что мисс Люси в данный момент занята и она ее заменяет. Минут двадцать урок шел нормально. Потом внезапно, чуть не посреди фразы, мисс Эмили перестала говорить о Бетховене и объявила, что мисс Люси навсегда покинула Хейлшем. Урок длился на несколько минут меньше обычного — мисс Эмили, озабоченно хмурясь, вдруг торопливо вышла, — и новость тут же начала разноситься по Хейлшему.

I immediately set off to look for Tommy, because I desperately wanted him to hear it first from me. But when I stepped into the courtyard, I saw I was too late. There was Tommy, over on the far side, on the edge of a circle of boys, nodding to what was being said. The other boys were animated, maybe excited even, but Tommy's eyes looked empty. That very evening, Tommy and Ruth got back together again, and I remember Ruth finding me a few days later to thank me for "sorting it all out so well." I told her I probably hadn't helped much, but she was having none of that. I was most definitely in her good books. And that was more or less the way things stayed throughout our last days at Hailsham.

Я сразу же бросилась искать Томми, потому что отчаянно хотела рассказать ему первой. Но, выскочив во двор, увидела, что опоздала. Томми стоял поодаль в кружке парней, слушал, кивал. Другие мальчишки были взбудоражены, даже оживлены, но у Томми глаза были пустые. Вечером того же дня Томми и Рут опять сошлись, и Рут через несколько дней поблагодарила меня за то, что я «так здорово все уладила». Я сказала, что, скорее всего, я тут ни при чем, но Рут не поверила. Я была у нее с тех пор на самом лучшем счету. Таким было положение вещей в последние недели нашей жизни в Хейлшеме.

PART TWO

Chapter 10

Sometimes I'll be driving on a long weaving road across marshland, or maybe past rows of furrowed fields, the sky big and grey and never changing mile after mile, and I find I'm thinking about my essay, the one I was supposed to be writing back then, when we were at the Cottages. The guardians had talked to us about our essays on and off throughout that last summer, trying to help each of us choose a topic that would absorb us properly for anything up to two years. But somehow — maybe we could see something in the guardians' manner — no one really believed the essays were that important, and among ourselves we hardly discussed the matter. I remember when I went in to tell Miss Emily my chosen topic was Victorian novels, I hadn't really thought about it much and I could see she knew it. But she just gave me one of her searching stares and said nothing more.

Once we got to the Cottages, though, the essays took on a new importance. In our first days there, and for some of us a lot longer, it was like we were each clinging to our essay, this last task from Hailsham, like it was a farewell gift from the guardians. Over time, they would fade from our minds, but for a while those essays helped keep us afloat in our new surroundings.

ЧАСТЬ ВТОРАЯ

Глава 10

Еду иногда по длинной извилистой дороге в болотистых местах или мимо одного расчерченного бороздами поля за другим, небо большое, серое и одинаковое миля за милей, и ловлю себя на том, что думаю о сочинении, которое должна была писать тогда, в Коттеджах. В последнее наше лето в Хейлшеме опекуны все время говорили нам про эти сочинения и старались помочь каждому выбрать тему, которая дала бы ему занятие на год, а то и на два. Но почему-то — может быть, из-за каких-то интонаций у опекунов — никто в важность этих сочинений по-настоящему не верил, и между собой мы о них почти не разговаривали. Перед тем как пойти к мисс Эмили сказать, что я выбрала темой викторианские романы, я, помнится, толком этот выбор не обдумывала, и видно было, что она это знает. Но она промолчала, только посмотрела изучающе, как иногда делала.

Но когда мы поселились в Коттеджах, у сочинений появился новый смысл. Первое время, а то и гораздо дольше, все цеплялись за эти последние хейлшемские задания, дорожили ими как прощальными подарками от опекунов. Потом сочинения стали мало-помалу забываться, но поначалу они очень помогли нам в новой обстановке.

When I think about my essay today, what I do is go over it in some detail: I may think of a completely new approach I could have taken, or about different writers and books I could have focused on. I might be having coffee in a service station, staring at the motorway through the big windows, and my essay will pop into my head for no reason. Then I quite enjoy sitting there, going through it all again. Just lately, I've even toyed with the idea of going back and working on it, once I'm not a carer any more and I've got the time. But in the end, I suppose I'm not really serious about it. It's just a bit of nostalgia to pass the time. I think about the essay the same way I might a rounders match at Hailsham I did particularly well in, or else an argument from long ago where I can now think of all the clever things I should have said. It's at that sort of level — daydream stuff. But as I say, that's not how it was when we first got to the Cottages.

Eight of us who left Hailsham that summer ended up at the Cottages. Others went to the White Mansion in the Welsh hills, or to Poplar Farm in Dorset. We didn't know then that all these places had only the most tenuous links with Hailsham. We arrived at the Cottages expecting a version of Hailsham for older students, and I suppose that was the way we continued to see them for some time. We certainly didn't think much about our lives beyond the Cottages, or about who ran them, or how they fitted into the larger world. None of us thought like that in those days.

The Cottages were the remains of a farm that had gone out of business years before. There was an old farmhouse, and around it, barns, outhouses, stables all converted for us to live in. There were other buildings,

Мое сочинение, когда я сейчас о нем думаю, разворачивается у меня в уме довольно-таки подробно; иногда мне видится какой-нибудь совсем новый подход или другой набор книг и писателей, на котором я могла бы сосредоточиться. Бывает, пью кофе на станции обслуживания, смотрю через большие окна на шоссе, и ни с того ни с сего в голове всплывает сочинение. Мне становится хорошо, и вот я сижу, перебираю все мысленно... Совсем недавно даже подумалось, не вернуться ли к этой работе, когда я уже не буду помощницей и у меня появится время. Я понимаю, впрочем, что это не всерьез. Просто ностальгические мечтания в свободную минуту. Я размышляю о сочинении примерно так, как могла бы о какой-нибудь удачной для меня подростковой игре в раундерз или о давнишнем споре, где, возобновись он сейчас, я бы выставила новые убедительные доводы. В общем, что-то из области фантазий. Но в Коттеджах первое время, повторяю, было не так.

Из тех, кто уехал из Хейлшема тем летом, в Коттеджи попало восемь человек. Другие отправились кто в валлийские холмы в Белый особняк, кто в Дорсет на Тополиную ферму. Мы не знали тогда, что к Хейлшему все эти места имеют лишь косвенное отношение. В Коттеджах мы ожидали увидеть нечто вроде Хейлшема, только для старших, и мне кажется, что некоторое время мы продолжали так на них смотреть и после приезда. Разумеется, мы почти не думали ни о нашей будущей жизни вне Коттеджей, ни о том, кто ими ведает и как они вписываются в большой мир. Никого из нас эти вопросы тогда не занимали.

Коттеджи были остатками фермы, которая не действовала как ферма уже много лет. Вокруг старого дома там стояли переоборудованные для жилья амбары, надворные постройки, конюшни. Имелись и другие

usually the outlying ones, that were virtually falling down, which we couldn't use for much, but for which we felt in some vague way responsible — mainly on account of Keffers. He was this grumpy old guy who turned up two or three times a week in his muddy van to look the place over. He didn't like to talk to us much, and the way he went round sighing and shaking his head disgustedly implied we weren't doing nearly enough to keep the place up. But it was never clear what more he wanted us to do. He'd shown us a list of chores when we'd first arrived, and the students who were already there—"the veterans," as Hannah called them — had long since worked out a rota which we kept to conscientiously. There really wasn't much else we could do other than report leaking gutters and mop up after floods.

The old farmhouse — the heart of the Cottages — had a number of fireplaces where we could burn the split logs stacked in the outer barns. Otherwise we had to make do with big boxy heaters. The problem with these was they worked on gas canisters, and unless it was really cold, Keffers wouldn't bring many in. We kept asking him to leave a big supply with us, but he'd shake his head gloomily, like we were bound to use them up frivolously or else cause an explosion. So I remember a lot of the time, outside the summer months, being chilly. You went around with two, even three jumpers on, and your jeans felt cold and stiff. We sometimes kept our Wellingtons on the whole day, leaving trails of mud and damp through the rooms. Keffers, observing this, would again shake his head, but when we asked him what else we were supposed to do, the floors being in the state they were, he'd make no reply.

строения, большей частью на отшибе, которые практически разваливались и были мало на что годны, но за которые мы смутно чувствовали себя в ответе — главным образом из-за Кефферса. Так звали ворчливого пожилого типа, который два-три раза в неделю приезжал в заляпанном грязью фургончике по хозяйственным делам. Разговаривать он с нами не особенно любил, и в том, как он ходил повсюду, вздыхая и с отвращением качая головой, читалось, что мы, по его мнению, и близко не делаем того, что здесь необходимо. Но чего именно он еще от нас хочет, понять было невозможно. Когда мы приехали, он показал нам список обязанностей, и те, кто появился в Коттеджах до нас — «старожилы», как назвала их Ханна, — давно уже составили график дежурств, которого мы добросовестно придерживались. Помимо этого, мы мало на что были способны — разве только сообщать о протечках и вытирать после них лужи.

В старом фермерском доме — главном здании Коттеджей — было несколько каминов, которые мы могли топить дровами, хранившимися в сараях. Еще имелись большие, ящичного типа обогреватели, но закавыка с ними была та, что они работали от газовых баллонов, а Кефферс, если только не было уж совсем холодно, много их не привозил. Мы постоянно просили его оставить нам приличный запас, но он угрюмо качал головой, как будто был уверен, что мы начнем жечь газ напрасно или даже устроим взрыв. Мне вспоминаются поэтому, если не считать лета, долгие месяцы, когда было зябко. Ходили в двух, а то и в трех свитерах, ткань джинсов была холодной, жесткой. Иной раз по целым дням не снимали резиновых сапог, от которых по полу тянулись разводы грязи и сырости. Кефферс, видя это, опять-таки качал головой, но когда мы спросили его, как еще нам ходить по таким полам, ничего не ответил.

I'm making it sound pretty bad, but none of us minded the discomforts one bit — it was all part of the excitement of being at the Cottages. If we were honest, though, particularly near the beginning, most of us would have admitted missing the guardians. A few of us, for a time, even tried to think of Keffers as a sort of guardian, but he was having none of it. You went up to greet him when he arrived in his van and he'd stare at you like you were mad. But this was one thing we'd been told over and over: that after Hailsham there'd be no more guardians, so we'd have to look after each other. And by and large, I'd say Hailsham prepared us well on that score.

Most of the students I was close to at Hailsham ended up at the Cottages that summer. Cynthia E. — the girl who'd said about me being Ruth's "natural successor" that time in the Art Room — I wouldn't have minded her, but she went to Dorset with the rest of her crowd. And Harry, the boy I'd nearly had sex with, I heard he went to Wales. But all our gang had stayed together. And if we ever missed the others, we could tell ourselves there was nothing stopping us going to visit them. For all our map lessons with Miss Emily, we had no real idea at that point about distances and how easy or hard it was to visit a particular place. We'd talk about getting lifts from the veterans when they were going on their trips, or else how in time we'd learn to drive ourselves and then we'd be able to see them whenever we pleased.

Of course, in practice, especially during the first months, we rarely stepped beyond the confines of the Cottages. We didn't even walk about the surrounding

Картина у меня сейчас вышла непривлекательная, но никого из нас неудобства не смущали вовсе — прелесть Коттеджей от них только возрастала. Правда, если бы мы были до конца честными, то признались бы, особенно ближе к началу, что нам недостает опекунов. Первое время некоторые даже пытались вообразить себе в подобном качестве Кефферса, но он знать ничего такого не желал. На тех, кто подходил к нему здороваться, когда он приезжал в своем фургончике, он смотрел как на сумасшедших. Но об этом нам говорили до переезда много раз: после Хейлшема опекунов уже не будет, и нам придется самим думать друг о друге. В целом, должна сказать, Хейлшем неплохо подготовил нас по этой части.

Из тех, с кем я дружила в Хейлшеме, большинство оказалось тем летом в Коттеджах. Что касается Синтии И., которая назвала меня в комнате творчества полноправной преемницей Рут, — против нее я бы тоже не возражала, но она поехала со своей компанией в Дорсет. Гарри, с которым я чуть было не сошлась, отправился, я слышала, в Уэльс. Но все наши по-прежнему были вместе. И мы могли говорить себе, что, если очень захочется увидеть кого-нибудь из остальных, ничто не мешает поехать в гости. Несмотря на все уроки с картами, которые вела мисс Эмили, мы не имели тогда ни малейшего реального понятия о расстояниях и о том, легко или трудно добраться до того или иного места. Мы обсуждали между собой возможность напроситься в попутчики к старожилам, когда они куда-нибудь поедут, размышляли вслух, что сами потом научимся водить и сможем навещать знакомых когда нам вздумается.

Разумеется, на практике, особенно в первые месяцы, мы редко выбирались за пределы Коттеджей. Даже по окрестностям не гуляли и не забредали в бли-

Кадзуо Исигуро

countryside or wander into the nearby village. I don't think we were afraid exactly. We all knew no one would stop us if we wandered off, provided we were back by the day and the time we entered into Keffers's ledgerbook. That summer we arrived, we were constantly seeing veterans packing their bags and rucksacks and going off for two or three days at a time with what seemed to us scary nonchalance. We'd watched them with astonishment, wondering if by the following summer we'd be doing the same. Of course, we were, but in those early days, it didn't seem possible. You have to remember that until that point we'd never been beyond the grounds of Hailsham, and we were just bewildered. If you'd told me then that within a year, I'd not only develop a habit of taking long solitary walks, but that I'd start learning to drive a car, I'd have thought you were mad.

Even Ruth looked daunted that sunny day the minibus dropped us in front of the farmhouse, circled round the little pond and disappeared up the slope. We could see hills in the distance that reminded us of the ones in the distance at Hailsham, but they seemed to us oddly crooked, like when you draw a picture of a friend and it's almost right but not quite, and the face on the sheet gives you the creeps. But at least it was the summer, not the way the Cottages would get a few months on, with all the puddles frozen over and the rough ground frosted bone hard. The place looked beautiful and cosy, with overgrown grass everywhere — a novelty to us. We stood together in a huddle, the eight of us, and watched Keffers go in and out of the farmhouse, expecting him to address us at any moment. But he didn't, and all we could catch was the odd irritated mutter about the students who already lived there. Once, as he went to get something from his van, he gave us a moody glance,

254

жайшую деревню. Пожалуй, дело тут не в страхе как таковом. Мы все знали, что останавливать нас никто не будет, главное — вернуться не позже дня и часа, которые мы укажем в журнале Кефферса. В то первое лето мы часто видели, как старожилы паковали сумки и рюкзаки и с пугающей беззаботностью отбывали на два, на три дня. Мы изумленно смотрели на них, думая: неужели следующим летом мы будем вести себя как они? Так оно, разумеется, и вышло, но в те начальные дни это казалось невозможным. Не забывайте, что территорию Хейлшема мы никогда не покидали, и теперь мы попросту были в замешательстве. Скажи мне кто-нибудь тогда, что довольно скоро я не только заведу привычку совершать далекие одинокие прогулки, но и начну учиться водить машину, я бы решила, что он сумасшедший.

Даже Рут выглядела растерянной в тот солнечный день, когда микроавтобус доставил нас к фермерскому дому, высадил, потом обогнул маленький пруд и скрылся из виду, поднимаясь по склону. Мы видели дальние холмы, которые напоминали нам дальние холмы вокруг Хейлшема, но казались странно искривленными, как если ты нарисуешь портрет друга и он выйдет похожим, но не совсем, и от лица на бумаге у тебя поползут мурашки. Но, по крайней мере, было лето — Коттеджи выглядели приветливее, чем несколько месяцев спустя, когда лужи заледенели и земля стала сухой, твердой, шершавой. Место казалось красивым и уютным, и всюду, к чему мы не привыкли, росла неподстриженная трава. Мы, восемь человек, стояли кучкой, смотрели, как Кефферс входит в дом и выходит обратно, и ожидали, что он вот-вот к нам обратится. Но он все не обращался, до нас долетали только странные брюзгливые высказывания в адрес тех, кто уже здесь жил.

then returned to the farmhouse and closed the door behind him.

Before too long, though, the veterans, who'd been
having a bit of fun watching us being pathetic — we
were to do much the same the following summer — came
out and took us in hand. In fact, looking back, I see they
really went out of their way helping us settle in. Even
so, those first weeks were strange and we were glad we
had each other. We'd always move about together and
seemed to spend large parts of the day awkwardly standing outside the farmhouse, not knowing what else to do.

It's funny now recalling the way it was at the beginning, because when I think of those two years at the
Cottages, that scared, bewildered start doesn't seem to
go with any of the rest of it. If someone mentions the
Cottages today, I think of easy-going days drifting in
and out of each other's rooms, the languid way the afternoon would fold into evening then into night. I think
of my pile of old paperbacks, their pages gone wobbly,
like they'd once belonged to the sea. I think about how
I read them, lying on my front in the grass on warm
afternoons, my hair — which I was growing long then —
always falling across my vision. I think about the morn-
ings waking up in my room at the top of the Black Barn
to the voices of students outside in the field, arguing
about poetry or philosophy; or the long winters, the
breakfasts in steamed-up kitchens, meandering discussions around the table about Kafka or Picasso. It was
always stuff like that at breakfast; never who you'd
had sex with the night before, or why Larry and Helen
weren't talking to each other any more.

But then again, when I think about it, there's a sense
in which that picture of us on that first day, huddled

Один раз, когда он пошел что-то взять из своей машины, он бросил на нас угрюмый взгляд, потом вернулся в большой дом и захлопнул за собой дверь.

Чуть погодя, однако, старожилы, которых немножко повеселил наш жалкий вид, вышли и занялись нами (примерно так же повели себя и мы на следующее лето). Теперь я понимаю, что они хорошо постарались помочь нам обжиться. И тем не менее в первые недели нам было очень даже не по себе, и мы были рады, что приехали все вместе. Мы повсюду ходили одной компанией и немалую часть дня бессмысленно толклись перед большим домом, не зная, чем заняться.

Первоначальное наше пугливое смятение кажется теперь довольно-таки забавным: когда я думаю о двух годах в Коттеджах, начало не вяжется со всем последующим. Если кто-нибудь заговаривает сейчас при мне о Коттеджах, вспоминаются беззаботные дни с хождением туда-сюда по комнатам, ленивое перетекание послеполуденного времени в вечер, а вечера в ночь. Вспоминается моя кипа старых книжек в бумажных обложках с волнистыми, точно из морской глубины, страницами. Вспоминается, как я их читала, лежа теплыми днями на траве и поминутно отводя падающие на глаза волосы, которые я тогда отращивала. Вспоминается, как я просыпалась в своей каморке под крышей Черного амбара от голосов моих однокашников, споривших с утра пораньше о поэзии и философии; вспоминаются долгие зимы, завтраки на кухнях, наполненных паром, сбивчивые разговоры за столом о Кафке и Пикассо. За завтраком всегда обсуждали что-нибудь такое — ни в коем случае не кто с кем сегодня спал или почему Ларри и Элен не разговаривают друг с другом.

И все-таки у меня сейчас возникает чувство, что в чем-то эта картина — мы, сбившиеся в кучку перед

together in front of the farmhouse, isn't so incongruous after all. Because maybe, in a way, we didn't leave it behind nearly as much as we might once have thought. Because somewhere underneath, a part of us stayed like that: fearful of the world around us, and — no matter how much we despised ourselves for it — unable quite to let each other go.

The veterans, who of course knew nothing about the history of Tommy and Ruth's relationship, treated them as a long-established couple, and this seemed to please Ruth no end. For the first weeks after we arrived, she made a big deal of it, always putting her arm around Tommy, sometimes snogging him in the corner of a room while other people were still about. Well, this kind of thing might have been fine at Hailsham, but looked immature at the Cottages. The veteran couples never did anything showy in public, going about in a sensible sort of way, like a mother and father might do in a normal family.

There was, incidentally, something I noticed about these veteran couples at the Cottages — something Ruth, for all her close study of them, failed to spot — and this was how so many of their mannerisms were copied from the television. It first came to me watching this couple, Susie and Greg — probably the oldest students at the Cottages and generally thought to be "in charge" of the place. There was this particular thing Susie did whenever Greg set off on one of his speeches about Proust or whoever: she'd smile at the rest of us, roll her eyes, and mouth very emphatically, but only just audibly: "Gawd help us." Television at Hailsham had been pretty restricted, and at the Cottages too — though there was nothing to stop us watching all day — no one was very keen on it. But there was an old set in the farmhouse and another in the Black Barn, and I'd watch every now and then. That's how I realised that this "Gawd help us' stuff came from an American series, one of those with an

фермерским домом, — не так уж несообразна. Потому что, может быть, в каком-то смысле мы далеко не так хорошо это преодолели, как раньше думали. Потому что в глубине что-то в нас такое осталось: страх перед окружающим миром и, как бы мы себя за это ни презирали, неспособность отпустить друг друга окончательно.

Старожилы, которые ничего, разумеется, не знали об истории взаимоотношений Томми и Рут, считали их прочной парой со стажем, и Рут это радовало бесконечно. В первые недели после приезда она усиленно всем все показывала: то и дело обнимала Томми одной рукой, а порой и целовалась с ним в углу, когда в комнате были люди. В Хейлшеме такое поведение, может, и было в порядке вещей, но в Коттеджах оно казалось детским. Пары старожилов никогда напоказ ничего не делали, вели себя сдержанно, как мать и отец в нормальной семье.

Между прочим, я кое-что у этих пар заметила, чего Рут, при всем ее внимании к ним, не разглядела: очень многие внешние черты своего поведения они усвоили из телепередач. Впервые я это вывела из наблюдений за Сюзи и Грегом — они, вероятно, были старшими в Коттеджах и считались за «главных». Когда Грег по своей привычке пускался в долгие рассуждения о Прусте или о ком-нибудь еще, Сюзи улыбалась остальным, заводила глаза и еле слышно, но очень выразительно произносила: «Боже всемогущий!» В Хейлшеме нас по части телевидения довольно строго ограничивали, да и в Коттеджах, где можно было смотреть хоть день напролет, мы не очень часто сидели перед экраном. Изредка тем не менее я что-то смотрела — один старый телевизор был в большом доме, другой в Черном амбаре. Так вот, этот «Боже всемогущий» был взят из американского сериала — одного из тех, где невидимая публика хохочет

audience laughing along at everything anyone said or did.
There was a character — a large woman who lived next door
to the main characters — who did exactly what Susie did,
so when her husband went off on a big spiel, the audience
would be waiting for her to roll her eyes and say "Gawd help
us" so they could burst out with this huge laugh. Once I'd
spotted this, I began to notice all kinds of other things the
veteran couples had taken from TV programmes: the way
they gestured to each other, sat together on sofas, even the
way they argued and stormed out of rooms.

Anyway, my point is, it wasn't long before Ruth realised the way she'd been carrying on with Tommy was all
wrong for the Cottages, and she set about changing how
they did things in front of people. And there was in particular this one gesture Ruth picked up from the veterans.
Back at Hailsham, if a couple were parting, even for a few
minutes, it had been an excuse for big embraces and snogging. At the Cottages, though, when a couple were saying goodbye to each other, there'd be hardly any words,
never mind embraces or kisses. Instead, you slapped your
partner's arm near the elbow, lightly with the back of your
knuckles, the way you might do to attract someone's attention. Usually the girl did it to the boy, just as they were
moving apart. This custom had faded out by the winter,
but when we arrived, it was what was going on and Ruth
was soon doing it to Tommy. Mind you, at first, Tommy
didn't have a clue what was going on, and would turn
abruptly to Ruth and go: "What?," so that she'd have to
glare furiously at him, like they were in a play and he'd
forgotten his lines. I suppose she eventually had a word
with him, because after a week or so they were managing
to do it right, more or less exactly like the veteran couples.

I'd not actually seen the slap on the elbow on the
television, but I was pretty sure that's where the idea
had come from, and just as sure Ruth hadn't realised

по поводу всего, что персонажи говорят и делают. Там была одна толстая женщина, соседка главных героев, которая вела себя в точности как Сюзи: когда ее муж принимался разглагольствовать, публика только и ждала, что сейчас она закатит глаза и скажет: «Боже всемогущий!» — тут все дружно взрывались хохотом. Приметив это, я стала обращать внимание и на остальное, что пары старожилов позаимствовали из телевидения: какие у них жесты, как они сидят вместе на диване, даже как спорят и в сердцах кидаются прочь из комнаты.

Но я хотела сказать о другом: очень быстро Рут сообразила, что многое с Томми делает не так, как принято в Коттеджах, и начала менять их манеру поведения на людях. Особенно запомнился мне один жест, который она переняла у старожилов. В Хейлшеме если пара разлучалась, пусть даже на несколько минут, это становилось поводом для больших объятий и нежностей. А в Коттеджах прощание происходило почти без слов, не говоря уже о поцелуях и прочем. Вместо всего этого — легкий удар костяшками согнутых пальцев по руке чуть повыше локтя, словно чтобы привлечь к себе внимание. Обычно это делала девушка в самый момент расставания. К зиме обычай сошел на нет, но, когда мы приехали, он пышно цвел, и вскоре Рут стала так прощаться с Томми. Он, надо сказать, поначалу не разобрался и резко поворачивался к ней с вопросом: «Что?» — так что ей приходилось бросать на него яростный взгляд, как будто они на сцене и он забыл свою роль. В конце концов, я думаю, она втолковала ему, что к чему, и спустя примерно неделю они уже делали все более или менее правильно, примерно так, как пары старожилов.

Хотя по телевизору я такого способа прощаться не видела, я была почти уверена, что позаимствован он оттуда, и была уверена, кроме того, что Рут этого не

it. That was why, that afternoon I was reading Daniel Deronda on the grass and Ruth was being irritating, I decided it was time someone pointed it out to her.

It was nearly autumn and starting to get chilly. The veterans were spending more time indoors and generally going back to whatever routines they'd had before the summer. But those of us who'd arrived from Hailsham kept sitting outside on the uncut grass — wanting to keep going for as long as possible the only routine we'd got used to. Even so, by that particular afternoon, there were maybe only three or four apart from me reading in the field, and since I'd gone out of my way to find a quiet corner to myself, I'm pretty sure what happened between me and Ruth wasn't overheard.

I was lying on a piece of old tarpaulin reading, as I say, Daniel Deronda, when Ruth came wandering over and sat down beside me. She studied the cover of my book and nodded to herself. Then after about a minute, just as I knew she would, she began to outline to me the plot of Daniel Deronda. Until that point, I'd been in a perfectly okay mood, and had been pleased to see Ruth, but now I was irritated. She'd done this to me a couple of times before, and I'd seen her doing it to others. For one thing, there was the manner she put on: a kind of nonchalant but sincere one as though she expected people to be really grateful for her assistance. Okay, even at the time, I was vaguely aware what was behind it. In those early months, we'd somehow developed this idea that how well you were settling in at the Cottages — how well you were coping — was somehow reflected by how many books you'd read. It sounds odd, but there you are, it was just something that developed between us, the ones who'd arrived from Hailsham. The whole notion was kept deliberately hazy — in fact, it was pretty reminiscent of the way we'd dealt with sex at Hailsham. You

понимает. Вот почему, когда я читала на траве «Даниэля Деронда», а Рут пришла и меня рассердила, я решила, что пора ей объяснить.

Приближалась осень, и становилось прохладно. Старожилы все больше времени проводили в помещении и в целом возвращались к тому, чем занимались до лета. Но мы, недавно приехавшие из Хейлшема, по-прежнему сидели на некошеной траве, желая продлить сколько возможно то единственное занятие, какое пока что у нас здесь было. В тот день, однако, читающих на траве было, кроме меня, всего трое или четверо, и, поскольку я постаралась найти для себя спокойный уголок, точно могу сказать, что моего разговора с ней никто не слышал.

Я лежала на куске старого брезента, читала, скажу еще раз, «Даниэля Деронда» — и тут ко мне, гуляя, подошла Рут и села рядом. Взглянула на обложку моей книги и кивнула сама себе. Затем, спустя примерно минуту, она, как я и предполагала, принялась пересказывать мне сюжет. До того момента настроение у меня было отличное, и я рада была увидеть Рут, но теперь она меня раздосадовала. Раньше она тоже так поступала — и со мной пару раз, и с другими при мне. Во-первых — этот простосердечно-небрежный тон, таким она его делала, как будто искренне считала, что ей должны быть благодарны за помощь. Уже тогда, надо сказать, я начинала догадываться, что за этим стоит. В те первые месяцы мы каким-то образом пришли к мысли, что своего рода показателем состояния твоих дел в Коттеджах — хорошо ты справляешься или нет — служит количество прочитанных книг. Странновато, но что было, то было — такое у нас, недавно прибывших из Хейлшема, создалось представление. И мы нарочно вокруг всего этого напускали туману — напоминает, честно говоря, то, как мы в Хейлшеме го-

could go around implying you'd read all kinds of things, nodding knowingly when someone mentioned, say, War and Peace, and the understanding was that no one would scrutinise your claim too rationally. You have to remember, since we'd been in each other's company constantly since arriving at the Cottages, it wasn't possible for any of us to have read War and Peace without the rest noticing. But just like with the sex at Hailsham, there was an unspoken agreement to allow for a mysterious dimension where we went off and did all this reading.

It was, as I say, a little game we all indulged in to some extent. Even so, it was Ruth who took it further than anyone else. She was the one always pretending to have finished anything anyone happened to be reading; and she was the only one with this notion that the way to demonstrate your superior reading was to go around telling people the plots of novels they were in the middle of. That's why, when she started on Daniel Deronda, even though I'd not been enjoying it much, I closed the book, sat up and said to her, completely out of the blue:

"Ruth, I've been meaning to ask you. Why do you always hit Tommy on the arm like that when you're saying goodbye? You know what I mean."

Of course she claimed not to, so I patiently explained what I was talking about. Ruth heard me out then shrugged.

"I didn't realise I was doing it. I must have just picked it up."

A few months before I might have let it go at that — or probably wouldn't have brought it up in the first place. But that afternoon I just pressed on, explaining to her how it was something from a television series.

"It's not something worth copying," I told her. "It's not what people really do out there, in normal life, if that's what you were thinking."

ворили о сексе. Ходишь, скажем, и даешь всем понять, что читала одно и другое, знающе киваешь, когда при тебе упоминают, например, «Войну и мир», и общее настроение было такое, что проверять, не пускаешь ли ты пыль в глаза, никто не станет. Не забывайте, что после переезда мы очень много времени проводили вместе, и незаметно ни для кого прочесть «Войну и мир» было невозможно. Но, как и по поводу секса в Хейлшеме, действовало молчаливое соглашение, допускавшее, что существует какое-то таинственное измерение, куда мы переносимся читать все эти книги.

Это была, получается, маленькая игра, в которой мы все в той или иной мере участвовали. Но Рут зашла в ней дальше всех. Какую бы книгу кто ни читал, она всегда якобы ее уже закончила, и ей одной казалось, что хороший способ продемонстрировать свою начитанность — это пересказывать людям сюжеты книг, которые они еще не дочитали. Вот почему, когда она это начала с «Даниэлем Деронда», я, хотя книга мне не слишком нравилась, захлопнула ее, села и без всякой подготовки сказала:

— Рут, я хотела тебя спросить. Почему всякий раз, когда ты прощаешься с Томми, ты трогаешь его руку — вот так? Поняла меня?

Разумеется, она ответила, что не поняла, и я терпеливо объяснила. Выслушав, Рут пожала плечами.

— А я и не замечала за собой. Переняла, наверное, у кого-то.

Несколькими месяцами раньше я этим удовольствовалась бы — или скорее вообще не стала бы спрашивать. Но в тот день я не желала униматься и принялась втолковывать ей, что это из телесериала:

— Не стоило бы этому подражать. Если ты думаешь, что так делают там, в нормальной жизни, ты ошибаешься.

Ruth, I could see, was now angry but unsure how to fight back. She looked away and did another shrug.

"So what?" she said. "It's no big deal. A lot of us do it."

"What you mean is Chrissie and Rodney do it."

As soon as I said this I realised I'd made a mistake; that until I'd mentioned these two, I'd had Ruth in a corner, but now she was out. It was like when you make a move in chess and just as you take your finger off the piece, you see the mistake you've made, and there's this panic because you don't know yet the scale of disaster you've left yourself open to. Sure enough, I saw a gleam come into Ruth's eyes and when she spoke again it was in an entirely new voice.

"So that's it, that's what's upsetting poor little Kathy. Ruth isn't paying enough attention to her. Ruth's got big new friends and baby sister isn't getting played with so often..."

"Stop all that. Anyway that's not how it works in real families. You don't know anything about it."

"Oh Kathy, the great expert on real families. So sorry. But that's what this is, isn't it? You've still got this idea. Us Hailsham lot, we have to stay together, a tight little bunch, must never make any new friends."

"I've never said that. I'm just talking about Chrissie and Rodney. It looks daft, the way you copy everything they do."

"But I'm right, aren't I?" Ruth went on. "You're upset because I've managed to move on, make new friends. Some of the veterans hardly remember your name, and who can blame them? You never talk to anyone unless they're

Рут, я видела, уже разозлилась, но не знала пока что, как отбиваться. Она отвела взгляд и опять пожала плечами.

— Ну и что? — сказала она. — Подумаешь, важность. Многие так прощаются.

— Ты хочешь сказать — так прощаются Крисси и Родни.

Едва я это произнесла, я поняла, что совершила ошибку. Пока я не упоминала эту пару, Рут была зажата в углу, но теперь я ее выпустила. Как в шахматах, когда снимаешь после своего хода руку с фигуры, видишь оплошность и паникуешь, потому что еще не знаешь величину бедствия, которое на себя навлекла. В глазах Рут я отчетливо увидела блеск, и когда она заговорила, тон уже был совершенно другой.

— А, так вот, значит, что беспокоит нашу бедную маленькую Кэти. Рут мало внимания на нее обращает. У Рут появились друзья постарше, и крошке сестренке теперь не с кем играть...

— Может, хватит, а?.. Во всяком случае, в настоящих семьях так не делают. Ты понятия о них не имеешь.

— А Кэти у нас — большой специалист по настоящим семьям. Снимаю шляпу. Но я ведь не ошиблась, согласись. Ты еще не выкинула это из головы. Мы, хейлшемские, должны, по-твоему, держаться вместе, отдельной сплоченной компанией, и никаких новых друзей заводить не имеем права.

— Я ничего такого не говорила. Я говорила про Крисси и Родни. Это очень глупо выглядит — как ты все за ними повторяешь.

— Но ведь я права? Права? — наседала Рут. — Тебя огорчает, что я продвинулась, завела новых друзей. Некоторые старожилы даже по имени тебя не знают, и не они в этом виноваты. Ты ни с кем, кроме хейлшемских,

Hailsham. But you can't expect me to hold your hand the whole time. We've been here nearly two months now."

I didn't take the bait, but said instead:

"Never mind me, never mind Hailsham. But you keep leaving Tommy in the lurch. I've watched you, you've done it a few times just this week. You leave him stranded, looking like a spare part. That's not fair. You and Tommy are supposed to be a couple. That means you look out for him."

"Quite right, Kathy, we're a couple, like you say. And if you must intrude, I'll tell you. We've talked about this, and we've agreed. If he sometimes doesn't feel like doing things with Chrissie and Rodney, that's his choice. I'm not going to make him do anything he's not yet ready for. But we've agreed, he shouldn't hold me back. Nice of you to be concerned though."

Then she added, in a quite different voice:

"Come to think of it, I suppose you haven't been that slow making friends with at least some of the veterans."

She watched me carefully, then did a laugh, as though to say:

"We're still friends, aren't we?" But I didn't find anything to laugh about in this last remark of hers. I just picked up my book and walked off without another word.

Chapter 11

I should explain why I got so bothered by Ruth saying what she did. Those early months at the Cottages had been a strange time in our friendship. We were quarrelling over all kinds of little things, but at the same time we were confiding in each other more than

не разговариваешь. Но с какой стати я буду все время водить тебя за руку? Мы почти два месяца уже здесь.

Я не клюнула — продолжала свое:

— Я не о себе говорю и не о Хейлшеме, а о том, что ты все время ставишь Томми в трудное положение. Я наблюдала, ты несколько раз так делала за одну эту неделю. Уходишь, бросаешь его, и он как потерянный. Это нечестно! Ведь вы пара с Томми. И это значит, что о нем ты должна думать в первую очередь.

— Совершенно верно, Кэти, мы действительно пара. И раз уж ты в это решила влезть, я тебе скажу. Мы говорили с Томми и согласились, что если ему иногда неохота чем-нибудь заниматься с Крисси и Родни — вольному воля. Не готов он к чему-то — принуждать его я не собираюсь. Но мы договорились еще, что меня он удерживать не будет. Вот так. А твоей заботой о нем я очень тронута.

Потом, совсем другим тоном, она добавила:

— Между прочим, должна поправиться. По крайней мере, с некоторыми старожилами ты, по-моему, дружбу завела.

Она посмотрела на меня изучающе — и рассмеялась, словно бы говоря:

«Но ведь мы по-прежнему подруги, да?» Я, однако, в ее последнем замечании ничего смешного не увидела. Взяла книгу и ушла, не говоря ни слова.

Глава 11

Надо объяснить, почему меня так задело это высказывание Рут. Те первые месяцы в Коттеджах были странным периодом нашей дружбы. Из-за каких только мелочей мы не ссорились! И в то же время мы были откровеннее друг с другом, чем когда-либо. Пре-

ever. In particular, we used to have these talks, the two
of us, usually up in my room at the top of the Black
Barn just before going to bed. You could say they were
a sort of hangover from those talks in our dorm after
lights out. Anyway, the thing was, however much we
might have fallen out during the day, come bedtime,
Ruth and I would still find ourselves sitting side by
side on my mattress, sipping our hot drinks, exchanging our deepest feelings about our new life like nothing
had ever come between us. And what made these heart-
to-hearts possible — you might even say what made the
whole friendship possible during that time — was this
understanding we had that anything we told each other
during these moments would be treated with careful respect: that we'd honour confidences, and that no matter how much we rowed, we wouldn't use against each
other anything we'd talked about during those sessions.
Okay, this had never been spelt out exactly, but it was
definitely, as I say, an understanding, and until the afternoon of the Daniel Deronda business, neither of us
had come anywhere near breaching it. That was why,
when Ruth said what she did about my not being slow
making friends with certain veterans, I wasn't just
cross. To me, it was a betrayal. Because there wasn't
any doubt what she'd meant by it; she was referring
to something I'd confided in her one night about me
and sex.

As you'd expect, sex was different at the Cottages
from how it had been at Hailsham. It was a lot more
straightforward — more "grown up." You didn't go
around gossiping and giggling about who'd been doing
it with whom. If you knew two students had had sex,
you didn't immediately start speculating about whether they'd become a proper couple. And if a new couple
did emerge one day, you didn't go around talking about

жде всего вспоминаются эти разговоры один на один, обычно перед сном в Черном амбаре, наверху, в моей комнате. Вы можете, конечно, назвать это пережитком наших разговоров после отбоя в хейлшемской спальне. Так или иначе, сколько бы я и Рут ни ругались днем, наступает вечер — и мы сидим бок о бок на моем матрасе, прихлебываем горячий чай и делимся задушевными переживаниями по поводу нашей новой жизни. Ничего подобного раньше у нас не бывало. Эти излияния, да и сама наша дружба в то время были возможны благодаря тому, что каждая из нас знала: ко всему сказанному в эти минуты другая отнесется бережно и уважительно, не обманет доверия и, как бы мы ни цапались потом, не использует услышанное как оружие. Между нами было четкое, хоть и ни разу не высказанное вслух соглашение на этот счет, и до разговора, начавшегося с «Даниэля Деронда», ни одна из нас даже близко не подошла к тому, чтобы его нарушить. Вот почему, когда Рут произнесла эту фразу про мои отношения с некоторыми старожилами, я не просто рассердилась. Я восприняла это как предательство. Потому что было совершенно ясно, на что она намекает: на одно мое вечернее признание о сексуальных делах.

В Коттеджах, как вы, наверное, себе представляете, секс отличался от того, что было в Хейлшеме. Он был теперь гораздо более непосредственным — более «взрослым», что ли. Никто не сплетничал и не хихикал по поводу того, кто, когда и с кем. Если вдруг становилось известно, что у парня с девушкой что-то было, никто не пускался в догадки, будут они постоянной парой или нет. И если новая пара возникала,

it like it was a big event. You just accepted it quietly, and from then on, when you referred to one, you also referred to the other, as in "Chrissie and Rodney" or "Ruth and Tommy." When someone wanted sex with you, that too was much more straightforward. A boy would come up and ask if you wanted to spend the night in his room "for a change," something like that, it was no big deal. Sometimes it was because he was interested in becoming a couple with you; other times it was just for a one-nighter.

The atmosphere, like I say, was much more grown up. But when I look back, the sex at the Cottages seems a bit functional. Maybe it was precisely because all the gossip and secrecy had gone. Or maybe it was because of the cold.

When I remember sex at the Cottages, I think about doing it in freezing rooms in the pitch dark, usually under a ton of blankets. And the blankets often weren't even blankets, but a really odd assortment — old curtains, even bits of carpet. Sometimes it got so cold you just had to pile anything you could over you, and if you were having sex at the bottom of it, it felt like a mountain of bedding was pounding at you, so that half the time you weren't sure if you were doing it with the boy or all that stuff.

Anyway, the point is, I'd had a few one-nighters shortly after getting to the Cottages. I hadn't planned it that way. My plan had been to take my time, maybe become part of a couple with someone I chose carefully. I'd never been in a couple before, and especially after watching Ruth and Tommy for a while, I was quite curious to give it a try for myself. As I say, that had been my plan, and when the one-nighters kept happening, it unsettled me a bit. That was why I'd decided to confide in Ruth that night.

никто не говорил об этом точно бог знает о каком событии. Люди спокойно это принимали, вот и все, просто теперь, упоминая одного, упоминали и другого: «Крисси и Родни», «Рут и Томми». Если кто-то хотел заняться сексом с тобой, это тоже проявлялось куда более непосредственно. Парень просто подходил и спрашивал, не хочешь ли ты «для разнообразия» переночевать у него в комнате, что-нибудь в этом роде, ничего такого особенного. Иногда это означало, что он хочет составить с тобой пару, иногда дело ограничивалось одной ночью.

Атмосфера, повторяю, была намного более взрослая. Но сейчас мне кажется, что секс в Коттеджах был в какой-то мере функциональным. Может быть, как раз из-за того, что не стало всех тех сплетен и той секретности. А может быть, из-за холода.

В Коттеджах, как мне сейчас вспоминается, сексом занимались в кромешной тьме в очень холодных спальнях, обычно под тоннами одеял, которые часто были даже и не одеялами, а чем попало — старыми шторами, кусками ковра. Стужа иногда стояла такая, что наваливали на себя все подряд, и если у тебя в такой постели был секс, казалось, будто тебя трамбует гора постельных принадлежностей, так что не всегда было понятно, с парнем ты или со всем этим нагромождением.

Но я хотела сказать скорее не об этом, а о том, что за первые месяцы в Коттеджах я несколько раз сходилась то с одним, то с другим на одну ночь. Не то чтобы у меня план такой был. Мой план был — не спешить, осмотреться и потом, может быть, составить пару с человеком, которого я вдумчиво выберу. Пару я ни с кем раньше никогда не составляла, и, понаблюдав за другими, особенно за Рут и Томми, я любопытствовала и была не прочь попробовать са-

It was in many ways a typical evening session for us. We'd brought up our mugs of tea, and we were sitting in my room, side by side on the mattress, our heads slightly stooped because of the rafters. We talked about the different boys at the Cottages, and whether any of them might be right for me. And Ruth had been at her best: encouraging, funny, tactful, wise. That's why I decided to tell her about the one-nighters. I told her how they'd happened without my really wanting them to; and how, even though we couldn't have babies from doing it, the sex had done funny things to my feelings, just as Miss Emily had warned. Then I said to her:

"Ruth, I wanted to ask you. Do you ever get so you just really have to do it? With anybody almost?"

Ruth shrugged, then said:

"I'm in a couple. So if I want to do it, I just do it with Tommy."

"I suppose so. Maybe it's just me anyway. There might be something not quite right with me, down there. Because sometimes I just really, really need to do it."

"That's strange, Kathy."

She fixed me with a concerned look, which made me feel all the more worried.

"So you don't ever get like that."

She shrugged again.

"Not so as I'd do it with just anybody. What you're saying does sound a bit weird, Kathy. But maybe it'll calm down after a while."

ма. Таким, повторяю, был мой план, но когда оказалось, что сближения на одну ночь продолжают происходить, это немножко выбило меня из колеи. Вот почему однажды вечером, когда Рут была у меня, я решила с ней поделиться.

Во многом это был типичный наш вечерний разговор. Мы сидели рядышком на моем матрасе с кружками чая, слегка пригнув головы, чтобы не задеть стропила. Беседовали о разных парнях в Коттеджах и о том, подойдет ли кто-нибудь из них мне. Рут была на высоте: говорила массу всего ободряющего, смешного, тактичного, умного. Потому-то я и решила сказать ей о своих мимолетных близостях. Объяснила, что вначале шла на них без настоящего, сильного желания и что, хотя детей у нас от этого быть не может, секс, как и предупреждала мисс Эмили, странно подействовал на мои чувства. Потом я сказала:

— Рут, я вот о чем хочу спросить. Бывает у тебя, что тебе просто позарез это нужно? Что ты готова чуть не с кем угодно?

Рут пожала плечами.

— У меня есть Томми. Если мне надо, я с ним этим занимаюсь.

— Да, конечно. Похоже, это я одна такая. Что-то у меня, наверное, там не в порядке. Потому что иногда мне это ну вот так необходимо.

— Надо же, Кэти, как странно.

Она озабоченно на меня посмотрела, из-за чего я встревожилась еще больше.

— Значит, у тебя никогда такого не было.

Она опять пожала плечами.

— Чтобы все равно с кем — нет. Чудно звучит то, что ты говоришь. Но, может быть, со временем это у тебя пройдет.

"Sometimes it won't be there for ages. Then it suddenly comes on. It was like that, the first time it happened. He started snogging me and I just wanted him to get off. Then suddenly it just came on, out of nowhere. I just really had to do it."

Ruth shook her head.

"It does sound a bit weird. But it'll probably go away. It's probably just to do with the different food we're eating here."

She hadn't been a huge help, but she'd been sympathetic and I'd felt a little better about it all afterwards. That's why it was such a jolt to have Ruth suddenly bring it up the way she did in the middle of the argument we were having that afternoon in the field. Okay, there was probably no one to overhear us, but even so, there was something not at all right about what she'd done. In those first months at the Cottages, our friendship had stayed intact because, on my side at least, I'd had this notion there were two quite separate Ruths. There was one Ruth who was always trying to impress the veterans, who wouldn't hesitate to ignore me, Tommy, any of the others, if she thought we'd cramp her style. This was the Ruth I wasn't pleased with, the one I could see every day putting on airs and pretending — the Ruth who did the slap-on-the-elbow gesture. But the Ruth who sat beside me in my little attic room at the day's close, legs outstretched over the edge of my mattress, her steaming mug held in both her hands, that was the Ruth from Hailsham, and whatever had been happening during the day, I could just pick up with her where we'd left off the last time we'd sat together like that. And until that afternoon in the field, there'd been a definite understanding these two Ruths wouldn't merge; that the one I confided in before bed was one I could absolutely trust. That's why when she said that,

— Бывает, долго-долго совсем ничего такого не чувствую. И вдруг пожалуйста. Первый раз вот как было: он начал меня тискать, и я просто хотела, чтобы он отстал. Потом ни с того ни с сего накатило — ничего не могла с собой поделать. Надо, и все тут.

Рут покачала головой.

— Да, странно, очень странно. Но я думаю, это временное. Может быть, все из-за того, что здесь другое питание.

Грандиозной помощи Рут мне не оказала, но сочувствие проявила, и после того вечера мне сделалось чуть полегче. Вот почему для меня таким ударом стал ее намек на это в конце нашего напряженного разговора на траве. Хотя из посторонних услышать ее замечание никто, конечно, не мог, в том, как она его сделала, было что-то очень неправильное. Дружба наша в те первые месяцы в Коттеджах сохранялась потому, что, для меня по крайней мере, существовали две разные Рут. Одна Рут все время стремилась произвести впечатление на старожилов и спокойно игнорировала меня, Томми и кого бы то ни было, кто, по ее мнению, мешал ей развернуться. Эту Рут, не доставлявшую мне никакой радости, напускавшую на себя важность, я видела каждый день со всем ее притворством, с пресловутым прощальным прикосновением к локтю. Но Рут, которая, вытянув ноги за край моего матраса, держа обеими руками дымящуюся кружку, сидела около меня по вечерам в моей чердачной каморке, — это была Рут из Хейлшема, и, что бы ни случилось за день, я могла просто-напросто начать с ней с того места, где мы кончили, когда сидели так в прошлый раз. И до того разговора на траве было четкое соглашение, что эти две Рут существуют отдельно, что той из них, кому я перед сном делала признания, я могу вполне доверять. Вот почему ее слова о моей дружбе

about my "not being slow making friends with at least some of the veterans," I got so upset. That's why I just picked up my book and walked off.

But when I think about it now, I can see things more from Ruth's viewpoint. I can see, for instance, how she might have felt I had been the one to first violate an understanding, and that her little dig had just been a retaliation. This never occurred to me at the time, but I see now it's a possibility, and an explanation for what happened. After all, immediately before she made that remark, I'd been talking about the arm-slapping business. Now it's a bit hard to explain this, but some sort of understanding had definitely developed between the two of us about the way Ruth behaved in front of the veterans. Okay, she often bluffed and implied all sorts of things I knew weren't true. Sometimes, as I said, she did things to impress the veterans at our expense. But it seems to me Ruth believed, at some level, she was doing all this on behalf of us all. And my role, as her closest friend, was to give her silent support, as if I was in the front row of the audience when she was performing on stage. She was struggling to become someone else, and maybe felt the pressure more than the rest of us because, as I say, she'd somehow taken on the responsibility for all of us. In that case, then, the way I'd talked about her slap on the elbow thing could be seen as a betrayal, and she might well then have felt justified retaliating as she had. As I say, this explanation only occurred to me recently. At the time I didn't look at the larger picture or at my own part in it. I suppose, in general, I never appreciated in those days the sheer effort Ruth was making to move on, to grow up and leave Hailsham behind. Thinking about this now, I'm reminded of something she told me once, when I was caring for her in the recovery centre at Dover. We'd been sitting in her room, watch-

«с некоторыми старожилами» так меня расстроили. Вот почему я взяла книгу и молча ушла.

Но когда я сейчас об этом думаю, я в какой-то мере способна встать на точку зрения Рут. Я вижу, например, что она меня могла считать стороной, которая первой нарушила соглашение, и что свой маленький укол она, может быть, рассматривала как законный ответ. В то время это ни разу мне не приходило в голову, но теперь я допускаю такую возможность и такое объяснение случившегося. Ведь перед тем, как она это сказала, я с неудовольствием говорила ей о модном способе прощаться, который она взяла на вооружение. Мне трудновато сейчас это объяснить, но некое соглашение о том, как она может вести себя со старожилами, между нами определенно было. Да, она часто блефовала и намекала на всякое-разное, чего, я знала, в действительности не было. Иногда, повторяю, она пыталась произвести впечатление на старожилов за наш счет. Но мне кажется, на каком-то уровне сознания Рут полагала, что делает это от имени всех нас. И моя задача как ближайшей подруги состояла в том, чтобы оказывать ей молчаливую поддержку, словно она выступает на сцене, а я сижу в первом ряду. Она стремилась стать кем-то еще и, вероятно, пребывала в большем напряжении, чем кто-либо из нас: она, повторяю, в каком-то смысле взяла на себя ответственность за нас всех. Если это так, то мои слова о прикосновении к локтю она могла воспринять как измену, и ответный выпад мог показаться ей вполне оправданным. Как я уже сказала, это объяснение пришло мне в голову только недавно, а тогда я и не пыталась увидеть более общую картину и свое место в ней. Я вообще, по-моему, недооценивала в то время усилие Рут как таковое — усилие, которое она прилагала к тому,

ing the sunset, as we so often did, enjoying the mineral water and biscuits I'd brought, and I'd been telling her how I still had most of my old Hailsham collection box safely stowed inside my pine chest in my bedsit. Then — I wasn't trying to lead onto anything, or make any kind of point — I just happened to say to her:

"You never had a collection after Hailsham, did you?"

Ruth, who was sitting up in bed, was quiet for a long time, the sunset falling over the tiled wall behind her. Then she said:

"Remember the guardians, before we left, how they kept reminding us we could take our collections with us. So I'd taken everything out of my box and put it into this holdall bag. My plan was I'd find a really good wooden box for it all once I got to the Cottages. But when we got there, I could see none of the veterans had collections. It was only us, it wasn't normal. We must all have realised it, I wasn't the only one, but we didn't really talk about it, did we? So I didn't go looking for a new box. My things all stayed in the holdall bag for months, then in the end I threw them away."

I stared at her.

"You put your collection out with the rubbish?"

Ruth shook her head, and for the next few moments seemed to be going through in her mind all the different items in her collection. Finally she said:

"I put them all in a bin bag, but I couldn't stand the idea of putting them out with the rubbish. So I asked old Keffers, once when he was about to drive off, if he'd

чтобы продвинуться, повзрослеть, оставить Хейлшем позади. Думаю об этом сейчас и вспоминаю то, что она мне однажды сказала, когда я помогала ей в центре реабилитации в Дувре. Мы сидели в ее палате, смотрели, по нашему обыкновению, на закат, пили минеральную воду, ели печенье, и я говорила ей, что у меня в однокомнатной квартире есть сосновый ящик, где я до сих пор храню большую часть вещей из моего старого хейлшемского коллекционного сундучка. А потом я так просто, не пытаясь ее ни к чему подвести, ничего особенного не имея в виду, заметила:

— А у тебя ведь, кажется, после Хейлшема коллекции не было.

Рут, сидевшая в кровати, долго молчала, и кафельную стену позади нее освещал закат. Потом она сказала:

— Помнишь, опекуны перед нашим отъездом несколько раз говорили, что мы можем взять коллекции с собой. Ну, я и вынула все из сундучка и положила в дорожную сумку. Думала найти потом в Коттеджах хороший деревянный ящик. Но приехали, и я увидела, что ни у кого из старожилов коллекции нет. Значит, это только наше, значит, ненормально. Мы все, наверное, это отметили, не я одна, но обсуждать толком не стали, правда? В общем, я решила, что никакого ящика мне не нужно. Так все и лежало в сумке месяц за месяцем, а потом я это выбросила.

Я уставилась на нее.

— Ты выкинула коллекцию в помойку?

Рут покачала головой и некоторое время, казалось, перебирала мысленно предметы из той коллекции. Наконец сказала:

— Я вывалила все в мешок для мусора, но отправить этот мешок в помойку рука не поднималась. Так что я попросила однажды Кефферса, когда он собирал-

take the bin bag to a shop. I knew about charity shops, I'd found it all out. Keffers rummaged in the bag a bit, he didn't know what any of it was — why should he?— and he did this laugh and said no shop he knew would want stuff like that. And I said, but it's good stuff, really good stuff. And he could see I was getting a bit emotional, and he changed his tune then. He said something like: "All right, missy, I'll take it along to the Oxfam people." Then he made a real effort and said: "Now I've had a closer look, you're right, it is pretty good stuff!" He wasn't very convincing though. I suppose he just took it away and put it in some bin somewhere. But at least I didn't have to know that."

Then she smiled and said:

"You were different. I remember. You were never embarrassed about your collection and you kept it. I wish now I'd done that too."

What I'm saying is that we were all of us struggling to adjust to our new life, and I suppose we all did things back then we later regretted. I was really upset by Ruth's remark at the time, but it's pointless now trying to judge her or anyone else for the way they behaved during those early days at the Cottages.

As the autumn came on, and I got more familiar with our surroundings, I began noticing things I'd missed earlier. There was, for instance, the odd attitude to students who'd recently left. The veterans were never slow coming out with funny anecdotes about characters they'd met on trips to the White Mansion or to Poplar Farm; but they hardly ever mentioned students who, right up until just before we'd arrived, must have been their intimate friends.

Another thing I noticed — and I could see it tied in — was the big hush that would descend around cer-

ся уезжать, взять мешок и отвезти в магазин. Я знала, что есть благотворительные магазины, я выяснила заранее. Кефферс покопался немного в мешке, он не понимал, что это все такое и зачем, да и как ему было понять, потом усмехнулся и сказал, что никакой магазин этого не возьмет. Но я говорю — здесь неплохие вещи, очень даже неплохие. Тут он увидел, что я переживаю, и изменил тон. Сказал: «Ладно, так и быть, отвезу в Оксфам». Потом сделал над собой уж совсем большое усилие и говорит: «А вообще-то, теперь я рассмотрел, тут и правда есть вещи ничего». Хотя прозвучало не очень убедительно. Я думаю, он выкинул мешок по дороге. Но, по крайней мере, я этого не видела.

Потом она улыбнулась:

— Ты-то другая была. Я помню. Ты из-за своей коллекции не переживала и сохранила ее. Я жалею теперь, что не поступила так же.

Мы все, я хочу сказать, старались приспособиться к новой жизни, и все, по-моему, совершали поступки, о которых потом жалели. То высказывание Рут меня действительно всерьез огорчило, но бессмысленно сейчас судить ее и кого бы то ни было за поведение в первые месяцы жизни в Коттеджах.

С приходом осени я почувствовала, что потихоньку осваиваюсь, и начала обращать внимание на то, на что раньше не обращала. Я отметила, например, странное отношение к тем, кто недавно уехал. Старожилы то и дело рассказывали всякие забавные вещи про обитателей Белого особняка и Тополиной фермы, которых они встречали во время поездок туда, но почти никогда не упоминали о своих бывших однокашниках и близких друзьях, покинувших Коттеджи незадолго до нашего приезда.

И еще я заметила — мне понятно было, что одно с другим связано, — каким молчанием старожилы

tain veterans when they went off on "courses"—which even we knew had to do with becoming carers. They could be gone for four or five days, but were hardly mentioned in that time; and when they came back, no one really asked them anything. I suppose they might have talked to their closest friends in private. But there was definitely an understanding that you didn't mention these trips out in the open. I can remember one morning watching, through the misted-up windows of our kitchen, two veterans leaving for a course, and wondering if by the next spring or summer, they'd have gone altogether, and we'd be taking care not to mention them.

But it's perhaps stretching it to claim students who'd left were an actual taboo. If they had to be mentioned, they got mentioned. Most commonly, you'd hear them referred to indirectly, in connection with an object or a chore. For example, if repairs were needed to a downpipe, there'd be a lot of discussion about "the way Mike used to do it." And there was a tree stump outside the Black Barn everyone called "Dave's stump" because for over three years, until a few weeks before our arrival, he'd sat on it to read and write, sometimes even when it was raining or cold. Then, maybe most memorably, there was Steve. None of us ever discovered anything much about the sort of person Steve had been — except that he'd liked porn magazines.

Every now and again, you'd come across a porn mag at the Cottages, thrown behind a sofa or amidst a pile of old newspapers. They were what you'd call "soft" porn, though we didn't know about such distinctions then. We'd never come across anything like that before and didn't know what to think. The veterans usually laughed when one showed up and flicked through it quickly in a blase way before throwing it aside, so we did the same. When Ruth and I were remembering all this a few years

окружали отправлявшихся на «курсы», о которых даже мы, новенькие, знали, что там учат помогать донорам. За те четыре-пять дней, что люди отсутствовали, о них практически не говорили, а после возвращения их никто ни о чем по-настоящему не спрашивал. Допускаю, что они могли о чем-то рассказывать наедине близким друзьям, но заводить разговор об этих поездках в компании было точно не принято. Помню, однажды утром сквозь запотевшие окна кухни я увидела двоих старожилов, отправлявшихся на курсы, и подумала, что, может быть, весной или летом они уедут насовсем и мы будем избегать упоминания о них.

Но я не хочу сказать, что об уехавших совсем ничего нельзя было говорить. Если надо было, о них упоминали — большей частью, правда, косвенно, в связи с каким-нибудь предметом или занятием. Например, при починке водосточной трубы могла быть масса разговоров о том, «как это делал Майк». Около Черного амбара был пень, который все называли «пнем Дейва», потому что три года с лишним, вплоть до своего отъезда за несколько недель до нашего появления, он подолгу на нем сидел — читал, писал, бывало, даже в дождь и холод. Но самой, наверное, памятной личностью был Стив. Толком никто из нашей компании ничего об этом Стиве не узнал, за исключением того факта, что он любил порножурналы.

Иной раз в Коттеджах можно было наткнуться на какой-нибудь порножурнал, который находили за диваном или в кипе старых газет. Это было так называемое «мягкое» порно, хотя тогда мы в этих различиях не разбирались. Раньше мы никогда такого не видели и теперь не знали, как к этому относиться. Старожилы, если им попадался такой журнал, смеясь, небрежно пролистывали его и со скучающим видом отбрасывали, и мы, глядя на них, стали поступать так

ago, she claimed there were dozens of these magazines circulating around the Cottages. "No one admitted to liking them," she said. "But you remember how it was. If one turned up in a room, everyone pretended to find it dead boring. Then you came back half an hour later and it would always be gone."

Anyway, my point is that whenever one of these magazines turned up, people would claim it was a left over from "Steve's collection." Steve, in other words, was responsible for every porn mag that ever showed up. As I say, we never found out much else about Steve. We did, though, see the funny side of it even then, so that when someone pointed and said: "Oh look, one of Steve's magazines," they did it with a bit of irony.

These magazines, incidentally, used to drive old Keffers mad. There was a rumour that he was religious and dead against not just porn, but sex in general. Sometimes he'd work himself into a complete state — you could see his face under his grey whiskers blotchy with fury — and he'd go thudding around the place, barging into people's rooms without knocking, determined to round up every one of "Steve's magazines." We did our best to find him amusing on these occasions, but there was something truly scary about him in these moods. For one thing, the grumbling he usually kept up suddenly stopped and this silence alone gave him an alarming aura.

I remember one particular time when Keffers had collected up six or seven of "Steve's mags" and stormed out with them to his van. Laura and I were watching him from up in my room, and I'd been laughing at something Laura had just said. Then I saw Keffers opening his van door, and maybe because he needed both hands to move some stuff about, he put the mags down on top of some bricks stacked outside the boiler hut — some veterans

же. Когда я и Рут несколько лет назад про это вспоминали, она сказала, что в Коттеджах циркулировали десятки порножурналов. «Никто не признавался, что ему нравится, — заметила она. — Но ты же помнишь, как это было. Если в комнате оказывался журнал, все делали вид, что это скука смертная. Потом выйдешь, через полчаса вернешься — журнала нет».

Я, собственно, потому об этом начала, что про всякий такой журнал в Коттеджах говорили, что это из «коллекции Стива», другого источника, по общему мнению, быть не могло. Больше, повторяю, о Стиве нам почти ничего не было известно. Уже в то время мы, однако, видели здесь и смешную сторону, так что когда кто-то показывал пальцем и говорил: «Гляньте-ка, журнальчик Стива», в голосе слышалась ирония.

Старого Кефферса эти журналы приводили в бешенство. Поговаривали, что он верующий и категорически против не только порнографии, но и секса вообще. Иногда он выходил из себя совершенно: щеки под седыми бакенбардами краснели от гнева, он громко топал по всем помещениям, врывался в комнаты без стука, решительно настроенный выловить все «журнальчики Стива» до единого. Мы потешались над ним изо всех сил, но что-то в нем в таком настроении было действительно пугающее. Его обычное ворчание вдруг прекращалось, и сама эта тишина вокруг него как-то тревожила.

Помню один случай, когда Кефферс собрал по комнатам шесть-семь «журнальчиков» и устремился с ними к своей машине. Мы с Лорой смотрели на него сверху, из окна моей спальни, и от какой-то Лориной шутки я засмеялась. Потом я увидела, как он открывает дверцу фургончика, и, видимо, потому, что ему нужно было что-то внутри передвинуть и понадобились обе руки, он положил журналы на кирпичи

had tried to build a barbecue there a few months earlier. Keffers's figure, bent forwards, his head and shoulders hidden in the van, went on rummaging about for ages, and something told me that, for all his fury of a moment ago, he'd now forgotten about the magazines. Sure enough, a few minutes later, I saw him straighten, climb in behind the wheel, slam the door and drive off.

When I pointed out to Laura that Keffers had left the magazines behind, she said:

"Well, they won't stay put for long. He'll just have to collect them all up again, next time he decides on a purge."

But when I found myself strolling past the boiler hut about half an hour later, I saw the magazines hadn't been touched. I thought for a moment about taking them up to my room, but then I could see if they were ever found there, I'd get no end of teasing; and how there was no way people would understand my reasons for doing such a thing. That was why I picked up the magazines and went inside the boiler hut with them.

The boiler hut was really just another barn, built onto the end of the farmhouse, filled with old mowers and pitchforks — stuff Keffers reckoned wouldn't catch alight too easily if one day the boiler decided to blow up. Keffers also kept a workbench in there, and so I put the magazines down on it, pushed aside some old rags and heaved myself up to sit on the tabletop. The light wasn't too good, but there was a grimy window somewhere behind me, and when I opened the first magazine I found I could see well enough.

There were lots of pictures of girls holding their legs open or sticking their bottoms out. I'll admit, there have been times when I've looked at pictures like that and felt excited, though I've never fancied doing it with a girl.

около котельной (кое-кто из старожилов несколькими месяцами раньше хотел соорудить там барбекю). Пригнувшись и засунув в машину голову и плечи, Кефферс копался там и копался, и что-то мне подсказало, что, несмотря на всю ярость, которой он пылал минуту назад, про журналы он теперь забыл. Я не ошиблась: чуть погодя он выпрямился, сел за руль, захлопнул дверцу и поехал.

Когда я показала Лоре на забытые им журналы, она сказала:

— Долго они там не пролежат. Придется ему опять их собирать, когда решит устроить новую чистку.

Но проходя мимо котельной примерно через полчаса, я увидела, что журналы лежат нетронутые. Я подумала было, не унести ли их к себе в комнату, но потом сообразила, что, если их там обнаружат, насмешкам не будет конца; объяснить людям, зачем они мне понадобились, не было никакой возможности. Поэтому я взяла журналы и пошла с ними в котельную.

Котельная представляла собой сарай, пристроенный к фермерскому дому и забитый старыми косилками, вилами и другим барахлом, которое, по мнению Кефферса, не должно было так легко загореться, если котел вдруг надумает взорваться. Еще у Кефферса был там верстак, и я положила на него журналы и взгромоздилась сама, отодвинув какие-то тряпки. Света было маловато, но как раз позади меня находилось грязное окно, и открыв первый журнал, я поняла, что фотографии разглядеть можно.

Там было множество снимков девушек, раздвинувших ноги или выставивших зад. Раньше, должна признать, я, глядя на такие картинки, иной раз испытывала возбуждение, хотя заняться этим с девушкой

But that's not what I was after that afternoon. I moved through the pages quickly, not wanting to be distracted by any buzz of sex coming off those pages. In fact, I hardly saw the contorted bodies, because I was focusing on the faces. Even in the little adverts for videos or whatever tucked away to the side, I checked each model's face before moving on.

It wasn't until I was nearing the end of the pile that I became certain there was somebody standing outside the barn, just beside the doorway. I'd left the door open because that's how it was normally, and because I wanted the light; and twice already I'd found myself glancing up, thinking I'd heard some small noise. But there'd been no one there, and I'd just gone on with what I was doing. Now I was certain, though, and lowering my magazine I made a heavy sighing sound that would be clearly audible.

I waited for giggling, or maybe for two or three students to come bursting into the barn, eager to make the best of having caught me with a pile of porn mags. But nothing happened. So I called out, in what I tried to make a weary tone:

"Delighted you could join me. Why be so shy?"

There was a little chuckle, then Tommy appeared at the threshold.

"Hi, Kath," he said sheepishly.

"Come on in, Tommy. Join in the fun."

He came towards me cautiously, then stopped a few steps away. Then he looked over to the boiler, and said:

"I didn't know you liked that sort of stuff."

"Girls are allowed too, aren't we?"

мне и в голову никогда не приходило. Но в тот день меня интересовало совсем другое. Я перелистывала страницы быстро, не желая отвлекаться ни на какие сексуальные впечатления. Честно говоря, я почти не замечала тел со всеми их позами, потому что была сосредоточена на лицах. Не пропускала даже маленьких боковых рекламок видеофильмов или чего-то там еще: прежде чем листать дальше, всматривалась в лицо каждой модели.

Я приближалась уже к концу стопки, когда мне стало ясно, что за дверью котельной кто-то стоит. Я оставила дверь открытой, во-первых, потому, что она всегда была открыта, во-вторых, для света; просматривая журналы, я два раза уже поднимала голову, потому что мне чудился какой-то шорох. Но в дверном проеме никого видно не было, и я продолжала листать. Теперь, однако, я не сомневалась и, опустив журнал, шумно вздохнула — так, чтобы наверняка услышали.

Я ожидала хихиканья или даже что в котельную ворвутся двое или трое и постараются обыграть мое положение по полной программе. Но ничего такого не случилось. Поэтому я подала голос, стараясь сделать тон скучающим:

— Вот и компания мне нашлась. Кто это там такой застенчивый?

Раздался сдавленный смешок, и на пороге возник Томми.

— Привет, Кэт, — сказал он сконфуженно.

— Ну заходи же, заходи. Присоединяйся.

Он неуверенно двинулся ко мне и за несколько шагов остановился. Перевел взгляд на котел, потом сказал:

— Не знал, что тебе такое нравится.

— Что, девушкам нельзя разве?

I kept going through the pages, and for the next few seconds he stayed silent. Then I heard him say:

"I wasn't trying to spy on you. But I saw you from my room. I saw you come out here and pick up that pile Keffers left."

"You're very welcome to them when I've finished."

He laughed awkwardly.

"It's just sex stuff. I expect I've seen them all already."

He did another laugh, but then when I glanced up, I saw he was watching me with a serious expression. Then he asked:

"Are you looking for something, Kath?"

"What do you mean? I'm just looking at dirty pictures."

"Just for kicks?"

"I suppose you could say that."

I put down one mag and started on the next one. Then I heard Tommy's steps coming nearer until he was right up to me. When I looked up again, his hands were hovering fretfully in the air, like I was doing a complicated manual task and he was itching to help.

"Kath, you don't... Well, if it's for kicks, you don't do it like that. You've got to look at the pictures much more carefully. It doesn't really work if you go that fast."

"How do you know what works for girls? Or maybe you've looked these over with Ruth. Sorry, not thinking."

"Kath, what are you looking for?"

I ignored him. I was nearly at the end of the pile and I was now keen to finish. Then he said:

"I saw you doing this once before."

This time I did stop and look at him.

Я по-прежнему переворачивала страницы, и несколько секунд он молчал. Потом я услышала:

— Я не шпионил за тобой. Просто увидел из своей комнаты, как ты подошла и взяла эти журналы, которые забыл Кефферс.

— Можешь и ты взглянуть после меня.

Он неловко усмехнулся.

— Да нет, ведь тут обычная эротика. Наверное, я все это уже видел.

Он еще раз усмехнулся, но когда я подняла глаза, оказалось, что он смотрит на меня серьезным взглядом. Потом он спросил:

— Ты ищешь тут что-нибудь?

— Не поняла. Я просто рассматриваю неприличные картинки.

— Просто чтобы возбудиться?

— Можно и так сказать.

Я положила журнал и начала следующий. Потом услышала его приближающиеся шаги и взглянула на него, когда он был уже совсем рядом. Его руки беспокойно шевелились в воздухе, как будто я выполняла сложную ручную операцию и ему хотелось мне помочь.

— Кэт, не так, не так... Чтобы возбудиться, по-другому смотрят — подробно, не спеша. Так быстро ничего не получится.

— Откуда ты знаешь, как это у девушек? А, понимаю, ты, наверное, разглядывал эти картинки в обществе Рут. Прости, не сообразила.

— Кэт, что ты тут ищешь?

Я обошла вопрос молчанием. Я почти уже все пролистала и хотела поскорее дойти до конца. Потом он сказал:

— Я второй раз уже вижу, как ты это делаешь.

Теперь я все-таки отвлеклась от журнала и вскинула на него глаза.

"What's going on here, Tommy? Has Keffers recruited you for his porn patrol?"

"I wasn't trying to spy on you. But I did see you, that time last week, after we'd all been up in Charley's room. There was one of these mags there, and you thought we'd all left and gone. But I came back to get my jumper, and Claire's doors were open so I could see straight through to Charley's room. That's how I saw you in there, going through the magazine."

"Well, so what? We all have to get our kicks some way."

"You weren't doing it for kicks. I could tell, just like I can now. It's your face, Kath. That time in Charley's room, you had a strange face. Like you were sad, maybe. And a bit scared."

I jumped off the workbench, gathered up the mags and dumped them in his arms.

"Here. Give these to Ruth. See if they do anything for her."

I walked past him and out of the barn. I knew he'd be disappointed I hadn't told him anything, but at that point I hadn't thought things through properly myself and wasn't ready to tell anyone. But I hadn't minded him coming into the boiler hut after me. I hadn't minded at all. I'd felt comforted, protected almost. I did tell him eventually, but that wasn't until a few months later, when we went on our Norfolk trip.

Chapter 12

I want to talk about the Norfolk trip, and all the things that happened that day, but I'll first have to go back a bit, to give you the background and explain why it was we went.

— Томми, что происходит? Кефферс подрядил тебя в полицию нравов?

— Я не шпионил за тобой, Кэт. Я случайно увидел на той неделе, после того как мы все сидели у Чарли. Там лежал один такой журнальчик, и ты решила, что все ушли уже, что ты одна. Но я вернулся за джемпером, у Клэр дверь была открыта, и насквозь было видно, что делается в комнате Чарли. Тут-то я и засек тебя с журналом.

— Ну и что? Всем хочется чего-то такого.

— Ты не для возбуждения смотрела. Мне и тогда это было ясно, и теперь тоже. Лицо не такое. В тот раз у тебя очень странное было лицо. Печальное какое-то — и немного испуганное.

Я спрыгнула с верстака, собрала журналы и кинула ему в руки.

— Вот, держи. Отдай Рут. Может, ей пригодится.

Я прошла мимо него к двери и наружу. Я знала, что разочаровала его своей скрытностью, но к тому моменту сама толком ничего еще не обдумала и не готова была ни с кем откровенничать. Но я не досадовала на то, что он вошел ко мне в котельную. Совсем не досадовала, наоборот — было ощущение спокойствия и чуть ли не защищенности. Потом я ему все объяснила, но гораздо позже, через несколько месяцев, когда мы были в Норфолке.

Глава 12

Я хочу рассказать о поездке в Норфолк и обо всем, что случилось в тот день, но начать надо будет с вещей чуть более ранних, чтобы вы увидели ситуацию и поняли, почему мы поехали.

Our first winter was just about over by then and we were all feeling much more settled. For all our little hiccups, Ruth and I had kept up our habit of rounding off the day in my room, talking over our hot drinks, and it was during one of those sessions, when we were larking around about something, that she suddenly said:

"I suppose you've heard what Chrissie and Rodney have been saying."

When I said I hadn't, she did a laugh and continued:

"They're probably just having me on. Their idea of a joke. Forget I mentioned it."

But I could see she wanted me to drag it out of her, so I kept pressing until in the end she said in a lowered voice:

"You remember last week, when Chrissie and Rodney were away? They'd been up to this town called Cromer, up on the north Norfolk coast."

"What were they doing there?"

"Oh, I think they've got a friend there, someone who used to live here. That's not the point. The point is, they claim they saw this... person. Working there in this open-plan office. And, well, you know. They reckon this person's a possible. For me."

Though most of us had first come across the idea of "possibles" back at Hailsham, we'd sensed we weren't supposed to discuss it, and so we hadn't — though for sure, it had both intrigued and disturbed us. And even at the Cottages, it wasn't a topic you could bring up casually. There was definitely more awkwardness around any talk of possibles than there was around, say, sex. At the same time, you could tell people were fascinated — obsessed, in some cases — and so it kept coming up, usually in solemn arguments, a world away from our ones about, say, James Joyce.

Наша первая зима в Коттеджах подходила к концу, и мы все к тому времени почувствовали, что более или менее обжились. Я и Рут, несмотря на кое-какие шероховатости, не оставили привычку заканчивать день разговорами за горячим чаем в моей комнате, и в один из вечеров, когда мы болтали о том о сем, Рут вдруг сказала:

— Ты слышала, наверное, что говорят Крисси и Родни.

Когда я ответила отрицательно, она усмехнулась.

— Скорее всего, они меня разыгрывают. Юмор у них такой. Ладно, не слышала — ну и бог с ним.

Но я стала допытываться, потому что видела: она хочет, чтобы я из нее это вытянула. В конце концов Рут, понизив голос, сказала:

— Помнишь, на той неделе Крисси и Родни уезжали? Они были в городе Кромере на северном побережье Норфолка.

— Что они там делали?

— По-моему, навещали кого-то из знакомых, кто раньше здесь жил. Но не в этом дело. Дело в том, что они будто бы увидели там одну... особу. Которая работает в стильном офисе с открытой планировкой. Ну и... в общем, они считают, что она — «возможное я». Для меня.

Хотя большинству из нас мысль о «возможных я» приходила в голову еще в Хейлшеме, мы тогда чувствовали, что говорить на эту тему не следует, вот мы и не говорили — хотя, несомненно, она и интриговала нас, и тревожила. Даже в Коттеджах этот вопрос походя не затрагивали. Любой разговор о «возможных я» был уж точно более щекотливым, чем разговор, например, о сексе. В то же время чувствовалось, что людей эта тема волнует, иных до одержимости, и всплывала она нередко — но, как правило, в очень серьезных беседах и спорах, совершенно непохожих на наш треп, скажем, о Джеймсе Джойсе.

The basic idea behind the possibles theory was simple, and didn't provoke much dispute. It went something like this. Since each of us was copied at some point from a normal person, there must be, for each of us, somewhere out there, a model getting on with his or her life. This meant, at least in theory, you'd be able to find the person you were modelled from. That's why, when you were out there yourself — in the towns, shopping centres, transport cafes — you kept an eye out for "possibles"—the people who might have been the models for you and your friends.

Beyond these basics, though, there wasn't much consensus. For a start, no one could agree what we were looking for when we looked for possibles. Some students thought you should be looking for a person twenty to thirty years older than yourself — the sort of age a normal parent would be. But others claimed this was sentimental. Why would there be a "natural" generation between us and our models? They could have used babies, old people, what difference would it have made? Others argued back that they'd use for models people at the peak of their health, and that's why they were likely to be "normal parent" age. But around here, we'd all sense we were near territory we didn't want to enter, and the arguments would fizzle out.

Then there were those questions about why we wanted to track down our models at all. One big idea behind finding your model was that when you did, you'd glimpse your future. Now I don't mean anyone really thought that if your model turned out to be, say, a guy working at a railway station, that's what you'd end up doing too. We all realised it wasn't that simple. Nevertheless, we

Главное соображение, на котором основывалась теория «возможных я», было очень простым и особых разногласий не вызывало. Речь шла примерно вот о чем. Поскольку каждый из нас — копия, снятая в тот или иной момент с нормального человека, где-то в большом мире наверняка существуют и живут своей жизнью оригиналы. Значит, есть возможность, по крайней мере теоретическая, свой оригинал разыскать. Поэтому если кто-нибудь из нас выбирался наружу, то на улицах, в торговых центрах, в придорожных кафе он приглядывался к людям в поисках сходства — в поисках «возможных я» для себя и своих друзей.

Дальше, однако, мнения расходились. Спорили, для начала, о том, на кого обращать внимание во время этих поисков. Некоторые утверждали, что «возможным я» может быть человек лет на двадцать — тридцать старше тебя — то есть нормального родительского возраста. Но другие видели здесь чистой воды сентиментальщину. С какой стати между нами и оригиналами должен быть «естественный» разрыв в одно поколение? Что запрещает брать для копирования детей, стариков? Какая разница? Им возражали, однако, что прямой смысл использовать людей на пике здоровья, то есть как раз «нормального родительского» возраста. Но здесь, чувствовали мы все, начиналась территория, куда ступать не хотелось, и спор выдыхался.

Был еще вопрос — зачем нам это вообще. По крайней мере одна крупная мысль за поисками оригинала стояла, и заключалась она в том, что, найдя его, ты сможешь заглянуть в свое будущее. Нет, никто всерьез не думал, что если ты скопирован, скажем, с железнодорожника, то в конце концов тоже пойдешь работать на железную дорогу. Не так примитивно. Но

all of us, to varying degrees, believed that when you saw the person you were copied from, you'd get some insight into who you were deep down, and maybe too, you'd see something of what your life held in store.

There were some who thought it stupid to be concerned about possibles at all. Our models were an irrelevance, a technical necessity for bringing us into the world, nothing more than that. It was up to each of us to make of our lives what we could. This was the camp Ruth always claimed to side with, and I probably did too. All the same, whenever we heard reports of a possible — whoever it was for — we couldn't help getting curious.

The way I remember it, sightings of possibles tended to come in batches. Weeks could go by with no one mentioning the subject, then one reported sighting would trigger off a whole spate of others. Most of them were obviously not worth pursuing: someone seen in a car going by, stuff like that. But every now and then, a sighting seemed to have substance to it — like the one Ruth told me about that night.

According to Ruth, Chrissie and Rodney had been busy exploring this seaside town they'd gone to and had split up for a while. When they'd met up again, Rodney was all excited and had told Chrissie how he'd been wandering the side-streets off the High Street, and had gone past an office with a large glass front. Inside had been a lot of people, some of them at their desks, some walking about and chatting. And that's where he'd spotted Ruth's possible.

"Chrissie came and told me as soon as they got back. She made Rodney describe everything, and he did his best, but it was impossible to tell anything. Now they

мы все, одни больше, другие меньше, верили, что, посмотрев на того, чьей копией ты являешься, ты сможешь получить какое-то понятие о своей глубинной сущности и, не исключено даже, о том, что тебя ждет впереди.

Иные, впрочем, всю эту озабоченность «возможными я» объявляли глупостью. Оригинал, говорили они, не имеет значения, это техническое средство, чтобы произвести нас на свет, не более того. Какой будет жизнь каждого из нас, зависит только от него самого. К этому лагерю всегда относила себя Рут, и я, пожалуй, тоже к нему тяготела. Тем не менее стоило нам услышать о «возможном я» — не важно, для кого, — и мы невольно испытывали любопытство.

Насколько я помню, «возможные я» обнаруживались как-то кучно. То неделю за неделей ни единого слова о них, то вдруг кто-нибудь кого-нибудь увидит — и сразу же еще, еще, еще. Как правило, на большее, чем мимолетный взгляд, нечего было и рассчитывать: лицо в проезжающей машине, такого рода впечатления. Но иной раз похоже было на что-то более серьезное — как в том случае, о котором рассказала Рут у меня в спальне.

По ее словам, Крисси и Родни стали осматривать приморский город, в который приехали, и на время разделились. Когда они опять встретились, Родни был взбудоражен и сказал Крисси, что гулял по боковым улочкам, ответвлявшимся от Главной, и на одной обратил внимание на офис с окном во всю стену. Внутри была масса сотрудников — одни работали за столами, другие ходили, беседовали. Там-то он и увидел «возможное я» для Рут.

— Как только они вернулись, Крисси явилась ко мне с этой новостью. Она заставила Родни все описать от и до, он очень старался, но наверняка тут ничего

keep talking about driving me up there, but I don't know. I don't know if I ought to do anything about it."

I can't remember exactly what I said to her that night, but I was at that point pretty sceptical. In fact, to be honest, my guess was that Chrissie and Rodney had made the whole thing up. I don't really want to suggest Chrissie and Rodney were bad people — that would be unfair. In many ways, I actually liked them. But the fact was, the way they regarded us newcomers, and Ruth in particular, was far from straightforward.

Chrissie was a tall girl who was quite beautiful when she stood up to her full height, but she didn't seem to realise this and spent her time crouching to be the same as the rest of us. That's why she often looked more like the Wicked Witch than a movie star — an impression reinforced by her irritating way of jabbing you with a finger the second before she said something to you. She always wore long skirts rather than jeans, and little glasses pressed too far into her face. She'd been one of the veterans who'd really welcomed us when we'd first arrived in the summer, and I'd at first been really taken by her and looked to her for guidance. But as the weeks had passed, I'd begun to have reservations. There was something odd about the way she was always mentioning the fact that we'd come from Hailsham, like that could explain almost anything to do with us. And she was always asking us questions about Hailsham — about little details, much like my donors do now — and although she tried to make out these were very casual, I could see there was a whole other dimension to her interest. Another thing that got to me was the way she always seemed to want to separate us: taking one of us aside when a few of us were doing something together, or else

не скажешь. Потом они несколько раз предлагали меня туда отвезти, но я не знаю. Не знаю, стоит ли что-нибудь предпринимать.

Как я в тот момент отреагировала, точно не помню, но в целом я тогда отнеслась к сообщению довольно скептически. Честно говоря, я склонялась к мысли, что Крисси и Родни просто-напросто все выдумали. Я не хочу сказать о Крисси и Родни ничего особенно плохого — это было бы несправедливо. Многое в них мне, в общем-то, нравилось. Но факт есть факт: их отношение к нам, новеньким, и особенно к Рут, было далеко не простым.

Крисси при своем высоком росте выглядела очень эффектно, когда стояла выпрямившись, но, кажется, не понимала этого и почти все время сутулилась, чтобы быть как все остальные. Часто поэтому она походила скорее на ведьму, чем на кинозвезду, тем более что у нее была неприятная привычка тыкать в человека пальцем перед тем, как что-нибудь ему сказать. Она никогда не носила джинсов, только длинные юбки, и на ней были маленькие очки, как-то слишком вдавленные в лицо. Она была из тех старожилов, что по-настоящему радушно встретили нас летом, когда мы приехали, и поначалу я была очень ею увлечена и старалась прислушиваться к ее советам. Но прошли недели, и я стала смотреть на нее более критически. Странноваты были ее постоянные упоминания о том, что мы из Хейлшема, словно этим можно было объяснить почти все, что мы говорим и делаем. И она то и дело нас что-то спрашивала о Хейлшеме — обо всяких мелочах, как сейчас меня спрашивают мои доноры, — и хотя она задавала эти вопросы как бы мимоходом, чувствовалось: ее интерес не случаен, что-то за ним кроется. И еще мне бросалось в глаза, что она часто пытается нас разделить: то отведет одного

inviting two of us to join in something while leaving another two stranded — that sort of thing.

You'd hardly ever see Chrissie without her boyfriend, Rodney. He went around with his hair tied back in a ponytail, like a rock musician from the seventies, and talked a lot about things like reincarnation. I actually got to quite like him, but he was pretty much under Chrissie's influence. In any discussion, you knew he'd back up Chrissie's angle, and if Chrissie ever said anything mildly amusing, he'd be chortling and shaking his head like he couldn't believe how funny it was.

Okay, I'm maybe being a bit hard on these two. When I was remembering them with Tommy not so long ago, he thought they were pretty decent people. But I'm telling you all this now to explain why I was so sceptical about their reported sighting of Ruth's possible. As I say, my first instinct was not to believe it, and to suppose Chrissie was up to something.

The other thing that made me doubtful about all this had to do with the actual description given by Chrissie and Rodney: their picture of a woman working in a nice glass-fronted office. To me, at the time, this seemed just too close a match to what we then knew to be Ruth's "dream future."

I suppose it was mainly us newcomers who talked about "dream futures' that winter, though a number of veterans did too. Some older ones — especially those who'd started their training — would sigh quietly and leave the room when this sort of talk began, but for a long time we didn't even notice this happening. I'm not sure what was going on in our heads during those discussions. We probably knew they couldn't be serious, but then again, I'm sure we didn't regard them as

в сторонку, когда несколько человек занимаются чем-то вместе, то пригласит двоих к чему-нибудь присоединиться, оставляя двоих других не у дел, — всякое такое.

Где Крисси — там всегда был и ее бойфренд Родни. Он собирал волосы в хвостик, как рок-музыкант семидесятых годов, и много рассуждал о таких вещах, как реинкарнация. Мне он, в общем, нравился, но слишком уж сильным было влияние на него Крисси. О чем бы ни возник спор, заранее ясно было, что он возьмет ее сторону, и стоило Крисси сказать что-нибудь хоть капельку забавное, он принимался фыркать и качать головой, как будто это невероятно смешно.

Пожалуй, получилось немножко несправедливо к этой паре. Сравнительно недавно мы с Томми их вспоминали, и он очень неплохо о них отозвался. Но я просто хотела объяснить, почему так скептически отнеслась к словам Рут о том, что они якобы видели ее «возможное я». Поначалу, повторяю, я не поверила и предположила, что Крисси что-то замышляет.

И еще одной причиной, чтобы во всем этом усомниться, была сама картина, которую нарисовали Крисси и Родни: женщина, работающая в симпатичном офисе за окном во всю стену. Мне в тот момент показалось, что очень уж это смахивает на «мечту о будущем», которая, как мы знали, была тогда у Рут.

Насколько помню, той зимой «мечты о будущем» обсуждали главным образом мы, новички, хотя кое-кто из старожилов тоже в этом участвовал. Те из них, что постарше, — особенно уже приступившие к подготовке, — иной раз, стоило начаться такому разговору, тихо вздыхали и выходили из комнаты, но мы этого поначалу даже и не замечали. Я не очень-то понимаю, что происходило у нас в головах, когда мы беседовали на эти темы. Скорее всего, мы знали,

fantasy either. Maybe once Hailsham was behind us, it was possible, just for that half year or so, before all the talk of becoming carers, before the driving lessons, all those other things, it was possible to forget for whole stretches of time who we really were; to forget what the guardians had told us; to forget Miss Lucy's outburst that rainy afternoon at the pavilion, as well as all those theories we'd developed amongst ourselves over the years. It couldn't last, of course, but like I say, just for those few months, we somehow managed to live in this cosy state of suspension in which we could ponder our lives without the usual boundaries. Looking back now, it feels like we spent ages in that steamed-up kitchen after breakfast, or huddled around half-dead fires in the small hours, lost in conversation about our plans for the future.

Mind you, none of us pushed it too far. I don't remember anyone saying they were going to be a movie star or anything like that. The talk was more likely to be about becoming a postman or working on a farm. Quite a few students wanted to be drivers of one sort or other, and often, when the conversation went this way, some veterans would begin comparing particular scenic routes they'd travelled, favourite roadside cafes, difficult roundabouts, that sort of thing. Today, of course, I'd be able to talk the lot of them under the table on those topics. Back then, though, I used to just listen, not saying a thing, drinking in their talk. Sometimes, if it was late, I'd close my eyes and nestle against the arm of a sofa — or of a boy, if it was during one of those brief phases I was officially "with" someone — and drift

что всерьез о таком говорить невозможно, но чистым фантазированием это для нас, я уверена, все-таки не было. Мне кажется, это давало нам возможность, когда Хейлшем остался позади, хотя бы какие-нибудь полгода, до всех разговоров о работе помощниками доноров, до уроков вождения, до всего остального, время от времени забывать, кто мы в действительности такие, забывать, что нам говорили опекуны, забывать услышанное от мисс Люси в тот дождливый день и все теории, которые мы выработали между собой за годы. Долго, конечно, так продолжаться не могло, но, повторяю, на эти несколько месяцев мы каким-то образом смогли устроить себе уютную отсрочку, во время которой наша жизнь иной раз представлялась нам лишенной обычных ограничений. Когда я вспоминаю теперь, мне кажется, что мы множество часов провели, сидя после завтрака в наполненной паром кухне или теснясь далеко за полночь у полупогасшего камина, поглощенные обсуждением планов на будущее.

Никто из нас, однако, не брал слишком высоко. Не помню, чтобы кто-нибудь заявил о своем желании стать кинозвездой или чем-то подобным. Типичным был разговор о должности почтальона или о работе на ферме. Довольно многие хотели быть водителями тех или иных машин, и часто, когда об этом заходила речь, старожилы начинали сравнивать разные живописные маршруты, по которым они проезжали, излюбленные придорожные кафе, трудные развязки и тому подобное. Сейчас, конечно, я в таком разговоре многим из них сто очков вперед могла бы дать. Но тогда я только жадно слушала и голоса не подавала. Иной раз, когда время было позднее, я закрывала глаза, прислонялась к валику дивана — или к плечу молодого человека, если вечер приходился на один из коротких периодов,

in and out of sleep, letting images of the roads move through my head.

Anyway, to get back to my point, when this sort of talk was going on, it was often Ruth who took it further than anybody — especially when there were veterans around. She'd been talking about offices right from the start of the winter, but when it really took on life, when it became her "dream future," was after that morning she and I walked into the village.

It was during a bitterly cold spell, and our boxy gas heaters had been giving us trouble. We'd spend ages trying to get them to light, clicking away with no result, and we'd had to give up on more and more — and along with them, the rooms they were supposed to heat. Keffers refused to deal with it, claiming it was our responsibility, but in the end, when things were getting really cold, he'd handed us an envelope with money and a note of some igniter fuel we had to buy. So Ruth and I had volunteered to walk to the village to get it, and that's why we were going down the lane that frosty morning. We'd reached a spot where the hedges were high on both sides, and the ground was covered in frozen cowpats, when Ruth suddenly stopped a few steps behind me.

It took me a moment to realise, so that by the time I turned back to her she was breathing over her fingers and looking down, engrossed by something beside her feet. I thought maybe it was some poor creature dead in the frost, but when I came up, I saw it was a colour magazine — not one of "Steve's magazines," but one of those bright cheerful things that come free with newspapers. It had fallen open at this glossy double page advert, and though the paper had gone soggy and there

когда я была официально «чья-то», — и то засыпала, то просыпалась, позволяя лентам дорог разматываться в моем воображении.

Возвращаясь к тому, с чего начала, скажу, что дальше всех в такой беседе часто заходила именно Рут — особенно в присутствии старожилов. Об офисах она принялась рассуждать уже в начале зимы, но по-настоящему это обрело жизнь и стало ее «мечтой о будущем» после того утра, когда мы с ней ходили в деревню.

Тогда стояли сильные холода, и мы мучились с газовыми обогревателями. Мы целую вечность проводили у этих ящиков, пытались зажечь газ, щелкали, щелкали без всякого толку и в конце концов на один за другим махали рукой, как и на комнаты, которые они должны были обогревать. Кефферс отказывался ими заниматься, заявлял, что это наша обязанность, но потом, когда стало холодно не на шутку, все-таки дал конверт с деньгами и написал на бумажке, какое топливо для запальных горелок надо купить. Сходить за топливом в деревню вызвались я и Рут, и морозным утром мы отправились. Когда дошли до того места, где по обе стороны дорожки высоко поднимались живые изгороди и земля была усеяна замерзшими коровьими лепешками, Рут, которая немного отстала, вдруг остановилась.

Почувствовала я это не сразу, а несколько секунд спустя, и, когда обернулась, увидела, что она дует на пальцы и смотрит вниз, захваченная чем-то, что лежит у ее ног. Я подошла, решив сначала, что это какое-нибудь несчастное существо, погубленное морозом, но оказалось, что это цветной журнал — не из «журнальчиков Стива», а радостное глянцевое издание, какие получают с газетами бесплатно. Он лежал раскрытый на яркой рекламе во весь разворот, и, хотя

was mud at one corner, you could see it well enough. It showed this beautifully modern open-plan office with three or four people who worked in it having some kind of joke with each other. The place looked sparkling and so did the people. Ruth was staring at this picture and, when she noticed me beside her, said: "Now that would be a proper place to work."

Then she got self-conscious — maybe even cross that I'd caught her like that — and set off again much faster than before.

But a few evenings later, when several of us were sitting around a fire in the farmhouse, Ruth began telling us about the sort of office she'd ideally work in, and I immediately recognised it. She went into all the details — the plants, the gleaming equipment, the chairs with their swivels and castors — and it was so vivid everyone let her talk uninterrupted for ages. I was watching her closely, but it never seemed to occur to her I might make the connection — maybe she'd even forgotten herself where the image had come from. She even talked at one point about how the people in her office would all be "dynamic, go-ahead types," and I remembered clearly those same words written in big letters across the top of the advert: "Are you the dynamic, go-ahead type?"— something like that. Of course, I didn't say anything. In fact, listening to her, I even started wondering if maybe it was all feasible: if one day we might all of us move into a place like that and carry on our lives together.

Chrissie and Rodney were there that night, of course, hanging onto every word. And then for days afterwards, Chrissie kept trying to get Ruth to talk some more about it. I'd pass them sitting together in the corner of

бумага намокла и один угол испачкался, видно было все хорошо: восхитительно современный офис с открытой планировкой, где трое-четверо сотрудников о чем-то друг с другом весело переговариваются. Помещение, люди — все на картинке было блестящее. Рут смотрела на нее, смотрела, а когда заметила рядом меня, сказала: «Вот где стоило бы работать!»

Потом она опомнилась — может быть, даже рассердилась, что я ее на таком поймала, — и пошла вперед гораздо быстрее, чем раньше.

Но через несколько дней, когда мы небольшой группой сидели у камина в фермерском доме, Рут заговорила о том, в каком офисе хотела бы в идеале работать, и я узнала обстановку мгновенно. Она не упустила ни одной подробности — сказала про растения, про сверкающее оборудование, про вертящиеся кресла на колесиках, — и все это было так живо и ярко, что ее слушали, не перебивая, бог знает сколько времени. Я пристально на нее смотрела, но ей, кажется, и в голову не приходило, что я могу связать одно с другим, — может быть, она и забыла, откуда взялась картина. Она сказала даже, что все в ее офисе должны быть людьми «динамичными, целеустремленными», и мне ясно вспомнилось, что именно эти слова крупными буквами были напечатаны в верхней части фотографии: «Вы динамичны? Целеустремленны?» — что-то в этом роде. Разумеется, я молчала как рыба. И даже, слушая ее, невольно стала воображать, будто это и в самом деле возможно: в один прекрасный день мы все, может быть, отправимся в какое-нибудь такое место и дружно начнем там новую жизнь.

Были у камина, конечно, и Крисси с Родни, сидели и впитывали каждое слово. День за днем потом Крисси упорно старалась вовлечь Рут в очередной разговор об этом. Скажем, они сидят в углу, я прохожу мимо

a room and Chrissie would be asking: "Are you sure you wouldn't put each other off, working all together in a place like that?" just to get Ruth going on it again.

The point about Chrissie — and this applied to a lot of the veterans — was that for all her slightly patronising manner towards us when we'd first arrived, she was awestruck about our being from Hailsham. It took me a long time to realise this. Take the business about Ruth's office: Chrissie would never herself have talked about working in any office, never mind one like that. But because Ruth was from Hailsham, somehow the whole notion came within the realms of the possible. That's how Chrissie saw it, and I suppose Ruth did say a few things every now and then to encourage the idea that, sure enough, in some mysterious way, a separate set of rules applied to us Hailsham students. I never heard Ruth actually lie to veterans; it was more to do with not denying certain things, implying others. There were occasions when I could have brought the whole thing down over her head. But if Ruth was sometimes embarrassed, catching my eye in the middle of some story or other, she seemed confident I wouldn't give her away. And of course, I didn't.

So that was the background to Chrissie and Rodney's claim to have seen Ruth's "possible," and you can maybe see now why I was wary about it. I wasn't keen on Ruth going with them to Norfolk, though I couldn't really say why. And once it became clear she was completely set on going, I told her I'd come too. At first, she didn't seem too delighted, and there was even a hint that she wouldn't let Tommy come with her either. In the end, though, we all went, the five of us: Chrissie, Rodney, Ruth, Tommy and me.

и слышу, Крисси спрашивает: «А ты уверена, что вы не будете друг друга отвлекать от работы, если окажетесь все вместе в таком учреждении?» Просто чтобы опять навести Рут на эту тему.

Насчет Крисси должна сказать — причем это относится и ко многим другим старожилам, — что, при всем ее покровительственном отношении к нам сразу после нашего приезда, она испытывала священный трепет по поводу того, что мы из Хейлшема. Я далеко не сразу это поняла. Взять, например, то, что связано с офисом Рут: сама Крисси в жизни не стала бы рассуждать о работе в офисе, тем более в таком, как этот. Но из-за того что Рут приехала из Хейлшема, эта идея как-то вдруг оказалась в пределах осуществимого. Вот как смотрела на все Крисси, и некоторые высказывания Рут, мне кажется, подталкивали ее и других к мысли, будто неким таинственным образом мы, хейлшемские, существуем по особым правилам. Прямой лжи старожилам я, правда, от Рут никогда не слышала; просто каких-то вещей она не отрицала, на какие-то намекала. Были случаи, когда я могла устроить ей холодный душ; но если Рут и испытывала иногда замешательство, встретившись со мной взглядом посреди своего рассказа о чем-нибудь, она все равно, похоже, была уверена, что я ее не выдам. И я, конечно, не выдавала.

Вот в какой атмосфере Крисси и Родни заявили, будто видели «возможное я» для Рут, и теперь вам, может быть, понятно, почему я отнеслась к этому с недоверием. Мне не хотелось, чтобы Рут ехала с ними в Норфолк, хотя спроси меня почему — я не смогла бы толком ответить. И когда стало ясно, что она твердо решила ехать, я сказала ей, что составила бы ей компанию. Поначалу она не была в восторге, и прозвучал даже намек, что она и Томми с собой не возьмет. В результате, однако, мы отправились все впятером: Крисси, Родни, Рут, Томми и я.

Chapter 13

Rodney, who had a driver's licence, had made an arrangement to borrow a car for the day from the farmworkers at Metchley a couple of miles down the road. He'd regularly got cars this way in the past, but this particular time, the arrangement broke down the day before we were due to set off. Though things got sorted out fairly easily — Rodney walked over to the farm and got a promise on another car — the interesting thing was the way Ruth responded during those few hours when it looked like the trip might have to be called off.

Until then, she'd been making out the whole thing was a bit of a joke, that if anything she was going along with it to please Chrissie. And she'd talked a lot about how we weren't exploring our freedom nearly enough since leaving Hailsham; how anyway she'd always wanted to go to Norfolk to "find all our lost things." In other words, she'd gone out of her way to let us know she wasn't very serious about the prospect of finding her "possible."

That day before we went, I remember Ruth and I had been out for a stroll, and we came into the farmhouse kitchen where Fiona and a few veterans were making a huge stew. And it was Fiona herself, not looking up from what she was doing, who told us how the farm boy had come in earlier with the message. Ruth was standing just in front of me, so I couldn't see her face, but her whole posture froze up. Then without a word, she turned and pushed past me out of the cottage. I got a glimpse of her face then, and that's when I realised how upset she was. Fiona started to say something like: "Oh, I didn't know..." But I said quickly: "That's not what Ruth's upset about. It's about something else, something that

Глава 13

Родни, у которого были водительские права, заранее сговорился на ферме в Метчли, милях в двух по дороге, что возьмет на день машину напрокат. Он брал так машины регулярно, но на этот раз накануне поездки что-то там у владельцев сорвалось. Уладили все довольно легко — Родни сходил на ферму и нашел на завтра другую машину, — но интересно состояние Рут в те несколько часов, когда поездка была под вопросом.

До того момента она давала понять, что вся затея для нее что-то вроде шутки, что согласилась она, если уж на то пошло, ради Крисси, чтобы доставить ей удовольствие. Еще она много рассуждала о том, что после Хейлшема нам пора наконец воспользоваться свободой и что в любом случае она давно хотела поехать в Норфолк и «найти все, что мы потеряли». В общем, она всячески старалась показать, что к идее отыскания своего «возможного я» относится не очень серьезно.

В тот последний день перед поездкой я и Рут, помню, ходили прогуляться и потом вошли в кухню большого дома, где Фиона и еще несколько старожилов готовили в колоссальном количестве тушеное мясо. Фиона-то как раз и сказала нам, не отрываясь от стряпни, что машину дать не смогут: с фермы предупредить об этом приходил мальчик. Рут стояла чуть впереди меня, поэтому лица мне видно не было, но вся она точно окаменела. Потом, не говоря ни слова, она повернулась и, едва не задев меня, бросилась на улицу. Тут я мельком увидела ее лицо и поняла, как она расстроена. Фиона начала было: «Ох, я и понятия не имела...» — или что-то в этом роде, но я ее перебила:

happened earlier on." It wasn't very good, but it was the best I could do on the spur of the moment.

In the end, as I said, the vehicle crisis got resolved, and early the next morning, in the pitch dark, the five of us got inside a bashed but perfectly decent Rover car. The way we sat was with Chrissie up front next to Rodney, and the three of us in the back. That was what had felt natural, and we'd got in like that without thinking about it. But after only a few minutes, once Rodney had brought us out of the dark winding lanes onto the proper roads, Ruth, who was in the middle, leaned forward, put her hands on the front seats, and began talking to the two veterans. She did this in a way that meant Tommy and I, on either side of her, couldn't hear anything they were saying, and because she was between us, couldn't talk to or even see each other. Sometimes, on the rare occasions she did lean back, I tried to get something going between the three of us, but Ruth wouldn't pick up on it, and before long, she'd be crouched forwards again, her face stuck between the two front seats.

After about an hour, with day starting to break, we stopped to stretch our legs and let Rodney go for a pee. We'd pulled over beside a big empty field, so we jumped over the ditch and spent a few minutes rubbing our hands together and watching our breaths rise. At one point, I noticed Ruth had drifted away from the rest of us and was gazing across the field at the sunrise. So I went over to her and made the suggestion that, since she only wanted to talk to the veterans, she swap seats with me. That way she could go on talking at least with Chrissie, and Tommy and I could have some sort of conversation to while away the journey. I'd hardly finished before Ruth said in a whisper:

«Нет, Рут не из-за этого огорчена. Из-за другого, из-за того, что раньше случилось». Не самый удачный ответ, но ничего лучшего я с ходу придумать не могла.

Потом, как я сказала, транспортная проблема разрешилась, и рано утром в полнейшей темноте мы впятером сели в побитый, но, в общем, вполне приличный «ровер». Разместились так: Крисси впереди с Родни, мы трое сзади. Это казалось естественным, никто даже особенно не раздумывал. Но всего через несколько минут, когда после темных извилистых дорожек началось нормальное шоссе, Рут, которая сидела посередине, наклонилась вперед, положила руки на спинку сиденья и принялась разговаривать со старожилами. При этом мы с Томми, сидевшие по бокам от нее, не слышали, что она говорит, и, находясь между нами, она мешала нам беседовать друг с другом и даже видеть друг друга. Иногда, в тех редких случаях, когда она откидывалась назад, я пыталась завязать разговор между нами троими, но Рут его не поддерживала и спустя некоторое время опять подавалась вперед и просовывала лицо между передними сиденьями.

Примерно через час, когда стало светать, мы остановились у большого пустого поля, чтобы размять ноги и позволить Родни справить нужду. Перепрыгнув канаву, несколько минут потоптались, потирая руки и глядя, как поднимается пар от нашего дыхания. В какой-то момент я увидела, что Рут отошла в сторонку и смотрит через поле на восходящее солнце. Я подошла к ней и предложила поменяться местами: ведь она хочет разговаривать только со старожилами, и возможность общаться, по крайней мере, с Крисси у нее останется, а я, чтобы скоротать дорогу, буду беседовать с Томми. Не успела я договорить, как Рут зашептала:

"Why do you have to be difficult? Now of all times! I don't get it. Why do you want to make trouble?"

Then she yanked me round so both our backs were to the others and they wouldn't see if we started to argue. It was the way she did this, rather than her words, that suddenly made me see things her way; I could see that Ruth was making a big effort to present not just herself, but all of us, in the right way to Chrissie and Rodney; and here I was, threatening to undermine her and start an embarrassing scene. I saw all this, and so I touched her on the shoulder and went off back to the others. And when we returned to the car, I made sure the three of us sat exactly as before. But now, as we drove on, Ruth stayed more or less silent, sitting right back in her seat, and even when Chrissie or Rodney shouted things to us from the front, responded only in sulky monosyllables.

Things cheered up considerably, though, once we arrived in our seaside town. We got there around lunchtime and left the Rover in a car park beside a mini-golf course full of fluttering flags. It had turned into a crisp, sunny day, and my memory of it is that for the first hour we all felt so exhilarated to be out and about we didn't give much thought to what had brought us there. At one point Rodney actually let out a few whoops, waving his arms around as he led the way up a road climbing steadily past rows of houses and the occasional shop, and you could sense just from the huge sky, that you were walking towards the sea.

Actually, when we did reach the sea, we found we were standing on a road carved into a cliff edge. It seemed at first there was a sheer drop down to the sands, but once you leant over the rail, you could see zigzagging

— И приспичило же тебе создавать проблемы именно теперь! Не могу этого понять. Зачем понадобилось мутить воду?

Тут она рывком повернула меня, чтобы мы обе стояли спиной к другим и им не видно было, что мы затеяли спор. Именно это, а не ее слова вдруг заставило меня посмотреть на все ее глазами: я увидела, что она прилагает большие усилия, чтобы не только себя, но и всех нас выставить в правильном свете перед Крисси и Родни, — а я затеяла дурацкую сцену, которая грозит эти усилия перечеркнуть. Поняв все это, я коснулась ее плеча и вернулась к остальным. И когда садились в машину, я позаботилась, чтобы мы разместились в точности как раньше. Но теперь во время езды Рут большей частью молчала, откинувшись на спинку сиденья, и даже когда Крисси и Родни что-то спереди нам кричали, отвечала угрюмо и односложно.

Приморский город, однако, заметно поднял нам настроение. Мы приехали туда примерно ко времени ланча и оставили машину на стоянке у поля для мини-гольфа, где реяло множество флажков. День оказался солнечным и бодрящим, и мне помнится, в первый час нас обуял такой телячий восторг от пребывания на воле, что о цели поездки мы почти не вспоминали. Родни в какой-то момент не удержался и, взмахнув руками, издал несколько радостных возгласов; он шел впереди по дороге, которая неуклонно поднималась вверх мимо стоявших рядами жилых домов и отдельных магазинов, и уже по громадному небу чувствовалось, что мы приближаемся к морю.

Когда дошли до него, оказалось, что дорога дальше идет по кромке утеса. Первое впечатление было, что вниз, к песчаному берегу, спуск совершенно отвесный, но, перегнувшись через перила, можно было

footpaths leading you down the cliff-face to the sea-front.

We were starving by now and went into a little cafe perched on the cliff just where one of the footpaths began. When we went in, the only people inside were the two chubby women in aprons who worked there. They were smoking cigarettes at one of the tables, but they quickly got up and disappeared into the kitchen, so then we had the place to ourselves.

We took the table right at the back — which meant the one stuck out closest to the cliff edge — and when we sat down it felt like we were virtually suspended over the sea. I didn't have anything to compare it with at the time, but I realise now the cafe was tiny, with just three or four little tables. They'd left a window open — probably to stop the place filling up with frying smells — so that every now and then a gust would pass through the room making all the signs advertising their good deals flutter about. There was one cardboard notice pinned over the counter that had been done in coloured felt-tips, and at the top of it was the word "look" with a staring eye drawn inside each "o." I see the same thing so often these days I don't even register it, but back then I hadn't seen it before. So I was looking at it admiringly, then caught Ruth's eye, and realised she too was looking at it amazed, and we both burst out laughing. That was a cosy little moment, when it felt like we'd left behind the bad feeling that had grown between us in the car. As it turned out, though, it was just about the last moment like that between me and Ruth for the rest of that outing.

We hadn't mentioned the "possible" at all since arriving in the town, and I'd assumed when we sat down we'd finally discuss the matter properly. But once we'd started on our sandwiches, Rodney began talking about

увидеть извилистые тропинки, ведущие по крутому склону скалы к самому морю.

Нам уже очень хотелось есть, и мы вошли в маленькое кафе, пристроившееся на вершине утеса как раз у начала одной из тропинок. В кафе в этот момент были только две пухлые женщины в фартуках, которые там работали. Они курили за одним из столиков, но, увидев нас, быстро поднялись и ушли на кухню, так что мы остались в помещении одни.

Столик выбрали самый дальний от входа, то есть расположенный ближе всего к морю, и, когда сели, возникло такое ощущение, словно висишь над водой. Сравнивать мне тогда было не с чем, но теперь я понимаю, что кафе было крохотное — всего три или четыре маленьких столика. Одно окно они оставили открытым — наверное, чтобы меньше чувствовались запахи жарки, — и время от времени в него влетал ветерок, от которого колыхались все рекламные объявления о выгодных предложениях. Одно из них, приколотое над стойкой, было написано цветными фломастерами, и в слове «ОГО!», с которого оно начиналось, каждое «О» было глазом со зрачком и ресницами. Сейчас я вижу подобное так часто, что не обращаю внимания, но тогда это было впервые, и я рассматривала надпись с восхищением, потом перехватила взгляд Рут, поняла, что она тоже в восторге, и мы обе расхохотались. Это был хороший, теплый момент, и казалось, что мы оставили позади то напряжение, которое возникло между нами в машине. Позже выяснилось, однако, что это был у меня и Рут последний такой момент за всю поездку.

С тех пор как мы приехали в город, насчет «возможных я» не было сказано ни слова, и я ждала, что мы, когда сядем, обсудим наконец этот вопрос как следует. Но едва приступили к сэндвичам, Родни за-

their old friend, Martin, who'd left the Cottages the year before and was now living somewhere in the town. Chrissie eagerly took up the subject and soon both veterans were coming out with anecdotes about all the hilarious things Martin had got up to. We couldn't follow much of it, but Chrissie and Rodney were really enjoying themselves. They kept exchanging glances and laughing, and although they pretended it was for our benefit, it was clear they were remembering for each other. Thinking about it now, it occurs to me the near-taboo at the Cottages surrounding people who'd left might well have stopped them talking about their friend even to each other, and it was only once we'd come away they'd felt able to indulge themselves in this way.

Whenever they laughed, I laughed too just to be polite. Tommy seemed to be understanding things even less than me and was letting out hesitant little half-laughs that lagged some way behind. Ruth, though, was laughing and laughing, and kept nodding to everything being said about Martin just like she too was remembering them. Then once, when Chrissie made a really obscure reference — she'd said something like: "Oh, yes, the time he put out his jeans!"—Ruth gave a big laugh and signalled in our direction, as though to say to Chrissie: "Go on, explain it to them so they can enjoy it too." I let this all go, but when Chrissie and Rodney started discussing whether we should go round to Martin's flat, I finally said, maybe a bit coldly:

"What exactly is he doing here? Why's he got a flat?"

There was a silence, then I heard Ruth let out an exasperated sigh. Chrissie leaned over the table towards me and said quietly, like she was explaining to a child:

говорил об их с Крисси старом приятеле Мартине, который уехал из Коттеджей в прошлом году и теперь жил где-то в этом городе. Крисси с энтузиазмом подхватила, и оба старожила стали наперебой вспоминать всевозможные уморительные штуки, которые этот Мартин откалывал. Мы мало что понимали, но Крисси и Родни — те веселились вовсю. Смеялись, переглядывались, и, хотя они делали вид, будто это все для нас, ясно было, что они предаются воспоминаниям ради собственного удовольствия. Сейчас мне кажется, что запрет, который в Коттеджах лежал на очень многом из связанного с уехавшими, возможно, мешал им разговаривать о друге даже между собой, и только новая обстановка смогла раскрепостить их таким образом.

Я смеялась, когда смеялись они, — просто из вежливости. Томми, похоже, понимал еще меньше, чем я, и неуверенные смешки, которые он издавал, всякий раз немного опаздывали. А вот Рут хохотала вовсю и, какой бы эпизод с участием Мартина они ни стали припоминать, кивала со знающим видом. Один раз, когда Крисси сказала что-то уж совсем загадочное, — примерно: «А с джинсами-то он как — помнишь?» — Рут просто покатилась со смеху и махнула рукой в нашу сторону, мол: «Им, им теперь объясни, чтобы тоже повеселились». Я все это терпела, но когда Крисси и Родни принялись рассуждать, идти нам или не идти к Мартину на квартиру, спросила наконец — может быть, чуть холодновато:

— Что, собственно, он здесь делает? Почему у него квартира?

Молчание; затем Рут с досадой вздохнула. Крисси наклонилась ко мне через стол и негромко, терпеливо, как втолковывают ребенку, сказала:

Кадзуо Исигуро

"He's being a carer. What else do you think he'd be doing here? He's a proper carer now."

There was a bit of shifting, and I said:
"That's what I mean. We can't just go and visit him."

Chrissie sighed.
"Okay. We're not supposed to visit carers. Absolutely strictly speaking. Certainly not encouraged."

Rodney chuckled and added:
"Definitely not encouraged. Naughty to go and visit him."
"Very naughty," Chrissie said and made a tutting noise.
Then Ruth joined in, saying:
"Kathy hates to be naughty. So we'd better not go and visit him."
Tommy was looking at Ruth, clearly puzzled about whose side she'd taken, and I wasn't sure either. It occurred to me she didn't want the expedition side-tracked and was reluctantly siding with me, so I smiled at her, but she didn't return my look. Then Tommy asked suddenly:
"Whereabouts was it you saw Ruth's possible, Rodney?"
"Oh..."
Rodney didn't seem nearly so interested in the possible now we were in the town, and I could see anxiety cross Ruth's face. Finally Rodney said:
"It was a turning off the High Street, somewhere up the other end. Of course, it might be her day off."
Then when no one said anything, he added:
"They do have days off, you know. They're not always at their work."

— Он помогает донорам. Что еще он, по-твоему, мог бы здесь делать? Он теперь полноценный помощник.

Все немножко поерзали на стульях, потом я говорю:

— Я как раз об этом. Мы не можем просто взять и к нему заявиться.

Крисси вздохнула.

— Хорошо, допустим. Строго говоря, нам не положено посещать помощников. Строго-престрого говоря. Не рекомендуется — это уж точно.

Родни усмехнулся и добавил:

— Никоим образом не рекомендуется. Взять и заявиться — это нехорошо.

— Очень нехорошо, — подтвердила Крисси и неодобрительно покачала головой.

Тут в разговор вступила Рут:

— Кэти терпеть не может вести себя нехорошо. Так что не стоит нам к нему заявляться.

Томми смотрел на Рут, явно не понимая, кого она поддерживает, и я, пожалуй, тоже этого не понимала. Мне пришло в голову, что она не хочет отвлекаться от основной цели поездки и поэтому встала, пусть и неохотно, на мою сторону; я поэтому улыбнулась ей, но она не отреагировала. Внезапно Томми спросил:

— Родни, а где, значит, ты видел «возможное я» для Рут?

— Мм...

Здесь, в городе, интерес к «возможному я» у Родни как-то угас, и я увидела, как на лице Рут мелькнуло беспокойство. Наконец Родни сказал:

— На повороте Главной улицы, где-то у того конца. Но, само собой, у нее и выходной может сегодня быть.

Все молчали, и тогда он добавил:

— У них же бывают выходные, понятное дело. Они не все время на работе.

For a moment, as he said this, the fear passed through me that we'd misjudged things badly; that for all we knew, veterans often used talk of possibles just as a pretext to go on trips, and didn't really expect to take it any further. Ruth might well have been think-ing along the same lines, because she was now looking definitely worried, but in the end she did a little laugh, like Rodney had made a joke.

Then Chrissie said in a new voice:

"You know, Ruth, we might be coming here in a few years' time to visit you. Working in a nice office. I don't see how anyone could stop us visiting you then."

"That's right," Ruth said quickly. "You can all come and see me."

"I suppose," Rodney said, "there aren't any rules about visiting people if they're working in an office." He laughed suddenly. "We don't know. It hasn't really happened with us before."

"It'll be all right," Ruth said. "They let you do it. You can all come and visit me. Except Tommy, that is."

Tommy looked shocked. "Why can't I come?"

"Because you'll already be with me, stupid," Ruth said. "I'm keeping you."

We all laughed, Tommy again a little behind the rest of us.

"I heard about this girl up in Wales," Chrissie said. "She was Hailsham, maybe a few years before you lot. Apparently she's working in this clothes shop right now. A really smart one."

There were murmurs of approval and for a while we all looked dreamily out at the clouds.

Услышав это, я испугалась, что мы сделали большую ошибку: ведь известно же было, что старожилы часто пользуются разговорами о «возможных я» просто как предлогом для поездок и ничего серьезного в виду не имеют. Рут, которая выглядела теперь уже определенно встревоженной, думала, кажется, примерно то же самое; в конце концов она, однако, издала смешок, как будто Родни пошутил.

Потом Крисси сказала — уже другим тоном:

— Между прочим, Рут, пройдет несколько лет — и мы, может быть, приедем сюда навестить тебя. Ты будешь работать в классном офисе. Никто слова тогда не сможет сказать против того, чтобы мы тебя навестили.

— Да, — быстро согласилась Рут. — Вы все сможете ко мне приезжать.

— По-моему, — сказал Родни, — никаких правил насчет посещения людей, работающих в офисах, не существует. — Вдруг он рассмеялся. — Хотя откуда нам знать? Ведь такого у нас еще не бывало.

— Все будет нормально, — заверила его Рут. — Вам наверняка разрешат. Вы сможете приезжать и видеться со мной. Уже без Томми, конечно.

— Почему без меня? — возмутился Томми.

— Потому что мы и так будем вместе, глупенький ты мой, — объяснила Рут. — Я тебя с собой заберу.

Мы все рассмеялись, но Томми опять чуть позже остальных.

— Я слыхала там, в Уэльсе, про одну девчонку, — сказала Крисси. — Тоже из Хейлшема, на несколько лет, кажется, старше вас. Говорят, работает в магазине одежды. В очень даже шикарном.

Каждый пробормотал что-то одобрительное, и на какое-то время все мечтательно уставились в облака.

"That's Hailsham for you," Rodney said eventually, and shook his head as though in amazement.

"And then there was that other person"—Chrissie had turned to Ruth—"that boy you were telling us about the other day. The one a couple of years above you who's a park keeper now."

Ruth was nodding thoughtfully. It occurred to me that I should shoot Tommy a warning glance, but by the time I'd turned to him, he'd already started to speak.

"Who was that?" he asked in a bewildered voice.

"You know who it is, Tommy," I said quickly.

It was too risky to kick him, or even to make my voice wink: Chrissie would have picked it up in a flash. So I said it dead straight, with a bit of weariness, like we were all fed up with Tommy forgetting all the time. But this just meant Tommy still didn't twig.

"Someone we knew?"

"Tommy, let's not go through this again," I said. "You'll have to have your brains tested."

At last the penny seemed to drop, and Tommy shut up.

Chrissie said: "I know how lucky I am, getting to be at the Cottages. But you Hailsham lot, you're really lucky. You know..." She lowered her voice and leaned forward again. "There's something I've been wanting to talk to you lot about. It's just that back there, at the Cottages, it's impossible. Everyone always listening in."

She looked around the table, then fixed her gaze on Ruth. Rodney suddenly tensed and he too leaned forward. And something told me we were coming to what was, for Chrissie and Rodney, the central purpose of this whole expedition.

— Хейлшем есть Хейлшем, — произнес в конце концов Родни и покачал головой, словно в изумлении.

— И еще ведь был один случай, да? — Крисси повернулась к Рут. — Этот парень, про которого ты на днях рассказывала. Уехал из Хейлшема за пару лет до вас. И работает сейчас сторожем в парке.

Рут слушала и серьезно кивала. Я подумала, что надо предостеречь Томми взглядом, но он заговорил до того, как я успела к нему повернуться.

— Ты про кого это? — озадаченно спросил он.

— Ты знаешь про кого, Томми, — сразу сказала я. Пинать его под столом, даже делать многозначительный голос было рискованно: Крисси сообразила бы в один миг. Поэтому я произнесла это тоном бесхитростным и немного усталым, словно забывчивость Томми нам всем уже надоела. В результате ему по-прежнему было непонятно.

— Про кого-то из наших знакомых?

— Томми, не заводи опять эту шарманку, — сказала я. — Тебя надо проверить на умственную отсталость.

Он замолчал — кажется, дошло наконец.

Крисси сказала:

— Я знаю, какое это везение — попасть в Коттеджи. Но кому по-настоящему счастье улыбнулось — это вам, хейлшемским. Я вот что... — Она понизила голос и опять подалась вперед. — Я, ребята, кое о чем хотела с вами здесь поговорить. Дело в том, что там, в Коттеджах, не получается. Все время лишние уши.

Она оглядела стол и остановила взгляд на Рут. Родни вдруг напрягся и тоже наклонился вперед. И что-то мне подсказало, что приближается главное, ради чего Крисси и Родни затеяли всю эту поездку.

"When Rodney and I, we were up in Wales," she said. "The same time we heard about this girl in the clothes shop. We heard something else, something about Hailsham students. What they were saying was that some Hailsham students in the past, in special circumstances, had managed to get a deferral. That this was something you could do if you were a Hailsham student. You could ask for your donations to be put back by three, even four years. It wasn't easy, but just sometimes they'd let you do it. So long as you could convince them. So long as you qualified."

Chrissie paused and looked at each of us, maybe for dramatic effect, maybe to check us for signs of recognition. Tommy and I probably had puzzled looks, but Ruth had on one of her faces where you couldn't tell what was going on.

"What they said," Chrissie continued, "was that if you were a boy and a girl, and you were in love with each other, really, properly in love, and if you could show it, then the people who run Hailsham, they sorted it out for you. They sorted it out so you could have a few years together before you began your donations."

There was now a strange atmosphere around the table, a kind of tingle going round.

"When we were in Wales," Chrissie went on, "the students at the White Mansion. They'd heard of this Hailsham couple, the guy had only a few weeks left before he became a carer. And they went to see someone and got everything put back three years. They were allowed to go on living there together, up at the White Mansion, three years straight, didn't have to go on with their training or anything. Three years just to

— Когда мы с Родни были в Уэльсе... — продолжила она. — Когда нам рассказали про эту девушку в магазине одежды. Мы кое-что еще тогда услышали насчет воспитанников Хейлшема. Вроде бы в прошлые годы некоторым бывшим хейлшемским в особых обстоятельствах давали отсрочку. Только тем, которые оттуда, больше никому. Можно было попросить, чтобы на три, даже на четыре года отложили выемки. Добиться этого было не так просто, но иногда они шли навстречу. Если удавалось их убедить. Если они решали, что вы достойны.

Крисси умолкла и посмотрела на каждого из нас — может быть, ради драматического эффекта, может быть, чтобы проверить, знаем мы что-нибудь или нет. У Томми и у меня вид, вероятно, был озадаченный, а что касается Рут, у нее было одно из тех ее выражений лица, по которым нельзя ничего понять.

— Говорят, — сказала после паузы Крисси, — что если юноша и девушка любили друг друга, как следует любили, по-настоящему, и могли это доказать, то руководители Хейлшема устраивали им послабление. Устраивали так, что они вначале могли несколько лет провести вместе и только потом становились донорами.

В воздухе что-то изменилось — возник странный трепет, покалывание.

— Нам про это в Уэльсе говорили, — рассказывала дальше Крисси, — в Белом особняке. Они там слышали про одну хейлшемскую пару, ему всего несколько недель оставалось до того, как стать помощником доноров. Ну и они к кому-то поехали, все объяснили, и им отложили на три года. Позволили целых три года жить там вместе, в Белом особняке, никаких курсов подготовительных, ничего. Три года только друг

themselves, because they could prove they were properly in love."

It was at this point I noticed Ruth nodding with a lot of authority. Chrissie and Rodney noticed too and for a few seconds they watched her like they were hypnotised. And I had a kind of vision of Chrissie and Rodney, back at the Cottages, in the months leading up to this moment, probing and prodding this subject between them. I could see them bringing it up, at first very tentatively, shrugging, putting it to one side, bringing it up again, never able quite to leave it alone. I could see them toying with the idea of talking to us about it, see them refining how they'd do it, what exactly they'd say. I looked again at Chrissie and Rodney in front of me, gazing at Ruth, and tried to read their faces. Chrissie looked both afraid and hopeful. Rodney looked on edge, like he didn't trust himself not to blurt out something he wasn't supposed to.

This wasn't the first time I'd come across the rumour about deferrals. Over the past several weeks, I'd caught more and more snatches of it at the Cottages. It was always veterans talking among themselves, and when any of us showed up, they'd look awkward and go quiet. But I'd heard enough to get the gist of it; and I knew it had specifically to do with us Hailsham students. Even so, it was only that day, in that seafront cafe, that it really came home to me how important this whole notion had become for some veterans.

"I suppose," Chrissie went on, her voice wobbling slightly, "you lot would know about it. The rules, all that sort of thing."

с другом, потому что смогли доказать, что у них настоящая любовь.

В этот момент я заметила, что Рут очень убедительно кивает. Крисси и Родни тоже это заметили и несколько секунд смотрели на нее как завороженные. И у меня словно видение какое-то возникло: Крисси и Родни там, в Коттеджах, месяц за месяцем перед этой поездкой подстрекают друг друга, зондируют тему между собой. Я увидела, как они наедине, вначале очень осторожно, заводят об этом разговор, как, пожимая плечами, прекращают его, заминают, как, не в силах удержаться, возвращаются к нему. Я увидела, как они играют с мыслью поговорить с нами об этом, как оттачивают выражения, продумывают, что сказать. Потом я опять посмотрела на Крисси и Родни, сидящих передо мной и уставившихся на Рут, и попыталась вчитаться в их лица. У Крисси — боязнь пополам с надеждой. Родни, похоже, нервничал — словно не доверял себе, опасался, что выпалит что-нибудь непредусмотренное.

Слух об отсрочках доходил до меня и раньше. В течение нескольких предыдущих недель я чем дальше, тем чаще улавливала какие-то обрывки разговоров. Всякий раз старожилы говорили только между собой и неловко умолкали, едва приближался кто-нибудь из нас. Все же я услышала достаточно, чтобы понять суть, и знала, что речь идет именно о воспитанниках Хейлшема. Тем не менее только в тот день, в том приморском кафе мне по-настоящему стало ясно, какое значение все это приобрело для некоторых старожилов.

— Наверное, — голос Крисси слегка дрожал, — вам что-то об этом известно. Какие правила и тому подобное.

She and Rodney looked at each of us in turn, then their gazes settled back on Ruth.

Ruth sighed and said: "Well, they told us a few things, obviously. But"— she gave a shrug —"it's not something we know much about. We never talked about it really. Anyway, we should get going soon."

"Who is it you go to?" Rodney suddenly asked. "Who did they say you had to go to if you wanted, you know, to apply?"

Ruth shrugged again.

"Well, I told you. It wasn't something we talked about much."

Almost instinctively she looked to me and Tommy for support, which was probably a mistake, because Tommy said:

"To be honest, I don't know what you're all talking about. What rules are these?"

Ruth stared daggers at him, and I said quickly:

"You know, Tommy. All that talk that used to go round at Hailsham."

Tommy shook his head.

"I don't remember it," he said flatly. And this time I could see — and Ruth could too — that he wasn't being slow. "I don't remember anything like that at Hailsham."

Ruth turned away from him.

"What you've got to realise," she said to Chrissie, "is that even though Tommy was at Hailsham, he isn't like a real Hailsham student. He was left out of everything and people were always laughing at him. So there's no point in asking him about anything like this. Now, I want to go and find this person Rodney saw."

Они с Родни посмотрели на каждого из нас по очереди, потом их взгляды опять остановились на Рут. Она вздохнула.

— Да, конечно, кое-что они нам сказали. Но, — она пожала плечами, — все-таки мы мало об этом знаем. Мы никогда особенно про это не говорили... Вообще-то, по-моему, нам пора идти.

— К кому надо обращаться? — вдруг спросил Родни. — Вам не объяснили, к кому надо пойти, чтобы... ну... заявить о себе?

Рут опять пожала плечами.

— Я же вам сказала, мы не обсуждали этого толком.

Почти инстинктивно она посмотрела на нас с Томми в поисках поддержки, что, вероятно, было ошибкой, потому что Томми сказал:

— Честно говоря, я понятия не имею, о чем вы тут беседуете. Что за правила такие?

Рут метнула в него испепеляющий взгляд, и я быстро сказала:

— Ты же помнишь, Томми. Все эти разговоры, которые ходили у нас в Хейлшеме.

Томми покачал головой.

— Нет, не помню, — отрезал он. И на этот раз я видела — и Рут тоже, — что никакой заторможенности в нем нет. — Не помню в Хейлшеме ничего подобного.

Рут отвернулась от него.

— Вам надо иметь в виду, — сказала она Крисси, — что, хотя Томми и был в Хейлшеме, он не такой, как настоящие хейлшемские. Его никуда не принимали, над ним вечно смеялись. Поэтому нет смысла его спрашивать про такие вещи. А теперь я хочу все-таки найти женщину, которую видел Родни.

A look had appeared in Tommy's eyes that made me catch my breath. It was one I hadn't seen for a long time and that belonged to the Tommy who'd had to be barricaded inside a classroom while he kicked over desks. Then the look faded, he turned to the sky outside and let out a heavy breath.

The veterans hadn't noticed anything because Ruth, at the same moment, had risen to her feet and was fiddling with her coat. Then there was a bit of confusion as the rest of us all moved back our chairs from the little table all at once. I'd been put in charge of the spending money, so I went up to pay. The others filed out behind me, and while I was waiting for the change, I watched them through one of the big misty windows, shuffling about in the sunshine, not talking, looking down at the sea.

Chapter 14

When I got outside, it was obvious the excitement from when we'd first arrived had evaporated completely. We walked in silence, Rodney leading the way, through little backstreets hardly penetrated by the sun, the pavements so narrow we often had to shuffle along in single file. It was a relief to come out onto the High Street where the noise made our rotten mood less obvious. As we crossed at a pelican to the sunnier side, I could see Rodney and Chrissie conferring about something and I wondered how much of the bad atmosphere had to do with their believing we were holding back on some big Hailsham secret, and how much was just to do with Ruth's having a go at Tommy.

К этому моменту глаза у Томми стали такими, что у меня перехватило дух. Таких глаз я давно уже у него не видела — они принадлежали тому Томми, который переворачивал в классе столы и от которого спасались, баррикадируя дверь. Потом взгляд постепенно стал обычным, Томми повернулся к небу за окном и глубоко вздохнул.

Старожилы ничего этого не заметили, потому что Рут, кончив говорить, тут же встала и принялась возиться с курткой. Все разом начали отодвигать стулья и подниматься — возникла легкая суета. Мне с самого начала было поручено распоряжаться деньгами, и я отправилась платить. Остальные тем временем потянулись за дверь, и я, дожидаясь сдачи, видела в одно из больших мутных окон, как они молча переминаются на солнце с ноги на ногу, глядя на море.

Глава 14

Когда я вышла, было уже ясно, что от возбуждения, которое нас охватило здесь вначале, ничего не осталось. Мы двигались молча, Родни впереди, по маленьким боковым улочкам, куда солнце почти не могло пробиться, где тротуары были такие узкие, что часто приходилось идти гуськом. На Главной стало чуть полегче, потому что из-за шума наше скверное настроение было тут не таким очевидным. Когда переходили у светофора на солнечную сторону, я увидела, что Родни и Крисси о чем-то совещаются, и задумалась, насколько гнетущая атмосфера связана с тем, что мы, по их мнению, скрываем какой-то важный хейлшемский секрет, а насколько — простонапросто с пренебрежительным высказыванием Рут о Томми.

Then once we'd crossed the High Street, Chrissie announced she and Rodney wanted to go shopping for birthday cards. Ruth was stunned by this, but Chrissie just went on:

"We like buying them in big batches. It's always cheaper in the long run. And you've always got one handy when it's someone's birthday." She pointed to the entrance of a Woolworth's shop. "You can get pretty good cards in there really cheap."

Rodney was nodding, and I thought there was something a little bit mocking around the edges of his smile.

"Of course," he said, "you end up with a lot of cards the same, but you can put your own illustrations on them. You know, personalise them."

Both veterans were now standing in the middle of the pavement, letting people with pushchairs move round them, waiting for us to put up a challenge. I could tell Ruth was furious, but without Rodney's co-operation there wasn't much that could be done anyway.

So we went into the Woolworth's, and immediately I felt much more cheerful. Even now, I like places like that: a large store with lots of aisles displaying bright plastic toys, greeting cards, loads of cosmetics, maybe even a photo booth. Today, if I'm in a town and find myself with some time to kill, I'll stroll into somewhere just like that, where you can hang around and enjoy yourself, not buying a thing, and the assistants don't mind at all.

Anyway, we went in and before long we'd wandered apart to look at different aisles. Rodney had stayed near the entrance beside a big rack of cards, and further inside, I spotted Tommy under a big pop-group poster, rummaging through the music cassettes. After about ten minutes, when I was somewhere near the back of

Потом, когда мы перешли Главную улицу, Крисси объявила, что они с Родни хотят зайти купить открыток для дней рождения. Рут была изумлена, но Крисси гнула свое:

— Мы стараемся помногу их покупать. Всегда дешевле в конечном счете. И не случится такого, что у кого-нибудь вдруг день рождения, а открытки нет. — Она показала на вход в магазин «Вулвортс». — Тут продаются очень даже неплохие, и дешево.

Родни кивал, и мне показалось, что его улыбка чуть-чуть подкрашена насмешкой. Он сказал:

— Само собой, потом выясняется, что у тебя куча одинаковых, но можно ведь на них рисовать свои картинки. Персонализовать.

Оба старожила теперь стояли посреди тротуара, заставляя мам с прогулочными колясками себя объезжать и ожидая наших возражений. Я видела, что Рут разгневана, но без поддержки Родни в любом случае мало что можно было сделать.

Так что мы вошли в «Вулвортс», и там мне сразу же стало куда веселее. Мне и сегодня это нравится: большой магазин, множество рядов с полками, где выставлены яркие пластиковые игрушки, поздравительные открытки, масса косметики, здесь же может быть и фотокиоск. Если я сейчас приезжаю в город и у меня есть капелька свободного времени, я иду в какое-нибудь подобное место, где можно просто слоняться в свое удовольствие, ничего не покупая, и тебе слова не скажут.

В общем, мы вошли и очень быстро разбрелись по разным отсекам магазина. Родни задержался у входа около большой стойки с открытками, Томми двинулся вглубь, и я увидела, как он стоит под большим рекламным плакатом поп-группы и перебирает музыкальные кассеты. Минут через десять, когда я ока-

the store, I thought I heard Ruth's voice and wandered towards it. I'd already turned into the aisle — one with fluffy animals and big boxed jigsaws — before I realised Ruth and Chrissie were standing together at the end of it, having some sort of tête-à-tête. I wasn't sure what to do: I didn't want to interrupt, but it was time we were leaving and I didn't want to turn and walk off again. So I just stopped where I was, pretended to examine a jigsaw and waited for them to notice me.

That was when I realised they were back on the subject of this rumour. Chrissie was saying, in a lowered voice, something like:

"But all that time you were there, I'm amazed you didn't think more about how you'd do it. About who you'd go to, all of that."

"You don't understand," Ruth was saying. "If you were from Hailsham, then you'd see. It's never been such a big deal for us. I suppose we've always known if we ever wanted to look into it, all we'd have to do is get word back to Hailsham..."

Ruth saw me and broke off. When I lowered the jigsaw and turned to them, they were both looking at me angrily. At the same time, it was like I'd caught them doing something they shouldn't, and they moved apart self-consciously.

"It's time we were off," I said, pretending to have heard nothing.

But Ruth wasn't fooled. As they came past, she gave me a really dirty look.

So by the time we set off again, following Rodney in search of the office where he'd seen Ruth's possible the month before, the atmosphere between us was worse than ever. Things weren't helped either by Rodney re-

залась в дальней части зала, мне послышался голос Рут, и я пошла в ту сторону. Я уже свернула в проход — в тот, где были выставлены пушистые зверьки и большие паззлы в коробках, — и вдруг увидела, что Рут и Крисси стоят у дальнего его конца и о чем-то разговаривают. На меня напало сомнение: прерывать их не хотелось, но нам пора было идти, и поворачивать назад и гулять по магазину дальше мне не хотелось тоже. Поэтому я просто встала где была, притворилась, что рассматриваю паззл, и дожидалась, пока они меня заметят.

В какой-то момент мне стало ясно, что они опять обсуждают этот слух. Крисси вполголоса говорила примерно вот что:

— Но за все годы, что ты там была, поразительно — как это ты не задумалась? Что сделать, к кому обратиться и все такое.

— Ты не понимаешь, — объясняла Рут. — Была бы ты из Хейлшема, не спрашивала бы. Мы никогда этому не придавали такого значения. По-моему, мы просто все время знали, что в случае чего только и надо будет, что связаться с Хейлшемом...

Тут Рут увидела меня и осеклась. Когда я опустила коробку и повернулась к ним, обе смотрели на меня с неприязнью. Но в то же время вид у них был такой, словно я застала их за чем-то недозволенным, и они смущенно отступили друг от друга.

— Надо бы двигаться дальше, — сказала я, прикинувшись, что ничего не слышала.

Но Рут не дала себя одурачить. Когда они проходили мимо, взглянула на меня свирепее некуда.

Так что когда во главе с Родни мы отправились искать офис, где он месяц назад увидел «возможное я» для Рут, настроение в нашей компании было еще хуже прежнего. Не улучшало его и то, что Родни по-

peatedly taking us down the wrong streets. At least four times, he led us confidently down a turning off the High Street, only for the shops and offices to run out, and we'd have to turn and come back. Before long, Rodney was looking defensive and on the verge of giving up. But then we found it.

Again, we'd turned and were heading back towards the High Street, when Rodney had stopped suddenly. Then he'd indicated silently an office on the other side of the street.

There it was, sure enough. It wasn't exactly like the magazine advert we'd found on the ground that day, but then it wasn't so far off either. There was a big glass front at street-level, so anyone going by could see right into it: a large open-plan room with maybe a dozen desks arranged in irregular L-patterns. There were the potted palms, the shiny machines and swooping desk lamps. People were moving about between desks, or leaning on a partition, chatting and sharing jokes, while others had pulled their swivel chairs close to each other and were enjoying a coffee and sandwich.

"Look," Tommy said. "It's their lunch break, but they don't go out. Don't blame them either."

We kept on staring, and it looked like a smart, cosy, self-contained world. I glanced at Ruth and noticed her eyes moving anxiously around the faces behind the glass.

"Okay, Rod," Chrissie said. "So which one's the possible?"

She said this almost sarcastically, like she was sure the whole thing would turn out to be a big mistake on his part. But Rodney said quietly, with a tremor of excitement:

стоянно уводил нас не на те улицы. Как минимум четыре раза он уверенно сворачивал с Главной, мы шли за ним, но потом магазины и офисы кончались, и приходилось возвращаться. Довольно скоро повадка Родни стала оборонительной, и видно было, что он готов сдаться. Но вдруг мы нашли, что искали.

В очередной раз мы повернули назад и брели к Главной улице, но тут неожиданно Родни остановился. Потом молча показал на офис на той стороне улицы.

Да, это, конечно, было то самое. Не то чтобы в точности рекламная картинка в журнале, который попался нам тогда на дороге, но и не так уж далеко. Окно во всю стену начиналось почти с уровня тротуара, так что любой прохожий мог видеть большое помещение с открытой планировкой, где буквами «Г» было нерегулярно расставлено, наверное, больше десятка рабочих столов. Там были пальмы в больших горшках, сияющее оборудование, изящно изогнутые настольные лампы. Сотрудники переходили от стола к столу, стояли, опершись на перегородки, разговаривали, шутили; некоторые, близко сдвинув кресла на колесиках, попивали кофе и ели сэндвичи.

— Глядите-ка, — сказал Томми. — Перерыв на ланч, а они не уходят. И я их отлично понимаю.

Мы смотрели и смотрели на этот элегантный, уютный, замкнутый в самом себе мир. Я перевела взгляд на Рут и увидела, что ее зрачки беспокойно прыгают с одного лица за стеклом на другое.

— Так, Род, замечательно, — сказала Крисси. — Которая из них?

Она произнесла это почти саркастически, словно была уверена, что вся затея — одна его большая ошибка. Но Родни тихо, дрожащим от волнения голосом проговорил:

"There. Over in that corner. In the blue outfit. Her, talking now to the big red woman."

It wasn't obvious, but the longer we kept looking, the more it seemed he had something. The woman was around fifty, and had kept her figure pretty well. Her hair was darker than Ruth's — though it could have been dyed — and she had it tied back in a simple pony-tail the way Ruth usually did. She was laughing at something her friend in the red outfit was saying, and her face, especially when she was finishing her laugh with a shake of her head, had more than a hint of Ruth about it.

We all kept on watching her, not saying a word. Then we became aware that in another part of the office, a couple of the other women had noticed us. One raised a hand and gave us an uncertain wave. This broke the spell and we took to our heels in giggly panic.

We stopped again further down the street, talking excitedly all at once. Except for Ruth, that is, who remained silent in the middle of it. It was hard to read her face at that moment: she certainly wasn't disappointed, but then she wasn't elated either. She had on a half-smile, the sort a mother might have in an ordinary family, weighing things up while the children jumped and screamed around her asking her to say, yes, they could do whatever. So there we were, all coming out with our views, and I was glad I could say honestly, along with the others, that the woman we'd seen was by no means out of the question. The truth was, we were all relieved: without quite realising it, we'd been bracing ourselves for a let-down. But now we could go back to the Cottages, Ruth could take encouragement from what she'd seen, and the rest of us could back her up. And the office life the woman appeared to be leading

— Вон она. В том углу. Синий костюм. Разговаривает с толстой женщиной в красном.

Сходство не было очевидным, но чем дольше мы смотрели, тем сильнее убеждались, что какие-то основания Родни имел. Ей было лет пятьдесят, и фигуру она сохранила неплохо. Волосы темнее, чем у Рут, — впрочем, может быть, и крашеные, — и они были стянуты сзади в простой хвостик, как и Рут обычно делала. Она смеялась над какими-то высказываниями своей приятельницы в красном, и в ее лице, особенно когда она, отсмеявшись, встряхивала головой, был не просто намек на сходство с Рут, но, пожалуй, и нечто большее.

Мы довольно долго глядели, не говоря ни слова. Потом вдруг увидели, что две женщины в другой части помещения заметили нас. Одна подняла руку и неуверенно нам помахала. Это нас пробудило, и, панически хихикая, мы пустились наутек.

Чуть дальше по улице мы остановились и возбужденно заговорили все разом. Все — кроме Рут, которая среди этого шума не раскрывала рта. Трудно было в ту минуту понять ее лицо: разочарована она точно не была, но настоящего восторга в ней тоже не чувствовалось. Возникшая у нее полуулыбка могла бы появиться на лице у матери обычного семейства, которая обдумывает ситуацию, в то время как дети кричат, скачут вокруг и требуют, чтобы она сказала: да, разрешаю вам то-то и то-то. В общем, мы стояли, наперебой делились впечатлениями, и я, к своей радости, честно могла сказать, как и другие, что женщина, которую мы видели, — вполне реальная кандидатура. По правде говоря, мы все испытывали облегчение: пока шли поиски, мы, не вполне это сознавая, готовились пережить разочарование. Но теперь можно было спокойно ехать обратно, Рут могла вдохновляться

was about as close as you could hope to the one Ruth had often described for herself. Regardless of what had been going on between us that day, deep down, none of us wanted Ruth to return home despondent, and at that moment we thought we were safe. And so we would have been, I'm pretty sure, had we put an end to the matter at that point.

But then Ruth said:

"Let's sit over there, over on that wall. Just for a few minutes. Once they've forgotten about us, we can go and have another look."

We agreed to this, but as we walked towards the low wall around the small car park Ruth had indicated, Chrissie said, perhaps a little too eagerly:

"But even if we don't get to see her again, we're all agreed she's a possible. And it's a lovely office. It really is."

"Let's just wait a few minutes," Ruth said. "Then we'll go back."

I didn't sit on the wall myself because it was damp and crumbling, and because I thought someone might appear any minute and shout at us for sitting there. But Ruth did sit on it, knees on either side like she was astride a horse. And today I have these vivid images of the ten, fifteen minutes we waited there. No one's talking about the possible any more. We're pretending instead that we're just killing a bit of time, maybe at a scenic spot during a carefree day-trip. Rodney's doing a little dance to demonstrate what a good feeling there is. He gets up on the wall, balances along it then deliberately falls off. Tommy's making jokes about some passers-by, and though they're not very funny, we're all

увиденным, все остальные могли ее в этом поддерживать. И офисная жизнь, которую, судя по всему, вела эта женщина, была так близка к той, что Рут себе и нам рисовала, как только можно было надеяться. Несмотря на все, что происходило между нами в течение дня, в глубине души никто из нас не хотел, чтобы Рут вернулась в Коттеджи ни с чем, и в тот момент мы считали, что такого случиться не может. И все, я уверена, было бы в порядке, поставь мы тогда точку.

Но Рут предложила:

— Давайте пару минут посидим — вон там, на той стенке. Когда они про нас забудут, можно будет еще раз подойти посмотреть.

Мы не были против, но, когда шли к низенькой стенке, окружавшей маленькую автостоянку, Крисси сказала с энтузиазмом, которого было, пожалуй, чуть больше, чем нужно:

— Но даже если мы ее больше не увидим, мы ведь все согласились, что она — твое «возможное я». А офис — прелесть. Просто нет слов.

— Давайте выждем несколько минут, — сказала Рут. — Потом вернемся.

Я садиться на стенку не стала, потому что она была сырая и крошилась, и еще потому, что в любой момент, казалось, кто-нибудь мог появиться и закричать, что здесь рассиживать не положено. А вот Рут, ничем не смущаясь, села на нее верхом. Я и сегодня очень живо вспоминаю те десять-пятнадцать минут, что мы там прождали. О «возможном я» никто больше не говорит. Мы делаем вид, что просто проводим в свое удовольствие свободное время: беззаботная однодневная вылазка, живописное место. Родни, чтобы показать, как ему здесь хорошо, исполняет коротенький танец: залезает на стенку, балансируя идет по ней, потом нарочно валится. Томми отпускает шу-

laughing. Just Ruth, in the middle, astride the wall, remains silent. She keeps the smile on her face, but hardly moves. There's a breeze messing up her hair, and the bright winter sun's making her crinkle up her eyes, so you're not sure if she's smiling at our antics, or just grimacing in the light. These are the pictures I've kept of those moments we waited by that car park. I suppose we were waiting for Ruth to decide when it was time to go back for a second look. Well, she never got to make that decision because of what happened next.

Tommy, who had been mucking about on the wall with Rodney, suddenly jumped down and went still. Then he said:

"That's her. That's the same one."

We all stopped what we were doing and watched the figure coming from the direction of the office. She was now wearing a cream-coloured overcoat, and struggling to fasten her briefcase as she walked. The buckle was giving her trouble, so she kept slowing down and starting again. We went on watching her in a kind of trance as she went past on the other side. Then as she was turning into the High Street, Ruth leapt up and said:

"Let's see where she goes."

We came out of our trance and were off after her. In fact, Chrissie had to remind us to slow down or someone would think we were a gang of muggers going after the woman. We followed along the High Street at a reasonable distance, giggling, dodging past people, separating and coming together again. It must have been around two o'clock by then, and the pavement was busy with shoppers. At times we nearly lost sight of her, but we kept up, loitering in front of window displays when she went into a shop, squeezing past pushchairs and old people when she came out again.

точки по поводу прохожих, не очень смешные, но мы дружно хохочем. Молчит одна Рут, которая сидит, окруженная нами, верхом на стенке. Она почти не шевелится, улыбка с ее лица не сходит. Ветер ерошит ей волосы, в глаза бьет яркое зимнее солнце, и непонятно — то ли она улыбается, глядя на наши кривляния, то ли просто щурится от света. Вот какие картинки сохранились у меня от ожидания у автостоянки. Судя по всему, мы ждали, пока Рут скажет, что пора идти смотреть второй раз. Она так этого и не сказала, потому что случилось вот что.

Томми, который забавлялся на стенке вместе с Родни, вдруг спрыгнул и замер. Потом сказал:

— Вон она идет. Та самая.

Мы мигом бросили дурачиться и уставились на женщину, приближавшуюся со стороны офиса. На ней теперь было кремовое пальто, и она все никак не могла застегнуть на ходу портфель. Что-то там было не так с замком, и она раз за разом замедляла шаг и пыталась снова. В каком-то трансе мы провожали ее глазами, пока она шла мимо по другой стороне улицы. Когда она уже поворачивала на Главную, Рут вскочила:

— Пошли посмотрим, куда она сейчас.

Мы стряхнули оцепенение и отправились вдогонку. Крисси пришлось даже сказать всем, чтобы шли помедленнее, а то могут подумать, будто женщину преследует какая-то банда. Мы двигались за ней по Главной улице на разумном расстоянии, хихикали, обходили людей, разделялись и опять соединялись. Было, наверное, часа два, магазины торговали вовсю, и на тротуаре было полно народу. Иногда она почти пропадала из виду, но все-таки мы не теряли ее — слонялись перед витринами, когда она заходила в магазины, проталкивались среди мам с прогулочными

Then the woman turned off the High Street into the little lanes near the seafront. Chrissie was worried she'd notice us away from the crowds, but Ruth just kept going, and we followed behind her.

Eventually we came into a narrow side-street that had the occasional shop, but was mainly just ordinary houses. We had to walk again in single file, and once when a van came the other way, we had to press ourselves into the houses to let it pass. Before long there was only the woman and us in the entire street, and if she'd glanced back, there was no way she wouldn't have noticed us. But she just kept walking, a dozen or so steps ahead, then went in through a door — into "The Portway Studios."

I've been back to the Portway Studios a number of times since then. It changed owners a few years ago and now sells all kinds of arty things: pots, plates, clay animals. Back then, it was two big white rooms just with paintings — beautifully displayed with plenty of spaces between them. The wooden sign hanging over the door is still the same one though. Anyway, we decided to go in after Rodney pointed out how suspicious we looked in that quiet little street. Inside the shop, we could at least pretend we were looking at the pictures.

We came in to find the woman we'd been following talking to a much older woman with silver hair, who seemed to be in charge of the place. They were sitting on either side of a small desk near the door, and apart from them, the gallery was empty. Neither woman paid much attention as we filed past,

колясками и пожилых людей, когда она опять появлялась на улице.

Потом эта женщина свернула с Главной улицы в прибрежные переулки. Крисси обеспокоилась, что в менее людном месте она обратит на нас внимание, но Рут шла и шла, и мы следовали за ней.

В конце концов мы попали на узкую улочку, где изредка встречались магазины, но большей частью стояли жилые дома. Нам опять пришлось идти гуськом, и один раз, когда навстречу ехал грузовичок, мы прижались к стене дома, чтобы его пропустить. Вскоре на всей улице только и было людей, что она и мы, и, оглянись она, не заметить нас было бы невозможно. Но она двигалась, не оборачиваясь, шагов на десять-пятнадцать впереди, а потом вошла в дверь под вывеской «Салон Портуэя».

Я не раз после этого бывала в «Салоне Портуэя». Несколько лет назад у него сменился владелец, и теперь там продаются всевозможные художественные вещицы — горшки, блюда, керамические фигурки животных. Но в то время там были две большие белые комнаты с одними картинами, свободно и красиво расположенными — очень много пространства вокруг каждой. Деревянная вывеска над входом и сейчас, впрочем, та же самая. Так или иначе, после того как Родни сказал, что на этой тихой улочке мы выглядим очень подозрительно, мы решили войти. Внутри, по крайней мере, можно было притвориться, что мы рассматриваем картины.

Вошли и увидели, что женщина, которая нас интересовала, разговаривает с седой дамой гораздо старше ее — судя по всему, главным лицом здесь. Они сидели по разные стороны маленького письменного стола у двери, и, кроме них, в салоне никого не было. Ни та ни другая не обратила на нас особого внимания, и мы,

spread out and tried to look fascinated by the pictures.

Actually, preoccupied though I was with Ruth's possible, I did begin to enjoy the paintings and the sheer peacefulness of the place. It felt like we'd come a hundred miles from the High Street. The walls and ceilings were peppermint, and here and there, you'd see a bit of fishing net, or a rotted piece from a boat stuck up high near the cornicing. The paintings too — mostly oils in deep blues and greens — had sea themes. Maybe it was the tiredness suddenly catching up with us — after all, we'd been travelling since before dawn — but I wasn't the only one who went off into a bit of a dream in there. We'd all wandered into different corners, and were staring at one picture after another, only occasionally making the odd hushed remark like: "Come and look at this!" All the time, we could hear Ruth's possible and the silver-haired lady talking on and on. They weren't especially loud, but in that place, their voices seemed to fill the entire space. They were discussing some man they both knew, how he didn't have a clue with his children. And as we kept listening to them, stealing the odd glance in their direction, bit by bit, something started to change. It did for me, and I could tell it was happening for the others. If we'd left it at seeing the woman through the glass of her office, even if we'd followed her through the town then lost her, we could still have gone back to the Cottages excited and triumphant. But now, in that gallery, the woman was too close, much closer than we'd ever really wanted. And the more we heard her and looked at her, the less she seemed like Ruth. It was a feeling that grew among us almost tangibly, and I could tell that Ruth, absorbed in a picture on the other side of the room, was feeling it as much as anyone. That was probably why we went on shuffling around that

рассредоточившись, постарались сделать вид, что нас завораживают полотна.

Между прочим, я и правда, как ни захвачена была отысканием «возможного я», начала получать удовольствие от картин и от здешнего спокойствия самого по себе. От Главной улицы мы ушли, казалось, на сотню миль. Стены и потолок были чуть желтоватого оттенка, там и тут высоко были развешаны куски рыболовных сетей и изъеденные временем части лодок. В картинах, в основном выполненных маслом в насыщенных синих и зеленых тонах, тоже преобладала морская тематика. Может быть, на нас на всех внезапно напала усталость — ведь мы выехали задолго до рассвета, — потому что я заметила: не я одна погрузилась здесь в какую-то дремоту. Мы разошлись по разным углам, разглядывали одну картину за другой и лишь изредка вполголоса подзывали друг друга: «Иди-ка сюда, посмотри». Между тем седая дама и «возможное я» все время разговаривали, не особенно громко, но нам было слышно, потому что в этом салоне голоса словно бы наполняли все помещение. Они обсуждали какого-то мужчину, знакомого им обеим, который не мог найти общего языка со своими детьми. Мы слушали, иногда на них поглядывали, и мало-помалу что-то стало меняться. Не только для меня, но и для других — я это чувствовала. Если бы мы, увидев эту женщину через стеклянную стену офиса, на том и кончили, и даже если бы мы, идя за ней по городу, потеряли ее, мы все равно могли бы вернуться в Коттеджи взволнованными и торжествующими. Но сейчас, в салоне, женщина была слишком близко к нам, гораздо ближе, чем мы в действительности хотели. И чем больше мы смотрели и слушали, тем меньше она казалась похожей на Рут. Это ощущение росло среди нас почти осязаемо, и я знала, что

gallery for so long; we were delaying the moment when we'd have to confer.

Then suddenly the woman had left, and we all kept standing about, avoiding each other's eyes. But none of us had thought to follow the woman, and as the seconds kept ticking on, it became like we were agreeing, without speaking, about how we now saw the situation.

Eventually the silver-haired lady came out from behind her desk and said to Tommy, who was the nearest to her:

"That's a particularly lovely work. That one's a favourite of mine."

Tommy turned to her and let out a laugh. Then as I was hurrying over to help him out, the lady asked:

"Are you art students?"

"Not exactly," I said before Tommy could respond. "We're just, well, keen."

The silver-haired lady beamed, then started to tell us how the artist whose work we were looking at was related to her, and all about the artist's career thus far. This had the effect, at least, of breaking the trance-like state we'd been in, and we gathered round her to listen, the way we might have done at Hailsham when a guardian started to speak. This really got the silver-haired lady going, and we kept nodding and exclaiming while she talked about where the paintings had been done, the times of day the artist liked to work, how some had been done without sketches. Then there came a kind of natural end to her lecture, and we all gave a sigh, thanked her and went out.

Рут, вроде бы поглощенная картиной в другой части зала, испытывает его в такой же мере, как и остальные. Вот почему, вероятно, мы так долго бродили по салону: откладывали момент, когда надо будет обмениваться мнениями.

Потом вдруг женщина поднялась и вышла — а мы всё стояли, стараясь не смотреть друг другу в глаза. Чтобы следовать за ней дальше, такого и в мыслях ни у кого не было, секунда шла за секундой, и молча мы, казалось, приходили к согласию о том, как нам теперь все видится.

В конце концов седая дама встала из-за стола и сказала Томми, который был к ней ближе всех:

— Прелестнейшая вещь. Самая моя любимая.

Томми повернулся к ней и издал смешок. Я поспешила ему на выручку, а дама между тем спросила:

— Студенты, да? Искусство изучаете?

— Нет, не то чтобы студенты, — ответила я до того, как Томми мог открыть рот. — Мы просто, ну, интересуемся.

Седая дама лучезарно улыбнулась и начала рассказывать о художнике, на чье полотно мы смотрели: как она с ним связана, какой творческий путь он прошел. Это, по крайней мере, вывело нас из оцепенения, и мы собрались около нее послушать, как в Хейлшеме собирались около начавшего говорить опекуна. Седая дама, видя такое, сильно воодушевилась, и мы стали кивать и вставлять слова восхищения, слушая про то, где писались эти картины, в какое время дня художник предпочитал работать, как в некоторых случаях он обходился без эскизов. Потом, когда ее рассказ подошел к естественному концу, мы дружно вздохнули, поблагодарили ее и вышли.

Кадзуо Исигуро

The street outside being so narrow, we couldn't talk properly for a while longer, and I think we were all grateful for that. As we walked away from the gallery in single file, I could see Rodney, up at the front, theatrically stretching out his arms, like he was exhilarated the way he'd been when we'd first arrived in the town. But it wasn't convincing, and once we came out onto a wider street, we all shuffled to a halt.

We were once again near a cliff edge. And like before, if you peered over the rail, you could see the paths zigzagging down to the seafront, except this time you could see the promenade at the bottom with rows of boarded-up stalls.

We spent a few moments just looking out, letting the wind hit us. Rodney was still trying to be cheerful, like he'd decided not to let any of this business spoil a good outing. He was pointing out to Chrissie something in the sea, way off on the horizon. But Chrissie turned away from him and said:

"Well, I think we're agreed, aren't we? That isn't Ruth." She gave a small laugh and laid a hand on Ruth's shoulder. "I'm sorry. We're all sorry. But we can't blame Rodney really. It wasn't that wild a try. You've got to admit, when we saw her through those windows, it did look..." She trailed off, then touched Ruth on the shoulder again.

Ruth said nothing, but gave a little shrug, almost as if to shrug off the touch. She was squinting into the distance, at the sky rather than the water. I could tell she was upset, but someone who didn't know her well might well have supposed she was being thoughtful.

356

Из-за того, что улица была очень узкая, мы некоторое время не могли как следует все обсудить, и все, думаю, были этому только рады. Мы двигались друг за другом, и Родни, который шел первым, театральным жестом взметнул руки, словно был в таком же восторге, как вначале, когда мы только сюда приехали. Но это было не очень убедительно, и, выйдя на более широкую дорогу, мы замедлили шаги и, шаркая, остановились.

Мы опять находились у края утеса. И если перегнуться через перила, можно было, как раньше, увидеть зигзагообразные тропинки, спускающиеся к самому берегу, только на этот раз внизу еще была видна пешеходная дорожка с рядами закрытых на зиму торговых палаток.

Какое-то время мы просто смотрели на все, подставляя лица ветру. Родни по-прежнему пыжился, стараясь быть веселым, — можно подумать, твердо решил, что ничему не позволит испортить такую отменную вылазку. Он стал показывать Крисси что-то в море — очень далеко, у самого горизонта. Но Крисси отвернулась от него и сказала:

— Так — я думаю, мы все согласны, да? Это не Рут. — Она издала короткий смешок и коснулась рукой плеча Рут. — Мне очень жаль. Как и всем, конечно. Но Родни ругать, в общем-то, не за что. Не такая уж глупая была затея. Согласитесь, когда мы увидели ее через это стекло, было ведь ощущение...

Она замолчала, потом опять дотронулась до плеча Рут. Та ничего не сказала, но слегка повела плечом — выглядело почти что так, словно она хотела сбросить руку. Искоса Рут смотрела вдаль — скорее на небо, чем на воду. Я видела, что она расстроена, но кому-то, кто не так хорошо ее знал, вполне могло показаться, что она просто задумалась.

"Sorry, Ruth," Rodney said, and he too gave Ruth a pat on the shoulder. But he had a smile on his face like he didn't expect for one moment to be blamed for anything. It was the way someone apologised when they'd tried to do you a favour, but it hadn't worked out.

Watching Chrissie and Rodney at that moment, I remember thinking, yes, they were okay. They were kind in their way and were trying to cheer Ruth up. At the same time, though, I remember feeling — even though they were the ones doing the talking, and Tommy and I were silent — a sort of resentment towards them on Ruth's behalf. Because however sympathetic they were, I could see that deep down they were relieved. They were relieved things had turned out the way they had; that they were in a position to comfort Ruth, instead of being left behind in the wake of a dizzying boost to her hopes. They were relieved they wouldn't have to face, more starkly than ever, the notion which fascinated and nagged and scared them: this notion of theirs that there were all kinds of possibilities open to us Hailsham students that weren't open to them. I remember thinking then how different they actually were, Chrissie and Rodney, from the three of us.

Then Tommy said:

"I don't see what difference it makes. It was just a bit of fun we were having."

"A bit of fun for you maybe, Tommy," Ruth said coldly, still gazing straight ahead of her. "You wouldn't think so if it was your possible we'd been looking for."

"I think I would," Tommy said. "I don't see how it matters. Even if you found your possible, the actual model they got you from. Even then, I don't see what difference it makes to anything."

"Thank you for your profound contribution, Tommy," said Ruth.

— Извини, Рут, — сказал Родни и тоже похлопал ее по плечу. Но, судя по улыбке, он ни секунды не сомневался, что упрекать его совершенно не в чем. Так просит прощения тот, кто попытался оказать тебе услугу, которой ты почему-то не смог воспользоваться.

Глядя в ту минуту на Крисси и Родни, я, помнится, думала: нет, они ничего. По-своему они добры и стараются подбодрить Рут. В то же время, однако, — хотя обращались к Рут они, а мы с Томми молчали, — я была на них в каком-то смысле обижена за подругу. Потому что сочувствие сочувствием, а в глубине души они, я видела, испытывали облегчение. Облегчение от того, что все вышло так, как вышло: что можно утешать Рут, вместо того чтобы завистливо следить за головокружительным взлетом ее надежд. Облегчение от того, что в них не окрепнет мысль, которая и будоражила их, и мучила, и пугала, — мысль, что нам, хейлшемским, открыты многие возможности, закрытые для них. Помню, я думала тогда, как сильно они, Крисси и Родни, отличаются от нас троих.

Потом Томми сказал:

— Не понимаю, какая, собственно, разница. Мы ведь так, развлечение себе хотели устроить.

— Ты, Томми, может быть, и развлекался, — холодно отозвалась Рут, все еще глядя в пространство. — Если бы мы твое «возможное я» искали, ты относился бы ко всему иначе.

— Так же и относился бы, — возразил Томми. — По-моему, это все не имеет значения. Пусть даже ты ее найдешь, эту самую модель, с которой ты скопирована. Все равно — какая разница?

— Глубокое соображение! Что бы мы без тебя делали, Томми? — съязвила Рут.

"But I think Tommy's right," I said. "It's daft to assume you'll have the same sort of life as your model. I agree with Tommy. It's just a bit of fun. We shouldn't get so serious about it."

I too reached out and touched Ruth on the shoulder. I wanted her to feel the contrast to when Chrissie and Rodney had touched her, and I deliberately chose exactly the same spot. I expected some response, some signal that she accepted understanding from me and Tommy in a way she didn't from the veterans. But she gave me nothing, not even the shrug she'd given Chrissie.

Somewhere behind me I could hear Rodney pacing about, making noises to suggest he was getting chilly in the strong wind.

"How about going to visit Martin now?" he said. "His flat's just over there, behind those houses."

Ruth suddenly sighed and turned to us.

"To be honest," she said, "I knew all along it was stupid."

"Yeah," said Tommy, eagerly. "Just a bit of fun."

Ruth gave him an irritated look.

"Tommy, please shut up with all this "bit of fun" stuff. No one's listening." Then turning to Chrissie and Rodney she went on: "I didn't want to say when you first told me about this. But look, it was never on. They don't ever, ever, use people like that woman. Think about it. Why would she want to? We all know it, so why don't we all face it. We're not modelled from that sort..."

"Ruth," I cut in firmly. "Ruth, don't."

— А по-моему, Томми прав, — вмешалась я. — Глупо предполагать, что у тебя будет такая же жизнь, как у этой модели. Я согласна с Томми. Это было развлечение. Не надо так серьезно.

И я тоже коснулась рукой плеча Рут. Я хотела, чтобы она почувствовала отличие от прикосновений Крисси и Родни, и потому сознательно выбрала в точности то же место. Я ожидала какого-то отклика, сигнала, что от меня и Томми она иначе принимает знаки сопереживания, чем от старожилов. Но она не отреагировала вовсе — даже плечом не повела, как под рукой Крисси.

Я услышала, как Родни за спиной у меня расхаживает взад-вперед, давая понять, что ему холодно на таком ветру.

— Может, зайдем сейчас к Мартину? — предложил он. — Он вон там живет, совсем близко, за теми домами.

Внезапно Рут вздохнула и повернулась к нам.

— Честно говоря, я с самого начала знала, что это глупость.

— Конечно, — рьяно подтвердил Томми. — Так, развлечение.

Рут взглянула на него раздраженно.

— Томми, будь добр, оставь свое «так, развлечение» при себе. Всем уже надоело. — Потом, повернувшись к Крисси и Родни, она сказала: — Я не хотела говорить, когда в первый раз от вас об этом услышала. Но поймите простую вещь: это дело безнадежное. Они никогда, никогда не берут таких, как эта женщина. Сообразите: с какой стати она захочет? Мы все это понимаем, только признаваться себе не желаем. Нет, мы скопированы совсем не с таких...

— Рут, — решительно перебила ее я. — Рут, прекрати.

But she just carried on:

"We all know it. We're modelled from trash. Junkies, prostitutes, winos, tramps. Convicts, maybe, just so long as they aren't psychos. That's what we come from. We all know it, so why don't we say it? A woman like that? Come on. Yeah, right, Tommy. A bit of fun. Let's have a bit of fun pretending. That other woman in there, her friend, the old one in the gallery. Art students, that's what she thought we were. Do you think she'd have talked to us like that if she'd known what we really were? What do you think she'd have said if we'd asked her? "Excuse me, but do you think your friend was ever a clone model?" She'd have thrown us out. We know it, so we might as well just say it. If you want to look for possibles, if you want to do it properly, then you look in the gutter. You look in rubbish bins. Look down the toilet, that's where you'll find where we all came from."

"Ruth"—Rodney's voice was steady and had a warning in it—"let's forget about it and go and see Martin. He's off this afternoon. You'll like him, he's a real laugh."

Chrissie put an arm around Ruth.

"Come on, Ruth. Let's do what Rodney says."

Ruth got to her feet and Rodney started to walk.

"Well, you lot can go," I said quietly. "I'm not going."

Ruth turned and looked at me carefully.

"Well, what do you know? Who's the upset one now?"

"I'm not upset. But sometimes you speak garbage, Ruth."

"Oh, look who's upset now. Poor Kathy. She never likes straight talking."

Но она продолжала:

— Мы все это знаем. Мы скопированы с отбросов. С наркоманов, проституток, пьяниц, бродяг. Кое-кто, может быть, с заключенных — с тех, которые не психи. Вот от кого мы произошли. Мы все это понимаем, так почему прямо не сказать? От такой женщины? Как же, держи карман. Да, ты прав, Томми. Так, развлечение. Приятно себя кем-то вообразить. Та пожилая женщина в салоне, ее знакомая, — за кого она нас приняла? За студентов, изучающих искусство? Думаете, она бы так же с нами говорила, если бы знала, кто мы такие? Что она, по-вашему, ответила бы, если бы мы ее спросили: «Простите, пожалуйста, вы случайно не знаете, была ли ваша подруга моделью для клонирования?» Да она вышвырнула бы нас вон! Раз мы это понимаем, чего молчать? Хотите искать «возможные я», всерьез хотите — так ищите на помойке. В сточной канаве. В толчке ищите — вот откуда мы все вышли.

— Рут. — Голос Родни был твердым, и в нем звучало предостережение. — Хватит об этом, забудем и пойдем навестим Мартина. Сегодня у него как раз выходной. Он смешной, веселый, он тебе понравится.

Крисси обняла Рут одной рукой.

— Правда, Рут, пойдем. Родни дело предлагает.

Рут сделала шаг, и Родни двинулся было.

— Вы идите, если хотите, — тихо сказала я. — Я не иду.

Рут обернулась и вгляделась в меня.

— Вот так так. Кто из нас теперь в расстроенных чувствах?

— Я не в расстроенных чувствах. Просто, Рут, иногда ты несешь такое, что уши вянут.

— Надо же, какое расстройство. Бедная Кэти. Ох как мы правду не любим.

"It's nothing to do with that. I don't want to visit a carer. We're not supposed to and I don't even know this guy."

Ruth shrugged and exchanged glances with Chrissie.

"Well," she said, "there's no reason we've got to go round together the whole time. If little Miss here doesn't want to join us, she doesn't have to. Let her go off by herself."

Then she leaned over to Chrissie and said in a stage whisper:

"That's always the best way when Kathy's in a mood. Leave her alone and she'll walk it off."

"Be back at the car by four o'clock," Rodney said to me. "Otherwise you'll have to hitch-hike." Then he did a laugh. "Come on, Kathy, don't get in a sulk. Come with us."

"No. You go on. I don't feel like it."

Rodney shrugged and started to move off again. Ruth and Chrissie followed, but Tommy didn't move. Only when Ruth stared at him did he say:

"I'll stay with Kath. If we're splitting, then I'll stay with Kath."

Ruth glared at him in fury, then turned and strode off. Chrissie and Rodney looked at Tommy awkwardly, then they too began walking again.

Chapter 15

Tommy and I leaned on the rail and stared at the view until the others had gone out of sight.

"It's just talk," he said eventually. Then after a pause: "It's just what people say when they're feeling

— Дело не в этом. Я не хочу идти в гости к помощнику. Мы не должны их посещать, и я с ним даже не знакома.

Рут пожала плечами и переглянулась с Крисси.

— Ну что ж, — сказала она. — Не вижу причин все время ходить одной компанией. Если эта маленькая особа не желает с нами идти, пусть остается. Может побыть одна.

Она наклонилась к Крисси и театральным шепотом произнесла:

— Это всегда самое лучшее, когда Кэти не в духе. Оставить одну, и потихоньку у нее наладится.

— К четырем будь у машины, — сказал мне Родни. — Иначе придется добираться автостопом. — Он помолчал, усмехнулся. — Да ладно тебе, Кэти, не грусти. Пошли с нами.

— Нет. Идите. Я не хочу.

Родни пожал плечами и опять двинулся к дому Мартина. Рут и Крисси — за ним, но Томми остался на месте. Только когда Рут изумленно на него уставилась, он сказал:

— Я не пойду, я побуду с Кэт. Если мы не все вместе, я с Кэт побуду.

Рут метнула в него негодующий взгляд, повернулась и зашагала. Крисси и Родни, посмотрев на Томми смущенно, тоже пошли куда собирались.

Глава 15

Мы с Томми, облокотившись на перила, рассматривали море и небо, пока остальные точно не скрылись за поворотом.

— Это просто трепотня, — сказал он наконец. Потом, после паузы: — Так говорят, когда себя жалеют.

sorry for themselves. It's just talk. The guardians never told us anything like that."

I started to walk — the opposite way to the others — and let Tommy fall in step beside me.

"It's not worth getting upset about," Tommy went on. "Ruth's always doing things like that now. It's just her letting off steam. Anyway, like we were telling her, even if it's true, even a little bit true, I don't see how it makes any difference. Our models, what they were like, that's nothing to do with us, Kath. It's just not worth getting upset about."

"Okay," I said, and deliberately bumped my shoulder into his. "Okay, okay."

I had the impression we were walking towards the town centre, though I couldn't be sure. I was trying to think of a way to change the subject, when Tommy said first:

"You know when we were in that Woolworth's place earlier? When you were down at the back with the others? I was trying to find something. Something for you."

"A present?" I looked at him in surprise. "I'm not sure Ruth would approve of that. Not unless you got her a bigger one."

"A sort of present. But I couldn't find it. I wasn't going to tell you, but now, well, I've got another chance to find it. Except you might have to help me. I'm not very good at shopping."

"Tommy, what are you talking about? You want to get me a present, but you want me to help you choose it..."

"No, I know what it is. It's just that..." He laughed and shrugged. "Oh, I might as well tell you. In that shop we were in, they had this shelf with loads of records and tapes. So I was looking for the one you lost that time. Do

Трепотня. От опекунов я никогда ничего такого не слышал.

Я двинулась в противоположную от жилища Мартина сторону и не воспротивилась тому, чтобы Томми пошел рядом.

— Да не огорчайся ты из-за этого, — продолжал Томми. — Рут сейчас все время так себя ведет. Пар выпускает. И даже пусть это правда, пусть это насколько-нибудь правда — все равно, мы же ей с тобой сказали: какая разница? Оригиналы, с которых мы скопированы, кто бы они ни были, не имеют к нам отношения. И нечего, Кэт, из-за этого огорчаться.

— Хорошо, — сказала я и нарочно подтолкнула его плечом. — Хорошо, хорошо.

Мне показалось — хотя я не могла быть уверена, — что мы идем к центру города. Я пыталась придумать другую тему для разговора, но Томми меня опередил:

— Помнишь этот «Вулвортс», где мы были сегодня? Пока вы все ходили по залу, я кое-что искал. Кое-что для тебя.

— Подарок? — Я удивленно вскинула на него глаза. — Не уверена, что Рут бы это одобрила. Разве только ты ей сделал бы подарок посолиднее.

— Вроде подарка. Но я не смог найти. Не собирался тебе говорить, но теперь появился шанс — шанс еще раз попробовать. Только ты мне помоги, я плохо ориентируюсь в магазинах.

— Что-то я не понимаю. Хочешь сделать мне подарок, но я должна помочь его выбрать?..

— Да нет, я знаю, что это должно быть. Просто... — Он засмеялся и пожал плечами. — Ладно уж, чего темнить. В том магазине у них есть полка со всякой музыкой, с массой кассет. Вот я и начал искать

you remember, Kath? Except I couldn't remember what it was any more."

"My tape? I didn't realise you ever knew about it, Tommy."

"Oh yeah. Ruth was getting people to look for it and saying you were really upset about losing it. So I tried to find it. I never told you at the time, but I did try really hard. I thought there'd be places I could look where you couldn't. In boys' dorms, stuff like that. I remember looking for ages, but I couldn't find it."

I glanced at him and felt my rotten mood evaporating.

"I never knew that, Tommy. That was really sweet of you."

"Well, it didn't help much. But I really wanted to find it for you. And when it looked in the end like it wasn't going to turn up, I just said to myself, one day I'll go to Norfolk and I'll find it there for her."

"The lost corner of England," I said, and looked around me. "And here we are!"

Tommy too looked around him, and we came to a halt. We were in another side-street, not as narrow as the one with the gallery. For a moment we both kept glancing around theatrically, then giggled.

"So it wasn't such a daft idea," Tommy said. "That Woolworth's shop earlier, it had all these tapes, so I thought they were bound to have yours. But I don't think they did."

"You don't think they did? Oh, Tommy, you mean you didn't even look properly!"

"I did, Kath. It's just that, well, it's really annoying but I couldn't remember what it was called. All that time at Hailsham, I was opening boys' collection chests

ту, которую ты тогда потеряла. Помнишь, Кэт? Только вот я позабыл, как она точно называется.

— Моя кассета? Томми, я и не думала, что ты про нее знаешь.

— Знаю. Это Рут мне сказала, и не мне одному, она просила людей поискать, говорила, ты очень расстроена. И я пытался тогда ее найти. Тебе не стал говорить, но я много где смотрел. Я подумал — есть места, куда ты не сможешь сама заглянуть. Спальни мальчиков и тому подобное. Помню, я кучу времени потратил, но все без толку.

Я взглянула на него и почувствовала, что мое дрянное настроение улетучивается.

— Надо же, а я и знать не знала. Очень мило с твоей стороны, Томми.

— Хотел тебе помочь, но ничего не вышло. И когда в конце концов я понял, что кассета не найдется, я сказал себе: поеду когда-нибудь в Норфолк и там все-таки отыщу.

— Норфолк, край потерь, — промолвила я и огляделась. — Вот мы в него и попали!

Томми тоже огляделся, и мы остановились. Улочка, куда мы углубились, была узенькая, но не настолько, как та, где салон. Некоторое время мы по-театральному озирались по сторонам, потом захихикали.

— Что, может, не такая уж и глупая была идея? — сказал Томми. — Там, в «Вулвортсе», кассет было очень много, и я подумал — наверное, есть и твоя. Но, кажется, ее там нет.

— Кажется? Ты что, даже не посмотрел как следует?

— Посмотрел, посмотрел. Но дело в том, что... Очень обидно, но я не мог вспомнить название. Тогда в Хейлшеме я залезал к ребятам в коллекцион-

and everything, and now I can't remember. It was Julie Bridges or something..."

"Judy Bridgewater. Songs After Dark."
Tommy shook his head solemnly.
"They definitely didn't have that."
I laughed and punched his arm. He looked puzzled so I said: "Tommy, they wouldn't have something like that in Woolworth's. They have the latest hits. Judy Bridgewater, she's someone from ages ago. It just happened to turn up, at one of our Sales. It's not going to be in Woolworth's now, you idiot!"

"Well, like I said, I don't know about things like that. But they had so many tapes..."
"They had some, Tommy. Oh, never mind. It was a sweet idea. I'm really touched. It was a great idea. This is Norfolk, after all."
We started walking again and Tommy said hesitantly:
"Well, that's why I had to tell you. I wanted to surprise you, but it's useless. I don't know where to look, even if I do know the name of the record. Now I've told you, you can help me. We can look for it together."

"Tommy, what are you talking about?"
I was trying to sound reproachful, but I couldn't help laughing.
"Well, we've got over an hour. This is a real chance."

"Tommy, you idiot. You really believe it, don't you? All this lost-corner stuff."
"I don't necessarily believe it. But we might as well look now we're here. I mean, you'd like to find it again, wouldn't you? What have we got to lose?"

ные сундучки, чего только не делал — а теперь вот вспомнить не могу. Джулия Бриджез или что-то в этом роде...

— Джуди Бриджуотер. «После захода солнца».

Томми очень серьезно покачал головой.

— Этого там точно нет.

Я со смехом заехала ему в плечо кулаком. У него стало озадаченное лицо, и я сказала:

— Томми, в «Вулвортсе» этого и не могло быть. Они торгуют новейшими хитами. А Джуди Бриджуотер — допотопное старье. Просто она случайно попала на одну из наших Распродаж. Искать сейчас эту кассету в «Вулвортсе» мог только такой дурачок, как ты!

— Я же сказал, что не разбираюсь в таких вещах. Там так много было кассет, что я подумал...

— Много, но не все, Томми. Ладно, не переживай. Все равно это очень даже славная была идея. Я тронута. Отличная идея. Как-никак мы же в Норфолке!

Когда мы двинулись дальше, Томми нерешительно заговорил:

— Слушай, ну, ты поняла, наверное, почему мне пришлось тебе сказать. Думал сюрприз сделать, но не вышло. Даже если бы вспомнил название — где искать, все равно понятия не имею. А теперь, когда ты все знаешь, — помоги мне, а? Поискали бы вместе.

— Томми, ну что ты несешь!

Я хотела сделать тон укоризненным, но не могла удержаться от смеха.

— У нас час с лишним в запасе. Есть реальный шанс.

— Томми, ты просто идиот. Ты что, действительно в это веришь? Во всю эту белиберду про «край потерь»?

— Да нет, не то что прямо верю. Но почему не поискать, раз уж мы здесь? Ведь тебе, наверное, было бы приятно ее найти. И мы ничем не рискуем.

"All right. You're a complete idiot, but all right."

He opened his arms out helplessly.

"Well, Kath, where do we go? Like I say, I'm no good at shopping."

"We have to look in second-hand places," I said, after a moment's thought. "Places full of old clothes, old books. They'll sometimes have a box full of records and tapes."

"Okay. But where are these shops?"

When I think of that moment now, standing with Tommy in the little side-street about to begin our search, I feel a warmth welling up through me. Everything suddenly felt perfect: an hour set aside, stretching ahead of us, and there wasn't a better way to spend it. I had to really hold myself back from giggling stupidly, or jumping up and down on the pavement like a little kid. Not long ago, when I was caring for Tommy, and I brought up our Norfolk trip, he told me he'd felt exactly the same. That moment when we decided to go searching for my lost tape, it was like suddenly every cloud had blown away, and we had nothing but fun and laughter before us.

At the start, we kept going into the wrong sort of places: second-hand bookshops, or shops full of old vacuum cleaners, but no music at all. After a while Tommy decided I didn't know any better than he did and announced he would lead the way. As it happened, by sheer luck really, he discovered straight away a street with four shops of just the kind we were after, standing virtually in a row. Their front windows were full of dresses, handbags, children's annuals, and when you went inside, a sweet stale smell. There were piles of creased

— Ладно, так и быть. Ты полный идиот, но так и быть.

Он беспомощно развел руками.

— Тогда, Кэт, куда нам идти? Говорю тебе — я совсем не умею делать покупки.

— Можно поискать в магазинах подержанных вещей, — сказала я, чуть поразмыслив. — Где продают старую одежду, старые книги. Там могут быть ящики с пластинками и кассетами.

— Хорошо. Но где они, эти магазины?

Даже теперь, когда я вспоминаю эту минуту — мы с Томми стоим на маленькой улочке и собираемся пуститься на поиски, — я чувствую, как во мне поднимается тепло. Вдруг все стало просто великолепно: впереди час полной свободы, и лучшего способа провести этот час и придумать нельзя. Мне всерьез пришлось удерживаться от глупого хихиканья, от того, чтобы скакать по тротуару, как малый ребенок. Не так давно, когда я ухаживала за Томми в центре реабилитации, я заговорила с ним про поездку в Норфолк, и он сказал, что ощущал в точности то же самое. Как только мы решили отправиться на поиски потерянной кассеты, все тучи словно бы разом куда-то сдуло, и впереди у нас не было ничего, кроме веселья и смеха.

Вначале мы заходили не в те места — в букинистические магазины или туда, где стояли старые пылесосы и ничего музыкального не имелось вовсе. Спустя какое-то время Томми решил, что я понимаю в этом не больше, чем он, и заявил, что сам меня поведет. И по чистой случайности он сразу обнаружил улицу, где почти вплотную друг к другу торговали четыре именно таких магазина, какие нам были нужны. Витрины были полны платьев, дамских сумочек, детских ежегодников, а внутри стоял сладковатый аро-

paperbacks, dusty boxes full of postcards or trinkets. One shop specialised in hippie stuff, while another had war medals and photos of soldiers in the desert. But they all had somewhere a big cardboard box or two with LPs and cassette tapes. We rummaged around those shops, and in all honesty, after the first few minutes, I think Judy Bridgewater had more or less slipped from our minds. We were just enjoying looking through all those things together; drifting apart then finding ourselves side by side again, maybe competing for the same box of bric-à-brac in a dusty corner lit up by a shaft of sun.

Then of course I found it. I'd been flicking through a row of cassette cases, my mind on other things, when suddenly there it was, under my fingers, looking just the way it had all those years ago: Judy, her cigarette, the coquettish look for the barman, the blurred palms in the background.

I didn't exclaim, the way I'd been doing when I'd come across other items that had mildly excited me. I stood there quite still, looking at the plastic case, unsure whether or not I was delighted. For a second, it even felt like a mistake. The tape had been the perfect excuse for all this fun, and now it had turned up, we'd have to stop. Maybe that was why, to my own surprise, I kept silent at first; why I thought about pretending never to have seen it. And now it was there in front of me, there was something vaguely embarrassing about the tape, like it was something I should have grown out of. I actually went as far as flicking the cassette on and letting its neighbour fall on it. But there was the spine, looking up at me, and in the end I called Tommy over.

мат затхлости. Множество книг в мятых бумажных обложках, пыльные коробки, набитые открытками и всякими безделушками. Один магазин специализировался на всем хипповском, в другом продавались военные медали и фотографии солдат в пустыне. Но в каждом где-нибудь да стояла большая картонная коробка, а то и две, с долгоиграющими пластинками и аудиокассетами. Мы шарили во всем этом и, честно говоря, спустя несколько минут как-то даже почти позабыли про Джуди Бриджуотер. Мы просто получали удовольствие от того, что вместе копаемся в этих вещах; то расходились по разным углам, то опять оказывались рядом, иногда, соревнуясь, лезли в одну и ту же коробку со старьем в пыльном закутке, освещенном случайным лучом солнца.

А потом, разумеется, я ее нашла. Я быстро перебирала футляры от кассет, думая о чем-то постороннем, и вдруг — вот она, эта картинка, под самыми моими пальцами, совершенно такая же, как тогда, годы тому назад: Джуди, ее сигарета, кокетливый взгляд на бармена, размытые пальмы на заднем плане.

Я никакого восклицания даже не издала, как сделала бы, попадись мне что-нибудь просто любопытное. Я стояла там совсем неподвижно, глядя на пластмассовую коробочку и не зная, рада я или нет. На мгновение мне даже показалось, что тут какая-то ошибка. Кассета была отличным предлогом для всего этого нашего веселья, но теперь, когда она нашлась, мы должны были остановиться. Может быть, поэтому я, к моему удивлению, какое-то время молчала; мелькнула даже мысль притвориться, что я ничего не видела. Чем-то он, этот футляр у меня перед глазами, неуловимо меня смущал, словно мне полагалось бы уже перерасти Джуди Бриджуотер. Дошло даже до того, что я выпустила футляр и позволила соседнему на

"Is that it?"

He seemed genuinely sceptical, perhaps because I wasn't making more fuss. I pulled it out and held it in both hands. Then suddenly I felt a huge pleasure — and something else, something more complicated that threatened to make me burst into tears. But I got a hold of the emotion, and just gave Tommy's arm a tug.

"Yes, this is it," I said, and for the first time smiled excitedly. "Can you believe it? We've really found it!"

"Do you think it could be the same one? I mean, the actual one. The one you lost?"

As I turned it in my fingers, I found I could remember all the design details on the back, the titles of the tracks, everything.

"For all I know, it might be," I said. "But I have to tell you, Tommy, there might be thousands of these knocking about."

Then it was my turn to notice Tommy wasn't as triumphant as he might be.

"Tommy, you don't seem very pleased for me," I said, though in an obviously jokey voice.

"I am pleased for you, Kath. It's just that, well, I wish I'd found it." Then he did a small laugh and went on: "Back then, when you lost it, I used to think about it, in my head, what it would be like, if I found it and brought it to you. What you'd say, your face, all of that."

His voice was softer than usual and he kept his eyes on the plastic case in my hand. And I suddenly became very conscious of the fact that we were the only people in the shop, except for the old guy behind the counter at

него повалиться. Но узкой стороной он все равно смотрел на меня, и в конце концов я подозвала Томми.

— Она, что ли?

В его вопросе прозвучал неподдельный скепсис — причиной тому, скорее всего, была моя сдержанность. Я взяла футляр и держала в обеих руках; потом вдруг почувствовала громадное удовольствие — и что-то еще, что-то более сложное, грозившее заставить меня разрыдаться. Но я справилась с собой и всего-навсего дернула Томми за рукав.

— Да, она, — ответила я и в первый раз восторженно улыбнулась. — Просто не верится! Мы и правда ее нашли.

— Как, по-твоему, может, это та самая? Именно та, которую ты потеряла?

Я вертела в пальцах коробочку и узнавала все от и до — детали оформления вкладыша, названия песен, каждую мелочь.

— Я отличий не вижу, — сказала я. — Но знаешь, Томми, — может быть, их тысячи таких повсюду.

Теперь уже я в свой черед заметила, что Томми не так торжествует, как мог бы.

— Томми, ты, кажется, не очень-то рад за меня, — упрекнула я его, правда, тоном явно шутливым.

— Рад, Кэт, еще как рад. Просто, ну... мне жалко, что не я ее нашел. — Он усмехнулся и продолжал: — Тогда, после того как ты ее потеряла, я много раз это себе представлял: как я ее найду, как тебе принесу. Что ты скажешь, какое у тебя будет лицо и так далее.

Его голос звучал мягче обычного, взгляд был сосредоточен на пластмассовом футлярчике у меня в руках. И вдруг я очень ясно осознала, что мы в магазине одни, если не считать старика за прилавком

the front engrossed in his paperwork. We were right at the back of the shop, on a raised platform where it was darker and more secluded, like the old guy didn't want to think about the stuff in our area and had mentally curtained it off. For several seconds, Tommy stayed in a sort of trance, for all I know playing over in his mind one of these old fantasies of giving me back my lost tape. Then suddenly he snatched the case out of my hand.

"Well at least I can buy it for you," he said with a grin, and before I could stop him, he'd started down the floor towards the front.

I went on browsing around the back of the shop while the old guy searched around for the tape to go with the case. I was still feeling a pang of regret that we'd found it so quickly, and it was only later, when we were back at the Cottages and I was alone in my room, that I really appreciated having the tape — and that song — back again. Even then, it was mainly a nostalgia thing, and today, if I happen to get the tape out and look at it, it brings back memories of that afternoon in Norfolk every bit as much as it does our Hailsham days.

As we came out of the shop, I was keen to regain the carefree, almost silly mood we'd been in before. But when I made a few little jokes, Tommy was lost in his thoughts and didn't respond.

We began going up a steeply climbing path, and we could see — maybe a hundred yards further up — a kind of viewing area right on the cliff edge with benches facing out to sea. It would have made a nice spot in the summer for an ordinary family to sit and eat a picnic. Now, despite the chilly wind, we found ourselves walking up towards it, but when there was still some

у входа, с головой ушедшего в свои бумаги. Мы стояли на чем-то вроде помоста в дальней части помещения, глухой и полутемной, где лежали товары, на которые старик, судя по всему, махнул рукой. Томми несколько секунд пребывал в каком-то оцепенении — по всей видимости, прокручивал в уме одну из былых своих фантазий о том, как он возвращает мне потерянную кассету. Потом внезапно он взял футляр у меня из рук.

— По крайней мере, хоть куплю ее для тебя, — сказал он с усмешкой и прежде, чем я могла его остановить, спустился с помоста и пошел к прилавку.

Пока старик искал кассету, соответствующую футляру, я еще чуть-чуть побродила в глубине магазина. Мне по-прежнему было немного жаль, что мы так быстро ее нашли, и только потом, когда мы вернулись в Коттеджи и я была одна в своей комнате, я по-настоящему это оценила — то, что у меня опять есть кассета и эта песня. Но даже тогда мои переживания были по большей части ностальгическими, и сейчас, если я достаю кассету и смотрю на нее, она ровно настолько же пробуждает воспоминания о том дне в Норфолке, насколько о старых хейлшемских годах.

Когда мы вышли из магазина, мне очень хотелось вернуть то беззаботное, почти дурашливое настроение, с которым мы в него входили. Я отпустила несколько шуточек, но Томми был в задумчивости и не реагировал.

Дорожка, на которой мы оказались, круто пошла вверх, и примерно в сотне шагов впереди, на самом краю утеса, видна была смотровая площадка со скамейками, откуда можно было глядеть на море. Летом — прекрасное место для обычной семьи, чтобы посидеть и перекусить на свежем воздухе. Хотя сейчас дул холодный ветер, как-то так получилось, что

way left to go, Tommy slowed to a dawdle and said to me:

"Chrissie and Rodney, they're really obsessed with this idea. You know, the one about people having their donations deferred if they're really in love. They're convinced we know all about it, but no one said anything like that at Hailsham. At least, I never heard anything like that, did you, Kath? No, it's just something going around recently among the veterans. And people like Ruth, they've been stoking it up."

I looked at him carefully, but it was hard to tell if he'd just spoken with mischievous affection or else a kind of disgust. I could see anyway there was something else on his mind, nothing to do with Ruth, so I didn't say anything and waited. Eventually he came to a complete halt and started to poke around with his foot a squashed paper cup on the ground.

"Actually, Kath," he said, "I've been thinking about it for a while. I'm sure we're right, there was no talk like that when we were at Hailsham. But there were a lot of things that didn't make sense back then. And I've been thinking, if it's true, this rumour, then it could explain quite a lot. Stuff we used to puzzle over."

"What do you mean? What sort of stuff?"

"The Gallery, for instance." Tommy had lowered his voice and I stepped in closer, just as though we were still at Hailsham, talking in the dinner queue or beside the pond. "We never got to the bottom of it, what the Gallery was for. Why Madame took away all the best works. But now I think I know. Kath, you remember that time everyone was arguing about tokens? Whether they should get them or not to make up for stuff they'd had taken away by Madame? And Roy J. went in to see Miss

мы туда направились, но немного не доходя до смотровой площадки, Томми замедлил шаги и сказал:

— Крисси и Родни просто помешались на этой идее. Ну — о том, что каким-то парам откладывают донорство, если у них настоящая любовь. Они уверены, что мы всё об этом знаем, но ведь в Хейлшеме никто ничего такого не говорил. Я, по крайней мере, не слышал — а ты, Кэт? Нет, это просто стало ходить последнее время среди старожилов. А люди вроде Рут только рады это раздуть.

Я внимательно на него посмотрела, но понять, что это — добродушное любовное ворчание или настоящее недовольство, — было невозможно. Я видела, однако, что у него на уме и что-то другое, не имеющее отношения к Рут, поэтому я не стала ничего говорить, просто выжидала. В конце концов он остановился совсем и носком ботинка начал двигать туда-сюда по земле смятый бумажный стаканчик.

— Знаешь, Кэт, — сказал он. — Я тут думал кое о чем. Да, я уверен, что мы с тобой не ошибаемся, в Хейлшеме никто про такое не говорил. Но там была масса всего, в чем мы не видели смысла в то время. И я подумал: если это правда, если этот слух на чем-то основан — тогда очень многое можно объяснить. То, над чем мы ломали голову.

— Что ты имеешь в виду? Что можно объяснить?

— Например, Галерею. — Томми заговорил тише и придвинулся ко мне, точно мы все еще были в Хейлшеме и обсуждали что-то в обеденной очереди или у пруда. — Мы ведь так и не смогли там добраться до сути — зачем вообще нужна эта Галерея? Зачем Мадам забирала все лучшие работы? Но теперь, кажется, я знаю. Помнишь, Кэт, как все спорили насчет жетонов — должны или нет их давать в обмен на то, что берет себе Мадам? И как Рой Дж. ходил разговари-

Emily about it? Well, there was something Miss Emily said then, something she let drop, and that's what's been making me think."

Two women were passing by with dogs on leads, and although it was completely stupid, we both stopped talking until they'd gone further up the slope and out of earshot. Then I said:

"What thing, Tommy? What thing Miss Emily let drop?"

"When Roy J. asked her why Madame took our stuff away. Do you remember what she's supposed to have said?"

"I remember her saying it was a privilege, and we should be proud..."

"But that wasn't all." Tommy's voice was now down to a whisper. "What she told Roy, what she let slip, which she probably didn't mean to let slip, do you remember, Kath? She told Roy that things like pictures, poetry, all that kind of stuff, she said they revealed what you were like inside. She said they revealed your soul."

When he said this, I suddenly remembered a drawing Laura had done once of her intestines and laughed. But something was coming back to me.

"That's right," I said. "I remember. So what are you getting at?"

"What I think," said Tommy slowly, "is this. Suppose it's true, what the veterans are saying. Suppose some special arrangement has been made for Hailsham students. Suppose two people say they're truly in love, and they want extra time to be together. Then you see, Kath, there has to be a way to judge if they're really telling the truth. That they aren't just saying they're in love, just to defer their donations. You see how difficult it could be to decide? Or a couple might really believe they're in

382

вать об этом с мисс Эмили? Ведь мисс Эмили кое-что тогда ему сказала, проговорилась — вот я теперь и задумался.

Мимо шли две женщины с собаками на поводках, и мы оба, хотя это был полнейший идиотизм, замолчали и стали ждать, пока они пройдут. Потом я спросила:

— О чем, Томми? О чем мисс Эмили проговорилась?

— Рой Дж. спросил ее, почему Мадам забирает наши работы. Помнишь ее ответ, как его передавали?

— Она, кажется, сказала, что это привилегия, что мы должны гордиться...

— Да, но не только. — Томми понизил голос до шепота. — Она еще кое-что сказала Рою — скорее всего, у нее случайно вылетело, скорее всего, она не хотела этого говорить. Помнишь, Кэт? Она сказала ему, что через рисунки, стихи и всякое такое выявляется, какие мы есть внутри. Сказала — это выявляет ваши души.

Когда он это произнес, я вдруг засмеялась, потому что вспомнила один рисунок Лоры, изображавший ее кишки. Тем не менее что-то у меня в уме забрезжило.

— Да, — сказала я. — Помню. Но к чему ты это все?

— Я вот что думаю, — неторопливо начал Томми. — Допустим, старожилы правду говорят. Допустим, у хейлшемских действительно есть эта льгота. Допустим, двое заявляют, что любят друг друга, и просят дать им больше времени побыть вместе. Тогда, понимаешь, Кэт, должен быть способ проверки — правду они говорят или нет. Ведь люди могут просто взять и сказать, что у них любовь, просто чтобы оттянуть донорство. Видишь, да, как трудно здесь судить?

love, but it's just a sex thing. Or just a crush. You see what I mean, Kath? It'll be really hard to judge, and it's probably impossible to get it right every time. But the point is, whoever decides, Madame or whoever it is, they need something to go on."

I nodded slowly.

"So that's why they took away our art..."

"It could be. Madame's got a Gallery somewhere filled with stuff by students from when they were tiny. Suppose two people come up and say they're in love. She can find the art they've done over years and years. She can see if they go. If they match. Don't forget, Kath, what she's got reveals our souls. She could decide for herself what's a good match and what's just a stupid crush."

I started to walk slowly again, hardly looking in front of me. Tommy fell in step, waiting for my response.

"I'm not sure," I said in the end. "What you're saying could certainly explain Miss Emily, what she said to Roy. And I suppose it explains too why the guardians always thought it was so important for us, to be able to paint and all of that."

"Exactly. And that's why..." Tommy sighed and went on with some effort. "That's why Miss Lucy had to admit she'd been wrong, telling me it didn't really matter. She'd said that because she was sorry for me at the time. But she knew deep down it did matter. The thing about being from Hailsham was that you had this special chance. And if you didn't get stuff into Madame's Gallery, then you were as good as throwing that chance away."

Или пара может искренне подумать, что это любовь, а на самом деле это секс и ничего больше. Или просто увлечение. Понимаешь, Кэт, о чем я? Судить действительно очень трудно, и совсем исключить ошибки тут, наверное, нельзя. Но вот что самое главное: кто бы там у них ни решал, Мадам или кто другой, ему нужно на что-то опираться.

Я медленно кивнула.

— И поэтому они брали наши работы...

— Может быть. У Мадам ведь есть Галерея, где полным-полно всякого, что воспитанники сделали начиная с раннего детства. Предположим, два человека пришли и говорят, что у них любовь. Она тогда может найти их работы за годы и годы. Найдет и посмотрит, подходят ли эти двое друг другу. Соответствуют ли. Не забывай, Кэт: то, что у нее есть, выявляет наши души. Она может решить для себя, настоящая это пара или просто у них глупое увлечение.

Я не спеша опять двинулась по дорожке, рассеянно глядя вперед. Томми шел рядом, ожидая моего ответа.

— Не знаю, — сказала я в конце концов. — То, что ты говоришь, конечно, объясняет слова мисс Эмили, которые она сказала Рою. И, наверное, объясняет, почему опекуны все время считали это таким важным для нас — рисование и тому подобное.

— Да, именно. И вот почему... — Томми вздохнул и продолжал как-то через силу: — Вот почему мисс Люси пришлось признать, что она была не права, когда сказала мне, что это не имеет особого значения. Она так сказала, потому что пожалела меня тогда. Но на самом-то деле глубоко внутри она знала, что это имеет значение. Преимущество хейлшемских — в том, что у них есть этот особый шанс. Но если в Галерее у Мадам ничего твоего нет, ты, можно сказать, выкинул этот шанс на помойку.

It was after he said this that it suddenly dawned on me, with a real chill, where this was leading. I stopped and turned to him, but before I could speak, Tommy let out a laugh.

"If I've got this right, then, well, it looks like I might have blown my chance."

"Tommy, did you ever get anything into the Gallery? When you were much younger maybe?"

He was already shaking his head.

"You know how useless I was. And then there was that stuff with Miss Lucy. I know she meant well. She was sorry for me and she wanted to help me. I'm sure she did. But if my theory's right, well..."

"It's only a theory, Tommy," I said. "You know what your theories are like."

I'd wanted to lighten things a bit, but I couldn't get the tone right, and it must have been obvious I was still thinking hard about what he'd just said.

"Maybe they've got all sorts of ways to judge," I said after a moment. "Maybe the art's just one out of all kinds of different ways."

Tommy shook his head again.

"Like what? Madame never got to know us. She wouldn't remember us individually. Besides, it's probably not just Madame that decides. There's probably people higher up than her, people who never set foot in Hailsham. I've thought about this a lot, Kath. It all fits. That's why the Gallery was so important, and why the guardians wanted us to work so hard on our art and our poetry. Kath, what are you thinking?"

Sure enough, I'd drifted off a bit. Actually, I was thinking about that afternoon I'd been alone in our

Только после этих слов до меня дошло, к чему он клонит, и по коже у меня побежали мурашки. Я остановилась и повернулась к нему, но не успела я открыть рот, как Томми усмехнулся.

— Если это все так, то получается, что я свой шанс профукал.

— Томми, хоть раз было такое, чтобы твоя работа отправилась в Галерею? Может быть, совсем давно, когда ты был еще маленький?

Я еще не договорила, а он уже качал головой.

— Ты же знаешь — я всегда был в этом полный нуль. А потом еще тот разговор с мисс Люси. Я понимаю, что она добра мне хотела. Просто стало меня жалко и захотелось мне помочь. И она мне правда помогла. Но если моя теория верна...

— Это только теория, Томми, — сказала я. — Ты сам знаешь, чего стоят твои теории.

Я хотела слегка разрядить атмосферу, но правильный тон найти не смогла, и, скорее всего, было заметно, что я все еще усиленно обмозговываю его слова.

— Может быть, у них есть разные способы судить, — сказала я чуть погодя. — Может быть, искусство — только один из них.

Томми опять покачал головой.

— Какие способы? Назови хоть один. Мадам никогда не знала нас лично. Поодиночке она нас не помнит. К тому же, вероятно, не она одна это решает. Есть, наверное, кто-то повыше, кто в Хейлшеме вообще ни разу не был. Я очень много об этом думал, Кэт. Все сходится. Вот почему Галерее придавали такое значение, вот почему опекуны так настаивали, чтобы мы рисовали, лепили и сочиняли стихи. Ну, Кэт, что ты об этом скажешь?

А я тем временем чуть-чуть отвлеклась. Мне вспомнилось, как я слушала одна у себя в спальне кассету,

dorm, playing the tape we'd just found; how I'd been swaying around, clutching a pillow to my breast, and how Madame had been watching me from the doorway, tears in her eyes. Even this episode, for which I'd never yet found a convincing explanation, seemed to fit Tommy's theory. In my head, I'd been imagining I was holding a baby, but of course, there'd have been no way for Madame to know that. She'd have supposed I was holding a lover in my arms. If Tommy's theory was right, if Madame was connected to us for the sole purpose of deferring our donations when, later on, we fell in love, then it made sense — for all her usual coldness towards us — she'd be really moved stumbling on a scene like that. All this flashed through my mind, and I was on the point of blurting it all out to Tommy. But I held back because I wanted now to play down his theory.

"I was just thinking over what you said, that's all," I said. "We should start going back now. It might take us a while to find the car park."

We began to retrace our steps down the slope, but we knew we still had time and didn't hurry.

"Tommy," I asked, after we'd been walking for a while. "Have you said any of this to Ruth?"

He shook his head and went on walking. Eventually he said:

"The thing is, Ruth believes it all, everything the veterans are saying. Okay, she likes to pretend she knows much more than she does. But she does believe it. And sooner or later, she's going to want to take it further."

"You mean, she'll want to..."

"Yeah. She'll want to apply. But she hasn't thought it through yet. Not the way we just did."

"You've never told her your theory about the Gallery?"

экземпляр которой мы только что нашли; как я кружилась и раскачивалась, прижимая к груди подушку, и как Мадам со слезами на глазах смотрела на меня через дверной проем. Даже этот эпизод, которому я раньше не находила толкового объяснения, укладывался в теорию Томми. Я представляла себе, что держу младенца, но Мадам, разумеется, этого знать не могла. Она наверняка считала, что я танцую с воображаемым возлюбленным. Если Томми прав, если Мадам была связана с нами только ради того, чтобы потом решать вопросы об отсрочке донорства для влюбленных, ее реакция объяснима: несмотря на обычную ее холодность к нам, такой сценой она вполне могла быть растрогана. Все это промелькнуло у меня в голове, и я чуть было не начала рассказывать Томми, но удержалась, потому что не хотела вслух соглашаться с его теорией.

— Не знаю, пока что размышляю о твоих словах, — сказала я. — Между прочим, надо бы возвращаться. А то сколько еще будем искать автостоянку.

Мы пошли той же дорогой вниз, но понятно было, что время еще есть, и мы не торопились.

— Томми, — спросила я через некоторое время. — Ты Рут об этом говорил?

Он покачал головой и продолжал идти. В конце концов сказал:

— Дело в том, что Рут верит всему этому, всему, что говорят старожилы. Да, ей нравится делать вид, что она сама много чего знает, гораздо больше, чем на самом деле. Но верит, верит. И рано или поздно захочет дать этому ход.

— Ты хочешь сказать, что она...

— Да. Захочет обратиться. Но пока она еще это не продумала. Не продумала так, как мы сейчас.

— Ты ее не посвящал в свою теорию насчет Галереи?

He shook his head again, but said nothing.

"If you tell her your theory," I said, "and she buys it... Well, she's going to be furious."

Tommy seemed thoughtful, but still didn't say anything. It wasn't until we were back down in the narrow side-streets that he spoke again, and then his voice was suddenly sheepish.

"Actually, Kath," he said, "I have been doing some stuff. Just in case. I haven't told anyone, not even Ruth. It's just a start."

That was when I first heard about his imaginary animals. When he started to describe what he'd been doing — I didn't actually see anything until a few weeks later — I found it hard to show much enthusiasm. In fact, I have to admit, I was reminded of the original elephant-in-the-grass picture that had started off all Tommy's problems at Hailsham. The inspiration, he explained, had come from an old children's book with the back cover missing which he'd found behind one of the sofas at the Cottages. He'd then persuaded Keffers to give him one of the little black notebooks he scribbled his figures in, and since then, Tommy had finished at least a dozen of his fantastic creatures.

"The thing is, I'm doing them really small. Tiny. I'd never thought of that at Hailsham. I think maybe that's where I went wrong. If you make them tiny, and you have to because the pages are only about this big, then everything changes. It's like they come to life by themselves. Then you have to draw in all these different details for them. You have to think about how they'd protect themselves, how they'd reach things. Honest, Kath, it's nothing like anything I ever did at Hailsham."

Он, ни слова не говоря, еще раз покачал головой.

— Если ты ей все это выложишь, — сказала я, — и она согласится с теорией... Она, наверное, будет в ярости.

У Томми, судя по его виду, что-то было на уме, но он молчал. Заговорил, только когда мы опять пошли по узеньким улочкам, и внезапно его голос стал каким-то застенчивым.

— Вообще-то, Кэт... Я тут начал изображать кое-что. Так, на всякий случай. Никому еще не говорил, даже Рут. Просто проба.

Тогда-то я и услышала в первый раз о его фантастических животных. Когда он начал описывать свои рисунки (увидела я их только через несколько недель), большого энтузиазма я при всем желании проявить не могла. Все это, признаться, напомнило мне того давнего слона в траве, с которого начались все неприятности Томми в Хейлшеме. Толчком, объяснил он мне, послужила старая детская книжка с оторванной задней стороной обложки, которую он нашел в Коттеджах за диваном. Он потом уговорил Кефферса дать ему одну из маленьких черных тетрадок, в которых тот писал свою цифирь, и с тех пор Томми уже нарисовал больше десятка воображаемых существ.

— Вся штука в том, что я их делаю очень маленькими. Крохотными. В Хейлшеме мне такое никогда не приходило в голову. Может быть, поэтому я и давал там маху. Если ты их делаешь малюсенькими — а по-другому нельзя, страница там вот такого размера, — все сразу меняется. Как-то они вдруг оживают. И вырисовываешь потом все подробности у них. Думаешь, как они будут себя защищать, как будут доставать, что им нужно. Честно тебе скажу, Кэт: это ничего общего с тем, что я делал в Хейлшеме.

He started describing his favourites, but I couldn't really concentrate; the more excited he got telling me about his animals, the more uneasy I was growing. "Tommy," I wanted to say to him, "you're going to make yourself a laughing stock all over again. Imaginary animals? What's up with you?" But I didn't. I just looked at him cautiously and kept saying: "That sounds really good, Tommy."

Then he said at one point:

"Like I said, Kath, Ruth doesn't know about the animals."

And when he said this, he seemed to remember everything else, and why we'd been talking about his animals in the first place, and the energy faded from his face. Then we were walking in silence again, and as we came out onto the High Street, I said:

"Well, even if there's something to your theory, Tommy, there's a lot more we'll have to find out. For one thing, how's a couple supposed to apply? What are they supposed to do? There aren't exactly forms lying about."

"I've been wondering about all of that too." His voice was quiet and solemn again. "As far as I can see, there's only one obvious way forward. And that's to find Madame."

I gave this a think, then said:

"That might not be so easy. We don't really know a thing about her. We don't even know her name. And you remember how she was? She didn't like us even coming near her. Even if we did ever track her down, I don't see her helping much."

Tommy sighed.

"I know," he said. "Well, I suppose we've got time. None of us are in any particular hurry."

Он принялся описывать своих любимцев, но мне трудно было на них сосредоточиться; чем сильнее он расходился, говоря об этих животных, тем больше мне становилось не по себе. «Томми, — хотелось мне сказать, — ты что, опять намерен сделать из себя посмешище? Воображаемые животные? Да что с тобой, проснись!» Но я не стала. Только осторожно на него посматривала и повторяла: «Звучит неплохо, очень даже неплохо».

В какой-то момент он сказал:

— Еще раз говорю тебе, Кэт: Рут ничего об этих животных не знает.

И когда он это произнес, он, кажется, вспомнил все остальное, вспомнил, почему вообще начался разговор о его рисунках, и его лицо как-то увяло. Потом мы снова шли молча, а когда повернули на Главную улицу, я сказала:

— Если даже в твоей теории что-то и есть, надо очень много всего еще выяснить. Например — как пара может заявить о себе? Что она должна сделать? Я что-то не видела нигде бланков заявлений.

— Мне это все тоже приходило в голову. — Его голос опять стал тихим и серьезным. — Я вижу только один путь: найти Мадам.

Я поразмыслила над этим, потом сказала:

— Не думаю, что это будет легко. По сути, мы не знаем о ней ровно ничего. Не знаем даже фамилию, имя. И ты ведь помнишь, как она держалась. Ей и подойти к нам было неприятно. Пусть даже ее удастся разыскать — сомневаюсь я, что она сильно поможет.

Томми вздохнул.

— Я и сам это понимаю... Ладно, время еще есть. Торопиться особенно некуда.

By the time we got back to the car park, the afternoon had clouded over and was growing pretty chilly. There was no sign of the others yet, so Tommy and I leaned against our car and looked towards the mini-golf course. No one was playing and the flags were fluttering away in the wind. I didn't want to talk any more about Madame, the Gallery or any of the rest of it, so I got the Judy Bridgewater tape out from its little bag and gave it a good look-over.

"Thanks for buying this for me," I said.

Tommy smiled.

"If I'd got to that tape box and you were on the LPs, I'd have found it first. It was bad luck for poor old Tommy."

"It doesn't make any difference. We only found it because you said to look for it. I'd forgotten about all this lost-corner stuff. After Ruth going on like that, I was in such a mood. Judy Bridgewater. My old friend. It's like she's never been away. I wonder who stole it back then?"

For a moment, we turned towards the street, looking for the others.

"You know," Tommy said, "when Ruth said what she did earlier on, and I saw how upset you looked..."

"Leave it, Tommy. I'm all right about it now. And I'm not going to bring it up with her when she comes back."

"No, that's not what I was getting at." He took his weight off the car, turned and pressed a foot against the front tyre as though to test it. "What I meant was, I realised then, when Ruth came out with all that, I realised why you keep looking through those porn mags. Okay, I haven't realised. It's just a theory. Another of my theories. But when Ruth said what she did earlier on, it kind of clicked."

Пока мы шли к автостоянке, небо нахмурилось и стало довольно холодно. Наших еще видно не было, и мы с Томми прислонились к машине и стали смотреть на поле для мини-гольфа. Там никто не играл, и флажки развевались на ветру. Говорить про Мадам, Галерею и тому подобное мне больше не хотелось, поэтому я вынула из футляра кассету с песнями Джуди Бриджуотер и стала ее рассматривать.

— Спасибо, что купил ее мне, — сказала я.

Томми улыбнулся.

— Если бы я подошел к этой коробке с кассетами, а ты была у пластинок, я бы ее нашел, а не ты. Не повезло бедолаге Томми.

— Не вижу разницы. Мы ее нашли только потому, что ты подал такую идею. Я начисто ведь забыла про «край потерь». После этих высказываний Рут настроение у меня было хуже некуда. Надо же — Джуди Бриджуотер. Старая подруга. Как будто мы и не разлучались. Кто, интересно, тогда у меня ее выкрал?

Мы повернули головы в сторону улицы и поглядели, не идут ли остальные.

— Ты знаешь, — сказал Томми, — когда Рут все это выдала и я увидел, в каком ты состоянии...

— Не надо об этом, Томми. Сейчас у меня уже все прошло. И я не собираюсь обсуждать это с ней, когда они появятся.

— Нет, я другое имел в виду. — Он перестал опираться на машину, повернулся и надавил ногой на переднее колесо, словно проверяя его. — Когда Рут сказала то, что сказала, я понял, почему ты смотришь эти порножурналы. Ну ладно, понял — не то слово. Просто версия. Теория. Очередная моя. Просто я услышал эти слова Рут — и что-то в мозгах у меня щелкнуло.

I knew he was looking at me, but I kept my eyes straight ahead and made no response.

"But I still don't really get it, Kath," he said eventually. "Even if what Ruth says is right, and I don't think it is, why are you looking through old porn mags for your possibles? Why would your model have to be one of those girls?"

I shrugged, still not looking at him.

"I don't claim it makes sense. It's just something I do." There were tears filling my eyes now and I tried to hide them from Tommy. But my voice wobbled as I said: "If it annoys you so much, I won't do it any more."

I don't know if Tommy saw the tears. In any case, I'd got them under control by the time he came close to me and gave my shoulders a squeeze. This was something he'd done before from time to time, it wasn't anything special or new. But somehow I did feel better and gave a little laugh. He let go of me then, but we stayed almost touching, side by side again, our backs to the car.

"Okay, there's no sense in it," I said. "But we all do it, don't we? We all wonder about our model. After all, that's why we came out here today. We all do it."

"Kath, you know, don't you, I haven't told anyone. About that time in the boiler hut. Not Ruth, not anyone. But I just don't get it. I don't get what it's about."

"All right, Tommy. I'll tell you. It may not make any more sense after you've heard it, but you can hear it anyway. It's just that sometimes, every now and again, I get these really strong feelings when I want to have sex. Sometimes it just comes over me and for an hour

Я знала, что он на меня смотрит, но сама глядела прямо перед собой и ничего не отвечала.

— И все-таки, Кэт, я не до конца понимаю, — сказал он после паузы. — Даже если Рут права, хотя я не думаю, — почему ты ищешь свое «возможное я» в порножурналах? Почему ты считаешь, что могла быть скопирована с одной из этих девиц?

Я пожала плечами, по-прежнему не глядя на него.

— Я не утверждаю, что в этом есть какой-то смысл. Просто хочется смотреть, и смотрю. — В глазах у меня уже стояли слезы, и я постаралась скрыть это от Томми. Но немножко подвел голос — дрогнул, когда я сказала: — Если это так тебя беспокоит, больше не буду.

Не знаю, увидел ли Томми мои слезы. Так или иначе, когда он подошел близко и обнял меня за плечи, я уже контролировала себя. Он и раньше иногда так делал, так что в этом не было ничего особенного или нового. Тем не менее я почему-то почувствовала себя лучше и усмехнулась. Он тогда отпустил меня, но мы все равно стояли, почти касаясь друг друга, опять бок о бок и спиной к машине.

— Ну нет в этом смысла, нет, согласна, — сказала я. — Но мы же все так себя ведем, правда? Все интересуемся нашими оригиналами. В конце концов, почему мы сегодня сюда приехали? Все так, не одна я.

— Ты, Кэт, понимаешь, конечно, что я никому про это не сказал. Про то, как увидел тебя в котельной. Ни Рут, никому. Но все-таки до меня не доходит. Не доходит, зачем ты это.

— Ладно, Томми, я тебе скажу. Может, после того как ты услышишь, смысла и не прибавится, но скажу все равно. Просто время от времени, когда мне хочется секса, вдруг это желание становится очень сильным. Иной раз так накатывает, что час или два

or two it's scary. For all I know, I could end up doing it with old Keffers, it's that bad. That's why... that's the only reason I did it with Hughie. And with Oliver. It didn't mean anything deep down. I don't even like them much. I don't know what it is, and afterwards, when it's passed over, it's just scary. That's why I started thinking, well, it has to come from somewhere. It must be to do with the way I am." I stopped, but when Tommy didn't say anything, I went on: "So I thought if I find her picture, in one of those magazines, it'll at least explain it. I wouldn't want to go and find her or anything. It would just, you know, kind of explain why I am the way I am."

"I get it too sometimes," said Tommy. "When I really feel like doing it. I reckon everyone does, if they're honest. I don't think there's anything different about you, Kath. In fact, I get like that quite a lot..."

He broke off and laughed, but I didn't laugh with him.

"What I'm talking about's different," I said. "I've watched other people. They get in the mood for it, but that doesn't make them do things. They never do things like I've done, going with people like that Hughie..."

I might have started crying again, because I felt Tommy's arm going back around my shoulders. Upset as I was, I remained conscious of where we were, and I made a kind of check in my mind that if Ruth and the others came up the street, even if they saw us at that moment, there'd be no room for misunderstanding. We were still side by side, leaning against the car, and they'd see I was upset about something and Tommy was just comforting me. Then I heard him say:

мне даже страшно. Кажется, что готова даже со старым Кеффером, — такое у меня состояние. Вот почему... Это единственное, из-за чего я сошлась с Хью. И с Оливером. Ничего серьезного в этом нет. Я даже симпатии к ним особой не чувствую. Не понимаю, что все это значит, а потом, когда прошло, — мне страшно, и только. Вот я и стала думать: откуда-то ведь это, наверное, идет. Должно иметь отношение к тому, кто я такая. — Я замолчала, но Томми ничего не говорил, и я продолжала: — И я решила, что, если я найду ее фото в каком-нибудь из этих журналов, по крайней мере будет понятно. Я не собиралась ехать потом ее искать, ничего такого. Просто, ну, какое-то объяснение тому, что я собой представляю.

— Со мной такое тоже бывает, — сказал Томми. — Так припрет иногда, что... Да и любой, наверное, признается, если по-честному. Нет, я думаю, Кэт, у тебя тут все как у других. Я, по крайней мере, очень часто...

Он не договорил и засмеялся, но я смеяться с ним не стала.

— Я совсем не об этом, — возразила я. — Я знаю, видела, как это у остальных. Желание — да, возникает, но оно их не толкает ни на что особенное. Ни на что из ряда вон, как меня, когда я готова даже с такими, как Хью...

Наверное, я опять заплакала, потому что снова почувствовала вокруг плеч руку Томми. При этом, как расстроена ни была, не забывала, где мы находимся, и отметила про себя, что если вдруг появятся Рут, Крисси и Родни, то, пусть даже они увидят нас прямо сейчас, ложного представления у них создаться не должно. Мы по-прежнему стояли бок о бок, прислонясь к машине, и они увидели бы, что я чем-то огорчена и Томми меня успокаивает — только и всего. Потом я услышала его слова:

"I don't think it's necessarily a bad thing. Once you find someone, Kath, someone you really want to be with, then it could be really good. Remember what the guardians used to tell us? If it's with the right person, it makes you feel really good."

I made a movement with my shoulder to get Tommy's arm off me, then took a deep breath.

"Let's forget it. Anyway, I've got much better at controlling these moods when they come on. So let's just forget it."

"All the same, Kath, it's stupid looking through those magazines."

"It's stupid, okay. Tommy, let's leave it. I'm all right now."

I don't remember what else we talked about until the others showed up. We didn't discuss any more of those serious things, and if the others sensed something still in the air, they didn't remark on it. They were in good spirits, and Ruth in particular seemed determined to make up for the bad scene earlier on. She came up and touched my cheek, making some joke or other, and once we got in the car, she made sure the jovial mood kept going. She and Chrissie had found everything about Martin comical and were relishing the chance to laugh openly about him now they'd left his flat. Rodney looked disapproving, and I realised Ruth and Chrissie were making a song and dance of it mainly to tease him. It all seemed good-natured enough. But what I noticed was that whereas before Ruth would have taken the opportunity to keep me and Tommy in the dark about all the jokes and references, throughout the journey back, she kept turning to me and explaining carefully everything they were talking about. In fact it got a bit tiring after a while because it was like everything being said in the car was for our — or at least my — special benefit.

— Я не думаю, что это так уж прямо плохо. Если, Кэт, найдется кто-нибудь, с кем тебе действительно захочется быть, — все будет в лучшем виде. Помнишь, что опекуны говорили? С тем человеком ощущения могут быть просто замечательные.

Я шевельнула плечом, чтобы Томми убрал руку, потом глубоко вздохнула.

— Ладно, хватит об этом. В любом случае я уже куда лучше с собой справляюсь, когда такое случается. Поэтому — точка, забудем.

— И все равно, Кэт, смотреть эти журналы — глупое занятие.

— Глупое, глупое, согласна. Все, Томми, хватит. Я уже пришла в норму.

Не помню, о чем еще мы говорили, пока не явились остальные. Так или иначе, ничего серьезного больше не обсуждали, и если даже они почуяли что-нибудь в воздухе, никаких вопросов и высказываний не прозвучало. Все трое были в приподнятом настроении, особенно Рут, которая всячески старалась загладить тяжелую сцену. Она подошла ко мне, провела ладонью по моей щеке, шутливо что-то сказала и потом, когда сели в машину, прилагала все усилия, чтобы общее оживление не выдохлось. Им с Крисси буквально все в Мартине казалось комичным, и они рады были возможности открыто потешаться над ним теперь, уйдя из его квартиры. Родни не очень это одобрял, и я видела, что они затеяли этот треп большей частью, чтобы его подразнить. Обстановка при этом была вполне дружелюбная. Я заметила еще, что если с утра Рут не упускала возможности оставить нас с Томми в неведении насчет смысла той или иной шутки или замечания, то сейчас, на обратном пути, она то и дело поворачивается ко мне и подробно разъясняет, о чем идет речь. В какой-то момент, если честно, это

But I was pleased Ruth was making such a fuss. I understood — as did Tommy — that she'd recognised she'd behaved badly before, and this was her way of admitting it. We were sitting with her in the middle, just as we'd done on the journey out, but now she spent all her time talking to me, turning occasionally to her other side to give Tommy a little squeeze or the odd kiss. It was a good atmosphere, and no one brought up Ruth's possible or anything like that. And I didn't mention the Judy Bridgewater tape Tommy had bought me. I knew Ruth would find out about it sooner or later, but I didn't want her to find out just yet. On that journey home, with the darkness setting in over those long empty roads, it felt like the three of us were close again and I didn't want anything to come along and break that mood.

Chapter 16

The odd thing about our Norfolk trip was that once we got back, we hardly talked about it. So much so that for a while all kinds of rumours went around about what we'd been up to. Even then, we kept pretty quiet, until eventually people lost interest.

I'm still not sure why this happened. Perhaps we felt it was up to Ruth, that it was her call how much got told, and we were waiting to take our cue from her. And Ruth, for one reason or another — maybe she was embarrassed how things had turned out with her possible, maybe she was enjoying the mystery — had remained

стало довольно утомительным: словно бы все, что говорилось в машине, говорилось главным образом для наших — моих по крайней мере — ушей.

И все-таки мне было приятно, что Рут ради меня так старается. Я понимала — и Томми тоже, — что она сожалеет о своем поведении и таким способом дает это понять. Она сидела, как утром, между мной и Томми, но теперь почти все время разговаривала со мной, иногда поворачиваясь к нему, чтобы на секундочку обнять или легонько чмокнуть. В общем, ехалось хорошо, и никто не упоминал ни о «возможном я» для Рут, ни о чем-либо подобном. А я молчала насчет кассеты, которую Томми мне купил. Понятно было, что рано или поздно Рут про нее узнает, но мне не хотелось, чтобы это произошло именно сейчас. Возвращаясь в тот день в Коттеджи по темнеющим длинным пустым дорогам, мы, трое, опять были близки, и я не желала допускать извне ничего, что могло бы разрушить это настроение.

Глава 16

После этой поездки в Норфолк мы, что странно, о ней почти не говорили. Дошло до того, что с какого-то момента о том, чем мы там занимались, стали распространяться всяческие слухи. И даже тогда мы больше помалкивали, пока наконец у окружающих не пропал интерес.

Я и сейчас не знаю точно, почему мы так себя повели. Скорее всего — выжидали, уступая дорогу Рут, считая, что ей первое слово, что ей решать, о чем рассказывать, о чем нет. А она по той или иной причине — может, смущена была тем, как все обернулось с ее «возможным я», может быть, ей просто нравилось

completely closed on the subject. Even among ourselves, we avoided talking about the trip.

This air of secrecy made it easier for me to keep from telling Ruth about Tommy buying me the Judy Bridgewater tape. I didn't go as far as actually hiding the thing. It was always there in my collection, in one of my little piles next to the skirting board. But I always made sure not to leave it out or on top of a pile. There were times when I wanted badly to tell her, when I wanted us to reminisce about Hailsham with the tape playing in the background. But the further away we got from the Norfolk trip, and I still hadn't told her, the more it came to feel like a guilty secret. Of course, she did spot the tape in the end, much later, and it was probably a much worse time for her to find it, but that's the way your luck sometimes goes.

As spring came on, there seemed to be more and more veterans leaving to start their training, and though they left without fuss in the usual way, the increased numbers made them impossible to ignore. I'm not sure what our feelings were, witnessing these departures. I suppose to some extent we envied the people leaving. It did feel like they were headed for a bigger, more exciting world. But of course, without a doubt, their going made us increasingly uneasy.

Then, I think it was around April, Alice F. became the first of our Hailsham bunch to leave, and not long after that Gordon C. did too. They'd both asked to start their training, and went off with cheerful smiles, but after that, for our lot anyway, the atmosphere at the Cottages changed forever.

напускать на себя таинственность — не говорила на эту тему ровно ничего. Даже между собой мы избегали разговоров о поездке.

В этой атмосфере скрытности мне довольно легко было удержаться и не рассказывать Рут про кассету, которую купил мне Томми. Не то чтобы я ее прятала по-настоящему. Она все время была среди других кассет, составлявших мою коллекцию, в одной из маленьких стопок около гладильной доски. Но я постоянно следила за тем, чтобы она не оставалась наверху стопки. Иной раз мне страшно хотелось посвятить во все Рут, чтобы потом посидеть с ней, поговорить про Хейлшем под негромкие звуки этих песен. Но время шло, а я все молчала насчет кассеты, и чем дальше, тем больше это походило на какую-то постыдную тайну. Потом, гораздо позже, она, конечно, эту кассету увидела, и лучше бы она увидела ее сразу, чем тогда, — но что делать, это уж как кому везет.

С началом весны все больше старожилов стало уезжать на курсы помощников, и, хотя они отправлялись без особого шума, обычным порядком, из-за самого количества отбывающих этого уже нельзя было не замечать. Какие чувства мы испытывали по этому поводу, определить точно не могу. В какой-то мере мы, кажется, завидовали тем, кто покидал Коттеджи. Было ощущение, что их ждет более обширный, волнующий мир. С другой стороны, конечно, их отъезд все сильнее смущал нас и тревожил.

Потом — кажется, в апреле — мы распрощались с Элис Ф., она стала первой из нашей хейлшемской компании; вскоре за ней последовал Гордон К. И тот и другая сами попросились на курсы и отправились с бодрыми улыбками, но после этого атмосфера в Коттеджах, по крайней мере для нас, изменилась навсегда.

Many veterans, too, seemed affected by the flurry of departures, and maybe as a direct result, there was a fresh spate of rumours of the sort Chrissie and Rodney had spoken about in Norfolk. Talk went around of students, somewhere else in the country, getting deferrals because they'd shown they were in love — and now, just sometimes, the talk was of students with no connections to Hailsham. Here again, the five of us who'd been to Norfolk backed away from these topics: even Chrissie and Rodney, who'd once been at the centre of just this sort of talk, now looked awkwardly away when these rumours got going.

The "Norfolk effect" even got to me and Tommy. I'd been assuming, once we were back, we'd be taking little opportunities, whenever we were alone, to exchange more thoughts on his theory about the Gallery. But for some reason — and it wasn't any more him than me — this never really happened. The one exception, I suppose, was that time in the goosehouse, the morning when he showed me his imaginary animals.

The barn we called the Goosehouse was on the outer fringes of the Cottages, and because the roof leaked badly and the door was permanently off its hinges, it wasn't used for anything much other than as a place for couples to sneak off to in the warmer months. By then I'd taken to going for long solitary walks, and I think I was setting out on one of these, and had just gone past the goosehouse, when I heard Tommy calling me. I turned to see him in his bare feet, perched awkwardly on a bit of dry ground surrounded by huge puddles, one hand on the side of the barn to keep his balance.

Вереница отъездов, похоже, подействовала и на многих старожилов, и, возможно, прямым результатом была новая волна слухов такого же сорта, как те, о которых говорили в Норфолке Крисси и Родни. Ходили толки о парах бывших воспитанников в других частях страны, которые получили отсрочку, сумев доказать, что у них любовь, причем теперь иногда речь шла и о тех, кто не имел отношения к Хейлшему. И опять-таки мы пятеро, побывавшие в Норфолке, держались от этих разговоров в стороне; даже Крисси и Родни, которые раньше были в самой их гуще, теперь, стоило им начаться, неловко отворачивались.

«Эффект Норфолка» сказался даже на нас с Томми. Когда мы только вернулись, я думала, что мы будем использовать разные мелкие возможности, чтобы, оставаясь ненадолго наедине, обмениваться дальнейшими мыслями о его теории насчет Галереи. Но почему-то — и со мной это было связано не меньше, чем с ним, — такого никогда не происходило. Единственным исключением было утро в так называемой гусятне, когда он показал мне своих воображаемых животных.

Строение, которое мы называли гусятней, находилось в дальней части территории Коттеджей, и, поскольку крыша там вовсю текла и дверь была сорвана с петель, мы практически его не использовали — разве что какая-нибудь парочка уединялась там в теплое время года. Я той весной пристрастилась к дальним одиноким прогулкам и, помнится, отправилась на одну из них и проходила мимо гусятни, когда меня окликнул Томми. Я обернулась и увидела его — он неуклюже стоял босиком на островке посреди громадных луж, опираясь для равновесия одной рукой о стену гусятни.

Кадзуо Исигуро

"What happened to your Wellies, Tommy?" I asked. Aside from his bare feet, he was dressed in his usual thick jumper and jeans.

"I was, you know, drawing..."

He laughed, and held up a little black notebook similar to the ones Keffers always went around with. It was by then over two months since the Norfolk trip, but I realised as soon as I saw the notebook what this was about. But I waited for him to say:

"If you like, Kath, I'll show you."

He led the way into the goosehouse, hopping over the jaggy ground. I'd expected it to be dark inside, but the sunlight was pouring through the skylights. Pushed against one wall were various bits of furniture heaved out over the past year or so — broken tables, old fridges, that kind of thing. Tommy appeared to have dragged into the middle of the floor a two-seater settee with stuffing poking out of its black plastic, and I guessed he'd been sitting in it doing his drawing when I'd gone past. Just nearby, his Wellingtons were lying fallen on their sides, his football socks peeking out of the tops.

Tommy jumped back onto the settee, nursing his big toe.

"Sorry my feet poo a bit. I took everything off without realising. I think I've cut myself now. Kath, do you want to see these? Ruth looked at them last week, so I've been meaning to show you ever since. No one's seen them apart from Ruth. Have a look, Kath."

That was when I first saw his animals. When he'd told me about them in Norfolk, I'd seen in my mind scaled-down versions of the sort of pictures we'd done when we were small. So I was taken aback at how densely detailed each one was. In fact, it took a moment to see they were animals at all. The first impression was like one you'd get if you took the back off a radio set: tiny

— Где твои сапоги, Томми? — спросила я. Одет он был как обычно — толстый джемпер и джинсы. Только ступни голые.

— Я тут вообще-то рисую...

Он засмеялся и показал мне маленькую черную тетрадку, такую же, как те, с какими всегда ходил Кефферс. После поездки в Норфолк тогда прошло уже больше двух месяцев, но, едва я увидела ее, мне сразу стало понятно, о чем речь. Но я дождалась его слов:

— Если хочешь, Кэт, я тебе покажу.

Он поманил меня в гусятню и сам запрыгал туда по каменистой земле. Я думала, внутри будет темно, но через окна в крыше светило солнце. Вдоль одной стены стояла негодная мебель, которую сносили сюда весь последний год, — сломанные столы, старые холодильники и тому подобное. Двухместный диванчик с черной рваной пластиковой обивкой, из-под которой лезли клоки, на середину вытащил, видимо, сам Томми, и я догадалась, что он увидел меня, когда сидел на нем и рисовал. Рядом на полу валялись его резиновые сапоги, из голенищ торчали носки.

Томми с размаху сел на диванчик и схватился за большой палец ноги.

— Извини — ноги фу какие. Сам не заметил, как все это снял. Кажется, сейчас чем-то порезался. Ну что, Кэт, посмотришь? Рут я показал на той неделе и с тех пор все время хотел тебе тоже. Никто, кроме Рут, не видел. Вот.

Тогда-то я и познакомилась с его зверинцем. Когда он сказал мне про него в Норфолке, я вообразила себе уменьшенные варианты картинок, которые мы рисовали в детстве. Поэтому теперь меня ошеломила детальность каждого изображения. Не сразу даже понятно было, что это живые существа. Первое впечатление — как если убрать заднюю стенку у радио-

canals, weaving tendons, miniature screws and wheels were all drawn with obsessive precision, and only when you held the page away could you see it was some kind of armadillo, say, or a bird.

"It's my second book," Tommy said. "There's no way anyone's seeing the first one! It took me a while to get going."

He was lying back on the settee now, tugging a sock over his foot and trying to sound casual, but I knew he was anxious for my reaction. Even so, for some time, I didn't come up with wholehearted praise. Maybe it was partly my worry that any artwork was liable to get him into trouble all over again. But also, what I was looking at was so different from anything the guardians had taught us to do at Hailsham, I didn't know how to judge it. I did say something like:

"God, Tommy, these must take so much concentration. I'm surprised you can see well enough in here to do all this tiny stuff." And then, as I flicked through the pages, perhaps because I was still struggling to find the right thing to say, I came out with: "I wonder what Madame would say if she saw these."

I'd said it in a jokey tone, and Tommy responded with a little snigger, but then there was something hanging in the air that hadn't been there before. I went on turning the pages of the notebook — it was about a quarter full — not looking up at him, wishing I'd never brought up Madame. Finally I heard him say:

"I suppose I'll have to get a lot better before she gets to see any of it."

приемника: крохотные канальцы, переплетающиеся сухожильица, миниатюрные «винтики и колесики» были вырисованы с тщательностью, доходящей до одержимости, и, только отодвинув страницу подальше, можно было увидеть, что это, скажем, птица или подобие броненосца.

— Это вторая моя тетрадка, — сказал Томми. — Первую нельзя никому показывать. У меня не сразу пошло как надо.

Тем временем он натягивал носок, откинувшись на спинку диванчика, и тон старался сделать равнодушно-небрежным — но я-то знала, что для него очень важно, как я отреагирую. И тем не менее я не могла с ходу расхвалить его работу. Отчасти, может быть, из-за тревожных мыслей о том, как бы из-за этих усилий в области искусства у него опять не начались большие неприятности. Но вдобавок то, что я увидела, было настолько не похоже на все, чему нас учили в Хейлшеме, что я просто не знала, как к этому отнестись. Я сказала примерно вот что:

— Боже мой, Томми, сколько же нужно сосредоточенности! Удивляюсь, как у тебя зрения хватает при таком свете на эти малюсенькие мелочи. — Потом, переворачивая страницы дальше, я, может быть, из-за того, что все еще не надумала, как это вслух оценить, добавила: — Интересно, что сказала бы Мадам, если бы увидела.

Я произнесла это шутливым тоном, и Томми в ответ усмехнулся, но в воздухе повисло что-то новое, чего в нем раньше не было. Я продолжала листать тетрадку, заполненную примерно на четверть, и не поднимала на Томми глаз, жалея, что упомянула про Мадам. В конце концов я услышала:

— Мне надо еще очень сильно постараться, чтобы ей можно было показать.

I wasn't sure if this was a cue for me to say how good the drawings were, but by this time, I was becoming genuinely drawn to these fantastical creatures in front of me. For all their busy, metallic features, there was something sweet, even vulnerable about each of them. I remembered him telling me, in Norfolk, that he worried, even as he created them, how they'd protect themselves or be able to reach and fetch things, and looking at them now, I could feel the same sort of concerns. Even so, for some reason I couldn't fathom, something continued to stop me coming out with praise. Then Tommy said:

"Anyway, it's not only because of all that I'm doing the animals. I just like doing them. I was wondering, Kath, if I should go on keeping it secret. I was thinking, maybe there's no harm in people knowing I do these. Hannah still does her watercolours, a lot of the veterans do stuff. I don't mean I'm going to go round showing everyone exactly. But I was thinking, well, there's no reason why I should keep it all secret any more."

At last I was able to look up at him and say with some conviction:

"Tommy, there's no reason, no reason at all. These are good. Really, really good. In fact, if that's why you're hiding in here now, it's really daft."

He didn't say anything in response, but a kind of smirk appeared over his face, like he was enjoying a joke with himself, and I knew how happy I'd made him. I don't think we spoke much more to each other after that. I think before long he got his Wellingtons on, and we both left the goosehouse. As I say, that was about the only time Tommy and I touched directly on his theory that spring.

Я не знала, воспринимать ли это как сигнал, чтобы я сказала что-нибудь хвалебное, — а между тем у меня начала возникать неподдельная симпатия к этим фантастическим существам. В каждом из них при всем обилии деятельных, словно бы металлических элементиков была какая-то нежность, даже хрупкость. Мне вспомнилось сказанное им в Норфолке, что, когда он их рисовал, его заботило, как они будут защищаться, как смогут добираться и дотягиваться до необходимого, и, глядя на них теперь, я тоже об этом беспокоилась. Тем не менее по какой-то непонятной причине слова похвалы застревали у меня в горле. Потом Томми сказал:

— Я не только ведь ради этого стал их рисовать. Мне просто нравится. Я тут засомневался, Кэт, — держать это дальше в секрете или нет? Пусть кто-то и узнает — что особенно страшного? Ханна вон до сих пор занимается своими акварелями, многие старожилы тоже что-то такое делают. Я не в том смысле, что буду ходить и всем подряд показывать. Но я вот думаю — стоит ли сейчас секретность разводить?

Наконец-то я смогла поднять на него глаза и что-то произнести более или менее убежденным тоном. Я сказала:

— Не стоит, Томми, конечно не стоит. У тебя отлично получается. По-настоящему здорово. Прятаться здесь из-за этого — дурь полнейшая.

Он ничего на это не ответил, но ухмыльнулся, точно смакуя про себя какую-то шутку, и мне понятно было, как я его осчастливила. Потом мы, насколько помню, уже мало о чем говорили. Кажется, он надел вскоре сапоги и мы оба вышли из гусятни. Это был, повторяю, единственный раз за всю весну, когда мы с Томми прямо коснулись в разговоре его теории.

Then the summer came, and the one year point from when we'd first arrived. A batch of new students turned up in a minibus, much as we'd done, but none of them were from Hailsham. This was in some ways a relief: I think we'd all been getting anxious about how a fresh lot of Hailsham students might complicate things. But for me at least, this non-appearance of Hailsham students just added to a feeling that Hailsham was now far away in the past, and that the ties binding our old crowd were fraying. It wasn't just that people like Hannah were always talking about following Alice's example and starting their training; others, like Laura, had found boyfriends who weren't Hailsham and you could almost forget they'd ever had much to do with us.

And then there was the way Ruth kept pretending to forget things about Hailsham. Okay, these were mostly trivial things, but I got more and more irritated with her. There was the time, for instance, we were sitting around the kitchen table after a long breakfast, Ruth, me and a few veterans. One of the veterans had been talking about how eating cheese late at night always disturbed your sleep, and I'd turned to Ruth to say something like: "You remember how Miss Geraldine always used to tell us that?" It was just a casual aside, and all it needed was for Ruth to smile or nod. But she made a point of staring back at me blankly, like she didn't have the faintest what I was talking about. Only when I said to the veterans, by way of explanation: "One of our guardians," did Ruth give a frowning nod, as though she'd just that moment remembered.

I let her get away with it that time. But there was another occasion when I didn't, that evening we were sitting out in the ruined bus shelter. I got angry then

Потом настало лето, и исполнился год с тех пор, как мы приехали в Коттеджи. Микроавтобус привез новую группу воспитанников — в точности как нас в прошлом году, только теперь все они были не из Хейлшема. В каком-то смысле это было для нас облегчением: мы все, по-моему, тревожились, что появление новых наших может осложнить обстановку. С другой стороны, у меня, по крайней мере, этот неприезд бывших однокашников усиливал ощущение, что Хейлшем остался далеко в прошлом, что все былые связи ослабевают. Мало того что Ханна и еще некоторые постоянно вели разговоры об отъезде вслед за Элис на курсы; вдобавок к этому другие, например Лора, завели бойфрендов не из числа хейлшемцев, и можно было почти что и забыть, что мы когда-то были одна компания.

А тут еще притворство Рут, которая делала вид, будто ничего про Хейлшем не помнит. Да, это проявлялось по большей части в мелочах, но такие мелочи все сильнее меня раздражали. Однажды, к примеру, мы сидели за кухонным столом после долгого завтрака: Рут, я и несколько старожилов. Один из них говорил о том, что если на ночь наешься сыру, то потом беспокойно спишь, и я, повернувшись к Рут, сказала примерно вот что: «Помнишь — мисс Джеральдина нас все время об этом предупреждала?» Замечание было сделано мимоходом, и от Рут только и требовалось, что улыбка или кивок. Но она сочла нужным уставиться на меня непонимающим взглядом, и только когда я сказала старожилам в порядке объяснения: «Это одна из наших опекунш», Рут нахмурила брови и кивнула, как будто только сейчас вспомнила.

В тот раз я так это и оставила, но был другой случай, когда я возмутилась, — мы с ней сидели вечером в заброшенной будке для пассажиров на бывшей

because it was one thing to play this game in front of veterans; quite another when it was just the two of us, in the middle of a serious talk. I'd referred, just in passing, to the fact that at Hailsham, the short-cut down to the pond through the rhubarb patch was out of bounds. When she put on her puzzled look, I abandoned whatever point I'd been trying to make and said: "Ruth, there's no way you've forgotten. So don't give me that."

Perhaps if I hadn't pulled her up so sharply — perhaps if I'd just made a joke of it and carried on — she'd have seen how absurd it was and laughed. But because I'd snapped at her, Ruth glared back and said:

"What does it matter anyway? What's the rhubarb patch got to do with any of this? Just get on with what you were saying."

It was getting late, the summer evening was fading, and the old bus shelter felt musty and damp after a recent thunderstorm. So I didn't have the head to go into why it mattered so much. And though I did just drop it and carry on with the discussion we'd been having, the atmosphere had gone chilly, and could hardly have helped us get through the difficult matter in hand.

But to explain what we were talking about that evening, I'll have to go back a little bit. In fact, I'll have to go back several weeks, to the earlier part of the summer. I'd been having a relationship with one of the veterans, a boy called Lenny, which, to be honest, had been mainly about the sex. But then he'd suddenly opted to start his training and left. This unsettled me a little, and Ruth had been great about it, watching over me without

автобусной остановке. Я рассердилась, потому что одно дело — играть в эту игру перед старожилами и совсем другое — когда нас только двое и мы обсуждаем серьезные вещи. В какой-то момент разговора я заметила вскользь, что в Хейлшеме кратчайшая дорога к пруду через заросли ревеня лежала вне разрешенной территории. И когда Рут напустила на себя озадаченный вид, я бросила говорить, о чем говорила, и упрекнула ее:

— Рут, забыть про это ты никак не могла. Так что перестань валять дурака!

Не одерни я ее так резко — скажем, пошутила бы беззлобно и продолжала свое, — Рут почувствовала бы, как нелепо себя ведет, рассмеялась бы, и все. Но после такого выпада она свирепо уставилась на меня и сказала:

— Какое, не пойму, это имеет значение? При чем тут вообще заросли ревеня? Давай рассказывай дальше, не отвлекайся.

Было уже довольно поздно, летнее солнце садилось, в старой будке после недавней грозы было сыро и затхло, и желания объяснять, почему это все-таки имеет значение, у меня не возникло. И хотя я не стала развивать тему и продолжила прерванный разговор, доверительность пропала, и это вряд ли могло помочь нам разобраться с трудностями, которые мы испытывали.

Но чтобы объяснить, о чем мы говорили в тот вечер, мне надо будет вернуться немного назад. Если точнее — на несколько недель назад, к началу лета. Некоторое время у меня была связь с одним старожилом, которого звали Ленни, — честно говоря, секс в чистом виде, ничего больше. Но вдруг он решил начать подготовку и уехал на курсы. Это как-то выбило меня из колеи, и Рут повела себя выше

seeming to make a fuss, always ready to cheer me up if I seemed gloomy. She also kept doing little favours for me, like making me sandwiches, or taking on parts of my cleaning rota.

Then about a fortnight after Lenny had gone, the two of us were sitting in my attic room some time after midnight chatting over mugs of tea, and Ruth got me really laughing about Lenny. He hadn't been such a bad guy, but once I'd started telling Ruth some of the more intimate things about him, it did seem like everything to do with him was hilarious, and we just kept laughing and laughing. Then at one point Ruth was running a finger up and down the cassettes stacked in little piles along my skirting board. She was doing this in an absent-minded sort of way while she kept laughing, but afterwards, I went through a spell of suspecting it hadn't been by chance at all; that she'd noticed it there maybe days before, perhaps even examined it to make sure, then had waited for the best time to "find" it. Years later, I gently hinted this to Ruth, and she didn't seem to know what I was talking about, so maybe I was wrong. Anyway, there we were, laughing and laughing each time I came out with another detail about poor Lenny, and then suddenly it was like a plug had been pulled out. There was Ruth, lying on her side across my rug, peering at the spines of the cassettes in the low light, and then the Judy Bridgewater tape was in her hands. After what seemed an eternity, she said:

"So how long have you had this again?"
I told her, as neutrally as I could, about how Tommy and I had come across it that day while she'd been

всяких похвал: спокойно, без суеты заботилась обо мне, всегда готова была подбодрить, если я хандрила. Она постоянно оказывала мне мелкие услуги: то сэндвич сделает, то подменит меня, когда моя очередь убирать.

Потом — спустя недели две после отъезда Ленни — мы однажды полуночничали вдвоем в моей чердачной комнатушке, болтали, пили чай, и Рут, когда заговорили про Ленни, довела меня до хохота. Он был, в общем-то, неплохой парень, но, стоило мне начать рассказывать о нем кое-какие интимные вещи, возникло ощущение, что все связанное с ним — сплошная умора, и мы смеялись не переставая. Потом в какой-то момент Рут принялась водить пальцем по кассетам, лежащим стопками вдоль моей гладильной доски. Она делала это с рассеянным видом, продолжая смеяться; но позднее на меня напало подозрение, что никакой случайности тут не было, что кассету она заметила раньше, не один день назад, — возможно, даже рассмотрела хорошенько для верности — и затем дождалась подходящего момента, чтобы «обнаружить». Годы спустя я осторожно намекнула на это Рут, но впечатление было, что она не понимает, о чем я говорю, так что, может быть, я и ошиблась. Как бы то ни было — вот мы покатываемся и покатываемся со смеху по поводу все новых подробностей, которые я выдаю про бедного Ленни, — и вдруг точно вилку из розетки выдернули. Рут лежит на боку на моем ковре, вглядывается при неярком свете в стопку кассет — и миг спустя Джуди Бриджуотер уже у нее в руках. После паузы, затянувшейся, казалось, на целую вечность, она спросила:

— И давно она у тебя опять?

Стараясь выбирать выражения понейтральнее, я рассказала ей, как мы с Томми обнаружили кассету

gone with the others. She went on examining it, then said:

"So Tommy found it for you."

"No. I found it. I saw it first."

"Neither of you told me." She shrugged. "At least, if you did, I never heard."

"The Norfolk thing was true," I said. "You know, about it being the lost corner of England."

It did flash through my mind Ruth would pretend not to remember this reference, but she nodded thoughtfully.

"I should have remembered at the time," she said. "I might have found my red scarf then."

We both laughed and the uneasiness seemed to pass. But there was something about the way Ruth put the tape back without discussing it any further that made me think it wasn't finished with yet.

I don't know if the way the conversation went after that was something controlled by Ruth in the light of her discovery, or if we were headed that way anyway, and that it was only afterwards Ruth realised she could do with it what she did. We went back to discussing Lenny, in particular a lot of stuff about how he had sex, and we were laughing away again. At that point, I think I was just relieved she'd finally found the tape and not made a huge scene about it, and so maybe I wasn't being as careful as I might have been. Because before long, we'd drifted from laughing about Lenny to laughing about Tommy. At first it had all felt good-natured enough, like we were just being affectionate towards him. But then we were laughing about his animals.

As I say, I've never been sure whether or not Ruth deliberately moved things round to this. To be fair, I can't even say for certain she was the one who first men-

в Норфолке, пока она проводила время с остальными. Она продолжала ее рассматривать, потом промолвила:

— Значит, ее Томми для тебя нашел.

— Нет. Я сама нашла. Я первая ее увидела.

— Ты ничего мне не говорила, он тоже. — Она пожала плечами. — Или я плохо слушала.

— Про Норфолк оказалась правда, — заметила я. — Ну, помнишь, — что это «край потерь» для всей Англии.

У меня мелькнула мысль, что Рут притворится, будто не помнит, но она глубокомысленно кивнула.

— Жаль, я тогда не сообразила, — сказала она. — Надо было мой красный шарф поискать.

Мы обе засмеялись, и неловкость вроде бы прошла. Но в том, как Рут, не развивая тему, положила кассету на место, было что-то такое, из-за чего я подумала: нет, это еще не конец.

Не знаю, направляла ли Рут последующий разговор в нужную ей сторону в свете своего открытия, или же мы двигались туда независимо ни от чего и она только потом сообразила, как все это можно использовать. Мы опять взялись обсуждать Ленни, главным образом как он занимался сексом, и снова начали покатываться со смеху. И тут-то я — кажется, на радостях, что она наконец увидела кассету и не закатила по этому поводу никакой сцены, — повела себя не слишком аккуратно. Дело в том, что вскоре мы, отсмеявшись над Ленни, стали смеяться уже над Томми. Вначале вполне добродушно, как бы проявляя к нему таким образом теплое отношение. Но потом мы принялись высмеивать его животных.

Я никогда, повторяю, не была уверена, что Рут нарочно к этому вырулила. Если честно, я даже не могу поручиться, что она первая упомянула его рисунки.

tioned the animals. And once we started, I was laughing just as much as she was — about how one of them looked like it was wearing underpants, how another had to have been inspired by a squashed hedgehog. I suppose I should have said in there somewhere that the animals were good, that he'd done really well to have got where he had with them. But I didn't. That was partly because of the tape; and maybe, if I have to be honest, because I was pleased by the notion that Ruth wasn't taking the animals seriously, and everything that implied. I think when we eventually broke up for the night, we felt as close as we'd ever done. She touched my cheek on her way out, saying:

"It's really good the way you always keep your spirits up, Kathy."

So I wasn't prepared at all for what happened at the churchyard several days later. Ruth had discovered that summer a lovely old church about half a mile from the Cottages, which had behind it rambling grounds with very old gravestones leaning in the grass. Everything was overgrown, but it was really peaceful and Ruth had taken to doing a lot of her reading there, near the back railings, on a bench under a big willow. I hadn't at first been too keen on this development, remembering how the previous summer we'd all sat around together in the grass right outside the Cottages. All the same, if I was headed that way on one of my walks, and I knew Ruth was likely to be there, I'd find myself going through the low wooden gate and along the overgrown path past the gravestones. On that afternoon, it was warm and still, and I'd come down the path in a dreamy mood, reading off names on the stones, when I saw not only Ruth, but Tommy, on the bench under the willow.

И начав смеяться, я смеялась с ней наравне — над тем, что одно из существ выглядит так, словно надело трусики, что другое похоже на расплющенного ежа. Мне, конечно, следовало сказать среди этого смеха, что рисунки вообще-то мне нравятся, что Томми молодец, что он вышел на хороший уровень. Но я ничего такого не сказала. Отчасти — из-за кассеты; и еще, если уж совсем начистоту, может быть, из-за того, что я довольна была пренебрежительным отношением Рут к творчеству Томми, имея в виду все, что с этим связано. Насколько помню, мы, когда наконец стали прощаться в ту ночь, чувствовали, что очень близки друг другу. Уходя, она погладила меня по щеке со словами:

— Умница, Кэти, как хорошо, что ты никогда не унываешь.

Поэтому я совершенно не была готова к тому, что произошло на кладбище несколько дней спустя. Рут обнаружила тем летом в полумиле от Коттеджей очень милую старинную церквушку, позади которой был заброшенный погост с покосившимися старыми надгробиями среди травы. Там все изрядно заросло, но было тихо, спокойно, и Рут завела привычку сидеть там и читать у дальней стороны ограды, на скамейке под большой ивой. Поначалу я была от этого не в восторге, помня, как прошлым летом мы все вместе сидели на траве прямо там, у Коттеджей. Тем не менее, если я, гуляя, двигалась в ту сторону и предполагала, что Рут может быть там, ноги сами меня несли через низкие деревянные воротца и дальше по заросшей тропинке мимо надгробий. В тот день было тепло и безветренно, и я шла по тропинке в какой-то задумчивости, читала надписи на камнях и вдруг увидела под ивой не только Рут, но и Томми.

Ruth was actually sitting on the bench, while Tommy was standing with one foot up on its rusty armrest, doing a kind of stretching exercise as they talked. It didn't look like they were having any big conversation and I didn't hesitate to go up to them. Maybe I should have picked up something in the way they greeted me, but I'm sure there wasn't anything obvious. I had some gossip I was dying to tell them — something about one of the newcomers — and so for a while it was just me blabbing on while they nodded and asked the odd question. It was some time before it occurred to me something wasn't right, and even then, when I paused and asked: "Did I interrupt something here?" it was in a jokey sort of way.

But then Ruth said:

"Tommy's been telling me about his big theory. He says he's already told you. Ages ago. But now, very kindly, he's allowing me to share in it too."

Tommy gave a sigh and was about to say something, but Ruth said in a mock whisper:

"Tommy's big Gallery theory!"

Then they were both looking at me, like I was now in charge of everything and it was up to me what happened next.

"It's not a bad theory," I said. "It might be right, I don't know. What do you think, Ruth?"

"I had to really dig it out of Sweet Boy here. Not very keen at all on letting me in on it, were you, sweety gums? It was only when I kept pressing him to tell me what was behind all this art."

"I'm not doing it just for that," Tommy said sulkily. His foot was still up on the armrest and he kept on with his stretching. "All I said was, if it was right, about the Gallery, then I could always try and put in the animals..."

Она сидела на скамейке, а Томми стоял, положив пятку на ржавый подлокотник, беседовал с ней и одновременно делал какое-то упражнение на растяжку мышц. Как серьезный разговор это не выглядело, и я без колебаний к ним подошла. Наверное, я должна была что-то уловить в том, как они со мной поздоровались, но явного точно ничего не было. Мне очень хотелось сообщить им одну сплетню насчет новоприбывших, поэтому некоторое время я просто молола языком, а они кивали и лишь изредка о чем-то по мелочи меня спрашивали. До меня не сразу дошло, что между ними что-то происходит, и даже когда я умолкла и после паузы спросила: «Я ничему не помешала?», тон у меня был скорее шутливый.

Но Рут ответила:

— Томми тут излагал мне свою гениальную теорию. Говорит, тебе уже все рассказал. Давным-давно причем. Теперь вот и до меня милостиво снизошел.

Томми набрал воздуху и хотел что-то сказать, но Рут издевательским шепотом произнесла:

— Поведал мне великую тайну Галереи!

Они оба смотрели на меня, точно я была теперь главным действующим лицом и от меня зависело, что произойдет дальше.

— Не такая уж глупая теория, — сказала я. — Может быть, и верная, я не знаю. А ты что думаешь, Рут?

— Мне клещами пришлось тянуть из этого молодца. Не очень-то ты хотел говорить — правда, дорогуша? Пришлось нажать на него как следует, чтобы узнать, что стоит за всем этим искусством.

— Я не только для этого, — мрачно возразил Томми, не снимая ступню с подлокотника и продолжая упражняться. — Я всего-навсего сказал, что если с Галереей дело обстоит именно так, то я могу попытаться. Могу представить им своих животных...

"Tommy, sweety, don't make a fool of yourself in front of our friend. Do it to me, that's all right. But not in front of our dear Kathy."

"I don't see why it's such a joke," Tommy said. "It's as good a theory as anyone else's."

"It's not the theory people will find funny, sweety gums. They might well buy the theory, right enough. But the idea that you'll swing it by showing Madame your little animals..." Ruth smiled and shook her head.

Tommy said nothing and continued with his stretching. I wanted to come to his defence and was trying to think of just the right thing that would make him feel better without making Ruth even more angry. But that was when Ruth said what she did. It felt bad enough at the time, but I had no idea in the churchyard that day how far-reaching the repercussions would be. What she said was:

"It's not just me, sweety. Kathy here finds your animals a complete hoot."

My first instinct was to deny it, then just to laugh. But there was a real authority about the way Ruth had spoken, and the three of us knew each other well enough to know there had to be something behind her words. So in the end I stayed silent, while my mind searched back frantically, and with a cold horror, settled on that night up in my room with our mugs of tea. Then Ruth said:

"As long as people think you're doing those little creatures as a kind of joke, fine. But don't give out you're serious about it. Please."

Tommy had stopped his stretching and was looking questioningly at me. Suddenly he was really childlike again, with no front whatsoever, and I could see

— Томми, лапочка, будь добр, не выставляй себя перед нашей подругой полным идиотом. Передо мной — ладно, так и быть. Но не выставляй перед нашей милой Кэти.

— Не понимаю, что тебя так смешит, — сказал Томми. — Теория как теория, не хуже любой другой.

— Да не над теорией твоей все будут смеяться, дорогой ты мой. Теорию-то, может, люди и переварят. Но вообразить, что ты сможешь подействовать на Мадам своими зверюшками...

Рут улыбнулась и покачала головой. Томми молчал и продолжал тянуть мышцы. Я хотела ему помочь и пыталась найти какие-то слова, чтобы подбодрить его и в то же время не разозлить Рут еще больше. Но как раз в этот момент Рут сказала то, что сказала. Ощущение от ее слов уже тогда было очень неприятное, но, стоя в тот день на кладбище, я и не подозревала о дальних последствиях, которые они будут иметь. Она сказала вот что:

— Ведь не я одна, родной ты мой. Кэти вот тоже считает твоих животных полной белибердой.

Моим первым побуждением было возмутиться, потом — рассмеяться. Но тон, которым Рут это произнесла, был очень уверенным, и мы, все трое, знали друг друга достаточно хорошо, чтобы можно было не сомневаться: за ее словами что-то стоит. Поэтому я так рта и не раскрыла, а в уме между тем лихорадочно перебирала прошлые разговоры, пока с холодным ужасом не наткнулась на тот поздний вечер у меня в комнате.

— Пока люди будут думать, что ты рисуешь этих малюток шутки ради, все будет хорошо, — промолвила Рут после паузы. — Но не говори никому, что это у тебя всерьез. Очень прошу.

Томми снял ногу с подлокотника и вопросительно смотрел на меня. Вдруг в нем опять проступил ребе-

Кадзуо Исигуро

too something dark and troubling gathering behind his eyes.

"Look, Tommy, you've got to understand," Ruth went on. "If Kathy and I have a good laugh about you, it doesn't really matter. Because that's just us. But please, let's not bring everyone else in on it."

I've thought about those moments over and over. I should have found something to say. I could have just denied it, though Tommy probably wouldn't have believed me. And to try to explain the thing truthfully would have been too complicated. But I could have done something. I could have challenged Ruth, told her she was twisting things, that even if I might have laughed, it wasn't in the way she was implying. I could even have gone up to Tommy and hugged him, right there in front of Ruth. That's something that came to me years later, and probably wasn't a real option at the time, given the person I was, and the way the three of us were with each other. But that might have done it, where words would only have got us in deeper.

But I didn't say or do anything. It was partly, I suppose, that I was so floored by the fact that Ruth would come out with such a trick. I remember a huge tiredness coming over me, a kind of lethargy in the face of the tangled mess before me. It was like being given a maths problem when your brain's exhausted, and you know there's some far-off solution, but you can't work up the energy even to give it a go. Something in me just gave up. A voice went: "All right, let him think the absolute worst. Let him think it, let him think it." And I suppose I looked at him with resignation, with a face that said: "Yes, it's true, what else did you expect?" And I

нок, лишенный всякой защитной маски, и я видела, что в глубине его взгляда сгущается что-то темное и тревожное.

— Томми, пойми простую вещь, — продолжала Рут. — Если мы с Кэти над тобой от души посмеялись, особого значения это, конечно, не имеет. Потому что это мы. Но, пожалуйста, никого больше в это не посвящай.

Я потом обдумывала этот момент много раз. Мне следовало найтись и что-то сказать. Могла просто заявить, что Рут говорит неправду, — хотя Томми вряд ли мне поверил бы. А попробовала бы объяснить все правдиво — точно запуталась бы. Но что-то надо было, можно было сделать. Я могла бросить Рут перчатку, сказать, что она извращает суть, что да, я смеялась, но смеялась не с тем настроением, которое она мне приписывает. Я могла даже подойти к Томми и обнять его прямо на глазах у Рут. Это пришло мне в голову годы спустя, и, конечно, такой вариант был не слишком реальным тогда, при моем характере и при том, как складывались отношения у нас троих. Но может быть, это было бы выходом — тогда как от слов мы увязли бы еще больше.

Но я ничего не сказала и не сделала. Отчасти, думаю, потому, что фокус Рут меня просто сразил. Помню, на меня вдруг навалилась громадная усталость, и я впала в какое-то оцепенение перед лицом всей этой удручающей мешанины. Словно задали задачу по математике, а усталые мозги служить отказываются, и ты знаешь, что решение есть, оно маячит где-то вдалеке, но силы на его поиски взять негде. Что-то во мне подалось, подломилось. Какой-то голос внутри зазвучал: «Пусть, пусть он подумает самое худшее. А, плевать, пусть подумает». И, кажется, я посмотрела на него подтверждающе, как будто говоря: «Да, это

can recall now, as fresh as anything, Tommy's own face, the anger receding for the moment, being replaced by an expression almost of wonder, like I was a rare butterfly he'd come across on a fence-post.

It wasn't that I thought I'd burst into tears or lose my temper or anything like that. But I decided just to turn and go. Even later that day, I realised this was a bad mistake. All I can say is that at the time what I feared more than anything was that one or the other of them would stalk off first, and I'd be left with the remaining one. I don't know why, but it didn't seem an option for more than one of us to storm off, and I wanted to make sure that one was me. So I turned and marched back the way I'd come, past the gravestones towards the low wooden gate, and for several minutes, I felt as though I'd triumphed; that now they'd been left in each other's company, they were suffering a fate they thoroughly deserved.

Chapter 17

As I've said, it wasn't until a long time afterwards — long after I'd left the Cottages — that I realised just how significant our little encounter in the churchyard had been. I was upset at the time, yes. But I didn't believe it to be anything so different from other tiffs we'd had. It never occurred to me that our lives, until then so closely interwoven, could unravel and separate over a thing like that.

But the fact was, I suppose, there were powerful tides tugging us apart by then, and it only needed something like that to finish the task. If we'd understood that back

так, а чего ты еще ожидал?» Я до сих пор очень четко помню, как выглядел Томми в этот момент: негодование на его лице сменялось чуть ли не изумлением, точно я была редкой бабочкой, которую он увидел на заборе.

Я не боялась тогда, что разрыдаюсь, или взбеленюсь, или еще что-нибудь. И все-таки решила просто повернуться и уйти. Ушла — и уже в тот день поняла, что совершила большую ошибку. Могу сказать одно: меня больше всего тогда страшило, что кто-нибудь из них рванет с кладбища первым и мне придется остаться с другим наедине. Вариант, что уйдут двое, я не рассматривала, не знаю почему, и мне нужно было, чтобы отколовшимся куском стала я. Так что я повернулась и двинулась от них тем же путем, каким пришла, мимо могильных плит и через деревянные ворота, и несколько минут у меня было ощущение торжества — что теперь они остались вдвоем и переживают то, что вполне заслужили.

Глава 17

Как я уже говорила, только гораздо позже — когда я уже давно уехала из Коттеджей — я поняла, как много значил для нас этот короткий разговор на сельском кладбище. Безусловно, я была тогда огорчена. Но я не думала, что это так уж сильно отличается от других маленьких размолвок, какие у нас были. Мне и в голову не могло прийти, что наши жизни, до сих пор так тесно переплетенные, могут разъединиться из-за чего-то подобного.

Но дело, видимо, в том, что к тому времени довольно мощные силы уже тянули нас в разные стороны, и чтобы довести все до конца, ничего больше и не тре-

then — who knows?—maybe we'd have kept a tighter hold of one another.

For one thing, more and more students were going off to be carers, and among our old Hailsham crowd, there was a growing feeling this was the natural course to follow. We still had our essays to finish, but it was well known we didn't really have to finish them if we chose to start our training. In our early days at the Cottages, the idea of not finishing our essays would have been unthinkable. But the more distant Hailsham grew, the less important the essays seemed. I had this idea at the time — and I was probably right — that if our sense of the essays being important was allowed to seep away, then so too would whatever bound us together as Hailsham students. That's why I tried for a while to keep going our enthusiasm for all the reading and note-taking. But with no reason to suppose we'd ever see our guardians again, and with so many students moving on, it soon began to feel like a lost cause.

Anyway, in the days after that talk in the churchyard, I did what I could to put it behind us. I behaved towards both Tommy and Ruth as though nothing special had occurred, and they did much the same. But there was always something there now, and it wasn't just between me and them. Though they still made a show of being a couple — they still did the punching-on-the-arm thing when they parted — I knew them well enough to see they'd grown quite distant from each other.

Of course I felt bad about it all, especially about Tommy's animals. But it wasn't as simple any more as going

бовалось. Если бы мы это тогда понимали, то — кто знает? — может быть, крепче держались бы друг за друга.

Люди тогда один за другим уезжали на курсы помощников, и среди нас, хейлшемских, нарастало ощущение, что это естественный путь для всех. Сочинения наши не были еще готовы, но мы прекрасно понимали, что на курсы можно отправиться и так. В начале пребывания в Коттеджах мы и представить себе не могли, что можно не дописать сочинение. Но чем дальше отодвигался Хейлшем, тем менее важной казалась эта деятельность. У меня была тогда мысль — верная, пожалуй, — что если дать представлению о важности сочинений сойти на нет, то таким же образом постепенно улетучится и все остальное, что нас, воспитанников Хейлшема, объединяет. Поэтому какое-то время я сознательно пыталась поддерживать в себе и других желание читать и делать заметки. Но не было никаких причин думать, что мы когда-нибудь еще увидим наших опекунов, люди один за другим уезжали, и вскоре возникло ощущение, что борьба проиграна.

Как бы то ни было, после разговора на кладбище я всячески старалась, чтобы он скорее ушел в прошлое. По отношению к Томми и Рут я вела себя так, словно ничего особенного не случилось, и они, в свою очередь, тоже делали такой вид. Но что-то тем не менее всегда присутствовало, и не только между мной и ими. Хотя они по-прежнему изображали из себя пару и все еще не отказались от характерного жеста — от прикосновения к руке при прощании, — я достаточно хорошо их знала, чтобы видеть: они стали довольно далеки друг от друга.

Конечно, мне было нехорошо из-за всего этого, особенно из-за рисунков Томми. Но такого простого

433

to him and saying sorry and explaining how things really were. A few years earlier, even six months earlier, it might have worked out that way. Tommy and I would have talked it over and sorted it out. But somehow, by that second summer, things were different. Maybe it was because of this relationship with Lenny, I don't know. Anyway, talking to Tommy wasn't so easy any more. On the surface, at least, it was much like before, but we never mentioned the animals or what had happened in the churchyard.

So that was what had been happening just before I had that conversation with Ruth in the old bus shelter, when I got so annoyed with her for pretending to forget about the rhubarb patch at Hailsham. Like I said, I'd probably not have got nearly so cross if it hadn't come up in the middle of such a serious conversation. Okay, we'd got through a lot of the meat of it by then, but even so, even if we were just easing off and chatting by that point, that was still all part of our trying to sort things with each other, and there was no room for any pretend stuff like that.

What had happened was this. Although something had come between me and Tommy, it hadn't quite got like that with Ruth — or at least that's what I'd thought — and I'd decided it was time I talked with her about what had happened in the churchyard. We'd just had one of those summer days of rain and thunderstorms, and we'd been cooped up indoors despite the humidity. So when it appeared to clear for the evening, with a nice pink sunset, I suggested to Ruth we get a bit of air. There was a steep footpath I'd discovered leading up along the edge of the valley and just where it came out onto the road was an old bus shelter. The buses had stopped coming ages ago, the bus stop sign had been taken away,

выхода, как подойти к нему, попросить прощения и объяснить, что и как на самом деле, у меня не было. Несколько лет назад, даже полгода назад так еще можно было поступить. Мы с Томми поговорили бы, и почти наверняка все бы уладилось. Но к тому второму лету что-то изменилось. Может быть, виной всему мои отношения с Ленни — не знаю. Так или иначе, говорить с Томми мне стало труднее. На поверхности у нас с ним шло более или менее по-прежнему, но мы никогда не упоминали ни о его животных, ни о случившемся на кладбище.

Вот как все было перед тем разговором в старой будке на остановке автобуса, когда Рут сильно рассердила меня, притворившись, что не помнит про заросли ревеня в Хейлшеме. Повторяю — я ни за что так не вспылила бы, не будь это посреди очень серьезного разговора. Да, главная его часть осталась к тому времени позади, но все равно, пусть даже мы начали тогда расслабляться и переходить к чему-то более легкому, все это входило в состав нашей попытки разобраться в ситуации, и такое притворство по мелочам было совершенно неуместно.

События развивались вот как. Хотя между мной и Томми черная кошка и пробежала, что касалось Рут — с ней у меня дела обстояли все-таки лучше, так, по крайней мере, я думала, и я решила, что нам пора наконец обсудить то, что произошло тогда на кладбище. Стоял очередной летний день с ливнями и грозами, и мы волей-неволей сидели в помещении, где тоже было сыро. Так что, когда к вечеру небо расчистилось и стал разгораться красивый розовый закат, я предложила Рут выйти подышать. Незадолго до этого я обнаружила тропинку, которая круто шла вверх вдоль края долины, и там, где она выходила на дорогу, стояла будка для ожидающих автобуса.

and on the wall at the back of the shelter, there was left only the frame of what must have once been a glassed-in notice displaying all the bus times. But the shelter itself — which was like a lovingly constructed wooden hut with one side open to the fields going down the valleyside — was still standing, and even had its bench intact. So that's where Ruth and I were sitting to get our breath back, looking at the cobwebs up on the rafters and the summer evening outside. Then I said something like:

"You know, Ruth, we should try and sort it out, what happened the other day."

I'd made my voice conciliatory, and Ruth responded. She said immediately how daft it was, the three of us having rows over the most stupid things. She brought up other times we'd rowed and we laughed a bit about them. But I didn't really want Ruth just to bury the thing like that, so I said, still in the least challenging voice I could:

"Ruth, you know, I think sometimes, when you're in a couple, you don't see things as clearly as maybe someone can from the outside. Just sometimes."

She nodded.

"That's probably right."

"I don't want to interfere. But sometimes, just lately, I think Tommy's been quite upset. You know. About certain things you've said or done."

I was worried Ruth would get angry, but she nodded and sighed.

"I think you're right," she said in the end. "I've been thinking about it a lot too."

"Then maybe I shouldn't have brought it up. I should have known you'd see what was happening. It's not my business really."

Маршрут ликвидировали уже очень давно, знак остановки был убран, и внутри будки на задней стене осталась только рамка от расписания, которое раньше висело тут под стеклом. Но сама будка — довольно изящное деревянное строеньице, открытое с одной стороны, с видом на поля, спускающиеся в долину, — еще стояла, и даже скамейка в ней была цела. Там-то мы в тот вечер и сидели, дышали воздухом и глядели на увешанные паутиной стропила и на закатное небо. Потом я сказала примерно вот что:

— Знаешь, Рут, нам надо все-таки попробовать понять, что случилось у нас на днях.

Тон я сделала очень мирным, и Рут отреагировала хорошо. Мигом сказала, что это очень глупо, когда три человека ссорятся по таким пустякам. Вспомнила другие наши размолвки, и мы с ней немножко над ними посмеялись. Но мне не хотелось, чтобы Рут все свела к этому, и я сказала ей тоном по-прежнему таким дружеским, как только возможно:

— Рут, у меня вот бывает чувство, после того как вы стали парой, что вы иногда кое-что не так хорошо видите, как оно видно со стороны. Иногда, не часто.

Она кивнула.

— Да, это так, пожалуй.

— Я совершенно не хочу вмешиваться. Но последнее время мне порой кажется, что Томми здорово расстроен. Ну... из-за чего-то, что ты говоришь или делаешь.

Я боялась, что Рут рассердится, но она со вздохом кивнула.

— Похоже, ты права, — сказала она, помолчав. — Я и сама про это много думаю.

— Тогда, может, я зря с этим вылезла. Должна была знать, что ты и так все видишь. В общем-то, это не мое дело.

"But it is, Kathy. You're really one of us, and so it's always your business. You're right, it hasn't been good. I know what you mean. That stuff the other day, about his animals. That wasn't good. I told him I was sorry about that."

"I'm glad you talked it over. I didn't know if you had."

Ruth had been picking at some moulding flakes of wood on the bench beside her, and for a moment she seemed completely absorbed in this task. Then she said:

"Look, Kathy, it's good we're talking now about Tommy. I've been wanting to tell you something, but I've never quite known how to say it, or when, really. Kathy, promise you won't be too cross with me."

I looked at her and said:

"As long as it's not about those T-shirts again."

"No, seriously. Promise you won't get too cross. Because I've got to tell you this. I wouldn't forgive myself if I kept quiet much longer."

"Okay, what is it?"

"Kathy, I've been thinking this for some time. You're no fool, and you can see that maybe me and Tommy, we might not be a couple forever. That's no tragedy. We were right for each other once. Whether we always will be, that's anyone's guess. And now there's all this talk, about couples getting deferrals if they can prove, you know, that they're really right. Okay, look, what I wanted to say, Kathy, is this. It'd be completely natural if you'd thought about, you know, what would happen if me and Tommy decided we shouldn't be together any more. We're not about to split, don't get me wrong. But I'd think it was completely normal if you at least wondered about it. Well, Kathy, what you have to realise is that Tommy doesn't see you like that. He really, really likes you, he thinks you're really great. But I know he

— Нет, Кэти, и твое тоже. Ты наша, ты одна из нас, как это — не твое дело? Ты права, нехорошо у нас получилось. Я ведь понимаю, о чем ты. О том разговоре насчет его животных. Нехорошо вышло. Я перед ним уже повинилась.

— Я рада, что вы поговорили. Я про это не знала.

Рут между тем отколупывала от скамьи заплесневелые щепки и какое-то время, казалось, была полностью поглощена этим занятием. Потом сказала:

— Нет, Кэти, это правильно, что мы начали говорить про Томми. Я тут кое-что хотела тебе сказать, но не знала, как подступиться. Только пообещай, что не рассердишься.

Я посмотрела на нее.

— Постараюсь, если это не насчет футболок опять.

— Нет, серьезно. Пообещай, что не будешь сердиться. Потому что я должна тебе это сказать. Не простила бы себе, если бы долго с этим тянула.

— Ладно, говори.

— Кэти, я не один день уже об этом думаю. Ты не дура и наверняка понимаешь, что мы с Томми, может быть, не вечно будем вместе. Это не трагедия. Сначала нам было хорошо друг с другом. Будет ли так всегда — неизвестно. И теперь вот все эти разговоры насчет отсрочек для пар, которые докажут, что они, ну, настоящие. Так вот, Кэти, я что хочу тебе сказать. Совершенно естественно, что ты когда-нибудь можешь задуматься: если Томми и Рут, предположим, вдруг решат расстаться — что тогда будет? Мы ничего такого не решили, пойми меня правильно. Но по крайней мере задаться таким вопросом — это было бы с твоей стороны вполне нормально. И понимаешь, Кэти, тебе надо отдавать себе отчет: Томми так на тебя не смотрит. Он очень, очень хорошо к тебе

doesn't see you like, you know, a proper girlfriend. Besides..." Ruth paused, then sighed. "Besides, you know how Tommy is. He can be fussy."

I stared at her.

"What do you mean?"

"You must know what I mean. Tommy doesn't like girls who've been with... well, you know, with this person and that. It's just a thing he has. I'm sorry, Kathy, but it wouldn't be right not to have told you."

I thought about it, then said:

"It's always good to know these things."

I felt Ruth touch my arm.

"I knew you'd take it the right way. What you've got to understand, though, is that he thinks the world of you. He really does."

I wanted to change the subject, but for the moment my mind was a blank. I suppose Ruth must have picked up on this, because she stretched out her arms and did a kind of yawn, saying:

"If I ever learn to drive a car, I'd take us all on a trip to some wild place. Dartmoor, say. The three of us, maybe Laura and Hannah too. I'd love to see all the bogs and stuff."

We spent the next several minutes talking about what we'd do on a trip like that if we ever went on one. I asked where we'd stay, and Ruth said we could borrow a big tent. I pointed out the wind could get really fierce in places like that and our tent could easily blow away in the night. None of this was that serious. But it was around here I remembered the time back at Hailsham, when we'd still been Juniors and we were having a picnic by the pond with Miss Geraldine. James B. had been

относится, по-настоящему тебя уважает. Но я знаю, что он не видит тебя в качестве — ну, своей девушки. Кроме того... — Рут помолчала, потом вздохнула. — В общем, ты ведь знаешь Томми. Он страшно разборчивый иногда бывает.

Я уставилась на нее.

— Что ты имеешь в виду?

— Я думала, ты поймешь, что я имею в виду. Томми не нравятся девушки, которые... которые, ну, водились и с тем парнем, и с этим. Просто, знаешь, вкусы такие у человека. Прости меня, Кэти, но было бы, наверное, нехорошо это от тебя скрывать.

Я поразмыслила, потом сказала:

— Всегда полезно знать такие вещи.

Рут дотронулась до моей руки.

— Я так и думала, что ты правильно воспримешь. Только помни, учти: он очень высоко тебя ценит. Точно тебе говорю.

Мне хотелось поменять тему, но в голове была пустота. Рут, похоже, это уловила: она потянулась, издала что-то вроде зевка и сказала:

— Вот если научусь водить машину — свожу и тебя, и Томми куда-нибудь в дикое место. В Дартмур, скажем. Мы трое, может, еще Лора и Ханна. Хотелось бы увидеть болота и всякое такое.

Несколько минут мы проговорили о том, чем можно было бы заняться в такой поездке, если бы она состоялась. Я спросила, где бы мы ночевали, и Рут ответила, что можно взять напрокат большую палатку. Я сказала, что в таких местах бывают очень жестокие ветры и ночью палатку вполне может сдуть. Все это говорилось не слишком всерьез. Но тут я вспомнила, что в Хейлшеме, когда мы еще были в младших классах, у нас однажды был пикник у пруда с мисс

sent to the main house to fetch the cake we'd all baked earlier, but as he was carrying it back, a strong gust of wind had taken off the whole top layer of sponge, tossing it into the rhubarb leaves. Ruth said she could only vaguely remember the incident, and I'd said, trying to clinch it for her memory:

"The thing was, he got into trouble because that proved he'd been coming down through the rhubarb patch."

And that was when Ruth looked at me and said:

"Why? What was wrong with that?"

It was just the way she said it, suddenly so false even an onlooker, if there'd been one, would have seen through it. I sighed with irritation and said:

"Ruth, don't give me that. There's no way you've forgotten. You know that route was out of bounds."

Maybe it was a bit sharp, the way I said it. Anyway, Ruth didn't back down. She continued pretending to remember nothing, and I got all the more irritated. And that was when she said:

"What does it matter anyway? What's the rhubarb patch got to do with anything? Just get on with what you were saying."

After that I think we went back to talking in a more or less friendly way, and then before long we were making our way down the footpath in the half-light back to the Cottages. But the atmosphere never quite righted itself, and when we said our goodnights in front of the Black Barn, we parted without our usual little touches on the arms and shoulders.

It wasn't long after that I made my decision, and once I'd made it, I never wavered. I just got up one morning and told Keffers I wanted to start my training to become

Джеральдиной. Джеймса Б. послали в главный корпус за пирогом, который мы вместе испекли, но, пока он его нес, сильный порыв ветра сорвал верхний слой бисквита и рассыпал по листьям ревеня. Рут сказала, что, кажется, припоминает, но очень смутно, и я, чтобы подстегнуть ее память, заметила:

— У него были потом неприятности — ведь это доказывало, что он шел через заросли ревеня.

Вот тогда-то Рут посмотрела на меня и спросила:
— Ну и что? Что он этим нарушил?

Все дело было в том, как она это произнесла, — тоном вдруг настолько фальшивым, что даже посторонний, окажись он там, это почувствовал бы. Я вздохнула с раздражением:

— Рут, перестань валять дурака! Забыть про это ты никак не могла. Ты знаешь, что этим путем нам запрещали ходить.

Может быть, у меня вышло и резковато. Рут, так или иначе, упорствовала — продолжала прикидываться, что ничего не помнит, и я раздражалась все сильнее. Тут-то она и сказала:

— Какое, не пойму, это имеет значение? При чем тут вообще заросли ревеня? Давай рассказывай дальше, не отвлекайся.

После этого мы, насколько помню, продолжали разговор более или менее дружески и вскоре уже шли в сумерках вниз по тропинке обратно в Коттеджи. Но атмосфера так полностью и не разрядилась, и расстались мы у Черного амбара без обычных наших легких прикосновений к рукам и плечам.

Вскоре после этого я приняла решение и, приняв, уже не колебалась. Просто встала однажды утром и сказала Кефферсу, что хочу отправиться на курсы

a carer. It was surprisingly easy. He was walking across the yard, his Wellingtons covered in mud, grumbling to himself and holding a piece of piping. I went up and told him, and he just looked at me like I'd bothered him about more firewood. Then he mumbled something about coming to see him later that afternoon to go through the forms. It was that easy.

It took a little while after that, of course, but the whole thing had been set in motion, and I was suddenly looking at everything — the Cottages, everybody there — in a different light. I was now one of the ones leaving, and soon enough, everyone knew it. Maybe Ruth thought we'd be spending hours talking about my future; maybe she thought she'd have a big influence on whether or not I changed my mind. But I kept a certain distance from her, just as I did from Tommy. We didn't really talk properly again at the Cottages, and before I knew it, I was saying my goodbyes.

помощников. Все это было на удивление просто. Он шел через двор с куском трубы в своих покрытых грязью сапогах и что-то ворчал себе под нос. Я подошла к нему, сказала, и он посмотрел на меня таким же взглядом, как если бы я стала докучать ему по поводу, скажем, дров. Потом пробормотал что-то в том смысле, чтобы я пришла во второй половине дня заполнить бумаги. Только и всего.

Дело, конечно, заняло еще какое-то время, но процесс был запущен, и внезапно я стала смотреть на все — на Коттеджи, на их обитателей — другими глазами. Я была теперь одной из отъезжающих, и вскоре об этом уже знали все. Может быть, Рут предполагала, что мы будем долгие часы проводить в разговорах о моем будущем; может быть, она считала, что от ее мнения будет зависеть, передумаю я или нет. Но я держалась от нее, как и от Томми, на некотором отдалении. По-настоящему мы в Коттеджах так больше ни разу и не поговорили, и я сама не заметила, как настало время прощаться.

PART THREE

Chapter 18

For the most part being a carer's suited me fine. You could even say it's brought the best out of me. But some people just aren't cut out for it, and for them the whole thing becomes a real struggle. They might start off positively enough, but then comes all that time spent so close to the pain and the worry. And sooner or later a donor doesn't make it, even though, say, it's only the second donation and no one anticipated complications. When a donor completes like that, out of the blue, it doesn't make much difference what the nurses say to you afterwards, and neither does that letter saying how they're sure you did all you could and to keep up the good work. For a while at least, you're demoralised. Some of us learn pretty quick how to deal with it. But others — like Laura, say — they never do.

Then there's the solitude. You grow up surrounded by crowds of people, that's all you've ever known, and suddenly you're a carer. You spend hour after hour, on your own, driving across the country, centre to centre, hospital to hospital, sleeping in overnights, no one to talk to about your worries, no one to have a laugh with.

ЧАСТЬ ТРЕТЬЯ

Глава 18

В целом работа помощницы очень хорошо мне подошла. Можно даже сказать — выявила лучшее, что во мне есть. Бывает, что человек просто-напросто к ней не приспособлен, и для него все это становится колоссальным испытанием. Первое время может справляться и неплохо, но потом многие часы, проведенные около боли и удрученности, начинают сказываться. И рано или поздно наступает момент, когда один из твоих доноров не выкарабкивается, хотя, предположим, это всего-навсего вторая выемка и никто не ждал осложнений. Когда донор вот так ни с того ни с сего завершает, тебя не очень-то может утешить ни то, что говорит тебе потом медперсонал, ни письмо, где сказано, что ты, несомненно, сделал все возможное и они ценят твою добросовестность. Какое-то время (по меньшей мере) ты деморализован. Некоторые довольно быстро учатся с этим справляться. Но другие — Лора, к примеру, — так и не могут научиться.

Потом еще одиночество. Ты растешь вместе со всеми, в густой массе, ничего другого не знаешь — и вдруг становишься помощником. Час за часом сидишь за рулем сам по себе, ездишь по стране от центра к центру, от больницы к больнице, ночуешь в мотелях, о заботах своих поговорить не с кем, посмеяться

Just now and again you run into a student you know —
a carer or donor you recognise from the old days — but
there's never much time. You're always in a rush, or
else you're too exhausted to have a proper conversation.
Soon enough, the long hours, the travelling, the broken
sleep have all crept into your being and become part of
you, so everyone can see it, in your posture, your gaze,
the way you move and talk.

I don't claim I've been immune to all of this, but
I've learnt to live with it. Some carers, though, their
whole attitude lets them down. A lot of them, you can
tell, are just going through the motions, waiting for the
day they're told they can stop and become donors. It really gets me, too, the way so many of them "shrink" the
moment they step inside a hospital. They don't know
what to say to the whitecoats, they can't make themselves speak up on behalf of their donor. No wonder they
end up feeling frustrated and blaming themselves when
things go wrong. I try not to make a nuisance of myself,
but I've figured out how to get my voice heard when I
have to. And when things go badly, of course I'm upset, but at least I can feel I've done all I could and keep
things in perspective.

Even the solitude, I've actually grown to quite like.
That's not to say I'm not looking forward to a bit more
companionship come the end of the year when I'm finished with all of this. But I do like the feeling of getting
into my little car, knowing for the next couple of hours
I'll have only the roads, the big grey sky and my daydreams for company. And if I'm in a town somewhere
with several minutes to kill, I'll enjoy myself wandering
about looking in the shop windows. Here in my bedsit,
I've got these four desk-lamps, each a different colour,

не с кем. Изредка можешь случайно наткнуться на донора или помощника, знакомого по прошлым годам, но времени на разговор обычно очень мало. Ты вечно спешишь, а если даже и нет — слишком вымотан для нормальной беседы. И вскоре многочасовая работа, разъезды, сон урывками — все это проникает в тебя, становится частью тебя, и это видно каждому по твоей осанке, по глазам, по походке, по манере говорить.

Я не хочу сказать, что ничем таким не затронута, — просто я научилась с этим жить. А иным помощникам само их отношение ко всему не дает держаться на плаву. Многие, это видно, просто тянут лямку и дожидаются дня, когда их остановят и переведут в доноры. Мне очень не нравится, помимо прочего, то, как они сплошь и рядом скукоживаются, стоит им переступить порог больницы. С медиками говорить не умеют, замолвить слово за своего донора не решаются. Нечего удивляться, что у них развивается неверие в свои силы и склонность винить себя, когда что-то идет не лучшим образом. Я лично стараюсь не возникать по мелочам, но если нужно — умею сделать так, чтобы мой голос услышали. Если случается провал, я, конечно, бываю расстроена, но, по крайней мере, чувствую, что старалась как могла, и не теряю трезвого взгляда на вещи.

Даже в одиночестве я начала находить свою прелесть. Я не хочу этим сказать, что не рада буду возможности побольше общаться с людьми после конца года, когда я уже не буду помощницей. Но мне нравится садиться в мою маленькую машину, зная, что впереди два часа дорог, бескрайнего серого неба и мечтаний. И если в каком-нибудь городке у меня выдается несколько свободных минут, я с удовольствием хожу от магазина к магазину и смотрю на витрины. В квартирке у меня четыре настольные лампы, каж-

but all the same design — they have these ribbed necks you can bend whichever way you want. So I might go looking for a shop with another lamp like that in its window — not to buy, but just to compare with my ones at home.

Sometimes I get so immersed in my own company, if I unexpectedly run into someone I know, it's a bit of a shock and takes me a while to adjust. That's the way it was the morning I was walking across the windswept car park of the service station and spotted Laura, sitting behind the wheel of one of the parked cars, looking vacantly towards the motorway. I was still some way away, and just for a second, even though we hadn't met since the Cottages seven years before, I was tempted to ignore her and keep walking. An odd reaction, I know, considering she'd been one of my closest friends. As I say, it may have been partly because I didn't like being bumped out of my daydreams. But also, I suppose, when I saw Laura slumped in her car like that, I saw immediately she'd become one of these carers I've just been describing, and a part of me just didn't want to find out much more about it.

But of course I did go to her. There was a chilly wind blowing against me as I walked over to her hatchback, parked away from the other vehicles. Laura was wearing a shapeless blue anorak, and her hair — a lot shorter than before — was sticking to her forehead. When I tapped on her window, she didn't start, or even look surprised to see me after all that time. It was almost like she'd been sitting there waiting, if not for me precisely, then for someone more or less like me from the old days. And now I'd shown up, her first thought seemed to be: "At last!" Because I could see her shoulders move in a

дая своего цвета, но все одного дизайна — абажур на рифленой «шее», которая гнется как угодно. Можно, скажем, поискать магазин с другой подобной лампой на витрине — не чтобы купить, а просто чтобы сравнить с теми у меня дома.

Иной раз настолько погружаюсь в себя, что если вдруг встречаю знакомого, то это для меня своего рода шок, с которым я не сразу справляюсь. Так было, например, в то ветреное утро, когда я шла через автостоянку у станции обслуживания и увидела Лору, сидящую за рулем припаркованной машины и глядящую пустым взором в сторону шоссе. Я была на некотором расстоянии, и на секунду, хоть мы и не виделись все семь лет после Коттеджей, у меня возникло искушение идти дальше, как будто я ее не заметила. Странная реакция, я знаю, — ведь она была одной из ближайших моих подруг. Как я сказала уже, отчасти это, может быть, объясняется тем, что мне тяжело так резко пробуждаться от своих мечтаний. Но кроме того, я думаю, по виду Лоры в машине, по ее сгорбленной фигуре мне мигом стало понятно, что она из тех помощников, о которых я только что говорила, и какая-то часть во мне попросту не хотела дальнейших выяснений.

Но я преодолела себя, конечно. Пока шла к ее хетчбэку, стоявшему в стороне от других машин, холодный ветер дул мне в лицо. На Лоре была мешковатая синяя куртка с капюшоном, и волосы ее — она их сильно укоротила, — казалось, прилипли ко лбу. Когда я постучала в стекло, она не вздрогнула и даже не выглядела удивленной после стольких лет. Можно подумать — сидела и ждала если не меня лично, то кого-нибудь из прошлого вроде меня. И когда она меня увидела, ее первой мыслью, похоже, было: «Наконец-то!» Потому что ее плечи поднялись и опустились, как

kind of sigh, then without further ado, she reached over to open the door for me.

We talked for about twenty minutes: I didn't leave until the last possible moment. A lot of it was about her, how exhausted she'd been, how difficult one of her donors was, how much she loathed this nurse or that doctor. I waited to see a flash of the old Laura, with the mischievous grin and inevitable wisecrack, but none of that came. She talked faster than she used to, and although she seemed pleased to see me, I sometimes got the impression it wouldn't have mattered much if it wasn't me, but someone else, so long as she got to talk.

Maybe we both felt there was something dangerous about bringing up the old days, because for ages we avoided any mention of them. In the end, though, we found ourselves talking about Ruth, who Laura had run into at a clinic a few years earlier, when Ruth was still a carer. I began quizzing her about how Ruth had been, but she was so unforthcoming, in the end I said to her:

"Look, you must have talked about something."

Laura let out a long sigh.

"You know how it gets," she said. "We were both in a hurry." Then she added: "Anyway, we hadn't parted the best of friends, back at the Cottages. So maybe we weren't so delighted to see one another."

"I didn't realise you'd fallen out with her too," I said. She shrugged.

"It wasn't any big deal. You remember the way she was back then. If anything, after you left, she got worse. You know, always telling everyone what to do. So I was keeping out of her way, that was all. We never had a big fight or anything. So you haven't seen her since then?"

при вздохе, после чего она немедленно протянула руку и открыла мне дверь.

Мы проговорили минут двадцать; я тянула с отъездом до последнего. Большей частью все крутилось вокруг того, как она измучена, вымотана, какой трудный ей попался донор, как она ненавидит такую-то медсестру и такого-то врача. Я ждала проблеска прежней Лоры с ее ехидной ухмылкой и непременной шуточкой — но не дождалась. Речь у нее стала какой-то торопливой, и хотя она, я думаю, была мне рада, иногда создавалось впечатление, что главное для нее — выговориться, и не так уж важно, кто сидит рядом.

Судя по тому, что мы очень долго избегали всякого упоминания о старых временах, мы обе видели в разговоре о них какую-то опасность. Под конец, однако, речь все-таки зашла о Рут, которую Лора несколькими годами раньше, когда Рут еще была помощницей, встретила в одной из клиник. Я пустилась в расспросы, но выжать толком ничего из Лоры не могла и в конце концов воскликнула:

— Слушай, ну о чем-нибудь же вы говорили!

Лора тяжко вздохнула.

— Ты знаешь, как это бывает, — сказала она. — Я торопилась, Рут тоже. — Помолчав, добавила: — Да и расстались мы тогда в Коттеджах не лучшим образом. Так что, может быть, не слишком уж и рады были друг другу.

— Я не знала, что и ты с ней раздружилась.

Она пожала плечами.

— Естественно. Ты ведь помнишь, какая она тогда была. А после твоего отъезда стала еще хуже. Только и знала, что учила всех уму-разуму. Поэтому я старалась пореже иметь с ней дело, вот и все. Не то чтобы мы там сильно поцапались, ничего такого. А ты, значит, ее с тех пор так и не видела?

"No. Funny, but I've never even glimpsed her."

"Yeah, it's funny. You'd think we'd all run into each other much more. I've seen Hannah a few times. And Michael H. too." Then she said: "I heard this rumour, that Ruth had a really bad first donation. Just a rumour, but I heard it more than once."

"I heard that too," I said.

"Poor Ruth."

We were quiet for a moment. Then Laura asked:

"Is it right, Kathy? That they let you choose your donors now?"

She'd not asked in the accusing way people do sometimes, so I nodded and said:

"Not every time. But I did well with a few donors, so yeah, I get to have a say every now and then."

"If you can choose," Laura said, "why don't you become Ruth's carer?"

I shrugged.

"I've thought about it. But I'm not sure it's such a great idea."

Laura looked puzzled.

"But you and Ruth, you were so close."

"Yeah, I suppose so. But like with you, Laura. She and I weren't such great friends by the end."

"Oh, but that was back then. She's had a bad time. And I've heard she's had trouble with her carers too. They've had to change them around a lot for her."

"Not surprising really," I said. "Can you imagine? Being Ruth's carer?"

Laura laughed, and for a second a look came into her eyes that made me think she was finally going to come out with a crack. But then the light died, and she just went on sitting there looking tired.

— Нет. Странно, но ни единого разочка.

— Да, странно. Мне казалось, мы все будем часто друг с другом сталкиваться. Ханна вот мне попадалась уже несколько раз. И Майкл Х. тоже. — После паузы она сказала: — До меня доходил слух, что у Рут неудачно прошла первая выемка. Слух есть слух, но мне не раз это говорили.

— Я тоже слышала, — подтвердила я.

— Бедная Рут.

Мы немножко помолчали, потом Лора спросила:

— Это правда, Кэти, что они теперь позволяют тебе выбирать доноров?

Тон у нее не был обвиняющим, как у некоторых, поэтому я кивнула и ответила:

— Не всегда. Просто у меня с некоторыми донорами все получилось неплохо, и после этого они иной раз идут мне навстречу.

— Если так, — сказала Лора, — то почему бы тебе не стать помощницей Рут?

Я пожала плечами.

— Я думала об этом. Но не уверена, что это будет правильно.

Взгляд Лоры стал озадаченным.

— Но вы же были такие близкие подруги!

— Да, были. Но со мной — как и с тобой, Лора. Под конец все изменилось к худшему.

— Верно, но это было тогда. Сейчас ей тяжко пришлось. И я слышала, что у нее и с помощниками все шло не гладко. Ей много раз их меняли.

— Неудивительно, — заметила я. — Представь себе: ты — помощница Рут.

Лора засмеялась, и на мгновение глаза у нее стали такие, что я подумала: сейчас наконец что-нибудь отмочит. Но огонек тут же погас, и она просто продолжала сидеть с усталым видом.

We talked a little more about Laura's problems — in particular about a certain nursing sister who seemed to have it in for her. Then it was time for me to go, and I reached for the door and was telling her we'd have to talk more the next time we met. But we were both of us by then acutely aware of something we'd not yet mentioned, and I think we both sensed there'd be something wrong about us parting like that. In fact, I'm pretty sure now, at that moment, our minds were running along exactly the same lines. Then she said:

"It's weird. Thinking it's all gone now."

I turned in my seat to face her again.

"Yeah, it's really strange," I said. "I can't really believe it's not there any more."

"It's so weird," Laura said. "I suppose it shouldn't make any difference to me now. But somehow it does."

"I know what you mean."

It was that exchange, when we finally mentioned the closing of Hailsham, that suddenly brought us close again, and we hugged, quite spontaneously, not so much to comfort one another, but as a way of affirming Hailsham, the fact that it was still there in both our memories. Then I had to hurry off to my own car.

I'd first started hearing rumours about Hailsham closing a year or so before that meeting with Laura in the car park. I'd be talking to a donor or a carer and they'd bring it up in passing, like they expected me to know all about it. "You were at Hailsham, weren't you? So is it really true?" That sort of thing. Then one day I was coming out of a clinic in Suffolk and ran into Roger C., who'd been in the year below, and he told me with complete certainty it was about to happen. Hailsham was

Мы еще чуть-чуть потолковали о ее трудностях — большей частью об одной медсестре, которая, судя по всему, имела на нее зуб. Потом мне настало время уезжать, и я потянулась было к ручке двери, говоря, что мы побеседуем еще при следующей встрече. Но мы обе к тому моменту отчетливо сознавали, что обошли одну вещь молчанием, и, мне кажется, обе чувствовали, что расстаться вот так будет неправильно. Я сейчас более или менее уверена, что в мыслях у нас в ту минуту было в точности одно и то же. Потом Лора сказала:

— Как чудно. Думать, что там ничего уже нет.

Я опять повернулась на сиденье к ней лицом.

— Да, странное чувство, — сказала я. — Я все никак поверить не могу.

— Просто чудно, — повторила Лора. — Казалось бы — какая мне разница сейчас? А есть почему-то разница.

— Я хорошо тебя понимаю.

Только после этих фраз, где речь шла о закрытии Хейлшема, мы вдруг стали наконец по-настоящему близки и в каком-то порыве обнялись — не столько чтобы утешить друг друга, сколько ради Хейлшема, словно бы подтверждая, что он жив в памяти у нас обеих. Потом мне пора уже было бежать к своей машине.

Слухи о том, что Хейлшем закрывается, начали доходить до меня примерно за год до этой встречи с Лорой. Доноры и помощники спрашивали меня об этом мимоходом, словно бы думая, что я все должна знать доподлинно: «Ты ведь из Хейлшема, да? Правду говорят или нет?» В таком вот духе. Потом однажды, выходя из клиники в Суффолке, я столкнулась с Роджером К. — тоже из Хейлшема, на год младше меня, — и он сказал, что это совершенно точно должно

going to close any day and there were plans to sell the house and grounds to a hotel chain. I remember my first response when he told me this. I said: "But what'll happen to all the students?" Roger obviously thought I'd meant the ones still there, the little ones dependent on their guardians, and he put on a troubled face and began speculating how they'd have to be transferred to other houses around the country, even though some of these would be a far cry from Hailsham. But of course, that wasn't what I'd meant. I'd meant us, all the students who'd grown up with me and were now spread across the country, carers and donors, all separated now but still somehow linked by the place we'd come from.

That same night, trying to get to sleep in an overnight, I kept thinking about something that had happened to me a few days earlier. I'd been in a seaside town in North Wales. It had been raining hard all morning, but after lunch, it had stopped and the sun had come out a bit. I was walking back to where I'd left my car, along one of those long straight seafront roads. There was hardly anyone else about, so I could see an unbroken line of wet paving stones stretching on in front of me. Then after a while a van pulled up, maybe thirty yards ahead of me, and a man got out dressed as a clown. He opened the back of the van and took out a bunch of helium balloons, about a dozen of them, and for a moment, he was holding the balloons in one hand, while he bent down and rummaged about in his vehicle with the other. As I came closer, I could see the balloons had faces and shaped ears, and they looked like a little tribe, bobbing in the air above their owner, waiting for him.

вот-вот произойти. Хейлшем закроют со дня на день, и имеется план продать землю и строения какой-то сети отелей. Помню мою первую реакцию на его слова. Я спросила: «Но что же теперь будет со всеми воспитанниками?» Роджер подумал, что я имею в виду тех, кто сейчас находится там, — детей и подростков, нуждающихся в опекунах, — и с обеспокоенным видом начал рассуждать о том, что их придется переводить в другие заведения по всей Англии, иные из которых не идут с Хейлшемом ни в какое сравнение. Но мой вопрос, конечно, был не об этом. Я имела в виду нас — меня и всех, с кем я выросла, доноров и помощников, разбросанных по стране, обособленных, но каким-то образом связанных местом, откуда мы явились.

Ночью после этого разговора, пытаясь уснуть в мотеле, я долго думала о том, что произошло несколько дней назад. Я была тогда в одном приморском городке на севере Уэльса. Все утро шел сильный дождь, но во второй половине дня перестал, и немножко выглянуло солнце. Я возвращалась к своей машине по одной из этих длинных прямых дорог вдоль берега. Людей кругом видно не было, и ничто поэтому не разрывало тянувшуюся вдаль цепочку мокрых плит, на которую я смотрела. Потом вдруг подъехал фургончик, остановился шагах в тридцати впереди меня, и из него вышел мужчина в клоунской одежде. Он открыл багажное отделение и достал связку наполненных гелием детских шариков, десяток или чуть больше; какое-то время он стоял наклонившись, шарики держал в одной руке, а другой копался в машине. Подойдя ближе, я увидела, что у каждого шарика имеются нарисованное личико и торчащие уши, и вся эта семейка словно бы ждала сейчас хозяина, пританцовывая над ним в воздухе.

Then the clown straightened, closed up his van and started walking, in the same direction I was walking, several paces ahead of me, a small suitcase in one hand, the balloons in the other. The seafront continued long and straight, and I was walking behind him for what seemed like ages. Sometimes I felt awkward about it, and I even thought the clown might turn and say something. But since that was the way I had to go, there wasn't much else I could do. So we just kept walking, the clown and me, on and on along the deserted pavement still wet from the morning, and all the time the balloons were bumping and grinning down at me. Every so often, I could see the man's fist, where all the balloon strings converged, and I could see he had them securely twisted together and in a tight grip. Even so, I kept worrying that one of the strings would come unravelled and a single balloon would sail off up into that cloudy sky.

Lying awake that night after what Roger had told me, I kept seeing those balloons again. I thought about Hailsham closing, and how it was like someone coming along with a pair of shears and snipping the balloon strings just where they entwined above the man's fist. Once that happened, there'd be no real sense in which those balloons belonged with each other any more. When he was telling me the news about Hailsham, Roger had made a remark, saying he supposed it wouldn't make so much difference to the likes of us any more. And in certain ways, he might have been right. But it was unnerving, to think things weren't still going on back there, just as always; that people like Miss Geraldine, say, weren't leading groups of Juniors around the North Playing Field.

In the months after that talk with Roger, I kept thinking about it a lot, about Hailsham closing and all the implications. And it started to dawn on me, I sup-

Потом клоун выпрямился, закрыл машину и пошел в ту же сторону, что и я, на несколько шагов впереди меня — в одной руке чемоданчик, в другой шарики. Берег был длинный и прямой, и я шла за этим человеком, казалось, целую вечность. Порой мне становилось из-за этого неловко, и я даже думала, что клоун может обернуться и сказать что-нибудь неприятное. Но мне надо было именно туда, других вариантов я не видела, поэтому так мы и шли, клоун и я, дальше и дальше по пустой мощеной дороге, еще не высохшей после утреннего дождя, и шарики все время толкались и улыбались мне сверху вниз. Я то и дело переводила взгляд на кулак мужчины, куда сходились бечевки всех шариков, надежно скрученные воедино, и чувствовалось, что он крепко их держит. И все равно я беспокоилась, как бы одна из бечевок не вырвалась и шарик не улетел в дождевые облака.

Лежа без сна в ту ночь после разговора с Роджером, я все время видела опять эти шарики. Закрытие Хейлшема представлялось мне так, словно подошел кто-то с ножницами и перерезал бечевки чуть выше места, где они сплетались над кулаком клоуна. С этого момента не осталось бы ничего, что реально соединяло бы шарики между собой. Делясь со мной новостью насчет Хейлшема, Роджер заметил, что не видит для таких, как он или я, особой разницы, и в каком-то смысле, может быть, он и прав. И все же мне как-то не по себе стало от мысли, что там уже не будет как раньше: к примеру, что опекунши вроде мисс Джеральдины не будут больше водить группы малышей вокруг северного игрового поля.

Я упорно, месяц за месяцем, размышляла потом о закрытии Хейлшема и о всех его неявных последствиях. И, похоже, мне стало приходить в голову,

pose, that a lot of things I'd always assumed I'd plenty of time to get round to doing, I might now have to act on pretty soon or else let them go forever. It's not that I started to panic, exactly. But it definitely felt like Hailsham's going away had shifted everything around us. That's why what Laura said to me that day, about my becoming Ruth's carer, had such an impact on me, even though I'd stone-walled her at the time. It was almost like a part of me had already made that decision, and Laura's words had simply pulled away a veil that had been covering it over.

I first turned up at Ruth's recovery centre in Dover — the modern one with the white tiled walls — just a few weeks after that talk with Laura. It had been around two months since Ruth's first donation — which, as Laura had said, hadn't gone at all well. When I came into her room, she was sitting on the edge of her bed in her nightdress and gave me a big smile. She got up to give me a hug, but almost immediately sat down again. She told me I was looking better than ever, and that my hair suited me really well. I said nice things about her too, and for the next half hour or so, I think we were genuinely delighted to be with each other. We talked about all kinds of things— Hailsham, the Cottages, what we'd been doing since then — and it felt like we could talk and talk forever. In other words, it was a really encouraging start — better than I'd dared expect.

Even so, that first time, we didn't say anything about the way we'd parted. Maybe if we'd tackled it at the start, things would have played out differently, who knows? As it was, we just skipped over it, and once we'd been talking for a while, it was as if we'd agreed to pretend none of that had ever happened.

что многое, к чему я думала приступить когда-нибудь позже, надо делать сейчас, иначе это не будет сделано вовсе. Не то чтобы я прямо запаниковала, но было отчетливое ощущение, что ликвидация Хейлшема сдвинула все вокруг со своих мест. Вот почему слова Лоры о том, чтобы я стала помощницей Рут, так на меня подействовали, хоть я вначале и не проявила энтузиазма. Словно какая-то часть меня приняла такое решение раньше и разговор с Лорой просто открыл мне на это глаза.

Я приехала первый раз в реабилитационный центр Рут в Дувре — современный, с белыми кафельными стенами — всего через несколько недель после встречи с Лорой. С момента первой выемки у Рут, которую, как сказала Лора, она перенесла неважно, прошло месяца два. Когда я открыла дверь палаты, она сидела на краю кровати в ночной рубашке; увидев меня, она просияла и встала, чтобы обняться, но почти сразу ей пришлось снова сесть. Она сказала, что я отлично выгляжу, что прическа мне очень идет. Я не осталась в долгу, и все полчаса, что длился разговор, нам обеим, думаю, было действительно хорошо друг с другом. Беседовали о самом разном — о Хейлшеме, о Коттеджах, о том, чем мы занимались дальше, — и казалось, что мы можем так до бесконечности. Словом, обнадеживающее начало — намного лучше, чем я ожидала.

Тем не менее во время той первой встречи ни слова не было сказано про то, как мы расстались. Кто знает — может быть, затронь мы эту тему сразу, все потом было бы у нас по-другому? Мы просто обошли это молчанием и, поговорив сколько-то, словно бы согласились считать, что ничего между нами тогда не произошло.

That may have been fine as far as that first meeting was concerned. But once I officially became her carer, and I began to see her regularly, the sense of something not being right grew stronger and stronger. I developed a routine of coming in three or four times a week in the late afternoon, with mineral water and a packet of her favourite biscuits, and it should have been wonderful, but at the beginning it was anything but that. We'd start talking about something, something completely innocent, and for no obvious reason we'd come to a halt. Or if we did manage to keep up a conversation, the longer we went on, the more stilted and guarded it became.

Then one afternoon, I was coming down her corridor to see her and heard someone in the shower room opposite her door. I guessed it was Ruth in there, so I let myself into her room, and was standing waiting for her, looking at the view from her window over all the rooftops. About five minutes passed, then she came in wrapped in a towel. Now to be fair, she wasn't expecting me for another hour, and I suppose we all feel a bit vulnerable after a shower with just a towel on. Even so, the look of alarm that went across her face took me aback. I have to explain this a bit. Of course, I was expecting her to be a little surprised. But the thing was, after she'd taken it in and seen it was me, there was a clear second, maybe more, when she went on looking at me if not with fear, then with a real wariness. It was like she'd been waiting and waiting for me to do something to her, and she thought the time had now come.

The look was gone the next instant and we just carried on as usual, but that incident gave us both a jolt. It made me realise Ruth didn't trust me, and for all I

Для первого раза это, вполне допускаю, было и здорово, но с тех пор, как я официально сделалась ее помощницей и мы начали видеться регулярно, все отчетливее становилось ощущение, что у нас что-то не складывается. Я завела обычай приезжать три-четыре раза в неделю с минеральной водой и пакетом ее любимого печенья, и все, казалось, должно было идти как нельзя лучше — но не тут-то было. Принимались о чем-нибудь говорить, о чем-нибудь вполне нейтральном — и вдруг без всякой видимой причины умолкали. Или, делая над собой усилие, поддерживали разговор, но чем дальше, тем он становился натужнее и искусственнее.

Потом я однажды шла к ее палате по коридору и услышала, что в душевой напротив ее двери кто-то есть. Я догадалась, что это Рут, и поэтому решила войти в палату и в ожидании встала у окна, за которым открывался далекий вид поверх множества крыш. Минут через пять появилась Рут, завернутая в полотенце. Честно говоря, я приехала примерно на час раньше обычного, и все мы, я думаю, чувствуем себя немножко беззащитными после душа, когда на нас нет ничего, кроме полотенца. И все-таки меня поразило, какая тревога возникла у нее на лице. Попробую объяснить это получше. Разумеется, я предполагала, что она будет немного удивлена. Но все дело в том, что когда она уже сообразила, что к чему, и узнала меня, была буквально секунда, может, чуть больше, когда она продолжала смотреть на меня если не со страхом, то уж точно с подозрением. Словно она долго-долго ожидала от меня чего-то нехорошего и теперь подумала, что наконец этот момент настал.

В следующую секунду ничего такого в ее взгляде уже не было, и все у нас пошло как обычно, но мы обе в тот день испытали встряску. Мне стало очевидно,

know, maybe she herself hadn't fully realised it until that moment. In any case, after that day, the atmosphere got even worse. It was like we'd let something out into the open, and far from clearing the air, it had made us more aware than ever of everything that had come between us. It got to the stage where before I went in to see her, I'd sit in my car for several minutes working myself up for the ordeal. After one particular session, when we did all the checks on her in stony silence, then afterwards just sat there in more silence, I was about ready to report to them that it hadn't worked out, that I should stop being Ruth's carer. But then everything changed again, and that was because of the boat.

God knows how these things work. Sometimes it's a particular joke, sometimes a rumour. It travels from centre to centre, right the way across the country in a matter of days, and suddenly every donor's talking about it. Well, this time it was to do with this boat. I'd first heard about it from a couple of my donors up in North Wales. Then a few days later, Ruth too started telling me about it. I was just relieved we'd found something to talk about, and encouraged her to go on.

"This boy on the next floor," she said. "His carer's actually been to see it. He says it's not far from the road, so anyone can get to it without much bother. This boat, it's just sitting there, stranded in the marshes."

"How did it get there?" I asked.

"How do I know? Maybe they wanted to dump it, whoever owned it. Or maybe sometime, when everything was flooded, it just drifted in and got itself beached. Who knows? It's supposed to be this old fishing boat. With a little cabin for a couple of fishermen to squeeze into when it's stormy."

что Рут мне не доверяет, и, насколько я могу судить, сама она, может быть, именно тогда вполне это поняла. Как бы то ни было, атмосфера после той встречи ухудшилась еще больше. Словно мы выпустили что-то на свободу и не только ничего этим не прояснили, но и волей-неволей сильнее прежнего почувствовали то, что стояло между нами. Дошло до того, что, прежде чем подняться к ней, я по нескольку минут сидела в машине и собиралась с духом. После одного такого посещения, когда мы, пока я проводила с ней все контрольные процедуры, даже рта не раскрыли и потом просто сидели в гробовом молчании, я чуть было не доложила им, что не справляюсь, что мне лучше отказаться от роли помощницы Рут. Но тут все опять изменилось — теперь из-за лодки.

Кто его знает, как такое получается. Иногда начнется с какой-нибудь шутки, иногда со слуха. В считаные дни распространяется от центра к центру по всей стране, и вот уже про это толкуют все доноры до единого. На сей раз — лодка. Впервые я услышала о ней от двух своих доноров в Северном Уэльсе. А через несколько дней на эту тему завела разговор Рут. Я была очень рада, что у нас нашлось о чем поговорить, и стала ее расспрашивать.

— Тут донор один есть этажом выше, — сказала Рут. — Его помощник ездил туда смотреть. Говорит, недалеко от дороги, так что спокойно можно подойти. Эта лодка сидит там на мели, а вокруг болото.

— Как она туда попала?

— Откуда я знаю? Может, владелец решил вот так от нее избавиться. Или в какой-нибудь год, когда все было затоплено, она прибилась туда и застряла. Неизвестно. Говорят — старая рыбацкая лодка. С кабинкой на двух рыбаков, чтобы укрыться в непогоду.

The next few times I came to see her, she always managed to bring up the boat again. Then one afternoon, when she began telling me how one of the other donors at the centre had been taken by her carer to see it, I said to her:

"Look, it's not particularly near, you know. It would take an hour, maybe an hour and a half to drive."

"I wasn't suggesting anything. I know you've got other donors to worry about."

"But you'd like to see it. You'd like to see this boat, wouldn't you, Ruth?"

"I suppose so. I suppose I would. You spend day after day in this place. Yeah, it'd be good to see something like that."

"And do you suppose"—I said this gently, without a hint of sarcasm—"if we're driving all that way, we should think about calling in on Tommy? Seeing his centre's just down the road from where this boat's meant to be?"

Ruth's face didn't show anything at first.

"I suppose we could think about it," she said. Then she laughed and added: "Honest, Kathy, that wasn't the only reason I've been going on about the boat. I do want to see it, for its own sake. All this time in and out of hospital. Then cooped up here. Things like that matter more than they once did. But all right, I did know. I knew Tommy was at the Kingsfield centre."

"Are you sure you want to see him?"

"Yes," she said, no hesitation, looking straight at me. "Yes, I do." Then she said quietly: "I haven't seen that boy for a long time. Not since the Cottages."

Then, at last, we talked about Tommy. We didn't go into things in a big way and I didn't learn much I didn't know already. But I think we both felt better we'd fi-

В следующие мои несколько посещений она всякий раз находила случай упомянуть про лодку. Потом однажды, когда она заговорила о том, что одного донора из ее центра помощник возил туда смотреть, я сказала:

— Это не очень близко, как ты понимаешь. Час, а то и полтора езды.

— Я ведь ни о чем тебя не прошу. Я прекрасно знаю, что на тебе и другие доноры.

— Но я же вижу — ты хочешь. У тебя есть желание взглянуть на эту лодку?

— Пожалуй, да. Есть желание. Сидишь тут день за днем... Хорошо бы что-нибудь такое увидеть.

— А как ты считаешь, — спросила я мягко, без тени насмешки, — если мы решим туда отправиться, не подумать ли о том, чтобы заехать к Томми? Потому что его центр совсем недалеко от места, где вроде бы находится эта лодка.

Лицо Рут поначалу ничего не выразило.

— Подумать, наверное, можно, — сказала она. Потом засмеялась: — Честное слово, Кэти, я не только из-за этого все уши тебе прожужжала насчет лодки. Я действительно хочу на нее взглянуть. Столько времени по больницам, потом здесь взаперти сидишь. Такие вещи теперь больше значат, чем когда-то. Но ладно уж, не буду скрывать: я знала. Я знала, что Томми в кингсфилдском центре.

— Ты уверена, что хочешь с ним повидаться?

— Да, — ответила она без колебаний, глядя мне в глаза. — Да, хочу. — Потом тихо добавила: — Я ведь очень давно его не видела. С самых Коттеджей.

И тогда-то мы наконец заговорили про Томми. По крупному ничего, впрочем, обсуждать не стали, нового я узнала очень мало. Но нам обеим, мне кажется,

nally brought him up. Ruth told me how, by the time she left the Cottages the autumn after me, she and Tommy had more or less drifted apart.

"Since we were going different places to do our training anyway," she said, "it didn't seem worth it, to split up properly. So we just stayed together until I left."

And at that stage, we didn't say much more about it than that.

As for the trip out to see the boat, I neither agreed nor disagreed to it, that first time we discussed it. But over the next couple of weeks, Ruth kept bringing it up, and our plans somehow grew firmer, until in the end, I sent a message to Tommy's carer through a contact, saying that unless we heard from Tommy telling us not to, we'd show up at the Kingsfield on a particular afternoon the following week.

Chapter 19

I'd hardly ever been to the Kingsfield in those days, so Ruth and I had to consult the map a number of times on the way and we still arrived several minutes late. It's not very well-appointed as recovery centres go, and if it wasn't for the associations it now has for me, it's not somewhere I'd look forward to visiting. It's out of the way and awkward to get to, and yet when you're there, there's no real sense of peace and quiet. You can always hear traffic on the big roads beyond the fencing, and there's a general feeling they never properly finished converting the place. A lot of the donors' rooms you can't get to with a wheelchair, or else they're too stuffy

стало легче уже от того, что мы перестали о нем молчать. Рут сказала мне, что ко времени ее отъезда из Коттеджей (она простилась с ними осенью, вскоре после меня) они с Томми, по существу, разошлись.

— На курсы нас с ним так или иначе определили в разные места, — продолжала она, — и разрывать отношения по всем правилам особого смысла не было. Так что мы продолжали считаться парой, пока я не уехала.

Дальше мы на той стадии в тему не углублялись.

Что касается лодки, я в тот день не сказала насчет поездки ни «да» ни «нет». Но Рут недели две потом всякий раз об этом заговаривала, и план сам собой становился все более определенным, пока наконец я через знакомого не послала весточку помощнику Томми, где говорилось, что если Томми не будет против, то мы заедем в Кингсфилд в определенный день на следующей неделе.

Глава 19

Мне в то время почти не приходилось бывать в Кингсфилде, поэтому мы по дороге туда несколько раз останавливались поглядеть на карту и, несмотря на все старания, на несколько минут опоздали. По сравнению с другими этот реабилитационный центр не очень хорошо оборудован и неудачно расположен, и если бы не ассоциации, которые у меня теперь есть, Кингсфилд не был бы сейчас для меня таким местом, куда хочется поехать. Центр находится на отшибе, добираться туда неудобно, а ощущения настоящего спокойствия и тишины там все равно не возникает. Постоянно слышно движение по большому шоссе за

or too draughty. There aren't nearly enough bathrooms and the ones there are are hard to keep clean, get freezing in winter and are generally too far from the donors' rooms. The Kingsfield, in other words, falls way short of a place like Ruth's centre in Dover, with its gleaming tiles and double-glazed windows that seal at the twist of a handle.

Later on, after the Kingsfield became the familiar and precious place it did, I was in one of the admin buildings and came across a framed black-and-white photo of the place the way it was before it was converted, when it was still a holiday camp for ordinary families. The picture was probably taken in the late fifties or early sixties, and shows a big rectangular swimming pool with all these happy people — children, parents — splashing about having a great time. It's concrete all around the pool, but people have set up deck chairs and sun loungers, and they've got large parasols to keep them in the shade. When I first saw this, it took me a while to realise I was looking at what the donors now call "the Square"— the place where you drive in when you first arrive at the centre. Of course, the pool's filled in now, but the outline's still there, and they've left standing at one end — an example of this unfinished atmosphere — the metal frame for the high diving board. It was only when I saw the photo it occurred to me what the frame was and why it was there, and today, each time I see it, I can't help picturing a swimmer taking a dive off the top only to crash into the cement.

I might not have easily recognised the Square in the photo, except for the white bunker-like two-storey

забором, и все время такое чувство, что переоборудование здесь не доведено как следует до конца. Во многие донорские палаты не въезжает кресло-каталка, вдобавок в одних там душно, в других, наоборот, гуляют сквозняки. Очень мало ванных комнат, а какие есть, те трудно содержать в чистоте, зимой в них холодно, и расположены они в целом слишком далеко от палат. Словом, Кингсфилд очень сильно уступает, например, дуврскому центру, куда поместили Рут, с блестящим кафелем и двойными окнами, которые плотно закрываются одним поворотом ручки.

Позднее, когда Кингсфилд уже стал мне знаком и дорог, я увидела в одном из его административных зданий черно-белую фотографию в рамке, сделанную до переоборудования, когда здесь еще был кемпинг для обычных семей. Снимок относится, вероятно, к концу пятидесятых или началу шестидесятых, и на нем виден большой прямоугольный плавательный бассейн с беззаботно отдыхающей публикой: дети, родители — все плещутся и весело проводят время. Вокруг бассейна сплошь бетон, но люди поставили себе шезлонги и большие круглые тенты. Когда я впервые это увидела, я не сразу узнала то, что доноры сейчас называют Площадью, — место, где ставят машины все посетители центра. Бассейн, конечно, засыпан и забетонирован, но контур его остался, и у одного края — кстати, пример незавершенности, о которой я говорила, — они сохранили металлический остов вышки для прыжков. Только когда я взглянула на фотографию, мне стало понятно, что это за остов и зачем он здесь, и с тех пор всякий раз, как я его вижу, мне невольно представляется ныряльщик, которого встретит не вода, а бетон.

Я бы вообще, может быть, не распознала эту Площадь на снимке, если бы не белые, казарменного типа

buildings in the background, on all three visible sides of the pool area. That must have been where the families had their holiday apartments, and though I'd guess the interiors have changed a lot, the outsides look much the same. In some ways, I suppose, the Square today isn't so different to what the pool was back then. It's the social hub of the place, where donors come out of their rooms for a bit of air and a chat. There are a few wooden picnic benches around the Square, but — especially when the sun's too hot, or it's raining — the donors prefer to gather under the overhanging flat roof of the recreation hall at the far end behind the old diving board frame.

That afternoon Ruth and I went to the Kingsfield, it was overcast and a bit chilly, and as we drove into the Square it was deserted except for a group of six or seven shadowy figures underneath that roof. As I brought the car to a stop somewhere over the old pool — which of course I didn't know about then — one figure detached itself from the group and came towards us, and I saw it was Tommy. He had on a faded green track suit top and looked about a stone heavier than when I'd last seen him.

Beside me Ruth, for a second, seemed to panic.

"What do we do?" she went. "Do we get out? No, no, let's not get out. Don't move, don't move."

I don't know what I'd been intending to do, but when Ruth said this, for some reason, without really thinking about it, I just stepped out of the car. Ruth stayed where she was, and that was why, when Tommy came up to us, his gaze fell on me and why it was me he hugged first. I could smell a faint odour of something medical on him which I couldn't identify. Then, though we hadn't yet said anything to each other, we both sensed Ruth watching us from the car and pulled away.

двухэтажные строения на заднем плане по сторонам бассейна. Там, судя по всему, отдыхающие ночевали, и, хотя внутри все наверняка сильно изменилось, внешний вид строений остался почти неизменным. В каком-то смысле, я думаю, Площадь сегодня играет примерно такую же роль, как в то время бассейн. Это здесь главное место общения: доноры выходят сюда подышать воздухом и поболтать. На Площади стоит несколько деревянных скамеек, но доноры, особенно в жару и в дождь, предпочитают собираться под навесом, в который переходит плоская крыша корпуса отдыха, расположенного с дальней стороны за старой вышкой для прыжков.

В тот день, когда я повезла Рут в Кингсфилд, было пасмурно и прохладно, и Площадь была пуста, если не считать шести-семи неясно видимых фигур под этим навесом. Когда я остановила машину в прямоугольнике бывшего бассейна (о чем я тогда, конечно, не знала), одна из фигур, отделившись от группы, двинулась к нам, и я увидела, что это Томми. На нем была выцветшая зеленая тренировочная куртка, и он заметно отяжелел за прошедшие годы.

Рут, сидевшую около меня, вдруг охватила паника:

— Слушай, что нам делать — выйти? Нет, нет, не надо. Тут остаемся, тут.

Не знаю, как я собиралась поступить, но, когда Рут это сказала, я почему-то, не раздумывая толком, взяла и вышла из машины. Рут осталась сидеть, и поэтому Томми, когда приблизился, посмотрел вначале на меня и обнял меня первой. От него шел слабый запах чего-то медицинского, чего именно — я не могла разобрать. Потом, хотя между нами еще ничего не было сказано, мы оба почувствовали, что Рут смотрит на нас из машины, и отстранились друг от друга.

There was a lot of sky reflected in the windscreen, so I couldn't make her out very well. But I got the impression Ruth had on a serious, almost frozen look, like Tommy and I were people in a play she was watching. There was something odd about the look and it made me uneasy. Then Tommy was walking past me to the car. He opened a rear door, got into the back seat, and then it was my turn to watch them, inside the car, exchanging words, then polite little kisses on the cheeks.

Across the Square, the donors under the roof were also watching, and though I felt nothing hostile about them, I suddenly wanted to get out of there quickly. But I made myself take my time getting back into the car, so that Tommy and Ruth could have a little longer to themselves.

We began by driving through narrow, twisting lanes. Then we came out into open, featureless countryside and travelled on along a near-empty road. What I remember about that part of our trip to the boat was that for the first time in ages the sun started to shine weakly through the greyness; and whenever I glanced at Ruth beside me, she had on a quiet little smile. As for what we talked about, well, my memory is that we behaved much as if we'd been seeing each other regularly, and there was no need to talk about anything other than what we had immediately in front of us. I asked Tommy if he'd been to see the boat already, and he said no, he hadn't, but a lot of the other donors at the centre had. He'd had a few opportunities, but hadn't taken them.

"I wasn't not wanting to go," he said, leaning forward from the back. "I couldn't be bothered really. I was going to go once, with a couple of others and their carers, but then I got a bit of bleeding and couldn't go any

Ветровое стекло было полно отраженным небом, и видеть Рут я поэтому могла не очень хорошо. Но мне показалось, что лицо у нее серьезное и неподвижное, словно она смотрит спектакль, где мы с Томми — актеры. Что-то странное было в ее взгляде, и мне из-за этого стало чуточку не по себе. Томми прошел мимо меня к машине, открыл заднюю дверь, сел на сиденье, и я в свой черед увидела через стекло, как они здороваются, обмениваются короткими фразами, потом вежливо чмокают друг друга в щеки.

Через Площадь из-под навеса на нас смотрели другие доноры, и хотя никакой враждебности я в них не почувствовала, мне вдруг захотелось как можно скорее уехать. Но я заставила себя не спешить с возвращением в машину, чтобы Томми и Рут могли немножко побыть наедине.

Вначале мы петляли по узким извилистым дорожкам, потом выехали на почти пустое шоссе среди открытой, лишенной примет сельской местности. Об этой части поездки к застрявшей лодке вспоминаю, что впервые бог знает за сколько времени сквозь серую пелену пробилось слабое солнце, и, поглядывая на сидевшую рядом Рут, я всякий раз видела у нее на лице еле заметную тихую улыбку. Что же касается разговоров, помнится, мы во многом вели себя так, будто виделись регулярно и не имели нужды обсуждать ничего такого, что не имело бы отношения к нашей прямой цели. Я спросила Томми, видел ли он уже лодку, и он ответил, что нет, но многие доноры из его центра видели. У него были возможности, но он их не использовал.

— Не то чтобы я не хотел, не в этом дело, — сказал он, наклонившись к нам с заднего сиденья. — Трудновато было, только и всего. Собрался даже однажды с двумя донорами и их помощниками — но тут как

more. That was ages ago now. I don't get any trouble like that any more."

Then a little further on, as we continued across the empty countryside, Ruth turned right round in her seat until she was facing Tommy, and just kept looking at him. She still had on her little smile, but said nothing, and I could see in my mirror Tommy looking distinctly uncomfortable. He kept looking out of the window beside him, then back at her, then back out of the window again. After a while, without taking her gaze off him, Ruth started on a rambling anecdote about someone or other, a donor at her centre, someone we'd never heard of, and all the time she kept looking at Tommy, the gentle smile never leaving her face. Perhaps because I was getting bored by her anecdote, perhaps because I wanted to help Tommy out, I interrupted after a minute or so, saying:

"Yeah, okay, we don't need to hear every last thing about her."

I said this without any malice, and really hadn't intended anything by it. But even before Ruth paused, almost as I was still speaking, Tommy made a sudden laughing noise, a kind of explosion, a noise I'd never heard him make before. And he said:

"That's exactly what I was about to say. I lost track of it a while ago."

My eyes were on the road, so I wasn't sure if he'd addressed me or Ruth. In any case, Ruth stopped talking and slowly turned back in her seat until she was facing the front again. She didn't seem particularly upset, but the smile had gone, and her eyes looked far away, fixed somewhere on the sky ahead of us. But I have to be honest: at that instant I wasn't really thinking about Ruth. My heart had done a little leap, because in a single stroke, with that little laugh of agreement, it felt

раз у меня кровотечение, и я не смог. Это было давно, сейчас ничего такого со мной не случается.

Мы ехали дальше через пустую местность, и в какой-то момент Рут повернулась на сиденье лицом к Томми и просто стала на него смотреть. Слабая улыбка с ее лица не сходила, но она молчала, и я видела в зеркальце, что Томми сделалось неуютно. Он то отворачивался и смотрел в окно, то опять на нее, то опять в окно. Немного погодя Рут, по-прежнему глядя на него, принялась рассказывать довольно-таки бессвязную историю про какую-то донорщу из ее центра, о которой мы ни разу не слышали, — и все время она не сводила с Томми глаз и продолжала улыбаться этой мягкой улыбкой. То ли из-за того, что мне наскучил ее рассказ, то ли желая выручить Томми, я вскоре ее перебила:

— Рут, нам необязательно знать о ней все до мелочей.

Я сказала это без малейшей досады и ничего особенного в виду не имела. Но тут вдруг, не дожидаясь, когда умолкнет Рут, и едва позволив мне окончить фразу, Томми фыркнул, чего я раньше никогда от него не слышала. И проговорил:

— Вот-вот, я то же самое хотел сказать. Я давно уже нить потерял.

Я смотрела на дорогу, поэтому мне трудно было понять, ко мне он обратился или к Рут. Как бы то ни было, Рут перестала рассказывать и медленно повернулась обратно — лицом вперед. Очень уж огорченной она не выглядела, но уже не улыбалась, и взгляд ее был устремлен куда-то вдаль — в небосклон перед нами. Но скажу честно: не о Рут я тогда думала в первую очередь. Томми заставил мое сердце екнуть: одного его коротенького смешка, выражавшего согласие

as though Tommy and I had come close together again after all the years.

I found the turning we needed around twenty minutes after we'd set off from the Kingsfield. We went down a narrow curving road shrouded by hedges, and parked beside a clump of sycamores. I led the way to where the woods began, but then, faced with three distinct paths through the trees, had to stop to consult the sheet of directions I'd brought with me. While I stood there trying to decipher the person's handwriting, I was suddenly conscious of Ruth and Tommy standing behind me, not talking, waiting almost like children to be told which way to go.

We entered the woods, and though it was pretty easy walking, I noticed Ruth's breath coming less and less easily. Tommy, by contrast, didn't seem to be experiencing any difficulty, though there was a hint of a limp in his gait. Then we came to a barbed wire fence, which was tilted and rusted, the wire itself yanked all over the place. When Ruth saw it, she came to an abrupt halt.

"Oh no," she said, anxiously. Then she turned to me: "You didn't say anything about this. You didn't say we had to get past barbed wire!"

"It's not going to be difficult," I said. "We can go under it. We just have to hold it for each other."

But Ruth looked really upset and didn't move. And it was then, as she stood there, her shoulders rising and falling with her breathing, that Tommy seemed to become aware for the first time just how frail she was. Maybe he'd noticed before, and hadn't wanted to take it in. But now he stared at her for a good few seconds. Then I think what happened next — though of course I can't know for certain — was that the both of us, Tommy and I, we remembered what had happened in the car,

со мной, хватило, чтобы я почувствовала новую близость с ним после всех этих лет.

Нужный поворот я увидела минут через двадцать езды. Дальше — по узкой извилистой дороге, стесненной живыми изгородями, до купы платанов. Оттуда в направлении леса мы двинулись пешком, я — впереди, но там, где тропа среди деревьев разделялась натрое, мне пришлось остановиться и достать бумажку с объяснениями. Стоя и с трудом разбирая почерк, я вдруг почувствовала, что за спиной у меня Рут и Томми молчат и ждут, почти как дети, когда я скажу, какой дорогой идти.

Мы вошли в лес, и, хотя тропа была довольно ровная, я заметила, что Рут дышит все тяжелее и тяжелее. А вот Томми, судя по всему, трудностей не испытывал — правда, намек на хромоту в его походке все же ощущался. Потом впереди показался забор из ржавой колючей проволоки, сильно провисшей и раздерганной, на покосившихся столбах. Увидев его, Рут встала как вкопанная.

— Ну что же это такое! — воскликнула она с отчаянием в голосе. Потом повернулась ко мне: — Ты ничего про это не говорила. Ты не говорила, что надо продираться через колючую проволоку!

— Тут очень легко будет подлезть, — сказала я. — Только надо ее немножко придержать друг для друга.

Но Рут вконец расстроилась и не двигалась с места. Вот тут-то, когда она стояла и плечи ее ходили ходуном от одышки, Томми, похоже, в первый раз понял, как она стала слаба. Может быть, смутно ощущал и до этого, но гнал от себя такую мысль. Теперь он уставился на нее и долго смотрел — секунду за секундой. А потом — хотя полной уверенности, что он подумал именно это, у меня, конечно, нет, — мы оба, Томми и я, вспомнили, что в машине, можно сказать, опол-

when we'd more or less ganged up on her. And almost as an instinct, we both went to her. I took an arm, Tommy supported her elbow on the other side, and we began gently guiding her towards the fence.

I let go of Ruth only to pass through the fence myself. Then I held up the wire as high as I could, and Tommy and I both helped her through. It wasn't so difficult for her in the end: it was more a confidence thing, and with us there for support, she seemed to lose her fear of the fence. On the other side, she actually made a go of helping me hold up the wire for Tommy. He came through without any bother, and Ruth said to him:

"It's only bending down like that. I'm sometimes not so clever at it."

Tommy was looking sheepish, and I wondered if he was embarrassed by what had just happened, or if he was remembering again our ganging up on Ruth in the car. He nodded towards the trees in front of us and said:

"I suppose it's through that way. Is that right, Kath?"

I glanced at my sheet and began to lead the way again. Further into the trees, it grew quite dark and the ground became more and more marshy.

"Hope we don't get lost," I heard Ruth say to Tommy with a laugh, but I could see a clearing not far away.

And now with time to reflect, I realised why I was so bothered by what had happened in the car. It wasn't simply that we'd ganged up on Ruth: it was the way she'd just taken it. In the old days, it was inconceivable she'd have let something like that happen without striking back. As this point sunk in, I paused on the path, waited for Ruth and Tommy to catch up, and put my arm around Ruth's shoulders.

чились на нее вдвоем. И тогда почти непроизвольно мы подошли к ней с разных сторон, я взяла ее под руку, Томми подхватил под локоть, и мы осторожно повели ее к забору.

Я отпустила Рут только для того, чтобы подлезть самой. Потом я держала проволоку так высоко, как только могла, и мы с Томми помогли Рут пройти. Оказалось не так уж и трудно — все более или менее сводилось к ее неуверенности в себе, и с нашей помощью она, в общем, справилась со страхом. Перейдя на ту сторону, она даже потянулась, чтобы помочь мне придержать проволоку для Томми. Он легко преодолел препятствие, и Рут сказала ему:

— Вся проблема — наклониться. Мне что-то гибкости иногда не хватает.

Вид у Томми был немного смущенный — то ли из-за теперешнего, то ли он опять вспомнил, как мы обошлись с Рут в машине. Он показал кивком на деревья впереди:

— Я думаю, нам туда. Правильно, Кэт?

Я еще раз взглянула на бумажку и повела их дальше. В глубине леса было сумрачно, и почва становилась все более топкой.

— Надеюсь, мы не заблудимся, — со смешком сказала Рут у меня за спиной, обращаясь к Томми; но я уже видела впереди прогалину.

И теперь, получив чуточку времени подумать, я сообразила, почему меня так обеспокоило случившееся в машине. Дело было не столько даже в том, что мы напали на Рут, сколько в ее безответности: в прежние времена немыслимо было, чтобы она услышала такое и не дала отпора. Когда это до меня дошло, я остановилась, подождала Рут с Томми и одной рукой обняла ее за плечи.

This didn't seem so soppy; it just looked like carer stuff, because by now there was something uncertain about her walk, and I wondered if I'd badly underestimated how weak she still was. Her breathing was getting quite laboured, and as we walked together, she'd now and then lurch into me. But then we were through the trees and into the clearing, and we could see the boat.

Actually, we hadn't really stepped into a clearing: it was more that the thin woods we'd come through had ended, and now in front of us there was open marshland as far as we could see. The pale sky looked vast and you could see it reflected every so often in the patches of water breaking up the land. Not so long ago, the woods must have extended further, because you could see here and there ghostly dead trunks poking out of the soil, most of them broken off only a few feet up. And beyond the dead trunks, maybe sixty yards away, was the boat, sitting beached in the marshes under the weak sun.

"Oh, it's just like my friend said it was," Ruth said. "It's really beautiful."

We were surrounded by silence and when we started to move towards the boat, you could hear the squelch under our shoes. Before long I noticed my feet sinking beneath the tufts of grass, and called out:

"Okay, this is as far as we can go."

The other two, who were behind me, raised no objection, and when I glanced over my shoulder, I saw Tommy was again holding Ruth by the arm. It was clear, though, this was just to steady her. I took long strides to the nearest dead tree trunk, where the soil was firmer, and held onto it for balance. Following my example, Tommy and Ruth made their way to another tree trunk, hollow

На сентиментальничанье это вряд ли могло быть похоже. Обычное поведение помощника, вот и все, потому что теперь походка ее действительно сделалась нетвердой, и я задумалась, не переоценила ли я ее силы, планируя эту поездку. Чем дальше, тем более затрудненным было ее дыхание, и, когда мы пошли рядом, она стала то и дело ко мне приваливаться. Но вот мы уже миновали деревья, вышли на прогалину — и увидели лодку.

Прогалиной, впрочем, это нельзя было назвать: редкий лес, через который мы шли, кончился, и впереди, сколько хватало глаз, простиралось болото. Бледное небо казалось огромным и отражалось в лоскутах стоявшей там и тут воды. По торчащим из топи мертвым стволам-призракам, многие из которых обломились на небольшой высоте, видно было, как отступил здесь лес. А за этими стволами, ярдах примерно в шестидесяти, освещенная слабеньким солнцем — она самая. Лодка, увязшая в болоте.

— Ой, правда, она точно такая, как мне описывали, — сказала Рут. — Красиво как.

Мы двинулись дальше к лодке, и в тишине, которая нас окружала, под ногами послышалось чавканье. Вскоре я почувствовала, что подошвы слегка утягивает вниз, под пучки травы, и скомандовала:

— Стоп, ребята, дальше не идем.

Рут и Томми, шедшие за мной, возражать не стали; я оглянулась и увидела, что он опять взял ее под руку. Ясно было, впрочем, что он помогает ей идти, ничего больше. Широкими шагами я добралась до ближайшего мертвого ствола, под которым почва была тверже, и взялась за него для равновесия. Рут с Томми выбрали обломок ствола чуть сзади и левее,

and more emaciated than mine, a short way behind to my left. They perched on either side of it and seemed to settle. Then we gazed at the beached boat. I could now see how its paint was cracking, and how the timber frames of the little cabin were crumbling away. It had once been painted a sky blue, but now looked almost white under the sky.

"I wonder how it got here," I said. I'd raised my voice to let it get to the others and had expected an echo. But the sound was surprisingly close, like I was in a carpeted room.

Then I heard Tommy say behind me:

"Maybe this is what Hailsham looks like now. Do you think?"

"Why would it look like this?" Ruth sounded genuinely puzzled. "It wouldn't turn into marshland just because it's closed."

"I suppose not. Wasn't thinking. But I always see Hailsham being like this now. No logic to it. In fact, this is pretty close to the picture in my head. Except there's no boat, of course. It wouldn't be so bad, if it's like this now."

"That's funny," Ruth said, "because I was having this dream the other morning. I was dreaming I was up in Room 14. I knew the whole place had been shut down, but there I was, in Room 14, and I was looking out of the window and everything outside was flooded. Just like a giant lake. And I could see rubbish floating by under my window, empty drinks cartons, everything. But there wasn't any sense of panic or anything like that. It was nice and tranquil, just like it is here. I knew I wasn't in any danger, that it was only like that because it had closed down."

пустой и еще более трухлявый. Они пристроились на нем каждый со своей стороны и замерли. Мы все стали рассматривать лодку. Теперь было видно, что краска на ней сильно облупилась, что деревянный каркас кабинки рушится. Когда-то лодка была выкрашена в небесно-голубой цвет, но сейчас казалась под этим небом почти белой.

— Не понимаю все-таки, как она сюда попала, — сказала я, повысив голос, чтобы они услышали. Я ожидала эха, но прозвучало на удивление глухо, как в обитой ковром комнате.

Потом у меня за спиной Томми проговорил:

— Может быть, примерно так и Хейлшем сейчас выглядит. Вы не думаете?

— С какой стати он будет так выглядеть? — Голос Рут был непритворно озадаченным. — Он не может превратиться в болото только из-за того, что его закрыли.

— Не может, не может. Брякнул не подумав. Почему-то я его теперь все время себе таким представляю. Логики никакой. Честно говоря, все это здесь очень похоже на картинку у меня в голове. Кроме лодки, конечно. Я даже был бы доволен, если бы в Хейлшеме было так же.

— Забавно, — сказала Рут. — Тут мне недавно сон приснился под утро. Будто бы я наверху в классе 14. Я знаю, что Хейлшем уже закрыли, но зачем-то нахожусь в классе 14, смотрю в окно — а там снаружи все затоплено. Огромнейшее озеро. А под окнами плавает мусор — пустые пакеты из-под сока, всякое такое. Но никакого там ощущения тревоги, паники — все тихо-мирно, в точности как здесь. Я знала, что никакой опасности для меня нет — просто Хейлшем закрыли, вот и все.

"You know," Tommy said, "Meg B. was at our centre for a while. She's left now, gone up north somewhere for her third donation. I never heard how she got on. Have either of you heard?"

I shook my head, and when I didn't hear Ruth say anything, turned to look at her. At first I thought she was still staring at the boat, but then I saw her gaze was on the vapour trail of a plane in the far distance, climbing slowly into the sky. Then she said:

"I'll tell you something I heard. I heard about Chrissie. I heard she completed during her second donation."

"I heard that as well," said Tommy. "It must be right. I heard exactly the same. A shame. Only her second as well. Glad that didn't happen to me."

"I think it happens much more than they ever tell us," Ruth said. "My carer over there. She probably knows that's right. But she won't say."

"There's no big conspiracy about it," I said, turning back to the boat. "Sometimes it happens. It was really sad about Chrissie. But that's not common. They're really careful these days."

"I bet it happens much more than they tell us," Ruth said again. "That's one reason why they keep moving us around between donations."

"I ran into Rodney once," I said. "It wasn't so long after Chrissie completed. I saw him in this clinic, up in North Wales. He was doing okay."

"I bet he was cut up about Chrissie though," said Ruth. Then to Tommy: "They don't tell you the half of it, you see?"

"Actually," I said, "he wasn't too bad about it. He was sad, obviously. But he was okay. They hadn't seen

— Между прочим, — сказал Томми, — в нашем центре какое-то время была Мег Б. От нас ее на север куда-то отправили на третью выемку. Понятия не имею, как она. Может, кому-нибудь из вас говорили?

Я покачала головой, а потом, не услышав ничего от Рут, обернулась к ней. В первый момент мне показалось, что она по-прежнему разглядывает лодку, но потом я увидела, что она смотрит на серебристый след дальнего самолета, медленно поднимающегося по небу. Помолчав, она сказала:

— Мне другое говорили. Мне говорили про Крисси. Что она завершила во время второй выемки.

— Я тоже слышал, — подтвердил Томми. — Видимо, так оно и есть. Я слышал в точности то же самое. Безобразие. Только на второй. Я вот проскочил — мне радоваться надо.

— Я думаю, это происходит гораздо чаще, чем нам говорят, — сказала Рут. — Вон помощница моя сидит, наверняка знает. Знает — но молчит.

— Да нет никакого тут особенного заговора молчания, — возразила я, опять повернувшись к лодке. — Иногда такое случается. Крисси очень жалко, конечно. Но это нечастое явление. Они довольно аккуратны сейчас.

— А я уверена, что это происходит куда чаще, чем они говорят, — повторила Рут. — Потому-то нас и переводят между выемками в другие места.

— Я тут как-то увидела Родни, — вспомнила я. — Вскоре после того, как Крисси завершила. Я встретила его в клинике в Северном Уэльсе. Он был ничего.

— Наверняка ведь он был в тоске из-за Крисси, — сказала Рут. Потом обратилась к Томми: — Вот видишь — они половину говорят, половину скрывают.

— Нет, убиваться он не убивался, — не согласилась я. — Опечален — да, был, конечно. Но в общем

each other for a couple of years anyway. He said he thought Chrissie wouldn't have minded too much. And I suppose he should know."

"Why would he know?" Ruth said. "How could he possibly know what Chrissie would have felt? What she would have wanted? It wasn't him on that table, trying to cling onto life. How would he know?"

This flash of anger was more like the old Ruth, and made me turn to her again. Maybe it was just the glare in her eyes, but she seemed to be looking back at me with a hard, stern expression.

"It can't be good," Tommy said. "Completing at the second donation. Can't be good."

"I can't believe Rodney was okay about it," Ruth said. "You only spoke to him for a few minutes. How can you tell anything from that?"

"Yeah," said Tommy, "but if like Kath says, they'd already split up..."

"That wouldn't make any difference," Ruth cut in. "In some ways that might have made it worse."

"I've seen a lot of people in Rodney's position," I said. "They do come to terms with it."

"How would you know?" said Ruth. "How could you possibly know? You're still a carer."

"I get to see a lot as a carer. An awful lot."

"She wouldn't know, would she, Tommy? Not what it's really like."

For a moment we were both looking at Tommy, but he just went on gazing at the boat. Then he said:

"There was this guy, at my centre. Always worried he wouldn't make it past his second. Used to say he could feel it in his bones. But it all turned out fine. He's just

состояние ничего. Они же не встречались, наверное, года два. Он сказал, он думает, что Крисси приняла это спокойно. Кому знать, как не ему.

— Откуда он может знать? — вскинулась Рут. — Как он мог выведать, что чувствовала Крисси, чего ей хотелось? Ведь не он лежал на этом столе и цеплялся за жизнь. Так откуда ему знать?

Эта вспышка напомнила мне прежнюю Рут и заставила опять к ней повернуться. Мне показалось — хотя, может быть, это был только блеск в ее глазах, — что она смотрит на меня жестко, сурово.

— Хорошего мало, — сказал Томми. — Завершить на второй выемке. Ничего хорошего.

— Не верю, что Родни принял это как должное, — продолжала Рут. — Ты, наверное, всего несколько минут с ним говорила. Что ты за это время могла понять?

— Это так, конечно, — сказал Томми. — Но Кэт говорит, они давно расстались...

— Не имеет значения, — перебила его Рут. — В каком-то смысле это только все утяжеляет.

— Я видела массу людей в таком же положении, как Родни, — сказала я. — Свыкаются, примиряются.

— Откуда ты знаешь? — спросила Рут. — Откуда ты можешь знать? Ты пока только помощница.

— Помощникам много чего приходится видеть. Ужас как много.

— Не знает она — правда, Томми? Что это на самом деле такое.

Какое-то время мы обе смотрели на Томми, но он продолжал разглядывать лодку. Потом сказал:

— В моем центре был парень один. Страшно беспокоился, что не вытянет вторую. Говорил — нутром это чувствует. Но все прошло отлично. Ему сейчас

come through his third now, and he's completely all right." He put up a hand to shield his eyes. "I wasn't much good as a carer. Never learnt to drive even. I think that's why the notice for my first came so early. I know it's not supposed to work that way, but I reckon that's what it was. Didn't mind really. I'm a pretty good donor, but I was a lousy carer."

No one spoke for a while. Then Ruth said, her voice quieter now:

"I think I was a pretty decent carer. But five years felt about enough for me. I was like you, Tommy. I was pretty much ready when I became a donor. It felt right. After all, it's what we're supposed to be doing, isn't it?"

I wasn't sure if she expected me to respond to this. She hadn't said it in any obviously leading way, and it's perfectly possible this was a statement she'd come out with just out of habit — it was the sort of thing you hear donors say to each other all the time. When I turned to them again, Tommy still had his hand up to shade his eyes.

"Pity we can't go closer to the boat," he said. "One day when it's drier, maybe we could come back."

"I'm glad to have seen it," Ruth said, softly. "It's really nice. But I think I want to go back now. This wind's quite chilly."

"At least we've seen it now," Tommy said.

We chatted much more freely on our walk back to the car than on the way out. Ruth and Tommy were comparing notes on their centres — the food, the towels, that kind of thing — and I was always part of the conversation because they kept asking me about other centres, if this or that was normal. Ruth's walk was much steadier

уже сделали третью, и он в полном порядке. — Томми прикрыл ладонью глаза от солнца. — Я помощник был никакой. Даже машину водить не научился. Вот почему, наверное, меня так быстро вызвали на первую. Да, хоть они и говорят, что одно с другим не связано. В общем-то, я не в претензии. Донор я неплохой, а помощник был паршивый.

Все немного помолчали. Потом Рут, теперь уже более спокойным голосом, сказала:

— Я думаю, я прилично справлялась, когда была помощницей. Но пяти лет с меня хватило. Примерно как у тебя, Томми: когда пришло время донорства, была к этому готова. Чувствовала, что так и должно быть. В конце концов, нам же положено ими становиться, правда?

Я не была уверена, что она ждет от меня ответа. Не было ощущения, что она к чему-то клонит, и, вполне вероятно, она произнесла эти слова просто по привычке — ведь доноры говорят такое друг другу сплошь и рядом. Когда я снова к ним повернулась, Томми по-прежнему держал ладонь над глазами.

— Жаль, что нельзя ближе подойти к этой лодке, — сказал он. — Может, удастся выбраться сюда еще раз, когда будет суше.

— Я рада, что увидела ее, — мягко промолвила Рут. — Очень красивая. Но вообще-то хочется уже назад. Здесь ветер, прохладно.

— По крайней мере, мы бросили на нее взгляд, — сказал Томми.

Идя к машине, мы беседовали куда более непринужденно, чем по дороге к лодке. Рут и Томми обсуждали условия в своих центрах — еда, полотенца и прочее, — и я все время участвовала в разговоре, потому что они то и дело спрашивали меня, что в порядке вещей, а что нет, если сравнивать с другими центрами.

Кадзуо Исигуро

now and when we came to the fence, and I held up the wire, she hardly hesitated.

We got in the car, again with Tommy in the back, and for a while there was a perfectly okay feeling between us. Maybe, looking back, there was an atmosphere of something being held back, but it's possible I'm only thinking that now because of what happened next.

The way it began, it was a bit like a repeat of earlier. We'd got back onto the long near-empty road, and Ruth made some remark about a poster we were passing. I don't even remember the poster now, it was just one of those huge advertising images on the roadside. She made the remark almost to herself, obviously not meaning much by it. She said something like:

"Oh my God, look at that one. You'd think they'd at least try to come up with something new."
But Tommy said from the back:
"Actually I quite like that one. It's been in the newspapers as well. I think it's got something."
Maybe I was wanting that feeling again, of me and Tommy being brought close together. Because although the walk to the boat had been fine in itself, I was starting to feel that apart from our first embrace, and that moment in the car earlier on, Tommy and I hadn't really had much to do with each other. Anyway, I found myself saying:
"Actually, I like it too. It takes a lot more effort than you'd think, making up these posters."
"That's right," Tommy said. "Someone told me it takes weeks and weeks putting something like that together. Months even. People sometimes work all night on them, over and over, until they're just right."

Походка Рут была теперь намного тверже, а когда мы подошли к забору и я приподняла перед ней проволоку, она почти не замешкалась.

Мы сели в машину — Томми опять сзади, — и вначале атмосфера в ней была превосходная. Когда я теперь вспоминаю эту часть пути, мне, может быть, и чудится намек на что-то невысказанное, но вполне допускаю, что на мое нынешнее восприятие влияет случившееся чуть позже.

Началось примерно так же, как в тот раз. Мы выехали обратно на длинную, почти пустую дорогу, и Рут сделала какое-то замечание о рекламном щите, который мы проезжали. Что на нем было, я сейчас даже и не помню — в общем, одно из этих огромных рекламных полотнищ на обочинах шоссе. Рут обратилась почти что сама к себе, явно не имея в виду ничего особенного. Сказала примерно вот что:

— Боже мой, ну что это такое. Могли бы хоть попытаться изобразить что-нибудь новенькое.

Но Томми возразил ей с заднего сиденья:

— А мне лично нравится. Это и в газетах было. Что-то, по-моему, в этом есть.

Может быть, я захотела вернуть возникшее было между мной и Томми ощущение близости: ведь, хотя вылазка к лодке была сама по себе очень хороша, я начинала чувствовать, что, помимо наших первых объятий и того эпизода в машине, нас с Томми мало что сегодня по-настоящему связывает. И как-то так получилось, что я сказала:

— Мне тоже нравится этот плакат. Чтобы такое сделать, нужно куда больше усилий, чем кажется.

— Точно, — подтвердил Томми. — Мне говорили, что не одна неделя на это уходит. Может, и не один месяц. Люди ночами трудятся иногда, вкалывают и вкалывают, пока все не выйдет как надо.

"It's too easy," I said, "to criticise when you're just driving by."

"Easiest thing in the world," Tommy said.

Ruth said nothing, and kept looking at the empty road in front of us. Then I said:

"Since we're on the subject of posters. There was one I noticed on the way out. It should be coming up again pretty soon. It'll be on our side this time. It should come up any time now."

"What's it of?" Tommy asked.

"You'll see. It'll be coming up soon."

I glanced at Ruth beside me. There was no anger in her eyes, just a kind of wariness. There was even a sort of hope, I thought, that when the poster appeared, it would be perfectly innocuous — something that reminded us of Hailsham, something like that. I could see all of this in her face, the way it didn't quite settle on any one expression, but hovered tentatively. All the time, her gaze remained fixed in front of her.

I slowed down the car and pulled over, bumping up onto the rough grass verge.

"Why are we stopping, Kath?" Tommy asked.

"Because you can see it best from here. Any nearer, we have to look up at it too much."

I could hear Tommy shifting behind us, trying to get a better view. Ruth didn't move, and I wasn't even sure she was looking at the poster at all.

"Okay, it's not exactly the same," I said after a moment. "But it reminded me. Open-plan office, smart smiling people."

Ruth stayed silent, but Tommy said from the back:

— Очень легко, — сказала я, — критиковать, когда просто промахиваешь мимо.

— Легче всего на свете, — согласился Томми.

Рут, ничего не говоря, все смотрела и смотрела вперед на пустую дорогу. Потом я сказала:

— Кстати, о плакатах. Я тут заметила еще один, когда мы ехали из Кингсфилда. Вот-вот он опять будет — теперь на нашей стороне. В любой момент может появиться.

— Что за плакат? — спросил Томми.

— Увидишь. Скоро он опять будет.

Я посмотрела на Рут, сидевшую сбоку от меня. Сердитыми ее глаза мне не показались — только настороженными. В них даже и надежда, пожалуй, читалась — надежда на то, что плакат, когда возникнет, окажется совсем безвредным. К примеру, напоминанием о Хейлшеме, в таком вот роде. Я видела все это по ее лицу: оно блуждало от выражения к выражению и ни на одном не могло остановиться. Взгляд при этом был все время устремлен вперед.

Я сбросила скорость и затормозила, свернув на неровную, поросшую травой обочину.

— Почему мы встали, Кэт? — спросил Томми.

— Потому что отсюда лучше всего видно. Ближе будет слишком высоко.

Мне слышно было, как Томми сзади нас ерзает, стараясь разглядеть все как следует. Рут не шевелилась, и я даже не могла понять, смотрит ли она на плакат вообще.

— Да, конечно, это не совсем то же самое, — сказала я чуть погодя. — Но похоже все-таки. Офис с открытой планировкой, динамичные сотрудники, улыбки на лицах.

Рут молчала, но Томми сзади отозвался:

"I get it. You mean, like that place we went to that time."

"Not only that," I said. "It's a lot like that ad. The one we found on the ground. You remember, Ruth?"

"I'm not sure I do," she said quietly.

"Oh, come on. You remember. We found it in a magazine in some lane. Near a puddle. You were really taken by it. Don't pretend you don't remember."

"I think I do."

Ruth's voice was now almost a whisper. A lorry went past, making our car wobble and, for a few seconds, obscuring our view of the hoarding. Ruth bowed her head, as though she hoped the lorry had removed the image forever, and when we could see it clearly again, she didn't raise her gaze.

"It's funny," I said, "remembering it all now. Remember how you used to go on about it? How you'd one day work in an office like that one?"

"Oh yeah, that was why we went that day," Tommy said, like he'd only that second remembered. "When we went to Norfolk. We went to find your possible. Working in an office."

"Don't you sometimes think," I said to Ruth, "you should have looked into it more? All right, you'd have been the first. The first one any of us would have heard of getting to do something like that. But you might have done it. Don't you wonder sometimes, what might have happened if you'd tried?"

"How could I have tried?" Ruth's voice was hardly audible. "It's just something I once dreamt about. That's all."

"But if you'd at least looked into it. How do you know? They might have let you."

— Я понял. Ты про офис, на который мы тогда ездили смотреть.

— Не только, — сказала я. — Еще и про рекламную картинку. Мы ее нашли на дороге. Вспоминаешь, Рут?

— Что-то не очень, — тихо ответила она.

— Да ладно тебе. Ты знаешь, о чем я говорю. О журнале, который валялся на дороге. Около лужи. Он тебя страшно заинтересовал. Забыть ты не могла, не прикидывайся.

— Да, кажется, было такое.

Голос Рут упал почти до шепота. Тяжелый грузовик, проезжая, заставил нашу машину завибрировать и на несколько секунд заслонил рекламный щит. Рут наклонила голову, словно надеялась, что грузовик сотрет изображение навсегда, и не подняла взгляда, когда плакат опять стал хорошо виден.

— Странно сейчас обо всем этом думать, — сказала я. — Помнишь, сколько ты рассуждала на эту тему? Что будешь когда-нибудь работать в таком вот офисе.

— Да, точно, потому-то мы тогда и поехали, — сказал Томми, как будто только что вспомнил. — В Норфолк, искать твое «возможное я». Женщину, которая работала в офисе.

— Тебе не кажется, — спросила я Рут, — что тебе стоило попробовать это выяснить? Да, ты была бы первая. Первая, о ком мы знали бы, что ей такое разрешили. Но чем черт не шутит. Ты ни разу не задумывалась, что было бы, если бы ты попыталась?

— Как я могла попытаться? — Рут было еле слышно. — Это мечта у меня такая была. Вот и все.

— Но попробовать хотя бы выяснить. Мало ли — а вдруг разрешили бы?

"Yeah, Ruth," Tommy said. "Maybe you should at least have tried. After going on about it so much. I think Kath's got a point."

"I didn't go on about it, Tommy. At least, I don't remember going on about it."

"But Tommy's right. You should at least have tried. Then you could see a poster like that one, and remember that's what you wanted once, and that you at least looked into it..."

"How could I have looked into it?"

For the first time, Ruth's voice had hardened, but then she let out a sigh and looked down again. Then Tommy said:

"You kept talking like you might qualify for special treatment. And for all you know, you might have done. You should have asked at least."

"Okay," Ruth said. "You say I should have looked into it. How? Where would I have gone? There wasn't a way to look into it."

"Tommy's right though," I said. "If you believed yourself special, you should at least have asked. You should have gone to Madame and asked."

As soon as I said this — as soon as I mentioned Madame — I realised I'd made a mistake. Ruth looked up at me and I saw something like triumph flash across her face. You see it in films sometimes, when one person's pointing a gun at another person, and the one with the gun's making the other one do all kinds of things. Then suddenly there's a mistake, a tussle, and the gun's with the second person. And the second person looks at the first person with a gleam, a kind of can't-believe-my-luck expression that promises all kinds of vengeance. Well, that was how suddenly Ruth was looking at me,

— Правда, Рут, — сказал Томми. — Попытку сделать, может, и стоило. Ты ведь все время об этом рассуждала. Кэт, по-моему, права.

— Я не все время об этом рассуждала, Томми. Во всяком случае, я такого не помню.

— Нет, Рут, Томми верно говорит. Попытаться хотя бы следовало. Тогда при виде такого плаката ты сразу вспомнила бы, что хотела этого и выясняла по крайней мере...

— Как, скажи на милость, я могла это выяснить?

В первый раз за весь разговор голос Рут отвердел, но потом она вздохнула и опять опустила взгляд. После этого Томми проговорил:

— Ты часто высказывалась в том смысле, что к тебе может быть особое отношение. Оно и правда могло, наверное, быть. Спросить, по крайней мере, надо было.

— Так, допустим, — сказала Рут. — Ты говоришь — спросить. Но как? Куда я должна была обратиться? Не могла я ничего ни спросить, ни выяснить.

— А все-таки Томми прав, — не уступала я. — Если ты считала, что заслуживаешь особого отношения, тебе следовало хотя бы спросить. Разыскать Мадам и спросить.

Едва я это сказала — едва упомянула про Мадам, — я поняла, что совершила ошибку. Рут подняла на меня глаза, и я увидела на ее лице вспышку торжества. Это бывает иногда в фильмах: один навел на другого пистолет и заставляет его делать всякие вещи, потом вдруг какая-то оплошность, борьба — и пистолет уже у второго. И этот второй, еще не до конца веря своему счастью, пронзает первого сияющим взглядом, который сулит все виды отмщения. Примерно так вдруг посмотрела на меня Рут, и, хотя я ничего не сказала об отсрочках, я произнесла слово «Мадам», и мне

and though I'd said nothing about deferrals, I'd mentioned Madame, and I knew we'd stumbled into some new territory altogether.

Ruth saw my panic and shifted round in her seat to face me. So I was preparing myself for her attack; busy telling myself that no matter what she came at me with, things were different now, she wouldn't get her way like she'd done in the past. I was telling myself all of this, and that's why I wasn't at all ready for what she did come out with.

"Kathy," she said, "I don't really expect you to forgive me ever. I can't even see why you should. But I'm going to ask you to all the same."

I was so thrown by this, all I could find to say was a rather limp:

"Forgive you for what?"

"Forgive me for what? Well, for starters, there's the way I always lied to you about your urges. When you used to tell me, back then, how sometimes it got so you wanted to do it with virtually anyone."

Tommy shifted again behind us, but Ruth was leaning forward now, looking straight at me, like for the moment Tommy wasn't with us in the car at all.

"I knew how it worried you," she said. "I should have told you. I should have said how it was the same for me too, just the way you described it. You realise all of this now, I know. But you didn't back then, and I should have said. I should have told you how even though I was with Tommy, I couldn't resist doing it with other people sometimes. At least three others when we were at the Cottages."

She said this still without looking Tommy's way. But it wasn't so much like she was ignoring him, than that

ясно было, что теперь мы находимся на совершенно иной территории.

Рут увидела, что я в панике, и повернулась на сиденье ко мне лицом. Я готовилась отразить ее атаку, говорила себе, что мне все равно, с чем она на меня двинется, ведь времена, когда она могла вить из меня веревки, давно прошли. Я говорила себе все это и потому совершенно не ожидала услышать то, что услышала.

— Кэт, — сказала Рут, — я никак не могу рассчитывать, что ты меня простишь. Я даже думаю, что тебе не надо этого делать. Но все равно я прошу у тебя прощения.

Я была так этим поражена, что ничего не сумела вымолвить, кроме слабенького:

— За что?

— За что? Ну, для начала за то, что я все время лгала тебе насчет твоих желаний. Помнишь — ты тогда мне говорила, что иной раз готова этим заниматься чуть не с кем угодно.

Томми опять пошевелился на заднем сиденье, но Рут теперь, подавшись вперед, смотрела на меня в упор, как будто в машине не было никого, кроме нас двоих.

— Я видела, как ты этим обеспокоена, — продолжала она. — И я должна была тебе объяснить. Должна была сказать, что со мной происходит в точности то же самое. Сейчас, конечно, ты все это и так понимаешь. Но тогда не понимала, и я обязана была тебе сказать. Что, несмотря даже на отношения с Томми, я иногда не могла удержаться и делала это с другими. С тремя по меньшей мере, пока мы были в Коттеджах.

Говоря все это, она по-прежнему не смотрела в сторону Томми. Но как пренебрежение это не выгляде-

she was trying so intensely to get through to me everything else had been blurred out.

"I almost did tell you a few times," she went on. "But I didn't. Even then, at the time, I realised you'd look back one day and realise and blame me for it. But I still didn't say anything to you. There's no reason you should ever forgive me for that, but I want to ask now because..."

She stopped suddenly.

"Because what?" I asked.

She laughed and said:

"Because nothing. I'd like you to forgive me, but I don't expect you to. Anyway, that's not the half of it, not even a small bit of it, actually. The main thing is, I kept you and Tommy apart." Her voice had dropped again, almost to a whisper. "That was the worst thing I did."

She turned a little, taking Tommy in her gaze for the first time. Then almost immediately, she was looking just at me again, but now it was like she was talking to the both of us.

"That was the worst thing I did," she said again. "I'm not even asking you to forgive me about that. God, I've said all this in my head so many times, I can't believe I'm really doing it. It should have been you two. I'm not pretending I didn't always see that. Of course I did, as far back as I can remember. But I kept you apart. I'm not asking you to forgive me for that. That's not what I'm after just now. What I want is for you to put it right. Put right what I messed up for you."

"How d'you mean, Ruth?" Tommy asked. "How d'you mean, put it right?"

ло — просто она все силы бросила на то, чтобы ее слова до меня дошли, и прочее потеряло значение.

— Несколько раз это на языке у меня вертелось, — сказала она. — Но я промолчала все-таки. Даже тогда, в то время, я сознавала, что когда-нибудь ты все это вспомнишь, поймешь и обвинишь меня. Сознавала — но ничего тебе не говорила. Нет никаких причин, чтобы ты когда-нибудь простила меня, но я все же прошу тебя об этом, потому что...

Она внезапно умолкла.

— Почему? — спросила я.

Она засмеялась:

— Да так, не почему. Я хотела бы получить от тебя прощение, но не рассчитываю на него. В любом случае это еще далеко не все, это только малая часть. Главное — что я помешала вам с Томми быть вместе. — Ее голос снова превратился чуть ли не в шепот. — Это было самое плохое, что я сделала.

Она немного повернулась и в первый раз боковым зрением посмотрела на Томми. Потом, почти сразу, опять направила взгляд на меня одну, но теперь ощущение было такое, что она обращается к нам обоим.

— Это было самое плохое, что я сделала, — повторила она. — За это я даже не прошу у вас прощения. О господи, я столько раз повторяла это про себя, что теперь поверить не могу, что говорю по-настоящему. Надо было, чтобы это были вы с Томми. Я не собираюсь делать вид, что только потом это поняла. Разумеется, всегда понимала, с самых ранних пор, какие могу вспомнить. И все-таки не давала вам сойтись. Я не прошу у вас прощения, я не для того сейчас завела этот разговор. Я хочу, чтобы вы это исправили. Исправили вред, который я вам причинила.

— Что-то я не пойму тебя, Рут, — сказал Томми. — Как это — исправили вред?

His voice was gentle, full of child-like curiosity, and I think that was what started me sobbing.

"Kathy, listen," Ruth said. "You and Tommy, you've got to try and get a deferral. If it's you two, there's got to be a chance. A real chance."

She'd reached out a hand and put it on my shoulder, but I shook her off roughly and glared at her through the tears.

"It's too late for that. Way too late."

"It's not too late. Kathy, listen, it's not too late. Okay, so Tommy's done two donations. Who says that has to make any difference?"

"It's too late for all that now." I'd started to sob again. "It's stupid even thinking about it. As stupid as wanting to work in that office up there. We're all way beyond that now."

Ruth was shaking her head.

"It's not too late. Tommy, you tell her."

I was leaning on the steering wheel, so couldn't see Tommy at all. He made a kind of puzzled humming sound, but didn't say anything.

"Look," Ruth said, "both of you, listen. I wanted us all to do this trip, because I wanted to say what I just said. But I also wanted it because I wanted to give you something." She'd been rummaging in the pockets of her anorak, and now she held out a crumpled piece of paper. "Tommy, you'd better take this. Look after it. Then when Kathy changes her mind, you'll have it."

Tommy reached forward between the seats and took the paper.

"Thanks, Ruth," he said, like she'd given him a chocolate bar. Then after a few seconds, he said: "What is it? I don't get it."

Его голос был мягким, и в нем звучало какое-то детское любопытство. Это-то, я думаю, и заставило меня разрыдаться.

— Кэти, выслушай меня, — сказала Рут. — Вам с Томми надо попытаться получить отсрочку. Если это будете вы, то шанс есть. Реальный шанс.

Она положила мне на плечо ладонь, но я резко ее сбросила и гневно посмотрела на Рут сквозь слезы.

— Поздно пытаться. Время упущено.

— Нет, Кэти, совсем даже не поздно, ничего не упущено. Да, у Томми было две выемки. Но разве это что-нибудь меняет?

— Поздно, поздно все это затевать... — Я зарыдала с новой силой. — Даже думать об этом глупо. Так же глупо, как мечтать о работе в том офисе. Поезд давно уже ушел.

Но Рут качала головой.

— Да нет же, не поздно. Томми, скажи ей ты.

Я сидела, сильно наклонившись к рулю, и поэтому не видела Томми вовсе. Раздалось его озадаченное мычание, но слов никаких он не произнес.

— Послушайте меня, — снова заговорила Рут, — послушайте оба. Мне надо было, чтобы мы все втроем сюда отправились, потому что я хотела сказать то, что сказала. Но еще я должна вам кое-что дать. — Говоря, она шарила в карманах куртки и теперь держала в руке смятый клочок бумаги. — Томми, возьми лучше ты. Смотри не потеряй. Потому что вдруг Кэти еще надумает.

Томми просунул руку между спинками сидений и взял бумажку.

— Спасибо, Рут, — сказал он так, словно получил от нее шоколадку. Потом, через несколько секунд, спросил: — Что это? Я не понимаю.

"It's Madame's address. It's like you were saying to me just now. You've at least got to try."

"How d'you find it?" Tommy asked.

"It wasn't easy. It took me a long time, and I ran a few risks. But I got it in the end, and I got it for you two. Now it's up to you to find her and try."

I'd stopped sobbing by now and started the engine.

"That's enough of all this," I said. "We've got to get Tommy back. Then we need to be getting back ourselves."

"But you will think about it, both of you, won't you?"

"I just want to get back now," I said.

"Tommy, you'll keep that address safe? In case Kathy comes round."

"I'll keep it," Tommy said. Then, much more solemnly than the last time: "Thanks, Ruth."

"We've seen the boat," I said, "but now we've got to get back. It might be over two hours back to Dover."

I put the car on the road again, and my memory of it is that we didn't talk much more on the way back to the Kingsfield. There was still a small group of donors huddled under the roof as we came into the Square. I turned the car before letting Tommy out. Neither of us hugged or kissed him, but as he walked away towards his fellow donors, he paused and gave us a big smile and wave.

It might seem odd, but on the journey back to Ruth's centre, we didn't really discuss any of what had just happened. It was partly because Ruth was exhausted —

— Это адрес Мадам. Помнишь, как вы меня оба сейчас уговаривали попытаться? Вот сами и попытайтесь.

— Где ты его откопала? — спросил Томми.

— Не так-то просто было. Времени потратила уйму, даже без риска не обошлось. Но в конце концов раздобыла — для вас. Теперь все в ваших руках, найдите ее и попытайтесь.

Я тем временем перестала плакать и запустила мотор.

— Ладно, хватит, — сказала я. — Пора везти Томми обратно. Потом еще самим ехать и ехать.

— Но, пожалуйста, подумайте об этом, оба подумайте, хорошо?

— Сейчас я просто еду назад, — сказала я.

— Томми, ты сохранишь адрес? На случай, если Кэти решится.

— Сохраню, — пообещал Томми. Потом, тоном гораздо более серьезным, чем в первый раз, промолвил: — Спасибо, Рут.

— Так, лодку мы посмотрели, — сказала я, — и все, надо двигаться. До Дувра нам добираться два часа, если не больше.

Я снова вырулила на шоссе, и, насколько помню, мы до самого Кингсфилда почти не разговаривали. Под навесом, когда мы въехали на Площадь, по-прежнему тесной кучкой стояли несколько доноров. Я развернулась и выпустила Томми. Ни я, ни Рут не обняли его и не поцеловали, но, идя к группе доноров, он на полдороге обернулся, широко улыбнулся нам и помахал.

Это может показаться странным, но на обратном пути к дуврскому центру мы, по существу, ничего из сегодняшних событий не обсуждали. Отчасти потому,

that last conversation on the roadside seemed to have drained her. But also, I think we both sensed we'd done enough serious talking for one day, and that if we tried any more of it, things would start going wrong. I'm not sure how Ruth was feeling on that drive home, but as for me, once all the strong emotions had settled, once the night began to set in and all the lights came on along the roadside, I was feeling okay. It was like something that had been hanging over me for a long time had gone, and even if things were still far from sorted, it felt like there was now at least a door open to somewhere better. I'm not saying I was elated or anything like that. Everything between the three of us seemed really delicate and I felt tense, but it wasn't altogether a bad tension.

We didn't even discuss Tommy beyond saying how he looked okay, and wondering how much weight he'd put on. Then we spent large stretches of the journey watching the road together in silence.

It wasn't until a few days later I came to see what a difference that trip had made. All the guardedness, all the suspicions between me and Ruth evaporated, and we seemed to remember everything we'd once meant to each other. And that was the start of it, that era, with the summer coming on, and Ruth's health at least on an even keel, when I'd come in the evenings with biscuits and mineral water, and we'd sit side by side at her window, watching the sun go down over the roofs, talking about Hailsham, the Cottages, anything that drifted into our minds. When I think about Ruth now, of course, I feel sad she's gone; but I also feel really grateful for that period we had at the end.

There was, even so, one topic we never discussed properly, and that was about what she'd said to us on

что Рут очень устала — разговор на обочине, казалось, лишил ее всяких сил. Но еще, я думаю, мы обе чувствовали, что хватит серьезных бесед для одного дня, что от попыток продолжить пользы не будет. Что испытывала Рут по дороге домой, я толком не знаю, но я лично, когда сильные переживания улеглись, когда стемнело и зажглись огни вдоль шоссе, была в очень даже неплохом состоянии. Словно ушло что-то, очень долго надо мной нависавшее, и хотя сказать, что все уладилось, конечно, было нельзя, открылось, по крайней мере, окошко к чему-то лучшему. Не то чтобы я ощущала подъем или что-нибудь в этом роде. Отношения между нами тремя представлялись мне тонкими и сложными, я была напряжена — но напряжена как-то по-хорошему.

Мы даже Томми не стали обсуждать — согласились только, что выглядит он нормально, и попытались прикинуть, сколько он прибавил в весе. Потом потянулись большие отрезки пути, когда мы обе просто молча смотрели на дорогу.

И только через несколько дней я увидела, какую перемену вызвала эта поездка. Вся закрытость, вся подозрительность между мной и Рут испарилась, и мы, казалось, вспомнили все, что значили друг для друга. Тут-то и началась у нас эта пора — близилось лето, здоровье Рут наконец-то стабилизировалось, я приезжала под вечер с минеральной водой и печеньем, и мы сидели бок о бок у ее окна, смотрели, как солнце опускается за крыши, и говорили про Хейлшем, про Коттеджи, про все, что взбредало нам на ум. Когда я думаю о Рут сейчас, мне, конечно, печально из-за того, что ее не стало, но я и благодарность испытываю — благодарность за этот вот последний период.

Была все же одна тема, которую мы по-настоящему никогда не затрагивали, — а именно то, что Рут ска-

the roadside that day. Just every now and then, Ruth would allude to it. She'd come out with something like:

"Have you thought any more about becoming Tommy's carer? You know you could arrange it, if you wanted to."

Soon, it was this idea — of my becoming Tommy's carer — that came to stand in for all the rest of it. I'd tell her I was thinking about it, that anyway it wasn't so simple, even for me, to arrange such a thing. Then we'd usually let the topic drop. But I could tell it was never far from Ruth's mind, and that's why, that very last time I saw her, even though she wasn't able to speak, I knew what it was she wanted to say to me.

That was three days after her second donation, when they finally let me in to see her in the small hours of the morning. She was in a room by herself, and it looked like they'd done everything they could for her. It had become obvious to me by then, from the way the doctors, the co-ordinator, the nurses were behaving, that they didn't think she was going to make it. Now I took one glance at her in that hospital bed under the dull light and recognised the look on her face, which I'd seen on donors often enough before. It was like she was willing her eyes to see right inside herself, so she could patrol and marshal all the better the separate areas of pain in her body — the way, maybe, an anxious carer might rush between three or four ailing donors in different parts of the country. She was, strictly speaking, still conscious, but she wasn't accessible to me as I stood there beside her metal bed. All the same, I pulled up a chair and sat with her hand in both of mine, squeezing whenever another flood of pain made her twist away from me.

зала нам тогда в машине. Время от времени, правда, она на это намекала. Говорила примерно так:

— И все-таки ты не думала больше о том, чтобы стать помощницей Томми? Ты ведь знаешь, что сможешь это устроить, если захочешь.

Вскоре эта идея — чтобы я сделалась его помощницей — заместила все остальное. Я говорила ей, что думаю об этом, но в любом случае даже мне не очень-то легко такое организовать. После чего мы обычно принимались обсуждать что-нибудь другое. Но я чувствовала, что далеко из сознания Рут это не уходит, и потому, придя к ней в последний раз, я, хоть она и не могла произнести ни слова, знала, что она мне хочет сказать.

Это было через три дня после ее второй выемки — меня наконец пустили к ней очень ранним утром. Она была в палате одна — все, похоже, решили, что сделали для нее максимум возможного. По поведению врачей, координатора и сестер мне к тому времени уже стало ясно, что на поправку рассчитывать не приходится. Первого же взгляда на нее, лежащую на кровати при тусклом больничном свете, мне хватило, чтобы узнать это выражение, которое я не раз видела на лицах доноров. Словно она заставила глаза смотреть внутрь тела, чтобы они помогали ей хоть как-то управляться с несколькими источниками боли в организме, — так беспокойный помощник мечется между тремя или четырьмя тяжко страдающими донорами в разных частях страны. Формально говоря, она еще была в сознании, но пробиться к нему я, стоя у ее металлической кровати, возможности не имела. Как бы то ни было, я пододвинула стул, села, взяла ее руку в свои и бережно сжимала всякий раз, когда при очередном приступе боли она в судороге отворачивалась от меня.

I stayed beside her like that for as long as they let me, three hours, maybe longer. And as I say, for almost all of that time, she was far away inside herself. But just once, as she was twisting herself in a way that seemed scarily unnatural, and I was on the verge of calling the nurses for more painkillers, just for a few seconds, no more, she looked straight at me and she knew exactly who I was. It was one of those little islands of lucidity donors sometimes get to in the midst of their ghastly battles, and she looked at me, just for that moment, and although she didn't speak, I knew what her look meant. So I said to her: "It's okay, I'm going to do it, Ruth. I'm going to become Tommy's carer as soon as I can." I said it under my breath, because I didn't think she'd hear the words anyway, even if I shouted them. But my hope was that with our gazes locked as they were for those few seconds, she'd read my expression exactly as I'd read hers. Then the moment was over, and she was away again. Of course, I'll never know for sure, but I think she did understand. And even if she didn't, what occurs to me now is that she probably knew all along, even before I did, that I'd become Tommy's carer, and that we'd "give it a try," just as she'd told us to in the car that day.

Chapter 20

I became Tommy's carer almost a year to the day after that trip to see the boat. It wasn't long after Tommy's third donation, and though he was recovering well, he was still needing a lot of time to rest, and as it turned out, that wasn't a bad way at all for us to start this new

Я пробыла около нее столько, сколько мне позволили, — часа три, может, немного дольше. И, как я уже сказала, почти все время она была далеко внутри себя. Но один раз — всего один, — когда она, корчась от боли, принимала пугающие, неестественные позы и я готова была уже позвать медсестер, чтобы ей дали новую дозу обезболивающего, она каких-нибудь несколько секунд, не больше, смотрела на меня в упор и хорошо понимала, кто я такая. Это было одно из тех крохотных просветлений, что случаются иногда у доноров в разгар их кошмарных битв, и в эти секунды она только глядела на меня, ничего не говоря, но я понимала, что означает этот взгляд. И я сказала ей: «Да, Рут, я это сделаю. Я стану помощницей Томми, как только смогу». Я произнесла эти слова вполголоса, зная, что, даже прокричи я их, она все равно ничего не услышит. Но в этот короткий промежуток, когда мы смотрели друг другу в глаза, она, я надеялась, смогла все прочесть по моему лицу так же отчетливо, как я — по ее. Потом момент миновал, и она опять стала недоступна. Наверняка я, конечно, никогда этого не узнаю, но мне кажется, она поняла. А даже если и нет, я думаю сейчас, что, скорее всего, ей сразу, даже раньше, чем мне, стало ясно, что я буду помощницей Томми и мы сделаем попытку, о которой она так настойчиво говорила нам в машине в тот день.

Глава 20

Я стала помощницей Томми почти точно через год после поездки к лодке. Незадолго до этого ему сделали третью выемку, и, хотя восстанавливался он хорошо, ему все еще нужно было много отдыхать, и не так уж плохо, как выяснилось, было начать этот новый

phase together. Before long, I was getting used to the Kingsfield, growing to like it even.

Most donors at the Kingsfield get their own room after third donation, and Tommy was given one of the largest singles in the centre. Some people assumed afterwards I'd fixed it for him, but that wasn't the case; it was just luck, and anyway, it wasn't that great a room. I think it had been a bathroom back in the holiday camp days, because the only window had frosted glass and was really high up near the ceiling. You could only look out by standing on a chair and holding open the pane, and then you only got a view down onto the dense shrubbery. The room was L-shaped, which meant they could get in, as well as the usual bed, chair and wardrobe, a little school desk with a lift-up lid — an item that proved a real bonus, as I'll explain.

I don't want to give the wrong idea about that period at the Kingsfield. A lot of it was really relaxed, almost idyllic. My usual time to arrive was after lunch, and I'd come up to find Tommy stretched out on the narrow bed— always fully clothed because he didn't want to "be like a patient." I'd sit in the chair and read to him from various paperbacks I'd bring in, stuff like The Odyssey or One Thousand and One Nights. Otherwise we'd just talk, sometimes about the old days, sometimes about other things. He'd often doze off in the late afternoon, when I'd catch up on my reports over at his school desk. It was amazing really, the way the years seemed to melt away, and we were so easy with each other.

Obviously, though, not everything was like before. For a start, Tommy and I finally started having sex. I don't know how much Tommy had thought about us hav-

этап вместе. К Кингсфилду я вскоре привыкла, даже прониклась к нему нежностью.

Большинство кингсфилдских доноров получают отдельную палату именно после третьей выемки, и Томми дали одну из самых больших одноместных. Некоторые потом предположили, что это я подсуетилась, но они ошибаются — везение в чистом виде, и к тому же очень роскошной эту палату назвать, так или иначе, было трудно. Во времена кемпинга она, похоже, служила ванной: единственное окно из матового стекла располагалось под самым потолком. Выглянуть наружу можно было, только встав на стул и открыв окно, и, кроме густого кустарника, там все равно ничего нельзя было увидеть. Палата имела форму буквы «Г», и поэтому, кроме обычного набора из кровати, стула и шкафа, здесь смогли поставить еще и маленькую школьную парту с откидной крышкой — ценный предмет, как будет видно из дальнейшего.

Я не хочу создавать неверное представление об этом периоде в Кингсфилде. Во многом он был спокойным, умиротворенным и почти идиллическим. Я приезжала чаще всего после ланча и, поднявшись, находила Томми лежащим на узкой кровати, всегда при этом одетым, потому что он не хотел выглядеть «как пациент». Я садилась на стул и читала ему какую-нибудь привезенную с собой книжку — например, «Одиссею» или «Тысячу и одну ночь». Или мы просто разговаривали, иногда о старых временах, иногда о чем-нибудь другом. Ближе к вечеру он часто задремывал, а я писала за его партой свои отчеты. Я поистине поражена была тем, как растаяли прошедшие годы, как легко нам было друг с другом.

Не все, конечно, было в точности как раньше. Начать с того, что у нас с Томми наконец возникли половые отношения. Я не знаю, много ли он думал

ing sex before we started. He was still recovering, after all, and maybe it wasn't the first thing on his mind. I wasn't wanting to force it on him, but on the other hand it had occurred to me if we left it too long, just when we were starting out together again, it would just get harder and harder to make it a natural part of us. And my other thought, I suppose, was that if our plans went along the lines Ruth had wanted, and we did find ourselves going for a deferral, it might prove a real drawback if we'd never had sex. I don't mean I thought this was necessarily something they'd ask us about. But my worry was that it would show somehow, in a kind of lack of intimacy.

So I decided to start it off one afternoon up in that room, in a way he could take or leave. He'd been lying on the bed as usual, staring at the ceiling while I read to him. When I finished, I went over, sat on the edge of the bed, and slid a hand under his T-shirt. Pretty soon I was down around his stuff, and though it took a while for him to get hard, I could tell straight away he was happy about it. That first time, we still had stitches to worry about, and anyway, after all the years of knowing each other and not having sex, it was like we needed some intermediary stage before we could get into it in a full-blown way. So after a while I just did it for him with my hands, and he just lay there not making any attempt to feel me up in return, not even making any noises, but just looking peaceful.

But even that first time, there was something there, a feeling, right there alongside our sense that this was a beginning, a gateway we were passing through. I didn't want to acknowledge it for a long time, and even when I did, I tried to persuade myself it was something that

на эту тему до того, как они начались. Ведь он все еще восстанавливался после выемки, и, вполне возможно, это не было для него на первом плане. Я не хотела ничего ему навязывать, но, с другой стороны, мне казалось, что, если мы слишком долго будем тянуть, нам чем дальше, тем труднее будет сделать это естественной частью жизни. И другой моей мыслью, насколько помню, была та, что, если мы пойдем по пути, который предложила Рут, и попытаемся получить отсрочку, отсутствие секса может всерьез ухудшить наши шансы. Не то чтобы я думала, что нас непременно спросят. Но меня беспокоило, что это как-нибудь да проявится — недостатком интимности, что ли.

Поэтому однажды я решила попробовать, но так, чтобы ему легко было отказаться, если он не захочет. Он лежал, как обычно, на кровати днем и глядел в потолок, а я читала ему вслух. Потом перестала читать, подошла к нему, села на край кровати и скользнула рукой ему под футболку. Через некоторое время рука пошла вниз, к его мужскому хозяйству, и, хотя возбудился он не сразу, мне было ясно, что он обрадован, что ему хорошо. В тот первый раз нам еще нельзя было забывать о его швах, и в любом случае после всех этих лет, когда мы знали друг друга, но полностью близки не были, нужен был какой-то промежуточный этап. Поэтому я сделала ему тогда все руками, а он просто лежал, не пытался ласкать меня в ответ, не пытался даже словами, звуками ничего выразить — выглядел умиротворенным, и только.

Но даже в тот день наряду с ощущением, что это начало, переход к чему-то новому, было еще что-то, еще какое-то чувство. Я долго не хотела себе в этом признаваться и, даже когда призналась, старалась убедить себя, что это пройдет вместе с его разнообраз-

would go away along with his various aches and pains. What I mean is, right from that first time, there was something in Tommy's manner that was tinged with sadness, that seemed to say: "Yes, we're doing this now and I'm glad we're doing it now. But what a pity we left it so late."

And in the days that followed, when we had proper sex and we were really happy about it, even then, this same nagging feeling would always be there. I did everything to keep it away. I had us going at it all stops out, so that everything would become a delirious blur, and there'd be no room for anything else. If he was on top, I'd put my knees right up for him; whatever other position we used, I'd say anything, do anything I thought would make it better, more passionate, but it still never quite went away.

Maybe it was to do with that room, the way the sun came in through the frosted glass so that even in early summer, it felt like autumn light. Or maybe it was because the stray sounds that would occasionally reach us as we lay there were of donors milling about, going about their business around the grounds, and not of students sitting in a grassy field, arguing about novels and poetry. Or maybe it had to do with how sometimes, even after we'd done it really well and were lying in each other's arms, bits of what we'd just done still drifting through our heads, Tommy would say something like: "I used to be able to do it twice in a row easy. But I can't any more." Then that feeling would come right to the fore and I'd have to put my hand over his mouth, whenever he said things like that, just so we could go on lying there in peace. I'm sure Tommy felt it too, because we'd always hold each other very tight after times like

ными болями и недомоганиями. Я имею в виду вот что: уже в первый раз поведение Томми было слегка окрашено печалью — он словно бы говорил: «Да, мы делаем это сейчас, и я рад, что мы это делаем. Но очень жаль, что так поздно».

И впоследствии тоже, когда у нас уже был настоящий секс и мы были от него в восторге, — даже тогда это гнетущее чувство постоянно давало о себе знать. Я всеми силами старалась от него защититься. Старалась, чтобы мы любили друг друга на полную катушку — так, чтобы все плавилось в жарком исступлении и ни для чего постороннего не оставалось места. Если он был сверху, я высоко поднимала колени, в любой другой позе я говорила ему все, делала все, что должно было, как мне казалось, добавить огня и самозабвения, — но неприятное чувство так никогда и не уходило совсем.

Может быть, тут сыграла роль палата: солнечный свет, проникая через матовое стекло, даже в разгар лета казался осенним. Может быть — то, что случайные звуки, долетавшие до нас, когда мы лежали вдвоем, исходили от доноров, которые слонялись вокруг или шли через территорию по своим делам, а не от воспитанников, спорящих на траве о романах и стихах. Может быть — то, что порой, даже когда мы отдыхали друг у друга в объятиях после острейшего наслаждения, когда пережитые только что моменты еще плыли в памяти, Томми говорил что-нибудь вроде такого: «Раньше я легко мог два раза подряд. А теперь не получается». Тогда это чувство разом выступало на первый план, и мне приходилось прикладывать к его рту ладонь, чтобы мы могли просто тихо полежать рядом. Томми, я уверена, тоже его испытывал: всякий раз после чего-то подобного мы оба очень крепко

that, as though that way we'd manage to keep the feeling away.

For the first few weeks after I arrived, we hardly brought up Madame or that conversation with Ruth in the car that day. But the very fact of my having become his carer served as a reminder that we weren't there to mark time. And so too, of course, did Tommy's animal drawings.

I'd often wondered about Tommy's animals over the years, and even that day we'd gone to see the boat, I'd been tempted to ask him about them. Was he still drawing them? Had he kept the ones from the Cottages? But the whole history around them had made it difficult for me to ask.

Then one afternoon, maybe about a month after I'd started, I came up to his room and found him at his school desk, carefully going over a drawing, his face nearly touching the paper. He'd called for me to come in when I'd knocked, but now he didn't raise his head or stop what he was doing, and just a glance told me he was working on one of his imaginary creatures. I stopped in the doorway, uncertain whether I should come in, but eventually he looked up and closed his notebook — which I noticed looked identical to the black books he'd got from Keffers all those years ago. I came in then and we began talking about something else entirely, and after a while he put away his notebook without us mentioning it. But after that, I'd often come in and see it left on the desk or tossed beside his pillow.

Then one day we were up in his room with several minutes to kill before we set off for some checks, and I noticed something odd coming into his manner: some-

стискивали объятия, словно надеялись благодаря им избавиться от этого чувства.

В первые несколько недель мы, по существу, обходили молчанием и Мадам, и наш разговор с Рут в машине. Но уже само то, что я стала его помощницей, напоминало: слишком уж медлить нельзя. О том же, конечно, напоминали и рисунки Томми.

На протяжении лет я часто про них думала, и даже в тот день, когда мы поехали смотреть на лодку, мне хотелось спросить его об этих животных. Рисует ли он их еще? Сохранил ли тех, что нарисовал в Коттеджах? Но задать вопрос мне помешала та давняя история, что случилась у нас в связи с его рисунками.

Потом однажды — я ездила к Томми уже примерно месяц — я поднялась к нему в палату и увидела его за партой. Он тщательно что-то вырисовывал, едва не касаясь лицом бумаги. Перед тем как открыть дверь, я постучала, он пригласил меня войти — но даже не повернул ко мне головы и не прекратил своего занятия. Одного взгляда мне хватило, чтобы понять: он рисует одно из своих воображаемых существ. Я остановилась в дверях, не зная, идти дальше или нет, но в конце концов он поднял голову, посмотрел на меня и закрыл тетрадь — она, я заметила, ничем не отличалась от черных тетрадей, которые он выпрашивал тогда у Кефферса. Я вошла, мы заговорили о чем-то совсем другом, и какое-то время спустя он убрал тетрадь, о которой ни он, ни я не сказали в тот день ни слова. Но впоследствии я, приходя, часто видела ее лежащей на парте или небрежно брошенной около подушки.

Потом один раз мы сидели у него в палате, и до начала кое-каких контрольных процедур у нас оставалось несколько свободных минут. Тут я заметила в его

thing coy and deliberate which made me think he was after some sex. But then he said:

"Kath, I just want you to tell me. Tell me honestly."

Then the black notebook came out of his desk, and he showed me three separate sketches of a kind of frog — except with a long tail as though a part of it had stayed a tadpole. At least, that's what it looked like when you held it away from you. Close up, each sketch was a mass of minute detail, much like the creatures I'd seen years before.

"These two I did thinking they were made of metal," he said. "See, everything's got shiny surfaces. But this one here, I thought I'd try making him rubbery. You see? Almost blobby. I want to do a proper version now, a really good one, but I can't decide. Kath, be honest, what do you think?"

I can't remember what I answered. What I do remember is the strong mix of emotions that engulfed me at that moment. I realised immediately this was Tommy's way of putting behind us everything that had happened around his drawings back at the Cottages, and I felt relief, gratitude, sheer delight. But I was aware too why the animals had emerged again, and of all the possible layers behind Tommy's apparently casual query. At the least, I could see, he was showing me he hadn't forgotten, even though we'd hardly discussed anything openly; he was telling me he wasn't complacent, and that he was busy getting on with his part of the preparations.

But that wasn't all I felt looking at those peculiar frogs that day. Because it was there again, only faint

поведении что-то странное, какую-то стеснительность и нарочитость, и подумала, что, может быть, ему хочется секса. Но услышала вот что:

— Кэт, я хочу, чтобы ты мне сказала. Только честно.

И он достал черную тетрадь, положил на парту и показал мне три эскиза, изображавшие некое подобие лягушки — только длиннохвостой, словно отчасти она осталась головастиком. Такое впечатление создавалось, если держать тетрадь на расстоянии. А вблизи каждый рисунок был нагромождением мельчайших подробностей — во многом как те животные, что я видела в Коттеджах.

— Эти два я рисовал — представлял себе, что она металлическая, — сказал он. — Всюду поэтому блестящие поверхности. А вот тут я ее превратил в резиновую. Видишь? Чуть не в кляксу какую-то. Теперь я хочу сделать нормальный вариант, по-настоящему хороший, но не могу выбрать из двух способов. Кэт, честно скажи — что ты думаешь?

Не помню, что я ответила. Помню только охватившее меня чувство — сильное, но смешанное. Мне мигом стало ясно, что таким способом Томми ставит точку на всем, что произошло в Коттеджах вокруг его рисунков, и я испытала облегчение, благодарность, чистый восторг. И я знала вместе с тем, почему эти животные опять возникли, и понимала всю возможную подоплеку его вопроса, заданного, казалось бы, вскользь. По меньшей мере Томми, я видела, показывал мне, что ничего не забыл, хоть мы и не говорили на эти темы прямо; он давал мне понять, что вовсю занят своей частью подготовки — никакой самоуспокоенности.

Но это не все, что я почувствовала, глядя в тот день на его странных лягушек. Потому что опять оно

and in the background at first, but growing all the
while, so that afterwards it was what I kept thinking
about. I couldn't help it, as I looked at those pages, the
thought went through my mind, even as I tried to grab
it and put it away. It came to me that Tommy's drawings weren't as fresh now. Okay, in many ways these
frogs were a lot like what I'd seen back at the Cottages.
But something was definitely gone, and they looked laboured, almost like they'd been copied. So that feeling
came again, even though I tried to keep it out: that we
were doing all of this too late; that there'd once been a
time for it, but we'd let that go by, and there was something ridiculous, reprehensible even, about the way we
were now thinking and planning.

Now I'm going over this again, it occurs to me that
might have been another reason we were so slow to talk
openly to each other about our plans. It was certainly
the case that none of the other donors at the Kingsfield
were ever heard talking about deferrals or anything like
that, and we were probably vaguely embarrassed, almost
like we shared a shameful secret. We might even have
been scared of what might happen if word got out to the
others.

But as I say, I don't want to paint too gloomy a view
of that time at the Kingsfield. For a lot of it, especially after that day he asked me about his animals, there
seemed to be no more shadows left from the past, and we
really settled into each other's company. And though he
never asked me again for advice about his pictures, he
was happy to work on them in front of me, and we'd often spend our afternoons like that: me on the bed, maybe
reading aloud; Tommy at the desk, drawing.

было тут — вначале на заднем плане, еле заметное, но чем дальше, тем более сильное, так что впоследствии я думала об этом и думала. Я ничего не могла тогда с собой поделать: смотрела на эти страницы — и мысль крутилась у меня в голове, хоть я и пыталась схватить ее и выбросить. Дело в том, что рисунки Томми показались мне не такими свежими. Да, во многом лягушки были похожи на то, что я видела в Коттеджах. Но что-то определенно ушло, рисунки выглядели какими-то вымученными, чуть не скопированными. Так что ощущение явилось снова, как я ни старалась его отогнать, — что мы делаем все слишком поздно, что было время, но мы его упустили, — и в наших теперешних мыслях и планах я увидела что-то нелепое, даже предосудительное.

Сейчас, когда я обдумываю это опять, мне представляется, что могла быть и другая причина тому, что мы так долго не говорили с ним о наших планах впрямую. Никто из остальных доноров Кингсфилда, безусловно, ни разу не слышал об отсрочках и чем-либо подобном, и мы, видимо, испытывали смутное замешательство — почти что такое, как если бы у нас был общий постыдный секрет. Возможно, мы даже боялись чего-то, что могло произойти, узнай об этом другие доноры.

Но скажу еще раз: я не хочу изображать это кингс-филдское время в слишком мрачном свете. В основном, особенно после того, как Томми спросил меня о своих животных, оно не было омрачено никакими тенями, оставшимися от прошлого, и нам было действительно хорошо, спокойно друг с другом. И хотя он никогда больше не спрашивал у меня совета насчет рисунков, он с удовольствием работал над ними в моем присутствии, и мы часто проводили послепо-

Perhaps we'd have been happy if things had stayed that way for a lot longer; if we could have whiled away more afternoons chatting, having sex, reading aloud and drawing. But with the summer drawing to an end, with Tommy getting stronger, and the possibility of notice for his fourth donation growing ever more distinct, we knew we couldn't keep putting things off indefinitely.

It had been an unusually busy period for me, and I'd not been to the Kingsfield for almost a week. I arrived in the morning that day, and I remember it was bucketing down. Tommy's room was almost dark, and you could hear a gutter splashing away near his window. He'd been down to the main hall for breakfast with his fellow donors, but had come back up again and was now sitting on his bed, looking vacant, not doing anything. I came in exhausted — I'd not had a proper night's sleep for ages — and just collapsed onto his narrow bed, pushing him against the wall. I lay like that for a few moments, and might easily have fallen asleep if Tommy hadn't kept prodding my knees with a toe. Then finally I sat up beside him and said:

"I saw Madame yesterday, Tommy. I never spoke to her or anything. But I saw her."

He looked at me, but stayed quiet.

"I saw her come up the street and go into her house. Ruth got it right. The right address, right door, everything."

Then I described to him how the previous day, since I was down on the south coast anyway, I'd gone to Littlehampton in the late afternoon, and just as I'd done the last two times, walked down that long street near the seafront, past rows of terraced houses with names like "Wavecrest" and "Sea View," until I'd come to the

луденные часы так: я сижу на кровати, иногда читаю вслух; Томми рисует за партой.

Я думаю, мы были бы счастливы, если бы можно было растянуть это время надолго и гораздо больше таких дневных часов провести за болтовней, сексом, чтением вслух и рисованием. Но лето шло к концу, Томми набирался сил, вероятность получить извещение о четвертой выемке все увеличивалась, и мы понимали, что надолго ничего откладывать нельзя.

У меня было как никогда много работы, и я не появлялась в Кингсфилде почти неделю. Приехала утром, и, помню, лило как из ведра. В палате у Томми была тьма, и слышно было, как из желоба за окном хлещет вода. Он только что ходил в общий зал завтракать с другими донорами, но уже вернулся и теперь сидел на кровати с безучастным видом, ничем не занимаясь. Я вошла измученная — нормального ночного сна у меня не было бог знает сколько — и просто-напросто рухнула на его узкую койку, отодвинув его к стене. Я лежала так, лежала и точно уснула бы, если бы Томми не теребил все время мои колени пальцем ноги. Наконец я села с ним рядом и сказала:

— Томми, я вчера видела Мадам. Не говорила с ней, нет. Но видеть видела.

Он посмотрел на меня, но по-прежнему молчал.

— Я видела, как она идет по улице и входит к себе в дом. Рут все правильно написала. Улица, дом — все сходится.

И я рассказала ему, что накануне под вечер, поскольку так и так была на южном побережье, заехала в Литлгемптон и, как и предыдущие два раза, прошла по длинной приморской улице мимо домов, стоящих сплошными рядами и носящих такие названия, как «Гребень волны» или «Морской вид», до скамейки

public bench beside the phone box. And I'd sat down and waited — again, the way I'd done before — with my eyes fixed on the house over the street.

"It was just like detective stuff. The previous times, I'd sat there for over half an hour each go, and nothing, absolutely nothing. But something told me I'd be lucky this time."

I'd been so tired, I'd nearly nodded off right there on the bench. But then I'd looked up and she was there, coming down the street towards me.

"It was really spooky," I said, "because she looked exactly the same. Maybe her face was slightly older. But otherwise, there was no real difference. Same clothes even. That smart grey suit."

"It couldn't literally have been the same suit."

"I don't know. It looked like it was."

"So you didn't try and speak to her?"

"Of course not, stupid. Just one step at a time. She was never exactly nice to us, remember."

I told him how she'd walked right past me on the opposite side, never glancing over to me; how for a second I thought she would also go past the door I'd been watching — that Ruth had got the wrong address. But Madame had turned sharply at the gate, covered the tiny front path in two or three steps and vanished inside.

After I'd finished, Tommy stayed quiet for some time. Then he said:

"You sure you won't get into trouble? Always driving out to places you're not supposed to be?"

"Why do you think I'm so tired? I've been working all kinds of hours to get everything in. But at least we've found her now."

у телефонной будки. Я села и, как и те два раза, стала ждать, не сводя глаз с дома напротив.

— Прямо как в детективном фильме. В прошлые приезды я по полчаса и больше так просиживала — и ничего, совсем ничего. Но вчера было какое-то чувство, что мне повезет.

Я была так вымотана, что едва не отключилась прямо на этой скамейке. Но потом подняла голову — и сразу ее увидела, она шла по улице в мою сторону.

— Просто что-то потустороннее, — сказала я. — Она была в точности такая же. Может, только лицо чуть постарело, а так — никакой разницы. Даже одежда не изменилась. Тот же элегантный серый костюм.

— Это не мог быть именно тот костюм.

— Не знаю. Выглядел как тот.

— Поговорить с ней, значит, не попыталась?

— Конечно нет, глупенький. Тише едешь — дальше будешь. Она не очень-то к нам была добра, если помнишь.

Я сказала ему, что она прошла мимо меня по той стороне, ни разу не повернув ко мне голову; на секунду мне показалось, что она минует и дверь, на которую я смотрю, — что Рут дала неверный адрес. Но Мадам резко повернулась у калитки, в два-три шага промахнула коротенькую дорожку и скрылась в доме.

Когда я договорила, Томми некоторое время молчал. Потом спросил:

— Ты уверена, что не нарвешься на неприятности? Ездишь и ездишь куда тебе не положено.

— А ты думаешь, почему я такая уставшая? Моталась круглыми сутками, чтобы успеть и туда и сюда. Но теперь хотя бы мы нашли ее.

The rain kept splashing outside. Tommy turned onto his side and put his head on my shoulder.

"Ruth did well for us," he said, softly. "She got it right."

"Yeah, she did well. But now it's up to us."

"So what's the plan, Kath? Have we got one?"

"We just go there. We just go there and ask her. Next week, when I take you for the lab tests. I'll get you signed out for the whole day. Then we can go to Littlehampton on the way back."

Tommy gave a sigh and put his head deeper into my shoulder. Someone watching might have thought he was being unenthusiastic, but I knew what he was feeling. We'd been thinking about the deferrals, the theory about the Gallery, all of it, for so long — and now, suddenly, here we were. It was definitely a bit scary.

"If we get this," he said, eventually. "Just suppose we do. Suppose she lets us have three years, say, just to ourselves. What do we do exactly? See what I mean, Kath? Where do we go? We can't stay here, this is a centre."

"I don't know, Tommy. Maybe she'll tell us to go back to the Cottages. But it'd be better somewhere else. The White Mansion, maybe. Or perhaps they've got some other place. Somewhere separate for people like us. We'll just have to see what she says."

We lay quietly on the bed for a few more minutes, listening to the rain. At some stage, I began prodding him with a foot, the way he'd been doing to me earlier. Eventually he retaliated and pushed my feet off the bed altogether.

"If we're really going," he said, "we'll have to decide about the animals. You know, choose the best ones to

Дождь за окном лил и лил. Томми лег на бок и положил голову мне на плечо.

— Рут здорово о нас позаботилась, — тихо сказал он. — Все без ошибки.

— Да, это правда. Теперь дело за нами.

— Ну и какой же план, Кэт? Есть он у нас?

— Просто поехать к ней. Поехать и спросить. На следующей неделе, когда я повезу тебя на анализы. Я устрою так, что тебя отпустят на весь день. На обратном пути заедем в Литлгемптон.

Томми вздохнул и глубже зарылся лицом мне в плечо. Со стороны могло бы показаться, что он не испытывает большого энтузиазма, — но я-то знала, что он чувствует. Сколько времени мы все это обдумывали — отсрочки, его теорию насчет Галереи и прочее — и теперь вдруг пожалуйста. Само собой, это немножко пугало.

— Если у нас получится, — сказал он наконец. — Предположим. Вот она нам дала три года — делайте что хотите. И что мы тогда? Понимаешь, Кэт, о чем я? Куда мы отправимся? Здесь оставаться нельзя, здесь донорский центр.

— Не знаю, Томми. Может быть, она пошлет нас обратно в Коттеджи. Хотя лучше бы еще куда-нибудь. В Белый особняк, например. Или, может, у них есть какое-нибудь другое место. Совсем отдельное — для таких, как мы. Посмотрим, что она скажет.

Еще несколько минут мы тихо лежали, слушая дождь. Потом я начала теребить его ступней, как он меня раньше. В конце концов он ответил тем, что скинул мои ноги с кровати.

— Если мы и правда едем, — промолвил он, — надо решить насчет животных. Ну, выбрать лучших, ка-

take along. Maybe six or seven. We'll have to do it quite carefully."

"Okay," I said. Then I stood up and stretched out my arms. "Maybe we'll take more. Fifteen, twenty even. Yeah, we'll go and see her. What can she do to us? We'll go and talk to her."

Chapter 21

From days before we went, I'd had in my mind this picture of me and Tommy standing in front of that door, working up the nerve to press the bell, then having to wait there with hearts thumping. The way it turned out, though, we got lucky and were spared that particular ordeal.

We deserved a bit of luck by then, because the day hadn't been going at all well. The car had played up on the journey out and we were an hour late for Tommy's tests. Then a mix-up at the clinic had meant Tommy having to re-do three of the tests. This had left him feeling pretty woozy, so when we finally set off for Littlehampton towards the end of the afternoon, he began to feel carsick and we had to keep stopping to let him walk it off.

We finally arrived just before six o'clock. We parked the car behind the bingo hall, took out from the boot the sports bag containing Tommy's notebooks, then set off towards the town centre. It had been a fine day and though the shops were all closing, a lot of people were hanging about outside the pubs, talking and drinking. Tommy began to feel better the more we walked, until eventually he remembered how he'd had to miss lunch because of the tests, and declared he'd have to eat before facing what was in front of us. So we were search-

ких мы возьмем. Может быть, шесть или семь. Надо с умом к этому подойти.

— Хорошо, — сказала я. Потом встала и потянулась. — Я думаю, больше стоит взять. Пятнадцать, даже двадцать. Да, поедем и спросим ее. Ведь не съест же она нас. Поедем и поговорим.

Глава 21

От дней перед тем, как мы отправились, у меня сохранилась в воображении эта картинка: мы с Томми стоим перед ее дверью, набираемся смелости нажать кнопку звонка, потом с колотящимся сердцем ждем. Но вышло так, что от этой особой муки мы были избавлены.

Немножко удачи нам по справедливости полагалось, потому что день до этого складывался не очень удачно. На анализы мы опоздали на час — забарахлила машина. Потом из-за неразберихи в клинике три анализа пришлось переделать. В результате Томми почувствовал головокружение и слабость, и в машине, когда мы ближе к вечеру отправились наконец в Литлгемптон, его укачивало, и я то и дело останавливалась, чтобы он мог выйти и подышать.

Приехали почти в шесть часов. Я поставила машину за бинго-холлом, Томми вынул из багажника сумку со своими тетрадками, и мы пошли к центру города. Погода весь день стояла отличная, и, хотя магазины уже закрывались, около пабов было людно: жители сидели за столиками, беседовали, выпивали. От ходьбы Томми становилось все лучше, и в какой-то момент он вспомнил, что из-за анализов пропустил ланч, и сказал, что хочет подкрепиться перед предстоящим. Мы начали было искать место, где можно

ing for some place to buy a takeaway sandwich, when he suddenly grabbed my arm, so hard I thought he was having some sort of attack. But then he said quietly into my ear:

"That's her, Kath. Look. Going past the hairdressers."

And sure enough there she was, moving along the opposite pavement, dressed in her neat grey suit, just like the ones she'd always worn.

We set off after Madame at a reasonable distance, first through the pedestrian precinct, then along the near-deserted High Street. I think we were both reminded of that day we'd followed Ruth's possible through another town. But this time things proved far simpler, because pretty soon she'd led us onto that long seafront street.

Because the road was completely straight, and because the setting sun was falling on it all the way down to the end, we found we could let Madame get quite a way ahead — till she wasn't much more than a dot — and there'd still be no danger of losing her. In fact, we never even stopped hearing the echo of her heels, and the rhythmic thudding of Tommy's bag against his leg seemed to be a kind of answer.

We went on like that for a long time, past the rows of identical houses. Then the houses on the opposite pavement ran out, areas of flat lawn appeared in their place, and you could see, beyond the lawns, the tops of the beach huts lining the seafront. The water itself wasn't visible, but you could tell it was there, just from the big sky and the seagull noises.

But the houses on our side continued without a change, and after a while I said to Tommy:

"It's not long now. See that bench over there? That's the one I sit on. The house is just over from it."

купить сэндвич навынос, — и вдруг он так ухватился за мой локоть, что я испугалась, не приступ ли у него какой-нибудь. Но он тихо сказал мне на ухо:

— Вон она, Кэт. Идет мимо парикмахерской.

Это и правда была она. В своем аккуратном сером костюме, точно таком же, как те, что всегда носила, она шла по другой стороне улицы.

На разумной дистанции мы двинулись следом — сначала через пешеходную зону, потом по почти пустой Главной улице. Мы оба, кажется, вспомнили, как в другом городке шли за женщиной, которую считали «возможным я» для Рут. Но на сей раз все было куда проще, потому что вскоре Мадам вывела нас на эту свою длинную приморскую улицу.

Из-за того, что улица была совершенно прямая и вечернее солнце освещало ее всю до конца, оказалось, что мы можем отпустить Мадам, не рискуя ее потерять, очень далеко. Она уменьшилась чуть ли не до точки, но стук ее каблуков все время был слышен, и глухие ритмические удары сумки Томми о его ногу казались своего рода отзвуком.

По этой улице, застроенной одинаковыми домами, мы следовали за ней довольно долго. Потом дома на той стороне кончились и вместо них появились ровные лужайки, за которыми виднелись крыши киосков, стоящих вдоль моря. Хотя самой воды видно не было, по большому небу и крикам чаек чувствовалось, что она близко.

Но по нашей стороне дома все тянулись, и спустя какое-то время я сказала Томми:

— Скоро уже. Видишь вон ту скамейку? На ней я тогда сидела. Дом — напротив.

Until I said this, Tommy had been pretty calm. But now something seemed to get into him, and he began to walk much faster, like he wanted to catch up with her. But now there was no one between Madame and us, and as Tommy kept closing the gap, I had to grab his arm to slow him down. I was all the time afraid she'd turn and look at us, but she didn't, and then she was going in through her little gateway. She paused at her door to find her keys in her handbag, and then there we were, standing by her gate, watching her. She still didn't turn, and I had an idea that she'd been aware of us all along and was deliberately ignoring us. I thought too that Tommy was about to shout something to her, and that it would be the wrong thing. That was why I called from the gate, so quickly and without hesitation.

It was only a polite "Excuse me!" but she spun round like I'd thrown something at her. And as her gaze fell on us, a chill passed through me, much like the one I'd felt years ago that time we'd waylaid her outside the main house. Her eyes were as cold, and her face maybe even more severe than I remembered. I don't know if she recognised us at that point; but without doubt, she saw and decided in a second what we were, because you could see her stiffen — as if a pair of large spiders was set to crawl towards her.

Then something changed in her expression. It didn't become warmer exactly. But that revulsion got put away somewhere, and she studied us carefully, squinting in the setting sun.

"Madame," I said, leaning over the gate. "We don't want to shock you or anything. But we were at Hailsham. I'm Kathy H., maybe you remember. And this is Tommy D. We haven't come to give you any trouble."

До этого момента Томми был довольно спокоен. Но теперь что-то с ним случилось, и он пошел гораздо быстрее, как будто хотел ее нагнать. Между Мадам и нами никого не было, Томми все уменьшал интервал, и мне пришлось потянуть его за руку, чтобы он не спешил. Я все время боялась, что она оглянется и увидит нас, но она не оглядывалась и вот уже вошла в свою калитку. У двери дома остановилась и стала искать в сумочке ключи, а мы между тем подошли к калитке, встали и смотрим. Она по-прежнему не оборачивалась, и у меня возникла мысль, что она с самого начала знала про нас и только делала вид, что не замечает. И еще я подумала, что Томми вот-вот крикнет ей что-нибудь и это будет неправильно. Поэтому я быстро, без особых раздумий сама окликнула ее от калитки.

Это было всего лишь вежливое «простите, пожалуйста», но она так крутанулась вокруг своей оси, будто я чем-нибудь в нее запустила. И когда она на нас посмотрела, на меня повеяло стужей — примерно так же, как много лет назад, когда мы подстерегли ее у главного корпуса. Ее глаза были такими же холодными, как прежде, лицо — может быть, еще более суровым. Узнала ли она нас сразу, сказать не могу, но, без сомнения, в первую же секунду ей стало ясно, что мы такое: видно было, как она вся оцепенела — словно к ней нацелились ползти два больших паука.

Потом что-то в выражении ее лица изменилось. Не то чтобы оно смягчилось по-настоящему — но отвращение отошло куда-то на второй план, и она внимательно вгляделась в нас, щурясь от низкого солнца.

— Мадам, — сказала я, перегнувшись через калитку. — Не бойтесь нас, мы не хотели вас напугать. Мы — воспитанники Хейлшема. Я — Кэти Ш., может быть, вы меня помните. А это Томми Д. Мы пришли не для того, чтобы причинить вам беспокойство.

She came a few steps back towards us.

"From Hailsham," she said, and a small smile actually went across her face. "Well, this is a surprise. If you aren't here to give me trouble, then why are you here?"

Suddenly Tommy said:
"We have to talk with you. I've brought some things"— he raised his bag —"some things you might want for your gallery. We've got to talk with you."

Madame went on standing there, hardly moving in the low sun, her head tilted as though listening for some sound from the seafront. Then she smiled again, though the smile didn't seem to be for us, but just herself.

"Very well then. Come inside. Then we'll see what it is you wish to talk about."

As we went in, I noticed the front door had coloured glass panels, and once Tommy closed it behind us, everything got pretty dark. We were in a hallway so narrow you felt you'd be able to touch the walls on either side just by stretching out your elbows. Madame had stopped in front of us, and was standing still, her back to us, again like she was listening. Peering past her, I saw that the hallway, narrow as it was, divided further: to the left was a staircase going upstairs; to the right, an even narrower passage leading deeper into the house.

Following Madame's example, I listened too, but there was only silence in the house. Then, maybe from somewhere upstairs, there was a faint thump. That small noise seemed to signify something to her, because she now turned to us and pointing into the darkness of the passage, said:

"Go in there and wait for me. I'll be down shortly."

Она сделала несколько шагов назад в нашу сторону.

— Из Хейлшема, — повторила она, и теперь на ее лице даже возникла чуть заметная улыбка. — Что ж, это сюрприз. Если не для того, чтобы причинить беспокойство, то для чего вы здесь?

Вдруг Томми выпалил:

— Мы хотели бы с вами поговорить. Я тут принес кое-что. — Он приподнял сумку. — Может быть, это вам пригодится для Галереи. И хотелось бы поговорить с вами.

Мадам стояла на месте, освещенная закатным солнцем, почти не двигаясь и чуть склонив голову набок, точно прислушивалась к чему-то доносящемуся с берега. Потом опять улыбнулась, но теперь словно бы не нам, а себе.

— Понятно. Тогда прошу в дом. Послушаем, что вы хотите сказать.

Входная дверь у нее, я заметила, была с цветными стеклами, и когда Томми закрыл ее за нами, в коридоре, где мы очутились, стало довольно темно. Коридор был такой узкий, что можно было коснуться локтями сразу двух противоположных стен. Мадам остановилась перед нами и неподвижно стояла к нам спиной, опять как будто прислушиваясь. Через ее плечо я видела, что тесный коридор дальше делился надвое: слева — лестница наверх, справа — еще более узкий проход в глубину дома.

Следуя примеру Мадам, я тоже стала прислушиваться, но в доме вначале было тихо. Потом — кажется, откуда-то сверху — донесся еле слышный глухой стук. Похоже, он что-то означал для Мадам: она сразу же повернулась к нам и, показывая в темный проход, сказала:

— Подождите меня там. Я сейчас спущусь.

She began to climb the stairs, then seeing our hesitation, leaned over the banister and pointed again into the dark.

"In there," she said, then vanished upstairs.

Tommy and I wandered forward and found ourselves in what must have been the front room of the house. It was like a servant of some sort had got the place ready for the night-time, then left: the curtains were closed and there were dim table lamps switched on. I could smell the old furniture, which was probably Victorian. The fireplace had been sealed off with a board, and where the fire would have been, there was a picture, woven like a tapestry, of a strange owl-like bird staring out at you. Tommy touched my arm and pointed to a framed picture hanging in a corner over a little round table.

"It's Hailsham," he whispered.

We went up to it, but then I wasn't so sure. I could see it was a pretty nice watercolour, but the table lamp beneath it had a crooked shade covered with cobweb traces, and instead of lighting up the picture, it just put a shine over the murky glass, so you could hardly make it out at all.

"It's the bit round the back of the duck pond," Tommy said.

"What do you mean?" I whispered back. "There's no pond. It's just a bit of countryside."

"No, the pond's behind you." Tommy seemed surprisingly irritated. "You must be able to remember. If you're round the back with the pond behind you, and you're looking over towards the North Playing Field..."

We went silent again because we could hear voices somewhere in the house. It sounded like a man's voice,

Она начала подниматься по лестнице, но, видя нашу нерешительность, перегнулась через перила и опять показала в темноту:

— Туда, туда, — скомандовала она и исчезла наверху.

Мы с Томми двинулись вперед и оказались в комнате, которая, судя по всему, служила гостиной. Впечатление было, что какой-то слуга приготовил здесь все к темному времени суток и ушел: шторы были задернуты, горели тусклые настольные лампы. Пахло старой мебелью — может быть, викторианской. Камин закрывала доска, и с того места, где раньше горел огонь, на тебя смотрела вытканная на манер гобелена странная птица, похожая на сову. Томми тронул меня за плечо и показал на картину в раме, висевшую в углу над маленьким круглым столиком.

— Хейлшем, — прошептал он.

Мы подошли ближе, но я не была уверена. Чувствовалось, что это довольно милая акварель, но стоявшая под ней настольная лампа с кривым абажуром, на котором различались следы паутины, не столько освещала картину, сколько давала отблеск на мутном стекле, и толком увидеть, что изображено, было трудно.

— Около утиного пруда, — сказал Томми.

— Не понимаю, — прошептала я ему. — Никакого пруда здесь нет. Просто сельская местность.

— Да ведь пруд же сзади тебя. — Голос Томми был очень раздраженным, странно даже. — Ты должна помнить. Если стоишь спиной к пруду с дальней стороны и смотришь на северное игровое поле...

Тут мы умолкли, потому что где-то в доме послышались голоса. Сначала мужской, доносившийся вро-

maybe coming from upstairs. Then we heard what was definitely Madame's voice coming down the stairs, saying:

"Yes, you're quite right. Quite right."

We waited for Madame to come in, but her footsteps went past the door and to the back of the house. It flashed through my mind she was going to prepare tea and scones and bring it all in on a trolley, but then I decided that was rubbish, that she'd just as likely forgotten about us, and now she'd suddenly remember, come in and tell us to leave. Then a gruff male voice called something from upstairs, so muffled it might have been two floors up. Madame's footsteps came back into the hallway, then she called up:

"I've told you what to do. Just do as I explained."

Tommy and I waited several more minutes. Then the wall at the back of the room began to move. I saw almost immediately it wasn't really a wall, but a pair of sliding doors which you could use to section off the front half of what was otherwise one long room. Madame had rolled back the doors just part of the way, and she was now standing there staring at us. I tried to see past her, but it was just darkness. I thought maybe she was waiting for us to explain why we were there, but in the end, she said:

"You told me you were Kathy H. and Tommy D. Am I correct? And you were at Hailsham how long ago?"

I told her, but there was no way of telling if she remembered us or not. She just went on standing there at the threshold, as though hesitating to come in. But now Tommy spoke again:

"We don't want to keep you long. But there's something we have to talk to you about."

де бы сверху. Потом — определенно голос Мадам, спускавшейся по лестнице:

— Да, вы совершенно правы. Совершенно.

Мы думали, что Мадам сейчас войдет, но звук ее шагов миновал дверь и направился в заднюю часть дома. В голове у меня мелькнуло, что она хочет приготовить чай с булочками и ввезти на столике-подносе, но я сразу же отмела эту мысль как идиотскую и подумала, что она, вполне вероятно, вообще о нас забыла и в любой момент может вспомнить, войти и прогнать нас. Потом наверху послышался низкий, хриплый мужской голос — так приглушенно, что казалось, он прозвучал двумя этажами выше. Шаги Мадам вернулись в коридор, и она крикнула наверх:

— Я же вам объяснила. Делайте как я сказала, вот и все.

Мы с Томми прождали еще несколько минут. Потом задняя стена комнаты пришла в движение, и стало понятно, что это не настоящая стена, а двустворчатая раздвижная дверь, которой была выгорожена половина длинного помещения. Мадам раздвинула створки не полностью и теперь стояла в проеме и смотрела на нас. Мне хотелось увидеть, что находится за ее спиной, но там была полная тьма. Я подумала, что она, может быть, ждет от нас объяснений, зачем мы явились, но в конце концов она сказала:

— Вы говорите, вас зовут Кэти Ш. и Томми Д.? Я не ошиблась? И как давно вы были в Хейлшеме?

Я ответила ей, но понять, помнит ли она нас, было невозможно. Она просто стояла и стояла на пороге, как будто не решалась войти. Но вот опять подал голос Томми:

— Мы не собираемся надолго вас задерживать. Но хотелось бы поговорить с вами кое о чем.

"So you say. Well then. You'd better make your-selves comfortable."

She reached out and put her hands on the backs of two matching armchairs just in front of her. There was something odd about her manner, like she hadn't really invited us to sit down. I felt that if we did as she was suggesting and sat on those chairs, she'd just go on standing behind us, not even taking her hands away from the backs. But when we made a move towards her, she too came forwards, and — perhaps I imagined it — tucked her shoulders in tightly as she passed between us. When we turned to sit down, she was over by the windows, in front of the heavy velvet curtains, holding us in a glare, like we were in a class and she was a teacher. At least, that's the way it looked to me at that moment. Tommy, afterwards, said he thought she was about to burst into song, and that those curtains behind her would open, and instead of the street and the flat grassy expanse leading to the seafront, there'd be this big stage set, like the ones we'd had at Hailsham, with even a chorus line to back her up. It was funny, when he said that afterwards, and I could see her again then, hands clasped, elbows out, sure enough like she was getting ready to sing. But I doubt if Tommy was really thinking anything like that at the time. I remember noticing how tense he'd got, and worrying he'd blurt out something completely daft. That was why, when she asked us, not unkindly, what it was we wanted, I stepped in quickly.

It probably came out pretty muddled at first, but af-ter a while, as I became more confident she'd hear me

— Понимаю. Ну что ж. Тогда прошу садиться.

Она положила руки на спинки двух одинаковых кресел, стоявших перед ней. Что-то странное было в этом ее жесте — как будто она не приглашала нас садиться на самом деле. У меня возникло подозрение, что, если мы послушаемся и сядем в эти кресла, она по-прежнему будет стоять сзади, даже рук не уберет со спинок. Но едва мы шагнули в ее сторону, она, в свою очередь, двинулась вперед, и мне показалось — хотя, может быть, это воображение, и только, — что, проходя между нами, она вся как-то сжалась. Когда мы повернулись, чтобы сесть, она уже была у окон, перед массивными бархатными шторами, и смотрела на нас глазами учительницы, стоящей перед классом. Таким, во всяком случае, было мое впечатление в тот момент. Как говорил мне потом Томми, ему почудилось, что она вот-вот запоет, а шторы у нее за спиной распахнутся, как занавес, и вместо улицы и ровного поросшего травой участка земли между ней и берегом мы увидим большую сцену с декорациями наподобие того, что бывало у нас в Хейлшеме, и даже хор увидим, выстроившийся, чтобы подпевать солистке. Забавно было после всего обсуждать это с ним в таком ключе, и Мадам будто возникла снова у меня перед глазами: пальцы сплетены, локти растопырены, ну точно собирается запеть. Впрочем, я сомневаюсь, что такое могло прийти Томми в голову прямо там, на месте. Помню, я заметила, что он весь напряжен, и испугалась, как бы он не ляпнул что-нибудь глупое и неуместное. Поэтому, когда она спросила нас, вполне доброжелательно, какое у нас к ней дело, я недолго думая заговорила первая.

Вначале, вероятно, у меня выходило довольно путано, но потом, когда я поняла, что она, скорее

out, I calmed down and got a lot clearer. I'd been turning over in my mind for weeks and weeks just what I'd
say to her. I'd gone over it during those long car jour-
neys, and while sitting at quiet tables in service-station
cafes. It had seemed so difficult then, and I'd eventually
resorted to a plan: I'd memorised word for word a few
key lines, then drawn a mental map of how I'd go from
one point to the next. But now she was there in front of
me, most of what I'd prepared seemed either unneces-
sary or completely wrong. The strange thing was — and
Tommy agreed when we discussed it afterwards — although at Hailsham she'd been like this hostile stranger
from the outside, now that we were facing her again,
even though she hadn't said or done anything to suggest
any warmth towards us, Madame now appeared to me
like an intimate, someone much closer to us than anyone new we'd met over the recent years. That's why suddenly all the things I'd been preparing in my head just
went, and I spoke to her honestly and simply, almost as
I might have done years ago to a guardian. I told her
what we'd heard, the rumours about Hailsham students
and deferrals; how we realised the rumours might not
be accurate, and that we weren't banking on anything.

"And even if it is true," I said, "we know you must
get tired of it, all these couples coming to you, claiming
to be in love. Tommy and me, we never would have come
and bothered you if we weren't really sure."

"Sure?" It was the first time she'd spoken for ages
and we both jolted back a bit in surprise. "You say you're

всего, меня дослушает, я успокоилась и начала изъясняться гораздо более внятно. Вообще-то я не одну неделю прокручивала в голове то, что я ей скажу. Я обдумывала это во время долгих поездок на машине, обдумывала, сидя за тихими столиками кафе на станциях обслуживания. Объяснение казалось мне тогда таким трудным, что в конце концов я сделала вот как: ключевые вещи запомнила дословно, а потом нарисовала мысленно схему перехода от пункта к пункту. Но сейчас, когда она стояла передо мной, подготовленное показалось мне большей частью либо ненужным, либо совершенно неверным. Странное дело — кстати, Томми, когда мы потом это обсуждали, со мной согласился, — хотя в Хейлшеме Мадам была для нас враждебной личностью, вторгавшейся извне, теперь, не проявив ни словами, ни делами сколько-нибудь участливого отношения к нам, она тем не менее внушала доверие, представлялась человеком куда более близким, чем все новые знакомые, появившиеся у нас за последние годы. Вот почему все, что я вызубрила, разом вылетело у меня из головы, и я заговорила с ней откровенно и просто — почти что так, как в давние годы могла говорить с опекуншей. Я рассказала ей, какие слухи ходили по поводу отсрочек для воспитанников Хейлшема, и оговорилась, что особых расчетов у нас нет — ведь ясно, что слухи могут быть и ложными.

— И даже если это правда, — сказала я, — мы понимаем, что вы, наверное, устали от всего этого, от всех пар, которые к вам приходят и заявляют, что у них любовь. Мы с Томми никогда бы не решились вас побеспокоить, если бы не были полностью уверены.

— Уверены? — Это было первое слово, что она произнесла за долгое время, и мы оба от неожидан-

sure? Sure that you're in love? How can you know it? You think love is so simple? So you are in love. Deeply in love. Is that what you're saying to me?"

Her voice sounded almost sarcastic, but then I saw, with a kind of shock, little tears in her eyes as she looked from one to the other of us.

"You believe this? That you're deeply in love? And therefore you've come to me for this... this deferral? Why? Why did you come to me?"

If she'd asked this in a certain way, like the whole idea was completely crazy, then I'm sure I'd have felt pretty devastated. But she hadn't quite said it like that. She'd asked it almost like it was a test question she knew the answer to; as if, even, she'd taken other couples through an identical routine many times before. That was what kept me hopeful. But Tommy must have got anxious, because he suddenly burst in:

"We came to see you because of your gallery. We think we know what your gallery's for."

"My gallery?" She leaned back on the window ledge, causing the curtains to sway behind her, and took a slow breath. "My gallery. You must mean my collection. All those paintings, poems, all those things of yours I gathered over the years. It was hard work for me, but I believed in it, we all did in those days. So you think you know what it was for, why we did it. Well, that would be most interesting to hear. Because I have to say, it's a question I ask myself all the time." She suddenly switched her gaze from Tommy to me. "Do I go too far?" she asked.

I didn't know what to say, so just replied:

сти даже чуточку вздрогнули. — Вы говорите — вы уверены? Уверены, что любите друг друга? Но как вы можете это знать? Вы думаете, любовь — такая простая вещь? Значит, вы влюблены. Очень сильно влюблены, так? Вы ведь это хотите мне сказать?

Ее интонация была почти саркастической, но потом я, к своему изумлению, увидела в ее глазах, смотревших то на меня, то на Томми, маленькие слезинки.

— Вы убеждены, да? Что очень сильно друг друга любите. И вот пришли просить об этой... отсрочке. Но почему? Почему ко мне?

Если бы тон, которым она задала вопрос, показывал, что она считает всю затею полным идиотизмом, я наверняка почувствовала бы себя уничтоженной. Но она задала его не так. Скорее — как проверочный вопрос, на который она знает ответ; и даже можно было подумать, что она много раз уже вела с парами такие разговоры. Вот что меня обнадежило. Но Томми не вытерпел и вмешался:

— Мы пришли к вам из-за вашей Галереи. Нам кажется, мы знаем, зачем она существует.

— Моя Галерея? — Она прислонилась к подоконнику, всколыхнув позади себя шторы, и медленно вздохнула. — Моя Галерея. Вы имеете в виду мою коллекцию. Все эти картины, стихи, все ваши произведения, которые я собирала год за годом. Это стоило мне больших трудов, но я в это верила, мы все тогда верили. Итак, вы думаете, что знаете, зачем она была нужна, зачем мы этим занимались. Что ж, интересно будет послушать. Потому что этот вопрос, должна признаться, я все время задаю. — Внезапно она перевела глаза с Томми на меня. — Не слишком далеко я зашла?

Я не знала, что отвечать, и просто сказала:

"No, no."

"I go too far," she said. "I'm sorry. I often go too far on this subject. Forget what I just said. Young man, you were going to tell me about my gallery. Please, let me hear."

"It's so you could tell," Tommy said. "So you'd have something to go on. Otherwise how would you know when students came to you and said they were in love?"

Madame's gaze had drifted over to me again, but I had the feeling she was staring at something on my arm. I actually looked down to see if there was birdshit or something on my sleeve. Then I heard her say:

"And this is why you think I gathered all those things of yours. My gallery, as all of you always called it. I laughed when I first heard that's what you were calling it. But in time, I too came to think of it as that. My gallery. Now why, young man, explain it to me. Why would my gallery help in telling which of you were really in love?"

"Because it would help show you what we were like," Tommy said. "Because..."

"Because of course"—Madame cut in suddenly—"your art will reveal your inner selves! That's it, isn't it? Because your art will display your souls!" Then suddenly she turned to me again and said: "I go too far?"

She'd said this before, and I again had the impression she was staring at a spot on my sleeve. But by this point a faint suspicion I'd had ever since the first time she'd asked "I go too far?" had started to grow. I looked at

— Нет-нет.

— Наверное, слишком, — промолвила она. — Извините. Я часто забываюсь, когда говорю на эти темы. Выбросьте из головы то, что я сейчас сказала. Итак, молодой человек, вы хотели что-то мне объяснить про мою Галерею. Пожалуйста, я слушаю.

— Она для того, чтобы вы могли определить, — сказал Томми. — Чтобы иметь на что опираться. Иначе как вам понять, правду говорит пара или нет?

Взгляд Мадам опять перешел на меня, но ощущение было такое, что она смотрит на какую-то точку у меня на руке. Я даже опустила глаза проверить, не попал ли мне на рукав птичий помет или что-нибудь подобное. Потом я услышала ее голос:

— И вы считаете — поэтому я собирала плоды вашего творчества. Пополняла мою галерею, как вы все ее называли. Я очень сильно смеялась, когда узнала, что мою коллекцию обозначили этим словом. Но со временем сама стала так о ней думать. Моя Галерея. Но растолкуйте мне, молодой человек. Как именно моя Галерея может помочь разобраться, действительно ли вы любите друг друга?

— По ней видно, кто мы такие есть, — сказал Томми. — Потому что...

— Потому, разумеется, — перебила его Мадам, — что ваши работы раскрывают вашу внутреннюю суть! Вы ведь это имели в виду? Потому что они показывают, какие у вас души! — Тут внезапно она опять посмотрела на меня со словами: — Я не слишком далеко захожу?

Она уже задавала этот вопрос, и снова мне показалось, что она глядит куда-то на мой рукав. Но к тому моменту легкое подозрение, возникшее у меня, когда она сказала это в первый раз, уже начало усиливать-

Madame carefully, but she seemed to sense my scrutiny and she turned back to Tommy.

"All right," she said. "Let us continue. What was it you were telling me?"

"The trouble is," Tommy said, "I was a bit mixed up in those days."

"You were saying something about your art. How art bares the soul of the artist."

"Well, what I'm trying to say," Tommy persisted, "is that I was so mixed up in those days, I didn't really do any art. I didn't do anything. I know now I should have done, but I was mixed up. So you haven't got anything of mine in your gallery. I know that's my fault, and I know it's probably way too late, but I've brought some things with me now." He raised his bag, then began to unzip it. "Some of it was done recently, but some of it's from quite a long time ago. You should have Kath's stuff already. She got plenty into the Gallery. Didn't you, Kath?"

For a moment they were both looking at me. Then Madame said, barely audibly:

"Poor creatures. What did we do to you? With all our schemes and plans?"

She let that hang, and I thought I could see tears in her eyes again. Then she turned to me and asked:

"Do we continue with this talk? You wish to go on?"

It was when she said this that the vague idea I'd had before became something more substantial. "Do I go too far?" And now: "Do we continue?" I realised, with a little chill, that these questions had never been for me, or for Tommy, but for someone else — some-

ся. Я пристально взглянула на Мадам, но она, похоже, почувствовала мою пытливость и вновь повернулась к Томми.

— Ну хорошо, — промолвила она. — Продолжаем. Итак, что вы мне начали говорить?

— Дело в том, — сказал Томми, — что у меня тогда в голове была неразбериха.

— Нет-нет, вы говорили о вашем творчестве. О том, что искусство обнажает душу художника.

— А сейчас я вот что хочу сказать, — гнул свое Томми. — У меня в то время была такая путаница в голове, что я никаким творчеством не занимался. Ничего не делал вообще. Теперь-то я понимаю, что должен был, но тогда неразбериха в голове была полная. Поэтому ничего моего в вашей Галерее нет. Я знаю, что это моя вина и поезд, скорее всего, давно ушел, но все-таки я кое-что принес вам сейчас. — Он поднял с пола сумку и начал расстегивать молнию. — Тут одно нарисовано недавно, другое уже долго лежит. А что касается Кэт, ее вещи у вас должны быть. Вы их много взяли к себе в Галерею. Правда ведь, Кэт?

Несколько секунд они оба смотрели на меня. Потом Мадам еле слышно сказала:

— Несчастные создания. Что же мы с вами сделали? Мы — со всеми нашими проектами, планами...

Продолжать она не стала, и мне опять почудилось, что в ее глазах стоят слезы. Потом, глядя на меня, она спросила:

— Стоит ли вести этот разговор дальше? Или хватит?

Именно после этих слов смутная мысль, которая у меня была, превратилась в нечто более определенное. «Не слишком далеко я зашла?» А теперь: «Стоит ли дальше?» Я поняла, чуть похолодев, что вопросы задавались не мне и не Томми, а кому-то другому, на-

one listening behind us in the darkened half of the room.

I turned round quite slowly and looked into the darkness. I couldn't see anything, but I heard a sound, a mechanical one, surprisingly far away — the house seemed to go much further back into the dark than I'd guessed. Then I could make out a shape moving towards us, and a woman's voice said:

"Yes, Marie-Claude. Let us carry on."

I was still looking into the darkness when I heard Madame let out a kind of snort, and she came striding past us and on into the dark. Then there were more mechanical sounds, and Madame emerged pushing a figure in a wheelchair. She passed between us again, and for a moment longer, because Madame's back was blocking the view, I couldn't see the person in the wheelchair. But then Madame steered it around to face us and said:

"You speak to them. It's you they've come to speak to."

"I suppose it is."

The figure in the wheelchair was frail and contorted, and it was the voice more than anything that helped me recognise her.

"Miss Emily," Tommy said, quite softly.

"You speak to them," Madame said, as though washing her hands of everything. But she remained standing behind the wheelchair, her eyes blazing towards us.

Chapter 22

"Marie-Claude is correct," Miss Emily said. "I'm the one to whom you should be speaking. Marie-Claude worked hard for our project. And the way it all end-

ходящемуся за нашими спинами в темной половине комнаты.

Медленно-медленно я повернулась и уставилась в темноту. Разглядеть ничего было нельзя, но я услышала звук, механический и на удивление далекий: темная часть дома простиралась намного дальше, чем я думала. Потом в глубине что-то возникло, стало приближаться, и женский голос произнес:

— Да, Мари-Клод. Продолжим.

По-прежнему глядя в темноту, я услышала, как Мадам фыркнула, и большими шагами она пронеслась на неосвещенную половину. Потом — новые механические звуки, и Мадам появилась, толкая кресло на колесах, в котором кто-то сидел. Она опять прошла между нами, и в первые секунды из-за того, что Мадам загораживала кресло спиной, я не видела, кого она везет. Но потом Мадам повернула кресло к нам и обратилась к сидящей в нем фигуре:

— Лучше вы с ними говорите. Это к вам они пришли на самом деле.

— Я тоже так думаю.

Фигура в кресле была сгорбленная и немощная, и узнала я, кто это, прежде всего по голосу.

— Мисс Эмили, — очень тихо промолвил Томми.

— Лучше вы с ними говорите, — повторила Мадам, словно бы умывая руки. Но по-прежнему стояла за креслом и смотрела на нас блестящими глазами.

Глава 22

— Мари-Клод права, — сказала мисс Эмили. — Это ко мне вам следовало обратиться. Мари-Клод очень много сил отдала нашему проекту. И когда все

ed has left her feeling somewhat disillusioned. As for myself, whatever the disappointments, I don't feel so badly about it. I think what we achieved merits some respect. Look at the two of you. You've turned out well. I'm sure you have much you could tell me to make me proud. What did you say your names were? No, no, wait. I think I shall remember. You're the boy with the bad temper. A bad temper, but a big heart. Tommy. Am I right? And you, of course, are Kathy H. You've done well as a carer. We've heard a lot about you. I remember, you see. I dare say I can remember you all."

"What good does it do you or them?" Madame asked, then strode away from the wheelchair, past the two of us and into the darkness, for all I know to occupy the space Miss Emily had been in before.

"Miss Emily," I said, "it's very nice to see you again."

"How kind of you to say so. I recognised you, but you may well not have recognised me. In fact, Kathy H., once not so long ago, I passed you sitting on that bench out there, and you certainly didn't recognise me then. You glanced at George, the big Nigerian man pushing me. Oh yes, you had quite a good look at him, and he at you. I didn't say a word, and you didn't know it was me. But tonight, in context, as it were, we know each other. You both look rather shocked at the sight of me. I've not been well recently, but I'm hoping this contraption isn't a permanent fixture. Unfortunately, my dears, I won't be able to entertain you for as long as I'd like just now, because in a short while some men are coming to take away my bedside cabinet. It's a quite wonderful object. George

кончилось так, как кончилось, у нее наступило разочарование. Что касается меня, то при всех неудачах очень уж горького чувства я не испытываю. Я думаю — то, чего мы достигли, заслуживает некоторого уважения. Взять хотя бы вас двоих. С вами все в итоге очень неплохо. Я уверена — вы могли бы рассказать мне много такого, чем я бы гордилась. Как, вы говорите, вас зовут? Нет, нет, постойте. Попробую вспомнить сама. Вы — мальчик с трудным характером. С трудным характером и большим сердцем. Томми. Верно? А вы, конечно, Кэти Ш. Из вас вышла отличная помощница. Мы слышали о вас очень много хорошего. Видите — я кое-что помню. Осмелюсь сказать, что помню вас всех.

— Какая польза от этого вам и им? — спросила Мадам и от инвалидного кресла решительно прошла между мной и Томми в темноту, судя по всему — чтобы занять место, где раньше была мисс Эмили.

— Мы очень рады снова вас видеть, мисс Эмили, — сказала я.

— Очень мило с вашей стороны. Я вас узнала, но вам, наверное, узнать меня было трудновато. Между прочим, не так давно, Кэти Ш., я проехала мимо вас, когда вы сидели на той скамейке, и вы, конечно же, меня не узнали. Вы больше глядели на Джорджа, который меня вез, — крупный такой нигериец, помните? Вы внимательно на него посмотрели, а он — на вас. Я не произнесла ни слова, и вы не поняли, что это я. Но сегодня, в иной обстановке, нам легче узнать друг друга. Вас обоих, кажется, немного шокировало мое состояние. Я не вполне здорова последнее время, но надеюсь, это приспособление — не навсегда. К сожалению, мои дорогие, я не смогу сегодня беседовать с вами так долго, как мне бы хотелось, потому что скоро сюда приедут забирать мой прикроватный

has put protective padding around it, but I've insisted I'll accompany it myself all the same. You never
know with these men. They handle it roughly, hurl
it around their vehicle, then their employer claims it
was like that from the start. It happened to us before,
so this time, I've insisted on going along with it. It's a
beautiful object, I had it with me at Hailsham, so I'm
determined to get a fair price. So when they come, I'm
afraid that's when I shall have to leave you. But I can
see, my dears, you've come on a mission close to your
hearts. I must say, it does cheer me to see you. And
it cheers Marie-Claude too, even though you'd never
know it to look at her. Isn't that so, darling? Oh,
she pretends it's not so, but it is. She's touched that
you've come to find us. Oh, she's in a sulk, ignore her,
students, ignore her. Now, I'll try and answer your
questions the best I can. I've heard this rumour count-
less times. When we still had Hailsham, we'd get two
or three couples each year, trying to get in to talk to
us. One even wrote to us. I suppose it's not so hard to
find a large estate like that if you mean to break the
rules. So you see, it's been there, this rumour, from
long before your time."

She stopped, so I said:
"What we want to know now, Miss Emily, is if the
rumour's true or not."
She went on gazing at us for a moment, then took
a deep breath. "Within Hailsham itself, whenever this
talk started up, I made sure to stamp it out good and
proper. But as for what students said after they'd left
us, what could I do? In the end, I came to believe — and

шкафчик. Вещь просто великолепная. Джордж об-
мотал его защитным материалом, но я все равно настояла на том, что буду сопровождать его до места.
С ними ни в чем нельзя быть уверенной. Обращаются
с предметами грубо, швыряют в машину как попало,
а потом их работодатель заявляет, что так все и было.
У нас уже есть такой опыт, и на этот раз я настояла,
что поеду с ними вместе. Шкафчик — прелесть, он
был со мной в Хейлшеме, и я твердо намерена получить за него хорошую цену. Поэтому, когда они явят-
ся, мне, боюсь, придется вас оставить. Но я вижу,
мои дорогие, что вы пришли сюда по велению сердца. Должна признаться — меня воодушевляет эта
встреча. И Мари-Клод она тоже воодушевляет, хотя
по ее лицу не скажешь. Не правда ли, милая моя?
Она делает вид, что это не так, но я-то знаю. Она тронута тем, что вы нас разыскали. Вообще-то она сейчас хандрит, так что не обращайте на нее внимания,
воспитанники, не обращайте. А теперь я, как могу,
постараюсь ответить на ваши вопросы. Этот слух доходил до меня множество раз. Когда у нас еще был
Хейлшем, к нам приезжали, пытались встретиться
и поговорить по две-три пары в год. Одна пара даже
нам написала. Я думаю, тем, кто готов был нарушить
правила, нас нетрудно было найти: Хейлшем не такое
уж глухое место. Так что, как видите, слух существует давно, не вы первые.

Она умолкла, поэтому я сказала:

— Мы хотели бы знать, мисс Эмили, правда это
или нет.

Несколько секунд она по-прежнему молча смотрела на нас, потом глубоко вздохнула.

— Внутри самого Хейлшема, едва начинались
такие разговоры, я делала все, чтобы положить им
конец. Но на то, что обсуждали между собой воспи-

Marie-Claude believes this too, don't you, darling?—I came to believe that this rumour, it's not just a single rumour. What I mean is, I think it's one that gets created from scratch over and over. You go to the source, stamp it out, you'll not stop it starting again elsewhere. I came to this conclusion and ceased to worry about it. Marie-Claude never did worry about it. Her view was: "If they're so foolish, let them believe it." Oh yes, don't show me that sour face of yours. That's been your view of it from the beginning. After many years of it, I came not exactly to the same viewpoint. But I began to think, well, perhaps I shouldn't worry. It's not my doing, after all. And for the few couples who get disappointed, the rest will never put it to the test anyway. It's something for them to dream about, a little fantasy. What harm is there? But for the two of you, I can see this doesn't apply. You are serious. You've thought carefully. You've hoped carefully. For students like you, I do feel regret. It gives me no pleasure at all to disappoint you. But there it is."

I didn't want to look at Tommy. I felt surprisingly calm, and even though Miss Emily's words should have crushed us, there was an aspect to them that implied something further, something being held back, that suggested we hadn't yet got to the bottom of things. There was even the possibility she wasn't telling the truth. So I asked:

"Is it the case, then, that deferrals don't exist? There's nothing you can do?"

She shook her head slowly from side to side.

танники после отъезда, я, конечно, влиять не могла. В конце концов я пришла к мысли — и Мари-Клод тоже так думает, правда, дорогая? — что этот слух не индивидуальное явление. То есть я полагаю, что он раз за разом зарождается с чистого листа. Добираешься до источника, искореняешь, но не можешь помешать тому, чтобы слух опять возник в другом месте. Поняв это, я перестала волноваться. А Мари-Клод — та вообще никогда не волновалась на этот счет. Она рассуждала так: «Ну и пусть себе верят, раз они настолько глупы». Да, да, и не надо делать сейчас кислую мину. Таким было ваше мнение с самого начала. После многих лет я не пришла в точности к такому же выводу. Но я стала думать: пожалуй, мне не следует беспокоиться. Не я же, в конце концов, этот слух распускаю. Пар, которые приходится разочаровывать, очень мало, а остальные, так или иначе, никогда до проверки дело не доводят. Это для них всего-навсего мечта, маленькая фантазия. Какой от нее вред? Но к вам двоим, признаю, это не относится. Вы настроены серьезно. Вы хорошо подумали. Вы надеялись всерьез. По поводу таких воспитанников, как вы, я испытываю сожаление. Мне очень грустно вас разочаровывать. Но что делать.

Мне не хотелось смотреть на Томми. Я была на удивление спокойна, и хотя слова мисс Эмили должны были, казалось, раздавить нас, в них слышалось что-то такое, что обещало продолжение: она не все еще сказала, самая суть остается пока нераскрытой. Я допускала даже, что она лукавит. И я спросила:

— Правильно ли я поняла, что отсрочек не бывает? И вы ничего-ничего не можете сделать?

Она медленно покачала головой.

"There's no truth in the rumour. I'm sorry. I truly am."

Suddenly Tommy asked: "Was it true once though? Before Hailsham closed?"

Miss Emily went on shaking her head.

"It was never true. Even before the Morningdale scandal, even back when Hailsham was considered a shining beacon, an example of how we might move to a more humane and better way of doing things, even then, it wasn't true. It's best to be clear about this. A wishful rumour. That's all it ever was. Oh dear, is that the men come for the cabinet?"

The doorbell had gone, and footsteps came down the stairs to answer it. There were men's voices out in the narrow hall, and Madame came out of the darkness behind us, crossed the room and went out. Miss Emily leaned forward in the wheelchair, listening intently. Then she said:

"It's not them. It's that awful man from the decorating company again. Marie-Claude will see to it. So, my dears, we have a few minutes more. Was there something else you wished to talk to me about? This is all strictly against regulations, of course, and Marie-Claude should never have asked you in. And naturally, I should have turned you out the second I knew you were here. But Marie-Claude doesn't care much for their regulations these days, and I must say, neither do I. So if you wish to stay a little longer, you're very welcome."

"If the rumour was never true," Tommy said, "then why did you take all our art stuff away? Didn't the Gallery exist either?"

"The Gallery? Well, that rumour did have some truth to it. There was a gallery. And after a fashion, there still

— Слух не имеет под собой оснований. Мне очень жаль, поверьте мне.

— А когда-нибудь раньше? — спросил вдруг Томми. — До того как Хейлшем закрыли?

Мисс Эмили продолжала качать головой.

— Нет, никогда. Даже до скандального дела Морнингдейла, даже когда Хейлшем считали путеводным маяком, примером того, как можно двигаться к чему-то лучшему, к большему гуманизму, — даже в то время ничего подобного не было. Здесь должна быть полная ясность. Этот слух — сладкая иллюзия, ничего больше. О господи, неужели за шкафчиком?

В дверь позвонили, и на лестнице послышались шаги — кто-то спустился открыть. Потом из узкого коридорчика донеслись мужские голоса, и Мадам, покинув темноту за нами, пересекла комнату и вышла. Мисс Эмили, напряженно прислушиваясь, подалась вперед в своем кресле. Потом сказала:

— Нет, это не они. Это опять тот жуткий человек из фирмы, которая занимается интерьерами. С ним все решит Мари-Клод, так что несколько минут, мои дорогие, у нас имеется. Есть еще что-нибудь, о чем вы хотели бы со мной поговорить? Все это, конечно, строго запрещено, Мари-Клод даже в дом не должна была вас пускать. И разумеется, мне полагалось бы выставить вас вон в первую же секунду. Но Мари-Клод сейчас не такая уж большая ревнительница правил — как и я, впрочем. Поэтому, если хотите еще ненадолго здесь остаться, — милости прошу.

— Если это всегда было только ложным слухом, — спросил Томми, — то зачем увозили наши работы? И что, Галереи тоже никакой не было?

— Галереи? Ну нет, этот слух ложным нельзя назвать. Галерея была — и, можно сказать, она есть

is. These days it's here, in this house. I had to prune it down, which I regret. But there wasn't room for all of it in here. But why did we take your work away? That's what you're asking, isn't it?"

"Not just that," I said quietly. "Why did we do all of that work in the first place? Why train us, encourage us, make us produce all of that? If we're just going to give donations anyway, then die, why all those lessons? Why all those books and discussions?"

"Why Hailsham at all?" Madame had said this from the hallway. She came past us again and back into the darkened section of the room. "It's a good question for you to ask."

Miss Emily's gaze followed her, and for a moment, remained fixed behind us. I felt like turning to see what looks were being exchanged, but it was almost like we were back at Hailsham, and we had to keep facing the front with complete attention. Then Miss Emily said:

"Yes, why Hailsham at all? Marie-Claude likes to ask that a lot these days. But not so long ago, before the Morningdale scandal, she wouldn't have dreamt of asking a question like that. It wouldn't have entered her head. You know that's right, don't look at me like that! There was only one person in those days who would ask a question like that, and that was me. Long before Morningdale, right from the very beginning, I asked that. And that made it easy for the rest of them, Marie-Claude, all the rest of them, they could all carry on without a care. All you students too. I did all the worrying and questioning for the lot of you. And as long as I was steadfast, then no doubts ever crossed your minds, any

и сейчас. Теперь она здесь, в этом доме. От части вещей мне, правда, пришлось избавиться, о чем я сожалею. Но для всего тут просто не было места. Однако вы, как я понимаю, хотите знать, зачем мы это собирали.

— Не только, — тихо сказала я. — Для чего вообще было нужно все это наше творчество? Для чего нас учили, поощряли, заставляли рисовать, лепить, сочинять? Если впереди у нас были только выемки, а потом смерть — зачем все эти уроки? Все эти книги, дискуссии?

— И зачем вообще Хейлшем? — подала из коридора голос Мадам и опять прошла мимо нас в темную часть комнаты. — Вот вопрос в самую точку.

Взгляд мисс Эмили последовал за ней и на несколько секунд задержался там, за нашими спинами. Мне хотелось обернуться и увидеть, какими глазами смотрит на нее Мадам, но я не стала: почти как в Хейлшеме, нам, я чувствовала, надо было глядеть вперед с полным вниманием. Потом мисс Эмили сказала:

— Да, зачем вообще Хейлшем? Мари-Клод то и дело задает сейчас этот вопрос. Но не так уж давно, до дела Морнингдейла, ей и в голову не пришло бы такое спросить. И присниться бы не могло. Не смотрите на меня так, Мари-Клод, вы прекрасно это знаете! В то время подобный вопрос мог задать только один человек на свете, и этим человеком была я. Задолго до Морнингдейла, с самого-самого начала я спрашивала себя об этом — чем обеспечивала спокойную жизнь всем остальным, Мари-Клод. Всем — не только опекунам, но и вам, воспитанникам. Заботы, вопросы — все это я брала на себя. И пока я была тверда, ни у кого из вас не возникало даже малейших сомнений. Но

of you. But you asked your questions, dear boy. Let's answer the simplest one, and perhaps it will answer all the rest. Why did we take your artwork? Why did we do that? You said an interesting thing earlier, Tommy. When you were discussing this with Marie-Claude. You said it was because your art would reveal what you were like. What you were like inside. That's what you said, wasn't it? Well, you weren't far wrong about that. We took away your art because we thought it would reveal your souls. Or to put it more finely, we did it to prove you had souls at all."

She paused, and Tommy and I exchanged glances for the first time in ages. Then I asked:

"Why did you have to prove a thing like that, Miss Emily? Did someone think we didn't have souls?"

A thin smile appeared on her face.

"It's touching, Kathy, to see you so taken aback. It demonstrates, in a way, that we did our job well. As you say, why would anyone doubt you had a soul? But I have to tell you, my dear, it wasn't something commonly held when we first set out all those years ago. And though we've come a long way since then, it's still not a notion universally held, even today. You Hailsham students, even after you've been out in the world like this, you still don't know the half of it. All around the country, at this very moment, there are students being reared in deplorable conditions, conditions you Hailsham students could hardly imagine. And now we're no more, things will only get worse."

She paused again, and for a moment she seemed to be inspecting us carefully through narrowed eyes. Finally she went on:

вы, милый мальчик, кое-какие вопросы нам сейчас задали. Я отвечу на самый простой, и, может быть, это будет ответом и на все остальные. Зачем мы забирали ваши произведения? Зачем мы это делали? Вы интересную вещь сказали, Томми, когда обсуждали это с Мари-Клод. Вы объяснили все тем, что искусство показывает, кто вы такие есть. Что у вас внутри. Вы ведь именно это сказали, правда? Что ж, вы были недалеки от истины. Мы потому забирали ваши работы, что они, как мы надеялись, должны были выявить ваши души. Или, точнее говоря, доказать, что у вас есть души.

Она замолчала, и мы с Томми впервые за долгое время обменялись взглядами. Потом я спросила:

— Мисс Эмили, а почему понадобилось это доказывать? Разве кто-нибудь считал, что у нас их нет?

На лице у нее появилась слабая улыбка.

— Очень трогательно, Кэти, видеть ваше удивление. Косвенно оно говорит о том, что мы неплохо справились со своим делом. Вы законно спрашиваете: как можно сомневаться, что у вас есть душа? Но должна вам сказать, дорогая моя, что в прежние годы, когда мы только начинали, признать ее существование у таких, как вы, готовы были далеко не все. И хотя мы прошли с тех пор немалый путь, даже сегодня на этот счет нет единого мнения. Вы, воспитанники Хейлшема, хоть вас и выпустили уже в широкий мир, об очень многом не имеете понятия. В эту самую минуту немало воспитанников по всей стране находятся в ужасных условиях, которые вам, выросшим в Хейлшеме, трудно даже вообразить. И теперь, когда мы выбыли из игры, положение только ухудшится.

Она снова умолкла и какое-то время внимательно смотрела на нас сощуренными глазами. Наконец заговорила дальше:

Кадзуо Исигуро

"Whatever else, we at least saw to it that all of you in our care, you grew up in wonderful surroundings. And we saw to it too, after you left us, you were kept away from the worst of those horrors. We were able to do that much for you at least. But this dream of yours, this dream of being able to defer. Such a thing would always have been beyond us to grant, even at the height of our influence. I'm sorry, I can see what I'm saying won't be welcome to you. But you mustn't be dejected. I hope you can appreciate how much we were able to secure for you. Look at you both now! You've had good lives, you're educated and cultured. I'm sorry we couldn't secure more for you than we did, but you must realise how much worse things once were. When Marie-Claude and I started out, there were no places like Hailsham in existence. We were the first, along with Glenmorgan House. Then a few years later came the Saunders Trust. Together, we became a small but very vocal movement, and we challenged the entire way the donations programme was being run. Most importantly, we demonstrated to the world that if students were reared in humane, cultivated environments, it was possible for them to grow to be as sensitive and intelligent as any ordinary human being. Before that, all clones — or students, as we preferred to call you — existed only to supply medical science. In the early days, after the war, that's largely all you were to most people. Shadowy objects in test tubes. Wouldn't you agree, Marie-Claude? She's being very quiet. Usually you can't get her to shut up on this subject. Your presence, my dears, appears to have tied her tongue. Very well. So to answer your question, Tommy. That was why we collected your art. We selected the best of it and put on special exhibitions. In the late seventies, at the height of our influence, we were organising large events all around

— По крайней мере, мы позаботились о том, чтобы все наши подопечные росли в очень хорошей обстановке. И еще о том, чтобы, даже и уехав от нас, вы все равно были избавлены от худших из этих ужасов. Хотя бы это мы смогли вам обеспечить. Но что касается вашей мечты о возможности отсрочить... Предоставлять такое мы никогда не имели права, даже на пике нашего влияния. Мне очень жаль — я прекрасно понимаю, что мои слова вас не радуют. Но не падайте духом. Надеюсь, вы способны оценить то немалое, что мы сумели вам дать. Посмотрите на самих себя! У вас была хорошая жизнь, вы образованны, культурны. Мне жаль, что вы не получили от нас большего, но вам следует понимать, насколько хуже все было в прошлом. Когда мы с Мари-Клод начинали, ничего подобного Хейлшему просто не существовало. Мы были первыми — мы и Гленморганхаус. Через несколько лет добавился еще Сондерзтраст. Вместе мы образовали маленькую, но очень активную группу, которая оспорила всю прежнюю систему подготовки доноров. Самое важное — мы показали миру, что, если воспитанники растут в гуманной и цивилизованной обстановке, они способны стать такими же восприимчивыми и разумными, как любые обычные люди. До этого все клоны — или воспитанники, как мы предпочитали вас называть, — существовали только как материал для медицины. Ничего другого в тот первый послевоенный период большинство в вас не видело. Где-то там какие-то пробирочные объекты. Вы согласны, Мари-Клод? Что-то она тихая у нас сейчас. Обычно как примется за эту тему — не остановишь. Ваше присутствие, мои дорогие, похоже, лишило ее дара речи. Вот и хорошо. Возвращаясь к вашему вопросу, Томми: зачем нам нужны были ваши произведения? Мы отбирали

the country. There'd be cabinet ministers, bishops, all sorts of famous people coming to attend. There were speeches, large funds pledged. "There, look!" we could say. "Look at this art! How dare you claim these children are anything less than fully human?" Oh yes, there was a lot of support for our movement back then, the tide was with us."

For the next few minutes, Miss Emily went on reminiscing about different events from those days, mentioning a lot of people whose names meant nothing to us. In fact, for a moment, it was almost like we were listening to her again at one of her morning assemblies as she drifted off on tangents none of us could follow. She seemed to enjoy herself, though, and a gentle smile settled around her eyes. Then suddenly she came out of it and said in a new tone:

"But we never quite lost touch with reality, did we, Marie-Claude? Not like our colleagues at the Saunders Trust. Even during the best of times, we always knew what a difficult battle we were engaged in. And sure enough, the Morningdale business came along, then one or two other things, and before we knew it all our hard work had come undone."

"But what I don't understand," I said, "is why people would want students treated so badly in the first place."

"From your perspective today, Kathy, your bemusement is perfectly reasonable. But you must try and see it historically. After the war, in the early fifties, when the great breakthroughs in science followed one after the other so rapidly, there wasn't time to take stock, to ask the sensible questions. Suddenly there were all

из них лучшие и устраивали специальные выставки. В конце семидесятых, когда наше влияние достигло максимума, мы проводили крупные мероприятия по всей стране. Приезжали министры, епископы, всевозможные знаменитости. Произносились речи, жертвовались круглые суммы. «Вот, смотрите! — заявляли мы. — Взгляните на эти произведения искусства! Как вы смеете утверждать, что их авторы — недочеловеки?» Да, мы пользовались тогда поддержкой, мы были на коне.

Потом несколько минут мисс Эмили вспоминала разные события тех времен, вспоминала многие имена, которые ничего нам не говорили. В какой-то момент даже показалось, что мы опять сидим на одном из тех утренних общих собраний, когда ее заносило неизвестно куда и мы мало что могли понять. Сама она явно получала сейчас удовольствие, на ее лице заиграла мягкая улыбка. Потом внезапно она вышла из этого состояния и сказала другим тоном:

— Но мы никогда не теряли из виду реальность, правда, Мари-Клод? В отличие от наших коллег из Сондерз-траста. Даже в лучшие годы мы прекрасно понимали, какую тяжелую битву ведем. И пожалуйста: сначала дело Морнингдейла, потом еще паратройка событий — и мы глазом не успели моргнуть, как все наши колоссальные труды пошли прахом.

— Но почему, — спросила я, — люди с самого начала стали так обращаться с воспитанниками?

— С точки зрения нынешнего дня ваша озадаченность, Кэти, вполне понятна. Но вы должны попытаться взглянуть на вещи исторически. После войны, в начале пятидесятых, когда одно за другим стремительно делались великие научные открытия, у людей не было времени критически все обдумать,

these new possibilities laid before us, all these ways
to cure so many previously incurable conditions. This
was what the world noticed the most, wanted the most.
And for a long time, people preferred to believe these
organs appeared from nowhere, or at most that they
grew in a kind of vacuum. Yes, there were arguments.
But by the time people became concerned about...
about students, by the time they came to consider just
how you were reared, whether you should have been
brought into existence at all, well by then it was too
late. There was no way to reverse the process. How
can you ask a world that has come to regard cancer
as curable, how can you ask such a world to put away
that cure, to go back to the dark days? There was no
going back. However uncomfortable people were about
your existence, their overwhelming concern was that
their own children, their spouses, their parents, their
friends, did not die from cancer, motor neurone disease, heart disease. So for a long time you were kept
in the shadows, and people did their best not to think
about you. And if they did, they tried to convince
themselves you weren't really like us. That you were
less than human, so it didn't matter. And that was how
things stood until our little movement came along. But
do you see what we were up against? We were virtually
attempting to square the circle. Here was the world,
requiring students to donate. While that remained the
case, there would always be a barrier against seeing
you as properly human. Well, we fought that battle for
many years, and what we won for you, at least, were
many improvements, though of course, you were only
a select few. But then came the Morningdale scandal,
then other things, and before we knew it, the climate
had quite changed. No one wanted to be seen supporting us any more, and our little movement, Hailsham,

поднять разумные вопросы. Внезапно открылась масса новых возможностей; многие болезни, с которыми врачи до тех пор не могли бороться, стали излечимыми. Это было первое, что мир увидел, первое, чего он хотел. И люди долго предпочитали думать, что все эти человеческие органы являются ниоткуда — ну, в лучшем случае выращиваются в каком-то вакууме. Да, кое-какие споры возникали. Но к тому времени как люди начали беспокоиться из-за... воспитанников, к тому времени как их стало интересовать, в каких условиях вас растят и следует ли производить вас на свет вообще, уже было поздно. Дать задний ход не было никакой возможности. Как потребовать от мира, уже привыкшего считать рак излечимым, чтобы он отказался от этого лечения и добровольно вернулся к старым мрачным временам? Нет, назад пути не было. Как бы ни было людям совестно из-за вас, главное, о чем они думали, — чтобы их дети, супруги, родители, друзья не умирали от рака, заболеваний двигательных нейронов, сердечных заболеваний. Поэтому вас постарались упрятать подальше, и люди долго делали все возможное, чтобы поменьше о вас думать. А если все-таки думали, то пытались убедить себя, что вы не такие, как мы. Что вы не люди, а раз так, ваша судьба не слишком важна. Вот как обстояло дело до тех пор, пока не возникло наше маленькое движение. Но вы поняли, против чего мы ополчились? Наша задача была не легче, чем квадратура круга. Мир требует все новых и новых доноров, все новых и новых выемок. И пока такое положение сохраняется, барьер, мешающий видеть в вас полноценных людей, исчезнуть не может. Мы вели эту борьбу долгие годы и по крайней мере добились для вас многих послаблений — хотя, конечно, вы были

Кадзуо Исигуро

Glenmorgan, the Saunders Trust, we were all of us swept away."

"What was this Morningdale scandal you keep mentioning, Miss Emily?" I asked. "You'll have to tell us, because we don't know about it."

"Well, I suppose there's no reason why you should. It was never such a large matter in the wider world. It concerned a scientist called James Morningdale, quite talented in his way. He carried on his work in a remote part of Scotland, where I suppose he thought he'd attract less attention. What he wanted was to offer people the possibility of having children with enhanced characteristics. Superior intelligence, superior athleticism, that sort of thing. Of course, there'd been others with similar ambitions, but this Morningdale fellow, he'd taken his research much further than anyone before him, far beyond legal boundaries. Well, he was discovered, they put an end to his work and that seemed to be that. Except, of course, it wasn't, not for us. As I say, it never became an enormous matter. But it did create a certain atmosphere, you see. It reminded people, reminded them of a fear they'd always had. It's one thing to create students, such as yourselves, for the donation programme. But a generation of created children who'd take their place in society? Children demonstrably superior to the rest of us? Oh no. That frightened people. They recoiled from that."

576

всего-навсего избранным меньшинством. Но потом случилось скандальное дело Морнингдейла, потом произошли другие события, и не успели мы опомниться, как обстановка стала совсем иной. Никто больше не хотел, чтобы в нем видели нашего сторонника и спонсора, и наше маленькое сообщество — Хейлшем, Гленморган, Сондерз-траст — было стерто с лица земли.

— Что это за дело Морнингдейла, мисс Эмили? — спросила я. — Вы о нем уже упоминали. Расскажите, мы ничего про это не знаем.

— Вполне естественно, что вы не знаете. В большом мире это не так уж громко прозвучало. Дело касалось одного ученого, Джеймса Морнингдейла, очень талантливого в своем роде. Он проводил свои исследования в отдаленной части Шотландии, видимо рассчитывая, что там к ним будет меньше внимания. Он хотел предложить людям возможность увеличивать способности рождающихся у них детей. Способности как умственные, так и физические. Разумеется, были и другие специалисты со сходными устремлениями, но этот Морнингдейл зашел в своих исследованиях гораздо дальше, чем кто-либо до него, и оставил далеко позади границы закона. О его деятельности стало известно, ей положили конец, и вопрос, казалось, был закрыт. Закрыт — но только не для нас. Повторяю, очень большого резонанса это дело не вызвало. Но оно создало определенную атмосферу, вот в чем беда. Оно усилило в людях страх, который они всегда носили в себе. Растить доноров для медицины, таких как вы, — это одно. Но поколение искусственных детей, которые займут лучшие места в обществе? Детей, намного превосходящих всех конкурентов? Ну нет. Людей это испугало. Они с ужасом отшатнулись.

"But Miss Emily," I said, "what did any of that have to do with us? Why did Hailsham have to close because of something like that?"

"We didn't see an obvious connection either, Kathy. Not at first. And I often think now, we were culpable not to do so. Had we been more alert, less absorbed with ourselves, if we'd worked very hard at that stage when the news about Morningdale first broke, we might have been able to avert it. Oh, Marie-Claude disagrees. She thinks it would have happened no matter what we did, and she might have a point. After all, it wasn't just Morningdale. There were other things at that time. That awful television series, for instance. All these things contributed, contributed to the turning of the tide. But I suppose when it comes down to it, the central flaw was this. Our little movement, we were always too fragile, always too dependent on the whims of our supporters. So long as the climate was in our favour, so long as a corporation or a politician could see a benefit in supporting us, then we were able to keep afloat. But it had always been a struggle, and after Morningdale, after the climate changed, we had no chance. The world didn't want to be reminded how the donation programme really worked. They didn't want to think about you students, or about the conditions you were brought up in. In other words, my dears, they wanted you back in the shadows. Back in the shadows where you'd been before the likes of Marie-Claude and myself ever came along. And all those influential people who'd once been so keen to help us, well of course, they all vanished. We lost our sponsors, one after the other, in a matter of just over a year. We kept going for as long as we could, we went on for two years more than Glenmorgan. But in the end, as you know, we were obliged to close, and today

— Я не понимаю, мисс Эмили, — сказала я, — какое отношение это имеет к нам? Почему из-за этого пришлось закрыть Хейлшем?

— Мы тоже не видели явной связи, Кэти. Поначалу не видели. И я часто думаю сейчас, что в этом была наша ошибка. Если бы мы были более бдительны и не так погружены в свою деятельность, если бы приложили все усилия на том этапе, когда новость о Морнингдейле только появилась, — возможно, мы сумели бы предотвратить худшее. Мари-Клод, правда, не согласна. Она считает, что это все равно произошло бы, как бы мы ни барахтались, и, может быть, она и права. Ведь Морнингдейл — это только одно. Было и другое. Этот жуткий телесериал, к примеру. Разные обстоятельства сложились вместе — и переменили ход событий. Но главная наша слабость, если уж говорить всерьез, состояла вот в чем. Наше маленькое движение всегда было очень непрочным, потому что зависело от прихотей тех, кто нас поддерживал. Пока климат был благоприятным, пока корпорации и политики могли рассчитывать извлечь выгоду из помощи нам — мы держались на плаву. Но это всегда требовало усилий, и стоило после Морнингдейла климату измениться, как мы потеряли все шансы. Мир не хотел больше напоминаний о том, как в действительности работает программа выращивания доноров. Люди не хотели больше думать о таких, как вы, об условиях, в которых вы находитесь. Иными словами, дорогие мои, они хотели снова упрятать вас как можно дальше. Туда, где вы были до того, как возникли Мари-Клод, я и нам подобные. И все влиятельные люди, которые раньше с такой охотой нам помогали, теперь, конечно, испарились. За год с небольшим мы лишились всех спонсоров одного за другим. Мы дер-

there's hardly a trace left of the work we did. You won't find anything like Hailsham anywhere in the country now. All you'll find, as ever, are those vast government "homes," and even if they're somewhat better than they once were, let me tell you, my dears, you'd not sleep for days if you saw what still goes on in some of those places. And as for Marie-Claude and me, here we are, we've retreated to this house, and upstairs we have a mountain of your work. That's what we have to remind us of what we did. And a mountain of debt too, though that's not nearly so welcome. And the memories, I suppose, of all of you. And the knowledge that we've given you better lives than you would have had otherwise."

"Don't try and ask them to thank you," Madame's voice said from behind us. "Why should they be grateful? They came here looking for something much more. What we gave them, all the years, all the fighting we did on their behalf, what do they know of that? They think it's God-given. Until they came here, they knew nothing of it. All they feel now is disappointment, because we haven't given them everything possible."

Nobody spoke for a while. Then there was a noise outside and the doorbell rang again. Madame came out of the darkness and went out into the hall.

"This time it must be the men," Miss Emily said. "I shall have to get ready. But you can stay a little longer. The men have to bring the thing down two flights of stairs. Marie-Claude will see they don't damage it."

жались сколько могли — на два года дольше, чем Гленморган. Но в конце концов и нам, как вы знаете, пришлось закрыться, и сегодня от наших трудов практически не осталось и следа. Ничего подобного Хейлшему сейчас в стране нет. Есть только всё те же огромные государственные «дома», и если даже в чем-то они улучшились по сравнению со старыми временами, все равно, дорогие мои, вы надолго потеряете сон, если увидите, что делается в некоторых из них. А мы с Мари-Клод — мы оказались здесь, в этом доме. Наверху гора ваших произведений, больше у нас ничего не осталось на память о нашей работе. Плюс гора долгов, что куда менее приятно. И воспоминания о вас — по-моему, обо всех без исключения. И знание, что мы обеспечили вам лучшую жизнь, чем была бы у вас в ином случае.

— Если ждете от них благодарности, то напрасно, — прозвучал из-за наших спин голос Мадам. — С какой стати они будут говорить нам «спасибо»? Они пришли сюда, надеясь получить куда больше. О том, что мы им дали, обо всех этих годах, обо всей борьбе, что мы вынесли ради них, — какое они имеют об этом понятие? Они думают, что это им от Бога. До приезда сюда они ничего об этом не знали. И теперь испытывают только разочарование, потому что мы не обеспечили им всего по максимуму.

Какое-то время все молчали. Потом снаружи послышался шум, и в дверь опять позвонили. Мадам вышла из темноты и направилась через комнату в коридор.

— На этот раз наверняка они, — сказала мисс Эмили. — Мне надо будет приготовиться. Но вы не торопитесь уходить. Они должны будут снести шкафчик вниз по двум лестничным маршам. Мари-Клод проследит, чтобы они его не повредили.

Tommy and I couldn't quite believe that was the end of it. We neither of us stood up, and anyway, there was no sign of anyone helping Miss Emily out of her wheelchair. I wondered for a moment if she was going to try and get up by herself, but she remained still, leaning forward as before, listening intently. Then Tommy said:

"So there's definitely nothing. No deferral, nothing like that."

"Tommy," I murmured, and glared at him.

But Miss Emily said gently:

"No, Tommy. There's nothing like that. Your life must now run the course that's been set for it."

"So, what you're saying, Miss," Tommy said, "is that everything we did, all the lessons, everything. It was all about what you just told us? There was nothing more to it than that?"

"I can see," Miss Emily said, "that it might look as though you were simply pawns in a game. It can certainly be looked at like that. But think of it. You were lucky pawns. There was a certain climate and now it's gone. You have to accept that sometimes that's how things happen in this world. People's opinions, their feelings, they go one way, then the other. It just so happens you grew up at a certain point in this process."

"It might be just some trend that came and went," I said. "But for us, it's our life."

"Yes, that's true. But think of it. You were better off than many who came before you. And who knows what those who come after you will have to face. I'm sorry, students, but I must leave you now. George! George!"

Мы с Томми не могли до конца поверить, что это все. Мы оба продолжали сидеть, и, как бы то ни было, никто пока не шел извлекать мисс Эмили из инвалидного кресла. На секунду я задумалась, не попытается ли она встать сама, но она никаких движений не делала — сидела подавшись вперед, как раньше, и чутко прислушивалась. Потом Томми сказал:

— Значит, точно ничего такого нет. Ни отсрочек, ничего.

— Томми, — пробормотала я и укоризненно на него посмотрела.

Но мисс Эмили мягко промолвила:

— Да, Томми. Ничего такого нет. Ваша жизнь должна и дальше идти по общим правилам.

— Значит, вы говорите, мисс, — спросил Томми, — что все, чем мы занимались, все уроки и прочее — все это было только ради того, о чем вы сказали? И ничего другого?

— У вас, я понимаю, — сказала мисс Эмили, — может создаться впечатление, что вы были только пешками в игре. Да, такая мысль может прийти в голову. Но согласитесь: вы — пешки, которым повезло. Был определенный климат, теперь его нет. В этом мире такое иногда происходит, ничего не поделаешь. Мнения, чувства людей движутся то в одну сторону, то в другую. Так случилось, что вы росли в определенный момент этого процесса.

— Вы говорите, что это одна из тенденций, которые приходят и уходят, — сказала я. — Наверное, это так. Но для нас это вся наша жизнь.

— Да, вы правы. Но не забывайте: вам было лучше, чем многим до вас. И кто знает, что ожидает тех, кто придет после вас. Мне очень жаль, дорогие воспитанники, но я должна сейчас вас покинуть. Джордж! Джордж!

There had been a lot of noise out in the hallway, and perhaps this had stopped George from hearing, because there was no response. Tommy asked suddenly:

"Is that why Miss Lucy left?"

For a while I thought Miss Emily, whose attention was on what was going on in the hallway, hadn't heard him. She leaned back in her wheelchair and began moving it gradually towards the door. There were so many little coffee tables and chairs there didn't seem a way through. I was about to get up and clear a path, when she stopped suddenly.

"Lucy Wainright," she said. "Ah yes. We had a little trouble with her." She paused, then adjusted her wheelchair back to face Tommy. "Yes, we had a little trouble with her. A disagreement. But to answer your question, Tommy. The disagreement with Lucy Wainright wasn't to do with what I've just been telling you. Not directly, anyway. No, that was more, shall we say, an internal matter."

I thought she was going to leave it at that, so I asked:

"Miss Emily, if it's all right, we'd like to know about it, about what happened with Miss Lucy."

Miss Emily raised her eyebrows.

"Lucy Wainright? She was important to you? Forgive me, dear students, I'm forgetting again. Lucy wasn't with us for long, so for us she's just a peripheral figure in our memory of Hailsham. And not an altogether happy one. But I appreciate, if you were there during just those years..."

She laughed to herself and seemed to be remembering something. In the hall, Madame was telling the men off really loudly, but Miss Emily now seemed to have

Но никакой реакции не последовало: в коридоре было довольно шумно, и Джордж, видимо, не расслышал. Вдруг Томми спросил:

— Из-за этого мисс Люси уехала, да?

Сначала мне показалось, что до слуха мисс Эмили, чье внимание было сосредоточено на происходящем в коридоре, вопрос не дошел. Она откинулась на спинку кресла и начала потихоньку двигаться в нем в сторону двери. Но в комнате стояло так много маленьких кофейных столиков и стульев, что проехать не было возможности. Я собралась было встать и расчистить ей путь, но внезапно она остановилась.

— Люси Уэйнрайт, — сказала она. — Как же, как же. У нас была с ней небольшая неприятность. — Она замолчала и снова повернула кресло так, чтобы сидеть лицом к Томми. — Да, маленькая неприятность. Расхождение во мнениях. Но я отвечу на ваш вопрос, Томми. Наши разногласия с Люси Уэйнрайт не связаны с тем, что я вам сейчас говорила. По крайней мере, прямо не связаны. Нет, скорее это, скажем так, было наше внутреннее дело.

Я подумала, что она хочет на этом поставить точку, и спросила:

— Мисс Эмили, если вы не против, мы хотели бы узнать, что случилось с мисс Люси.

Мисс Эмили подняла брови.

— С Люси Уэйнрайт? Она так много для вас значила? Простите меня, дорогие воспитанники, я опять отвлеклась. Люси была у нас не очень долго, и поэтому в наших воспоминаниях о Хейлшеме она не занимает центрального места. Счастья эта работа ей не принесла. Но я понимаю вас, вы же росли именно в те годы...

Она усмехнулась — похоже, вспомнила что-то. В коридоре Мадам громко отчитывала мужчин, но теперь мисс Эмили, казалось, потеряла к этому инте-

Кадзуо Исигуро

lost interest. She was going through her memories with a look of concentration. Finally she said:

"She was a nice enough girl, Lucy Wainright. But after she'd been with us for a while, she began to have these ideas. She thought you students had to be made more aware. More aware of what lay ahead of you, who you were, what you were for. She believed you should be given as full a picture as possible. That to do anything less would be somehow to cheat you. We considered her view and concluded she was mistaken."

"Why?" Tommy asked. "Why did you think that?"

"Why? She meant well, I'm sure of that. I can see you were fond of her. She had the makings of an excellent guardian. But what she was wanting to do, it was too theoretical. We had run Hailsham for many years, we had a sense of what could work, what was best for the students in the long run, beyond Hailsham. Lucy Wainright was idealistic, nothing wrong with that. But she had no grasp of practicalities. You see, we were able to give you something, something which even now no one will ever take from you, and we were able to do that principally by sheltering you. Hailsham would not have been Hailsham if we hadn't. Very well, sometimes that meant we kept things from you, lied to you. Yes, in many ways we fooled you. I suppose you could even call it that. But we sheltered you during those years, and we gave you your childhoods. Lucy was well-meaning enough. But if she'd had her way, your happiness at Hailsham would have been shattered. Look at you both now! I'm so proud to see you both. You built your lives on what we gave you. You wouldn't be who you are today if we'd not protected you. You wouldn't have become absorbed in your lessons, you wouldn't have lost yourselves in your art

рес и вся ушла в воспоминания. В конце концов она сказала:

— Люси Уэйнрайт — очень даже симпатичная особа. Просто, пробыв у нас какое-то время, она прониклась некоторыми идеями. Решила, что вас, воспитанников, недостаточно ставят в известность. В известность о том, что вас ждет, кто вы такие, для чего вы нужны. Она считала, что вам надо давать как можно более полную картину. Что в противном случае это пахнет каким-то жульничеством. Мы обдумали ее предложение и пришли к выводу, что она ошибается.

— Почему? — спросил Томми. — Почему вы так решили?

— Почему? Она хотела вам добра, я не сомневаюсь. Я вижу, что вы были к ней очень привязаны. Она имела все задатки первоклассной опекунши. Но ее идеи — они были слишком теоретическими. Мы проработали в Хейлшеме много лет и имели представление о том, что дает эффект, а что нет, что лучше для воспитанников в дальней перспективе — не только в хейлшемские годы. В том, что Люси Уэйнрайт была идеалисткой, большой беды нет. Хуже, что она не понимала некоторых практических вещей. Видите ли, мы сумели вам кое-что дать, чего даже сейчас никто на свете у вас не отнимет, и сумели мы это прежде всего потому, что предоставляли вам укрытие. Иначе Хейлшем не был бы Хейлшемом. И конечно, это означало, что мы кое-что от вас утаивали, иногда даже лгали вам. Да, во многом мы вас обманывали — не побоюсь этого слова. Но мы укрывали вас все эти годы, и мы дали вам детство. Люси, повторяю, желала вам добра. Но если бы мы ее послушались, от вашей счастливой жизни в Хейлшеме не осталось бы ничего. Посмотрите на себя сейчас! Я вот смотрю на вас и горжусь вами. Вы построили свою жизнь на том, что получили

and your writing. Why should you have done, knowing what lay in store for each of you? You would have told us it was all pointless, and how could we have argued with you? So she had to go."

We could hear Madame now shouting at the men. She hadn't lost her temper exactly, but her voice was frighteningly stern, and the men's voices, which until this point had been arguing with her, fell silent.

"Perhaps it's just as well I've remained in here with you," Miss Emily said. "Marie-Claude does this sort of thing so much more efficiently."

I don't know what made me say it. Maybe it was because I knew the visit would have to finish pretty soon; maybe I was getting curious to know how exactly Miss Emily and Madame felt about each other. Anyway, I said to her, lowering my voice and nodding towards the doorway:

"Madame never liked us. She's always been afraid of us. In the way people are afraid of spiders and things."

I waited to see if Miss Emily would get angry, no longer caring much if she did. Sure enough, she turned to me sharply, as if I'd thrown a ball of paper at her, and her eyes flashed in a way that reminded me of her Hailsham days. But her voice was even and soft when she replied:

"Marie-Claude has given everything for you. She has worked and worked and worked. Make no mistake about it, my child, Marie-Claude is on your side and will always be on your side. Is she afraid of you? We're all afraid of you. I myself had to fight back my dread of you all almost every day I was at Hailsham. There were times

от опекунов. Вы не стали бы тем, чем стали, если бы мы не защищали вас. Вас не увлекали бы уроки, вы не уходили бы с головой в искусство, в словесность. Чего ради, если бы вы знали, какая участь ждет каждого из вас? Вы заявили бы нам, что все это бессмысленно, и как бы мы могли с этим спорить? Вот почему нам пришлось распрощаться с Люси Уэйнрайт.

Теперь Мадам уже просто кричала на мужчин. Не то чтобы она совсем вышла из себя, но ее голос стал пугающе жестким, и мужчины, которые до сих пор пытались с ней спорить, теперь умолкли.

— Не так уж плохо, наверное, что я осталась тут с вами, — сказала мисс Эмили. — Мари-Клод куда лучше меня справляется в таких ситуациях.

Не знаю, что заставило меня сказать то, что я сказала. Может быть, все дело было в том, что визит, я знала, подходил к концу; может быть, мне любопытно стало узнать, как все же относятся друг к другу мисс Эмили и Мадам. Так или иначе, я, понизив голос и кивком показав на дверь, проговорила:

— Мадам никогда нас не любила. Она всегда нас боялась — как пауков и тому подобного.

Я готова была к тому, что мисс Эмили рассердится, — мне это было уже не особенно важно. Она и вправду резко повернулась ко мне, как будто я кинула в нее бумажный шарик, и глаза ее блеснули так, что мне вспомнилась она в хейлшемские годы. Но ее голос, когда она мне отвечала, был мягким и ровным:

— Мари-Клод отдала вам всю себя. Она трудилась, трудилась и трудилась. Не обманывайтесь на этот счет, дитя мое, — Мари-Клод на вашей стороне и всегда будет на вашей стороне. Боится ли она вас? Да мы все вас боимся. Мне самой в Хейлшеме почти каждый день приходилось сражаться с этим страхом. Иной раз

I'd look down at you all from my study window and I'd feel such revulsion..." She stopped, then something in her eyes flashed again. "But I was determined not to let such feelings stop me doing what was right. I fought those feelings and I won. Now, if you'd be so good as to help me out of here, George should be waiting with my crutches."

With us at each elbow, she walked carefully into the hall, where a large man in a nursing uniform started with alarm and quickly produced a pair of crutches.

The front door was open to the street and I was surprised to see there was still daylight left. Madame's voice was coming from outside, talking more calmly now to the men. It felt like time for Tommy and me to slip away, but the George man was helping Miss Emily with her coat, while she stood steadily between her crutches; there was no way we could get past, so we just waited. I suppose, too, we were waiting to say goodbye to Miss Emily; maybe, after everything else, we wanted to thank her, I'm not sure. But she was now preoccupied with her cabinet. She began to make some urgent point to the men outside, then left with George, not looking back at us.

Tommy and I stayed in the hall for a while longer, not sure what to do. When we did eventually wander outside, I noticed the lamps had come on all the way down the long street, even though the sky wasn't yet dark. A white van was starting up its engine. Right behind was a big old Volvo with Miss Emily in the passenger seat. Madame was crouching by the window, nodding to something Miss Emily was saying, while

я с таким отвращением смотрела на вас в окно своего кабинета... — Она умолкла, но потом в глазах у нее опять что-то блеснуло. — Но я была полна решимости не поддаваться таким настроениям и делать то, что считала правильным. Я боролась с этими чувствами и победила. А теперь очень вас прошу, помогите мне выйти отсюда — Джордж меня ждет с костылями.

Поддерживая ее под локти с двух сторон, мы осторожно вывели ее в коридор, где крупный мужчина в медицинской униформе встрепенулся от неожиданности и мгновенно подставил под нее пару костылей.

Входная дверь была открыта, и меня удивило, что снаружи еще есть какой-никакой дневной свет. Голос Мадам доносился уже с улицы — она говорила с мужчинами теперь более спокойным тоном. Нам с Томми самое время, похоже, было выскользнуть и уйти, но этот Джордж принялся надевать пальто на мисс Эмили, которая стояла неподвижно, опираясь на костыли; протиснуться мимо возможности не было, и поэтому мы просто ждали. Кроме того, мы, видимо, хотели попрощаться с мисс Эмили и, может быть, хотя я не уверена, поблагодарить ее, несмотря ни на что. Но ее внимание было полностью отдано шкафчику. Она стала говорить мужчинам, хлопотавшим снаружи, что-то важное и неотложное, а потом вышла в сопровождении Джорджа, не оглядываясь на нас.

Мы с Томми еще постояли немного в коридоре, не зная точно, как нам теперь быть. Когда наконец вышли, я увидела, что вдоль всей длинной улицы уже зажглись фонари, хотя небо еще было довольно светлое. Мотор белого грузового автомобиля, в который погрузили шкафчик, уже работал. Позади виднелся большой старый «Вольво» с мисс Эмили на пассажирском сиденье. Мадам стояла рядом, наклонясь

George closed up the boot and moved round to the driver's door. Then the white van moved off, and Miss Emily's car followed.

Madame watched the departing vehicles for a long time. Then she turned as though to go back into the house, and seeing us there on the pavement, stopped abruptly, almost shrinking back.

"We're going now," I said. "Thank you for talking to us. Please say goodbye to Miss Emily for us."

I could see her studying me in the fading light. Then she said:

"Kathy H. I remember you. Yes, I remember."

She fell silent, but went on looking at me.

"I think I know what you're thinking about," I said, in the end. "I think I can guess."

"Very well." Her voice was dreamy and her gaze had slightly lost focus. "Very well. You are a mind-reader. Tell me."

"There was a time you saw me once, one afternoon, in the dormitories. There was no one else around, and I was playing this tape, this music. I was sort of dancing with my eyes closed and you saw me."

"That's very good. A mind-reader. You should be on the stage. I only recognised you just now. But yes, I remember that occasion. I still think about it from time to time."

"That's funny. So do I."

"I see."

We could have ended the conversation there. We could have said goodbye and left. But she stepped closer to us, looking into my face all the time.

к окну, и кивала в ответ на какие-то указания мисс Эмили; Джордж тем временем закрыл багажник и пошел к водительскому месту. Потом белый автомобиль тронулся, и машина мисс Эмили покатила за ним.

Мадам смотрела вслед уезжающим довольно долго. Потом повернулась, чтобы идти обратно в дом, но, увидев нас на тротуаре, резко остановилась — чуть не отпрянула.

— Мы уходим, — сказала я. — Спасибо, что поговорили с нами. Передайте от нас, пожалуйста, мисс Эмили слова прощания.

В вечерних сумерках Мадам смотрела на меня изучающе. Потом промолвила:

— Кэти Ш. Я вас помню. Да, помню.

Она замолчала, но глаз не отвела.

— Мне кажется, я знаю, о чем вы сейчас думаете, — сказала я в конце концов. — По-моему, я догадалась.

— Что ж, отлично. — Ее голос стал задумчивым, взгляд затуманился. — Замечательно. Вы читаете мысли. Ну так скажите мне.

— Вы думаете о том, что однажды, очень давно, увидели меня в спальне. Больше там никого не было, и я слушала эту кассету, эту музыку. Я танцевала с закрытыми глазами, и вы меня увидели.

— Замечательно. Вы настоящая телепатка. Вам бы на сцену. Я только сейчас вас узнала. Но я действительно помню этот случай. До сих пор иногда о нем размышляю.

— Я тоже. Надо же, как странно.

— Да.

На этом разговор мог бы и закончиться. Мы могли попрощаться и уйти. Но она подошла к нам ближе, все время глядя на мое лицо.

"You were much younger then," she said. "But yes, it's you."

"You don't have to answer this if you don't want to," I said. "But it's always puzzled me. May I ask you?"

"You read my mind. But I cannot read yours."

"Well, you were... upset that day. You were watching me, and when I realised, and I opened my eyes, you were watching me and I think you were crying. In fact, I know you were. You were watching me and crying. Why was that?"

Madame's expression didn't change and she kept staring into my face.

"I was weeping," she said eventually, very quietly, as though afraid the neighbours were listening, "because when I came in, I heard your music. I thought some foolish student had left the music on. But when I came into your dormitory, I saw you, by yourself, a little girl, dancing. As you say, eyes closed, far away, a look of yearning. You were dancing so very sympathetically. And the music, the song. There was something in the words. It was full of sadness."

"The song," I said, "it was called "Never Let Me Go.""

Then I sang a couple of lines quietly under my breath for her.

"Never let me go. Oh, baby, baby. Never let me go..."

She nodded as though in agreement.

"Yes, it was that song. I've heard it once or twice since then. On the radio, on the television. And it's taken me back to that little girl, dancing by herself."

— Вы были намного младше, — сказала она. — Но это и правда были вы.

— Не отвечайте на мой вопрос, если не захотите, — сказала я. — Но я давно уже ломаю над этим голову. Можно, я спрошу?

— Вы читаете мои мысли. Но я ваши читать не могу.

— Дело в том, что вы в тот день были... расстроены. Вы смотрели на меня, и, когда я это почувствовала и открыла глаза, вы смотрели на меня и, по-моему, плакали. Даже не по-моему, а точно. Смотрели и плакали. Но почему?

Выражение лица Мадам не изменилось, и она по-прежнему разглядывала мое лицо.

— Я плакала потому, — сказала она наконец очень тихо, как будто боялась, что услышат соседи, — что, когда я вошла в домик, там звучала эта музыка. Я подумала было, что какая-то безалаберная воспитанница забыла выключить магнитофон. Но когда заглянула в спальню, я увидела вас, одну, совсем еще девочку, в танце. Глаза действительно закрыты, вся далеко-далеко, сплошное томление. Вы очень прочувствованно танцевали. И еще музыка, сама песня. Что-то такое было в этих словах. Очень много печали.

— Песня, — сказала я, — называется «Не отпускай меня».

И я вполголоса спела ей отрывок:

— Не отпускай меня... О детка, детка... Не отпускай меня...

Она кивнула, словно соглашаясь.

— Да, та самая песня. Я слышала ее с тех пор раза два-три. По радио, по телевизору. И вспоминала девочку, которая танцевала одна.

"You say you're not a mind-reader," I said. "But maybe you were that day. Maybe that's why you started to cry when you saw me. Because whatever the song was really about, in my head, when I was dancing, I had my own version. You see, I imagined it was about this woman who'd been told she couldn't have babies. But then she'd had one, and she was so pleased, and she was holding it ever so tightly to her breast, really afraid something might separate them, and she's going baby, baby, never let me go. That's not what the song's about at all, but that's what I had in my head that time. Maybe you read my mind, and that's why you found it so sad. I didn't think it was so sad at the time, but now, when I think back, it does feel a bit sad."

I'd spoken to Madame, but I could sense Tommy shifting next to me, and was aware of the texture of his clothes, of everything about him. Then Madame said:

"That's most interesting. But I was no more a mind-reader then than today. I was weeping for an altogether different reason. When I watched you dancing that day, I saw something else. I saw a new world coming rapidly. More scientific, efficient, yes. More cures for the old sicknesses. Very good. But a harsh, cruel world. And I saw a little girl, her eyes tightly closed, holding to her breast the old kind world, one that she knew in her heart could not remain, and she was holding it and pleading, never to let her go. That is what I saw. It wasn't really you, what you were doing, I know that. But I saw you and it broke my heart. And I've never forgotten."

— Вы говорите, что не умеете читать мысли, — сказала я. — Но мне кажется, в тот день вы их прочитали. И от этого, наверное, заплакали, когда меня увидели. Потому что, о чем бы эта песня ни была на самом деле, в уме у меня, когда я танцевала, была моя собственная версия. Я представила себе, что это о женщине, которой сказали, что она не может иметь детей. Но потом у нее все-таки родился ребенок, и она была очень этому рада, и крепко-крепко прижимала его к груди, потому что боялась, что из-за чего-нибудь они могут разлучиться, и повторяла: «О детка, детка, не отпускай меня». Песня совсем о другом, но я вообразила себе в тот момент именно эту историю. Может быть, вы прочитали мои мысли и поэтому почувствовали такую грусть. Мне тогда, по-моему, очень уж грустно не было, но теперь я вспоминаю это с печалью.

Я говорила с Мадам, но остро ощущала присутствие Томми, стоявшего рядом со мной, фактуру его одежды, все в нем вообще. Потом Мадам сказала:

— Это очень интересно. Но мысли я все-таки читала тогда не лучше, чем сейчас. Я плакала по совсем другой причине. Глядя на ваш танец, я видела совершенно иную картину. Я видела стремительно возникающий новый мир. Да, более технологичный, да, более эффективный. Новые способы лечения старых болезней. Очень хорошо. Но мир при этом жесткий, безжалостный. И я видела девочку с зажмуренными глазами, прижимавшую к груди старый мир, более добрый, о котором она знала в глубине сердца, что он не может остаться, и она держала его, держала и просила не отпускать ее. Вот что я видела. Это не были в точности вы, не было в точности то, что вы делали, я это понимала. Но я смотрела на вас,

Then she came forward until she was only a step or two from us.

"Your stories this evening, they touched me too." She looked now to Tommy, then back at me. "Poor creatures. I wish I could help you. But now you're by yourselves."

She reached out her hand, all the while staring into my face, and placed it on my cheek. I could feel a trembling go all through her body, but she kept her hand where it was, and I could see again tears appearing in her eyes.

"You poor creatures," she repeated, almost in a whisper. Then she turned and went back into her house.

We hardly discussed our meeting with Miss Emily and Madame on the journey back. Or if we did, we talked only about the less important things, like how much we thought they'd aged, or the stuff in their house.

I kept us on the most obscure back roads I knew, where only our headlights disturbed the darkness. We'd occasionally encounter other headlights, and then I'd get the feeling they belonged to other carers, driving home alone, or maybe like me, with a donor beside them. I realised, of course, that other people used these roads; but that night, it seemed to me these dark byways of the country existed just for the likes of us, while the big glittering motorways with their huge signs and super cafes were for everyone else. I don't know if Tommy was thinking something similar. Maybe he was, because at one point, he remarked:

"Kath, you really know some weird roads."

и сердце обливалось кровью. Я навсегда это запомнила.

Она приблизилась к нам на расстояние шага или двух.

— То, что вы сказали нам сегодня, тоже тронуло меня. — Она перевела взгляд на Томми, потом опять на меня. — Несчастные создания. Я очень хотела бы вам помочь. Но вы теперь сами по себе.

Она протянула руку и, не переставая глядеть мне в глаза, прижала ладонь к моей щеке. Я почувствовала, что по всему ее телу прошла дрожь, но она не убирала руку, и в глазах у нее опять появились слезы.

— Несчастные создания, — повторила она почти шепотом. Потом повернулась и пошла в дом.

На обратном пути мы встречу с мисс Эмили и Мадам почти не обсуждали. Говорили только о второстепенном — о том, сколько им примерно лет, об обстановке их дома и тому подобном.

Дороги я выбирала самые глухие, какие знала, где темноту рассеивали только наши фары. Изредка попадались встречные фары, и тогда мне казалось, что это помощник вроде меня, который возвращается куда-то один или, может быть, со своим донором. Я понимала, конечно, что здесь ездят другие люди, но в тот вечер мне представлялось, что все темные второстепенные дороги страны существуют только для таких, как мы, тогда как для всех остальных — большие яркие автострады с громадными дорожными знаками и первоклассными кафе. Думает ли о чем-нибудь подобном Томми, я не знала. Может быть, он и думал, потому что в какой-то момент заметил:

— Чудные, однако, у тебя маршруты бывают, Кэт.

He did a little laugh as he said this, but then he seemed to fall deep into thought. Then as we were going down a particularly dark lane in the back of nowhere, he said suddenly:

"I think Miss Lucy was right. Not Miss Emily."

I can't remember if I said anything to that. If I did, it certainly wasn't anything very profound. But that was the moment I first noticed it, something in his voice, or maybe his manner, that set off distant alarm bells. I remember taking my eyes off the twisting road to glance at him, but he was just sitting there quietly, gazing straight ahead into the night.

A few minutes later, he said suddenly:

"Kath, can we stop? I'm sorry, I need to get out a minute."

Thinking he was feeling sick again, I pulled up almost immediately, hard against a hedge. The spot was completely unlit, and even with the car lights on, I was nervous another vehicle might come round the curve and run into us. That's why, when Tommy got out and disappeared into the blackness, I didn't go with him. Also, there'd been something purposeful about the way he'd got out that suggested even if he was feeling ill, he'd prefer to cope with it on his own. Anyway, that's why I was still in the car, wondering whether to move it a little further up the hill, when I heard the first scream.

At first I didn't even think it was him, but some maniac who'd been lurking in the bushes. I was already out of the car when the second and third screams came, and by then I knew it was Tommy, though that hardly lessened my urgency. In fact, for a moment, I was probably close to panic, not having a clue where he was. I couldn't

Говоря это, он усмехнулся, но потом опять впал в задумчивость. Немного погодя, когда мы ехали по особенно темной и глухой дороге, он сказал:

— По-моему, права была мисс Люси, а не мисс Эмили.

Не помню, ответила ли я ему. Если и ответила, то наверняка не сказала ничего особенно глубокого. Но именно в тот момент меня что-то смутно встревожило то ли в его голосе, то ли еще в чем-то. На секунду я отвела взгляд от извилистой дороги и посмотрела на него, но он просто тихо сидел, уставившись в темноту перед собой.

Через несколько минут он неожиданно сказал:

— Кэт, можешь остановиться? Прости, мне надо ненадолго выйти.

Я решила, что его опять укачивает, почти сразу же свернула на обочину и остановила машину вплотную к живой изгороди. Место было совершенно неосвещенное, и даже со включенными фарами я боялась, что какая-нибудь машина, вылетев из-за поворота, врежется в нас. Поэтому, когда Томми вышел и исчез в темноте, я осталась за рулем. Вдобавок в том, как он выходил, чувствовалась какая-то целенаправленность, заставлявшая думать, что, если ему и нехорошо, он предпочитает справиться с этим один. В общем, я осталась в машине — сидела и размышляла, не проехать ли еще немного вверх по склону. И тут услышала первый вопль.

Вначале я даже не подумала, что это он: решила, что в кустах засел какой-то маньяк. Я уже выскочила из машины, когда раздался второй крик, за ним третий, и тогда я поняла, что это Томми, но беспокойства моего это почти не уменьшило. Я была, похоже, близка к панике: где Томми — непонятно, кругом тьма,

really see anything, and when I tried to go towards the screams, I was stopped by an impenetrable thicket. Then I found an opening, and stepping through a ditch, came up to a fence. I managed to climb over it and I landed in soft mud.

I could now see my surroundings much better. I was in a field that sloped down steeply not far in front of me, and I could see the lights of some village way below in the valley. The wind here was really powerful, and a gust pulled at me so hard, I had to reach for the fence post. The moon wasn't quite full, but it was bright enough, and I could make out in the mid-distance, near where the field began to fall away, Tommy's figure, raging, shouting, flinging his fists and kicking out.

I tried to run to him, but the mud sucked my feet down. The mud was impeding him too, because one time, when he kicked out, he slipped and fell out of view into the blackness. But his jumbled swear-words continued uninterrupted, and I was able to reach him just as he was getting to his feet again. I caught a glimpse of his face in the moonlight, caked in mud and distorted with fury, then I reached for his flailing arms and held on tight. He tried to shake me off, but I kept holding on, until he stopped shouting and I felt the fight go out of him. Then I realised he too had his arms around me. And so we stood together like that, at the top of that field, for what seemed like ages, not saying anything, just holding each other, while the wind kept blowing and blowing at us, tugging our clothes, and for a moment, it seemed like we were holding onto each other because that was the only way to stop us being swept away into the night.

When at last we pulled apart, he muttered:

"I'm really sorry, Kath."

Then he gave a shaky laugh and added:

а когда я попыталась двинуться в сторону криков, меня остановили непролазные кусты. Потом я все-таки отыскала проход, перепрыгнула канаву и наткнулась на забор. Кое-как перелезла и шлепнулась в мягкую грязь.

Теперь местность была видна куда лучше. Я стояла в поле, которое невдалеке от меня круто шло под гору — туда, где светились огни какой-то деревушки. Ветер дул здесь со страшной силой — один порыв налетел так, что мне пришлось схватиться за столб забора. Луна была довольно яркая, хотя и не полная, и примерно там, где начинался склон, я увидела фигуру Томми — он бесновался, кричал, махал кулаками, пинал воздух ногами.

Я побежала к нему, но туфли вязли в грязи. Ему грязь тоже мешала: выбросив в очередной раз ногу, он поскользнулся и упал, исчез в черноте. Но поток бессвязной ругани не прерывался, и я смогла добраться до Томми как раз в тот момент, когда он поднялся на ноги. На секунду луна осветила его лицо, вымазанное грязью и искаженное от ярости, потом я поймала его за руки, которыми он размахивал, и стала крепко их держать. Он пытался высвободиться, но я не ослабляла хватку, пока он не умолк и мне не стало понятно, что бешенство из него выходит. Потом я почувствовала, что он тоже держит меня в объятиях. И так мы стояли на вершине этого поля, казалось, целую вечность, ничего не говоря, только держась друг за друга, а ветер все дул, и дул, и трепал нашу одежду, и на миг мне почудилось, что мы потому ухватились друг за друга, что иначе нас просто унесет этим ветром в темноту.

Когда мы наконец разъединились, он пробормотал:

— Прости меня ради бога, Кэт.

Потом слабо усмехнулся и добавил:

"Good job there weren't cows in the field. They'd have got a fright."

I could see he was doing his best to reassure me it was all okay now, but his chest was still heaving and his legs shaking. We walked together back towards the car, trying not to slip.

"You stink of cow poo," I said, finally.

"Oh God, Kath. How do I explain this? We'll have to sneak in round the back."

"You'll still have to sign in."

"Oh God," he said, and laughed again.

I found some rags in the car and we got the worst of the muck off. But I'd taken out of the boot, just while I was searching for the rags, the sports bag containing his animal pictures, and when we set off again, I noticed Tommy brought it inside with him.

We travelled some way, not saying much, the bag on his lap. I was waiting for him to say something about the pictures; it even occurred to me he was working up to another rage, when he'd throw all the pictures out of the window. But he held the bag protectively with both hands and kept staring at the dark road unfolding before us. After a long period of silence, he said:

"I'm sorry about just now, Kath. I really am. I'm a real idiot."

Then he added:

"What are you thinking, Kath?"

"I was thinking," I said, "about back then, at Hailsham, when you used to go bonkers like that, and we couldn't understand it. We couldn't understand how you could ever get like that. And I was just having this

— Хорошо, коров в этом поле нет. Вот перепугались бы.

Он, я видела, всеми силами старался уверить меня, что теперь с ним порядок, но его грудь еще ходила ходуном, ноги подкашивались. Держась друг за друга и стараясь не поскользнуться, мы побрели к машине.

— От тебя несет коровьим дерьмом, — сказала я наконец.

— О господи, Кэт. Как я это смогу объяснить? Нам придется просачиваться с заднего хода.

— Все равно тебе надо будет отметиться.

— О господи, — повторил он и опять усмехнулся.

Я нашла в машине тряпки, и мы кое-как обтерлись. В поисках тряпок я вынула из багажника сумку с его рисунками, и, когда мы опять поехали, я заметила, что Томми взял ее с собой в салон.

Какое-то время мы почти не разговаривали, сумка лежала у него на коленях. Я ожидала, что он выскажется как-нибудь о своих тетрадках, не исключала даже, что он заводит себя для нового приступа и тогда сумка с рисунками полетит в окно. Но нет — он бережно держал ее обеими руками и не сводил глаз с темной дороги, бежавшей нам под колеса. После долгого молчания он сказал:

— Кэт, я очень жалею, что так себя повел. Правда, Кэт. Я полный идиот.

Потом спросил:

— О чем ты думаешь, Кэт?

— Я думала о том, — ответила я, — как тогда в Хейлшеме ты психовал вроде теперешнего и мы не могли понять почему. Не могли понять, как можно дойти до такого состояния. А теперь вот мне пришла

idea, just a thought really. I was thinking maybe the reason you used to get like that was because at some level you always knew."

Tommy thought about this, then shook his head.

"Don't think so, Kath. No, it was always just me. Me being an idiot. That's all it ever was."

Then after a moment, he did a small laugh and said: "But that's a funny idea. Maybe I did know, somewhere deep down. Something the rest of you didn't."

Chapter 23

Nothing seemed to change much in the week or so after that trip. I didn't expect it to stay that way though, and sure enough, by the start of October, I started noticing little differences. For one thing, though Tommy carried on with his animal pictures, he became cagey about doing them in my presence. We weren't quite back to how it was when I'd first become his carer and all the Cottages stuff was still hanging over us. But it was like he'd thought about it and come to a decision: that he'd continue with the animals as the mood took him, but if I came in, he'd stop and put them away. I wasn't that hurt by this. In fact, in many ways, it was a relief: those animals staring us in the face when we were together would have only made things more awkward.

But there were other changes I found less easy. I don't mean we weren't still having some good times up in his room. We were even having sex every now and then. But what I couldn't help noticing was how, more and more, Tommy tended to identify himself with the

в голову мысль — просто предположение, не больше. Может быть, ты бесился потому, что в глубине души всегда знал.

Томми поразмыслил об этом, потом покачал головой.

— Нет, Кэт, напрасно ты так думаешь. Нет, это всегда было только мое, мой идиотизм в чистом виде. Больше ничего.

Потом, чуть погодя, он усмехнулся:

— Хотя идея забавная. Может, я и правда знал — как-то чуял. Что-то, чего вы, остальные, не знали.

Глава 23

Примерно неделю после этой поездки все у нас шло по-прежнему. Но я тем не менее ожидала перемен, и не напрасно: к началу октября кое-какие мелочи стали заметны. Во-первых, Томми хоть и продолжал рисовать своих животных, теперь избегал заниматься этим при мне. Не то чтобы мы совсем вернулись туда, где были первое время моей работы его помощницей, когда над нами еще висели события в Коттеджах. Но похоже было, что он подумал и решил так: рисовать, когда есть настроение, он будет и дальше, но если войду я — прекращать и убирать тетрадку. Я не была этим очень обижена. В чем-то, пожалуй, даже стало проще: эти существа, глядя на нас, когда мы вместе, только добавляли бы проблем.

Но были и другие перемены, не настолько для меня легкие. Не поймите меня так, что нам никогда больше не было хорошо вдвоем у него в палате. Мы даже сексом порой занимались. Но трудно было не заметить, что у Томми нарастает склонность отождест-

other donors at the centre. If, for instance, the two of us were reminiscing about old Hailsham people, he'd sooner or later move the conversation round to one of his current donor friends who'd maybe said or done something similar to what we were recalling. There was one time in particular, when I drove into the Kingsfield after a long journey and stepped out of the car. The Square was looking a bit like that time I'd come to the centre with Ruth the day we'd gone to see the boat. It was an overcast autumn afternoon, and there was no one about except for a group of donors clustered under the overhanging roof of the recreation building. I saw Tommy was with them — he was standing with a shoulder against a post — and was listening to a donor who was sitting crouched on the entrance steps. I came towards them a little way, then stopped and waited, there in the open, under the grey sky. But Tommy, though he'd seen me, went on listening to his friend, and eventually he and all the others burst out laughing. Even then, he carried on listening and smiling. He claimed afterwards he'd signalled to me to come over, but if he had, it hadn't been at all obvious. All I registered was him smiling vaguely in my direction, then going back to what his friend was saying. Okay, he was in the middle of something, and after a minute or so, he did come away, and the two of us went up to his room. But it was quite different to the way things would have happened before. And it wasn't just that he'd kept me waiting out in the Square. I wouldn't have minded that so much. It was more that I sensed for the first time that day something close to resentment on his part at having to come away with me, and once we were up in his room, the atmosphere between us wasn't so great.

To be fair, a lot of it might have been down to me as much as him. Because as I'd stood there watching them

влять себя с другими донорами центра. Если, к примеру, мы с ним вспоминали слова или поступки какого-нибудь хейлшемского однокашника, он раньше или позже переводил разговор на того или иного своего нынешнего приятеля-донора, который проявил себя похожим образом. Особенно на меня подействовал один мой приезд в Кингсфилд после долгой дороги. Я вышла из машины на Площади, и все здесь выглядело примерно так же, как в тот день, когда я и Рут заехали сюда за Томми, чтобы вместе отправиться к лодке. Стоял хмурый осенний день, и кругом не было никого, кроме кучки доноров под навесом корпуса отдыха. Среди них я увидела Томми. Он стоял, прислонясь плечом к столбу, рядом на ступеньке, сутулясь, сидел другой донор и что-то рассказывал. Я приблизилась немного, потом остановилась и стала ждать под серым открытым небом. Но Томми, хоть и увидел меня, продолжал слушать приятеля, и под конец он и все остальные разразились смехом. И даже после этого он слушал дальше и улыбался. Он говорил потом, что подозвал меня жестом, — но если такое и было, жест не бросался в глаза. Я увидела только, что Томми рассеянно мне улыбнулся, а потом опять переключил все внимание на рассказ донора. Понятно, что я застала его посреди разговора, и минутку спустя он, конечно, подошел ко мне и мы поднялись в его палату. Но это очень сильно отличалось от того, как бывало у нас раньше. И дело даже не только в том, что он заставил меня ждать на Площади. Одно это я бы куда легче перенесла. Важнее другое: впервые в тот день я почувствовала в нем какое-то нежелание со мной идти, да и потом в палате особого тепла между нами тоже не было.

Во многом, если честно, этот холодок мог быть связан и со мной, с моим состоянием. Потому что,

all talking and laughing, I'd felt an unexpected little tug; because there was something about the way these donors had arranged themselves in a rough semi-circle, something about their poses, almost studiedly relaxed, whether standing or sitting, as though to announce to the world how much each one of them was savouring the company, that reminded me of the way our little gang used to sit around our pavilion together. That comparison, as I say, tugged something inside me, and so maybe, once we were up in his room, it was as much me feeling resentful as the other way round.

I'd feel a similar little prickle of resentment each time he told me I didn't understand something or other because I wasn't yet a donor. But apart from one particular time, which I'll come to in a moment, a little prickle was all it was. Usually he'd say these things to me half-jokingly, almost affectionately. And even when there was something more to it, like the time he told me to stop taking his dirty washing to the laundry because he could do it himself, it hardly amounted to a row. That time, I'd asked him:

"What difference does it make, which one of us takes the towels down? I'm going out that way anyway."

To which he'd shaken his head and said:

"Look, Kath, I'll sort out my own things. If you were a donor, you'd see."

Okay, it did niggle, but it was something I could forget easily enough. But as I say, there was this one time he brought it up, about my not being a donor, that really riled me.

It happened about a week after the notice came for his fourth donation. We'd been expecting it and had already talked it through a lot. In fact, we'd had some of

стоя там и глядя, как они разговаривают и смеются, я вдруг ощутила неприятный внутренний толчок: что-то в том, как эти доноры расположились полукругом, что-то в их позах, почти нарочито расслабленных, сидели они или стояли, в том, как они словно бы демонстрировали всему миру, что получают от общения друг с другом массу удовольствия, напомнило мне, как посиживала в хейлшемском павильоне наша маленькая компания. Это сходство, повторяю, было мне неприятно, и я допускаю поэтому, что в тот день в палате у Томми с моей стороны затаенной обиды было не меньше, чем с его.

Такой же укол обиды я чувствовала всякий раз, когда он говорил мне, что я чего-то не понимаю, потому что я еще не донор. Но если не считать одного разговора, который я совсем скоро приведу, подобные уколы не были очень уж болезненными. Обычно он произносил такие вещи полушутя, почти нежно. И даже если возникало что-нибудь посерьезнее, как в тот раз, когда он сказал, чтобы я не носила больше его грязное белье в прачечную, потому что он может делать это сам, ссоры не получалось. Я тогда спросила его:

— Какая разница, кто из нас таскает это белье? Мне так и так идти мимо.

Но он покачал головой:

— Нет, Кэт, давай я уж сам буду за свое отвечать. Была бы ты донором — поняла бы.

Меня задело, конечно, — и все же пережить это я смогла довольно легко. Но был у нас, как я сказала, один разговор, от которого мне стало по-настоящему больно.

Он случился примерно через неделю после того, как Томми пришло извещение о четвертой выемке. Неожиданностью оно для нас не стало, мы обсуждали

our most intimate conversations since the Littlehampton trip discussing the fourth donation. I've known donors to react in all sorts of ways to their fourth donation. Some want to talk about it all the time, endlessly and pointlessly. Others will only joke about it, while others refuse to discuss it at all. And then there's this odd tendency among donors to treat a fourth donation as something worthy of congratulations. A donor "on a fourth," even one who's been pretty unpopular up till then, is treated with special respect. Even the doctors and nurses play up to this: a donor on a fourth will go in for a check and be greeted by whitecoats smiling and shaking their hand. Well, Tommy and I, we talked about all of this, sometimes jokingly, other times seriously and carefully. We discussed all the different ways people tried to handle it, and which ways made the best sense. Once, lying side by side on the bed with the dark coming on, he said:

"You know why it is, Kath, why everyone worries so much about the fourth? It's because they're not sure they'll really complete. If you knew for certain you'd complete, it would be easier. But they never tell us for sure."

I'd been wondering for a while if this would come up, and I'd been thinking about how I'd respond. But when it did, I couldn't find much to say. So I just said:

"It's just a lot of rubbish, Tommy. Just talk, wild talk. It's not even worth thinking about."

But Tommy would have known I had nothing to back up my words. He'd have known, too, he was raising questions to which even the doctors had no certain answers. You'll have heard the same talk. How maybe, after the

предстоящее уже много раз. Скажу даже, что самые задушевные беседы, какие у нас были после поездки в Литлгемптон, касались именно четвертой выемки. Реакция доноров на извещение о четвертой бывает самая разная. Некоторые говорят об этом и говорят, бесконечно и бестолково. Другие ограничиваются шуточками, третьи вообще не желают затрагивать эту тему. И есть у доноров странная склонность видеть в четвертой выемке повод для поздравлений. К донору, который «идет на четвертую», пусть даже он и не вызывал раньше больших симпатий, относятся с особым уважением. Не остаются в стороне даже врачи и сестры: когда донор, которого готовят к четвертой, приходит на обследование, медики встречают его улыбками, жмут ему руку. Что касается нас с Томми, мы говорили обо всем — иногда шутливо, иногда серьезно и обстоятельно. Сравнивали всевозможные подходы доноров к этому событию — что разумно, что не очень. Однажды, когда мы лежали рядом в вечерних сумерках, он сказал:

— Знаешь, Кэт, почему все так беспокоятся из-за четвертой? Потому что не уверены, что действительно завершат. Если знать наверняка, было бы легче. Но они никогда точно не скажут.

Вообще-то я довольно давно ожидала такого поворота и думала, как отвечу. Но вот он заговорил об этом — и мне мало что пришло на ум. Я сказала только:

— Все это чепуха, Томми. Болтовня, пустая болтовня. Лучше выбрось это из головы.

Но Томми, я думаю, знал, что мне нечем подкрепить свои слова и что четкого ответа на вопрос, который он поставил, нет даже у врачей. Вы, наверное, тоже слышали эти разговоры: что после четвер-

fourth donation, even if you've technically completed, you're still conscious in some sort of way; how then you find there are more donations, plenty of them, on the other side of that line; how there are no more recovery centres, no carers, no friends; how there's nothing to do except watch your remaining donations until they switch you off. It's horror movie stuff, and most of the time people don't want to think about it. Not the white-coats, not the carers — and usually not the donors. But now and again, a donor will bring it up, as Tommy did that evening, and I wish now we'd talked about it. As it was, after I dismissed it as rubbish, we both shrank back from the whole territory. At least, though, I knew it was on Tommy's mind after that, and I was glad he'd at least confided in me that far. What I'm saying is that all in all I was under the impression we were dealing with the fourth donation pretty well together, and that's why I was so knocked off balance by what he came out with that day we walked around the field.

The Kingsfield doesn't have much in the way of grounds. The Square's the obvious congregating point and the few bits behind the buildings look more like wasteland. The largest chunk, which the donors call "the field," is a rectangle of overgrown weeds and this-tles held in by wire-mesh fences. There's always been talk of turning it into a proper lawn for the donors, but they haven't done it yet, even now. It might not be so peaceful even if they did get round to it, because of the big road nearby. All the same, when donors get restless and need to walk it off, that's where they tend to go, scraping through all the nettles and brambles. The particular morning I'm talking about, it was re-ally foggy, and I knew the field would be soaking, but

той выемки, даже если ты завершил в техническом смысле, какой-то элемент сознания в тебе, может быть, все равно сохраняется, и там, по другую сторону черты, — новые выемки, одна за одной, множество, но никаких уже помощников, реабилитационных центров, приятелей, и тебе только и остается, что смотреть на эти выемки до конца, до полного отключения. В общем, какой-то фильм ужасов, и большую часть времени медики, помощники, да и доноры обычно тоже, отгоняют подобные мысли. Но порой какой-нибудь донор все же начинает вспоминать об этом, как Томми тем вечером, и я жалею сейчас, что мы не поговорили как следует. Я объявила это чепухой, и мы оба отступили от неприятной темы, но хотя бы я знала теперь, что у Томми есть такие тревоги, и была рада, что он пусть в малой мере, но поделился ими со мной. Как бы то ни было, я считала, что мы вдвоем справляемся с подготовкой к выемке в целом неплохо, и потому-то на меня так сильно подействовал разговор, который он завел, когда мы гуляли по «полю».

Что касается территории, кингсфилдский центр выглядит, надо сказать, довольно бледно. Очевидным местом встреч служит Площадь, а те несколько участков, что имеются позади корпусов, похожи на пустыри. Самый большой из них, который доноры называют «полем», — это заросший высокой травой и чертополохом прямоугольник, огороженный проволочной сеткой. Много было разговоров о том, чтобы превратить его в нормальную прогулочную лужайку для доноров, но этого не сделали даже и по сию пору. Правда, из-за большого шоссе, которое проходит рядом, лужайка, если бы ее разбили, все равно вряд ли была бы таким уж умиротворяющим местом. Так или иначе, доноры, когда им не по се-

Tommy had been insistent we go there for a walk. Not surprisingly, we were the only ones there — which probably suited Tommy fine. After crashing about the thickets for a few minutes, he stopped next to the fence and stared at the blank fog on the other side. Then he said:

"Kath, I don't want you to take this the wrong way. But I've been thinking it over a lot. Kath, I think I ought to get a different carer."

In the few seconds after he said this, I realised I wasn't surprised by it at all; that in some funny way I'd been waiting for it. But I was angry all the same and didn't say anything.

"It's not just because the fourth donation's coming up," he went on. "It's not just about that. It's because of stuff like what happened last week. When I had all that kidney trouble. There's going to be much more stuff like that coming."

"That's why I came and found you," I said. "That's exactly why I came to help you. For what's starting now. And it's what Ruth wanted too."

"Ruth wanted that other thing for us," Tommy said. "She wouldn't necessarily have wanted you to be my carer through this last bit."

"Tommy," I said, and I suppose by now I was furious, but I kept my voice quiet and under control, "I'm the one to help you. That's why I came and found you again."

"Ruth wanted the other thing for us," Tommy repeated. "All this is something else. Kath, I don't want to be that way in front of you."

бе и надо походить, чтобы успокоиться, идут чаще всего именно на «поле», где продираются через гущу крапивы и куманики. Утро, о котором я хочу рассказать, было очень туманное, и я знала, что «поле» все пропитано влагой, но Томми настойчиво звал меня туда пройтись. Неудивительно, что мы оказались там одни, но это-то, вероятно, ему и нужно было. Побродив несколько минут по зарослям, он встал у забора и устремил взгляд в пустой туман по ту сторону. Потом сказал:

— Кэт, пожалуйста, пойми меня правильно. Я очень много об этом думал, и выходит так, что мне нужен другой помощник.

Нескольких секунд мне хватило, чтобы понять: я вовсе не удивлена, я каким-то странным образом этого ожидала. Тем не менее я была рассержена и ничего ему не ответила.

— Не только из-за того, что скоро у меня четвертая выемка, — продолжал он. — Не только из-за этого. Еще и из-за таких вещей, как на прошлой неделе. Когда пошли все эти неприятности с почками. Потом такого будет еще намного больше.

— Потому-то я и разыскала тебя. Потому-то и стала тебе помогать. Как раз из-за всего, что сейчас начинается. И не забывай, что этого хотела Рут.

— Рут другого для нас хотела, — возразил Томми. — Очень может быть, она была бы недовольна, что ты мне помогаешь на этом последнем отрезке.

— Томми, — сказала я ровным, негромким голосом — хотя, насколько помню, уже была в ярости. — Помогать тебе должна я. Именно я. Вот почему я тебя разыскала.

— Рут не этого для нас хотела, — повторил Томми. — Сейчас совсем другая история. Нет, Кэт, таким тебе меня видеть не надо.

He was looking down at the ground, a palm pressed against the wire-mesh fence, and for a moment he looked like he was listening intently to the sound of the traffic somewhere beyond the fog. And that was when he said it, shaking his head slightly:

"Ruth would have understood. She was a donor, so she would have understood. I'm not saying she'd necessarily have wanted the same thing for herself. If she'd been able to, maybe she'd have wanted you as her carer right to the end. But she'd have understood, about me wanting to do it differently. Kath, sometimes you just don't see it. You don't see it because you're not a donor."

It was when he came out with this that I turned and walked off. As I said, I'd been almost prepared for the bit about not wanting me any more as his carer. But what had really stung, coming after all those other little things, like when he'd kept me standing in the Square, was what he'd said then, the way he'd divided me off yet again, not just from all the other donors, but from him and Ruth.

This never turned into a huge fight though. When I stalked off, there wasn't much else I could do other than go back up to his room, and then he came up himself several minutes later. I'd cooled down by then and so had he, and we were able to have a better conversation about it. It was a bit stiff, but we made peace, and even got into some of the practicalities of changing carers. Then, as we were sitting in the dull light, side by side on the edge of his bed, he said to me:

"I don't want us to fight again, Kath. But I've been wanting to ask you this a lot. I mean, don't you get tired of being a carer? All the rest of us, we became donors

Он смотрел в это время вниз, опершись ладонью о сетку забора, и, когда замолчал, могло показаться, что он внимательно слушает шум транспорта где-то за пеленой тумана. Вот тогда-то он и сказал это, слегка покачав головой:

— Рут меня поняла бы. Она была донором, она бы поняла. Я не о том говорю, что она для себя обязательно пожелала бы такой смены помощников. Обернись у нее все иначе — может, она до конца только твою помощь и хотела бы принимать. Но меня она поняла бы — то, что я хочу устроить это по-другому. Кэт, ты иногда каких-то вещей просто не видишь. Не видишь, потому что не донор.

Услышав такое, я повернулась и ушла. Как я уже сказала, я почти готова была к тому, что он захочет отказаться от моей помощи. Но от чего мне действительно стало больно — после всех этих мелких уколов, после того как он заставил меня ждать на Площади и тому подобного, — это от последних его слов, которыми он отделил меня еще раз, теперь уже не от себя и других доноров вообще, а от себя и Рут.

В крупную ссору это, однако, не переросло. Уйдя с «поля», я только и могла, что вернуться в его палату, куда и он поднялся несколько минут спустя. Я к тому времени уже пришла в норму, он тоже, и мы смогли теперь поговорить обо всем более или менее спокойно. Дело уладили миром, правда прохладным, и даже обсудили немножко смену помощников с практической стороны. Потом, когда мы в тусклом свете сидели бок о бок на краешке его кровати, он сказал мне:

— Кэт, давай только не будем цапаться по новой. Но мне очень хочется тебя кое о чем спросить. Ты не устала быть помощницей? Ведь нас всех, кроме тебя,

ages ago. You've been doing it for years. Don't you sometimes wish, Kath, they'd hurry up and send you your notice?"

I shrugged.

"I don't mind. Anyway, it's important there are good carers. And I'm a good carer."

"But is it really that important? Okay, it's really nice to have a good carer. But in the end, is it really so important? The donors will all donate, just the same, and then they'll complete."

"Of course it's important. A good carer makes a big difference to what a donor's life's actually like."

"But all this rushing about you do. All this getting exhausted and being by yourself. I've been watching you. It's wearing you out. You must do, Kath, you must sometimes wish they'd tell you you can stop. I don't know why you don't have a word with them, ask them why it's been so long."

Then when I kept quiet, he said:

"I'm just saying, that's all. Let's not fight again."

I put my head on his shoulder and said:

"Yeah, well. Maybe it won't be for much longer anyway. But for now, I have to keep going. Even if you don't want me around, there are others who do."

"I suppose you're right, Kath. You are a really good carer. You'd be the perfect one for me too if you weren't you." He did a laugh and put his arm round me, though we kept sitting side by side. Then he said: "I keep thinking about this river somewhere, with the water moving really fast. And these two people in the water, trying to hold onto each other, holding on as hard as they can, but

перевели в доноры бог знает как давно. Сколько лет ты уже этим занимаешься? Не возникает у тебя желания поскорее получить извещение о выемке?

Я пожала плечами.

— Я не против. Но ведь важно, чтобы у доноров были хорошие помощники. А я считаю себя неплохой помощницей.

— А так ли уж это важно? Я не спорю, приятно, когда помощник у тебя хороший. Но в конечном счете — какая разница? От донора все равно возьмут то, что можно взять, а потом он завершит.

— Разумеется, важно. От помощника очень сильно зависит, какая у донора будет жизнь.

— Но все эти твои разъезды, вечная спешка. Выматываешься, приезжаешь еле живая. Я же вижу. Ведь сколько сил это требует! Наверняка, Кэт, тебе хочется иногда, чтобы они позволили тебе поставить точку. Не понимаю, почему ты с ними не поговоришь, не спросишь их, почему это тянется так долго.

Я молчала, и тогда он сказал:

— Кэт, не бери в голову, это я так просто. Давай не будем больше ссориться.

Я положила голову ему на плечо.

— Хорошо, хорошо, не будем. Может быть, мне так и так уже мало осталось. Но пока что надо продолжать. Пусть ты не хочешь видеть меня около себя, есть другие, которые хотят.

— Да, наверное, ты права, Кэт. Помощница ты действительно очень хорошая. И мне подходила бы на все сто, если бы ты не была ты. — Он усмехнулся и обнял меня одной рукой, по-прежнему сидя со мной бок о бок. Потом сказал: — Мне все чудится река, течение быстрое-быстрое. И двое в воде, ухватились друг за друга, держатся изо всех сил, не хотят

in the end it's just too much. The current's too strong. They've got to let go, drift apart. That's how I think it is with us. It's a shame, Kath, because we've loved each other all our lives. But in the end, we can't stay together forever."

When he said this, I remembered the way I'd held onto him that night in the wind-swept field on the way back from Littlehampton. I don't know if he was thinking about that too, or if he was still thinking about his rivers and strong currents. In any case, we went on sitting like that on the side of the bed for a long time, lost in our thoughts. Then in the end I said to him:

"I'm sorry I blew up at you earlier. I'll talk to them. I'll try and see to it you get someone really good."

"It's a shame, Kath," he said again. And I don't think we talked any more about it that morning.

I remember the few weeks that came after that — the last few weeks before the new carer took over — as being surprisingly tranquil. Maybe Tommy and I were making a special effort to be nice to each other, but the time seemed to slip by in an almost carefree way. You might think there would have been an air of unreality about us being like that, but it didn't seem strange at the time. I was quite busy with a couple of my other donors in North Wales and that kept me from the Kingsfield more than I'd have wanted, but I still managed to come in three or four times a week. The weather grew colder, but stayed dry and often sunny, and we whiled away the hours in his room, sometimes having sex, more often just talking, or with Tommy listening to me read. Once or twice, Tommy even brought out his notebook and doodled away for new animal ideas while I read from the bed.

отпускать — но в конце концов приходится, такое там течение. Их растаскивает, и все. Так вот и мы с тобой. Жалко, Кэт, ведь мы любили друг друга всю жизнь. Но получается, что до последнего быть вместе не можем.

Тут я вспомнила, как ухватилась за него вечером в поле на жестоком ветру, когда мы возвращались из Литлгемптона. Не знаю, думал ли он об этом тоже, или у него все еще была на уме стремительная река. Как бы то ни было, мы долго еще так сидели на краю кровати, погруженные в свои мысли. Наконец я сказала ему:

— Прости, что взъелась на тебя там внизу. Я с ними поговорю. Постараюсь, чтобы тебе дали кого-нибудь из лучших.

— Жалко, Кэт, — повторил он. И больше мы в то утро, по-моему, об этом не говорили.

Дальнейшие несколько недель, последние перед тем, как новый помощник приступил к работе, были, помнится, на удивление безмятежными. Может быть, мы с Томми нарочно старались проявлять друг к другу побольше доброты — так или иначе, время текло у нас едва ли не в полной беззаботности. Кому-то, наверное, наше тогдашнее состояние покажется немножко нереальным, но мы в те дни ничего странного в нем не видели. Мне приходилось делить внимание между Томми и двумя другими донорами в Северном Уэльсе, и на Кингсфилд времени оставалось меньше, чем хотелось бы, но три-четыре раза в неделю все же удавалось приезжать. Становилось холоднее, но по-прежнему было сухо и часто солнечно, и мы проводили часы в его палате, иногда занимались сексом, чаще просто разговаривали или я читала ему вслух. Пару раз Томми даже доставал тетрадку и, слушая мое чте-

Then I came in one day and it was the last time. I arrived just after one o'clock on a crisp December afternoon. I went up to his room, half expecting some change — I don't know what. Maybe I thought he'd have put up decorations in his room or something. But of course, everything was as normal, and all in all, that was a relief. Tommy didn't look any different either, but when we started talking, it was hard to pretend this was just another visit. Then again, we'd talked over so much in the previous weeks, it wasn't as though we had anything in particular we had to get through. And I think we were reluctant to start any new conversation we'd regret not being able to finish properly. That's why there was a kind of emptiness to our talk that day.

Just once, though, after I'd been wandering aimlessly around his room for a while, I did ask him:

"Tommy, are you glad Ruth completed before finding out everything we did in the end?"

He was lying on the bed, and went on staring at the ceiling for a while before saying: "Funny, because I was thinking about the same thing the other day. What you've got to remember about Ruth, when it came to things like that, she was always different to us. You and me, right from the start, even when we were little, we were always trying to find things out. Remember, Kath, all those secret talks we used to have? But Ruth wasn't like that. She always wanted to believe in things. That was Ruth. So yeah, in a way, I think it's best the way it happened."

ние, зарисовывал какие-то новые идеи для своих животных.

Наконец я приехала однажды, и этот визит был последним. Декабрьским днем, в прохладную бодрящую погоду, я вошла в корпус в начале второго. Поднимаясь к нему, краем сознания ожидала какой-то перемены — сама не знаю чего. Может быть, думала, что он украсит к моему приходу палату, что-нибудь в таком роде. Но все, разумеется, было по-прежнему — к моему облегчению, пожалуй. Томми тоже выглядел как обычно, но, когда мы начали беседовать, трудно было делать вид, что это просто очередное посещение. С другой стороны, мы так много о чем переговорили за прошлые недели, что казалось — ничего особенно важного, что надо было бы обсудить, уже и нет. И нам не хотелось к тому же затевать никакого серьезного разговора, чтобы не жалеть потом, что не смогли толком его закончить. Поэтому из всего, что было в тот день между нами сказано, многое, пожалуй, чуть-чуть отдавало легковесностью.

В какой-то момент, впрочем, побродив по палате туда-сюда, я спросила его:

— Томми, ты рад или нет, что Рут завершила раньше, чем выяснилось то, что выяснилось?

Он лежал на кровати и продолжал какое-то время глядеть в потолок, потом сказал:

— Странно — ведь я на днях думал про то же самое. О Рут что надо понимать: что она всегда отличалась от нас в таких вещах. Мы с тобой с самого начала, даже в детстве, вечно пытались до чего-то дойти, до какой-то правды. Помнишь, Кэт, все эти наши секретные совещания? Но Рут — она была другая. Ей все время верить хотелось, так она была устроена. Поэтому — да, это, я считаю, к лучшему.

Then he added:

"Of course, what we found out, Miss Emily, all of that, it doesn't change anything about Ruth. She wanted the best for us at the end. She really wanted the best for us."

I didn't want to get into a big discussion about Ruth at that stage, so I just agreed with him. But now I've had more time to think about it, I'm not so sure how I feel. A part of me keeps wishing we'd somehow been able to share everything we discovered with Ruth. Okay, maybe it would have made her feel bad; made her see whatever damage she'd once done to us couldn't be repaired as easily as she'd hoped. And maybe, if I'm honest, that's a small part of my wishing she knew it all before she completed. But in the end, I think it's about something else, something much more than my feeling vengeful and mean-spirited. Because as Tommy said, she wanted the best for us at the end, and though she said that day in the car I'd never forgive her, she was wrong about that. I've got no anger left for her now. When I say I wish she'd found out the whole score, it's more because I feel sad at the idea of her finishing up different from me and Tommy. The way it is, it's like there's a line with us on one side and Ruth on the other, and when all's said and done, I feel sad about that, and I think she would too if she could see it.

Tommy and I, we didn't do any big farewell number that day. When it was time, he came down the stairs with me, which he didn't usually do, and we walked across the Square together to the car. Because of the time of year, the sun was already setting behind the

Потом он добавил:

— Насчет Рут все это, конечно, ничего не меняет — то, что мы узнали, мисс Эмили и прочие дела. Она хотела для нас под конец самого хорошего. Она действительно хотела нам добра.

У меня в ту минуту не было желания начинать большой разговор про Рут, поэтому я согласилась с ним, и все. Но сейчас, когда у меня было время подумать, я не могу сказать вполне определенно, что я в связи с этим чувствую. Отчасти мне все-таки хотелось бы, чтобы мы каким-нибудь образом смогли поделиться с ней всем, что нам стало известно. Да, наверное, она огорчилась бы — ведь получается, что вред, который она нам нанесла, нельзя было исправить так легко, как она надеялась. И может быть, если уж совсем начистоту, какую-то малую роль в моем желании, чтобы она, прежде чем завершить, все узнала, это играет. Но в гораздо большей степени, я думаю, тут все же другое — не мстительность моя, не досада. Потому что, как сказал Томми, она хотела для нас под конец самого лучшего, и хотя она заявила в тот день в машине, что я никогда ее не прощу, тут она ошиблась. Злости у меня на нее сейчас уже нет, и если мне в какой-то мере жаль, что она не успела узнать всего, причина скорее в том, что в самом конце она оказалась отделена от меня и Томми. Получилась как бы черта — по одну сторону мы, по другую Рут, и в последнем счете мне печально именно поэтому; она, я думаю, испытывала бы такую же печаль, если бы могла.

Из прощания мы с Томми в тот день ничего особенного устраивать не стали. Когда пришло время, он спустился со мной вниз, чего обычно не делал, и мы двинулись вместе через Площадь к моей машине. Дни были короткие, и солнце уже садилось за зда-

buildings. There were a few shadowy figures, as usual, under the overhanging roof, but the Square itself was empty. Tommy was silent all the way to the car. Then he did a little laugh and said:

"You know, Kath, when I used to play football back at Hailsham. I had this secret thing I did. When I scored a goal, I'd turn round like this"—he raised both arms up in triumph—"and I'd run back to my mates. I never went mad or anything, just ran back with my arms up, like this." He paused for a moment, his arms still in the air. Then he lowered them and smiled. "In my head, Kath, when I was running back, I always imagined I was splashing through water. Nothing deep, just up to the ankles at the most. That's what I used to imagine, every time. Splash, splash, splash." He put his arms up again. "It felt really good. You've just scored, you turn, and then, splash, splash, splash." He looked at me and did another little laugh. "All this time, I never told a single soul."

I laughed too and said:

"You crazy kid, Tommy."

After that, we kissed — just a small kiss — then I got into the car. Tommy kept standing there while I turned the thing round. Then as I pulled away, he smiled and waved. I watched him in my rear-view, and he was standing there almost till the last moment. Right at the end, I saw him raise his hand again vaguely and turn away towards the overhanging roof. Then the Square had gone from the mirror.

I was talking to one of my donors a few days ago who was complaining about how memories, even your most precious ones, fade surprisingly quickly. But I don't go along with that. The memories I value most, I don't see them ever fading. I lost Ruth, then I lost Tommy, but I won't lose my memories of them.

ния. Под навесом, как обычно, виднелось несколько смутных фигур, но сама Площадь была пуста. Томми всю дорогу к машине молчал, потом усмехнулся и сказал:

— Кэт, я тут вспомнил, как в Хейлшеме играл в футбол. У меня секрет один был. Когда я забивал гол, я поворачивался вот так, — он триумфально вскинул руки, — и бежал к своим. Никогда не бесился от восторга, ничего такого, просто бежал с поднятыми руками. — Он подержал руки в воздухе еще несколько секунд, потом опустил и улыбнулся. — И знаешь, Кэт, когда я бежал обратно, я всегда воображал, что шлепаю по воде. Не по глубокой, а так, до щиколоток самое большее. Каждый раз представлял себе такое. Шлеп, шлеп, шлеп. — Он опять вскинул руки. — Здорово было. Забил, повернулся и — шлеп, шлеп, шлеп. — Он посмотрел на меня и усмехнулся еще раз. — Все эти годы я никому не говорил.

Я тоже засмеялась и сказала:

— Дурачок ты, Томми.

После этого мы поцеловались коротким поцелуем, и я села в машину. Томми, пока я разворачивалась, стоял на месте. Потом, когда я стала удаляться, он улыбнулся и помахал. Я видела его в зеркальце — он стоял там почти до самого конца. Напоследок он неопределенно махнул рукой еще раз и повернулся к навесу. Потом Площадь ушла из зеркальца.

Один мой донор, с которым я говорила несколько дней назад, жаловался, что воспоминания, даже самые дорогие, тускнеют у него удивительно быстро. Но у меня не так: воспоминания, которые я ценю больше всего, остаются такими же яркими, какими были. Я потеряла Рут, потом Томми, но воспоминания о них сохраню.

I suppose I lost Hailsham too. You still hear stories about some ex-Hailsham student trying to find it, or rather the place where it used to be. And the odd rumour will go round sometimes about what Hailsham's become these days — a hotel, a school, a ruin. Myself, for all the driving I do, I've never tried to find it. I'm not really interested in seeing it, whatever way it is now.

Mind you, though I say I never go looking for Hailsham, what I find is that sometimes, when I'm driving around, I suddenly think I've spotted some bit of it. I see a sports pavilion in the distance and I'm sure it's ours. Or a row of poplars on the horizon next to a big woolly oak, and I'm convinced for a second I'm coming up to the South Playing Field from the other side. Once, on a grey morning, on a long stretch of road in Glouces-tershire, I passed a broken-down car in a lay-by, and I was sure the girl standing in front of it, gazing emptily out towards the on-coming vehicles, was Susanna C., who'd been a couple of years above us and one of the Sales monitors. These moments hit me when I'm least expecting it, when I'm driving with something else en-tirely in my mind. So maybe at some level, I am on the lookout for Hailsham.

But as I say, I don't go searching for it, and anyway, by the end of the year, I won't be driving around like this any more. So the chances are I won't ever come across it now, and on reflection, I'm glad that's the way it'll be. It's like with my memories of Tommy and of Ruth. Once I'm able to have a quieter life, in which-ever centre they send me to, I'll have Hailsham with me, safely in my head, and that'll be something no one can take away.

Хейлшем, судя по всему, я тоже потеряла. Иной раз по-прежнему можно услышать, как тот или иной наш воспитанник пытался его найти — точнее, не его, а место, где он был раньше. И порой доходят слухи о том, во что Хейлшем превратился к нынешнему дню — в отель, в школу, в развалины. Я лично, хоть и много разъезжаю, никогда не пыталась его отыскать. Особого желания его увидеть, чем бы он сейчас ни стал, у меня нет.

Впрочем, хотя на поиски Хейлшема я ни разу не отправлялась, иногда в пути мне вдруг кажется, что я вижу какую-то его часть. Замечаю вдалеке спортивный павильон — и уверена, что это наш. Или ряд тополей и большой раскидистый дуб на горизонте — и секунду-другую я убеждена, что приближаюсь к южному игровому полю с дальней стороны. Однажды сереньким утром на длинном участке дороги в Глостершире я проехала мимо разбитой машины на обочине, и полное впечатление было, что девушка, стоящая перед ней и глядящая пустыми глазами на проезжающий транспорт, — это хейлшемская Сузанна С., она была на два года старше нас и дежурила на Распродажах. Такое случается со мной, когда я меньше всего этого жду — еду себе, и на уме у меня совсем другое. Так что, может быть, подспудно я все-таки ищу Хейлшем.

Но, повторяю, специально я не езжу никуда, чтобы его найти, и в любом случае с конца года я уже не буду так повсюду мотаться. Вероятность, что я увижу Хейлшем, поэтому крайне мала, и если поразмыслить, может быть, оно и к лучшему. С Хейлшемом то же самое, что с моими воспоминаниями о Томми и Рут. Когда у меня настанет более тихая жизнь в том центре, куда меня пошлют, Хейлшем будет там со мной, надежно спрятанный у меня в голове, и отнять его у меня никто не сможет.

The only indulgent thing I did, just once, was a couple of weeks after I heard Tommy had completed, when I drove up to Norfolk, even though I had no real need to. I wasn't after anything in particular and I didn't go up as far as the coast. Maybe I just felt like looking at all those flat fields of nothing and the huge grey skies. At one stage I found myself on a road I'd never been on, and for about half an hour I didn't know where I was and didn't care. I went past field after flat, featureless field, with virtually no change except when occasionally a flock of birds, hearing my engine, flew up out of the furrows. Then at last I spotted a few trees in the distance, not far from the roadside, so I drove up to them, stopped and got out.

I found I was standing before acres of ploughed earth. There was a fence keeping me from stepping into the field, with two lines of barbed wire, and I could see how this fence and the cluster of three or four trees above me were the only things breaking the wind for miles. All along the fence, especially along the lower line of wire, all sorts of rubbish had caught and tangled. It was like the debris you get on a seashore: the wind must have carried some of it for miles and miles before finally coming up against these trees and these two lines of wire. Up in the branches of the trees, too, I could see, flapping about, torn plastic sheeting and bits of old carrier bags. That was the only time, as I stood there, looking at that strange rubbish, feeling the wind coming across those empty fields, that I started to imagine just a little fantasy thing, because this was Norfolk after all, and it was only a couple of weeks since I'd lost him. I was thinking about the rubbish, the flapping plastic in the branches, the shoreline of odd stuff caught along

Только однажды, недели через две после того, как я узнала, что Томми завершил, я разрешила себе вольность: поехала в Норфолк, хотя никаких дел у меня там не было. Я отправилась туда без всякой определенной цели и даже не добралась до побережья. Может быть, мне просто захотелось посмотреть на эти плоские пустые поля и громадное серое небо. В какой-то момент я обнаружила, что еду по дороге, на которой никогда не была, и примерно полчаса я не знала, где нахожусь, и не желала знать. Одно за другим тянулись плоские поля без всяких примет и практически одинаковые — разве что кое-где выпорхнет из борозды, услыхав шум моего мотора, стайка птиц. Наконец я увидела впереди, почти у самой обочины, несколько деревьев и, поравнявшись с ними, остановилась и вышла.

От дороги вдаль простиралась обширная пашня. Меня отделял от нее забор из двух ниток колючей проволоки, и я видела, что этот забор да три-четыре дерева надо мной — единственные препятствия для ветра на мили вокруг. По всей длине забора, особенно вдоль нижней проволоки, застрял всевозможный летучий мусор. Похоже было на обломки, которые волны выбрасывают на морской берег; ветер, видимо, гнал все это очень долго, пока на пути не встретились эти деревья и две нитки проволоки. Наверху, в ветвях деревьев, тоже хлопали на ветру куски пластиковой пленки и обрывки пакетов. Первый и последний раз тогда, стоя там и глядя на весь этот посторонний мусор, чувствуя ветер, пролетающий над пустыми полями, я начала немножко фантазировать, потому что это все-таки был Норфолк и только две недели прошло с тех пор, как я потеряла Томми. Я думала про мусор, про хлопающие пакеты на ветках, про «береговую линию» из всякой всячины, застрявшей в колючей про-

the fencing, and I half-closed my eyes and imagined this was the spot where everything I'd ever lost since my childhood had washed up, and I was now standing here in front of it, and if I waited long enough, a tiny figure would appear on the horizon across the field, and gradually get larger until I'd see it was Tommy, and he'd wave, maybe even call. The fantasy never got beyond that — I didn't let it — and though the tears rolled down my face, I wasn't sobbing or out of control. I just waited a bit, then turned back to the car, to drive off to wherever it was I was supposed to be.

волоке, и, прикрыв глаза, представила себе, что сюда выброшено все потерянное мной начиная с детства и теперь я стою как раз там, где нужно, и если терпеливо подождать, то на горизонте над полем появится крохотная фигурка, начнет постепенно расти, пока не окажется, что это Томми, и тогда он помашет мне, может быть, даже прокричит что-нибудь. Дальше фантазия не пошла, потому что я ей не позволила, и, хотя по моим щекам катились слезы, я не рыдала и, в общем, держала себя в руках. Просто постояла еще немного, потом повернулась к машине и села за руль, чтобы ехать туда, где мне положено быть.

Contents

Оглавление

УДК 821.111-31
ББК 84(4Вел)-44
И85

Kazuo Ishiguro
NEVER LET ME GO

Copyright © 2005 by Kazuo Ishiguro

Перевод с английского *Л. Мотылева*

Оформление серии *Н. Ярусовой*

Исигуро, Кадзуо.

И85   Не отпускай меня. Never let me go / Кадзуо
Исигуро ; [перевод с английского Л. Мотылева]. — Москва : Эксмо, 2020. — 640 с.

ISBN 978-5-04-107870-6

«Не отпускай меня» — пронзительная книга, которая по праву входит в список 100 лучших английских романов всех времен по версии журнала Time. Ее автор — урожденный японец, выпускник литературного семинара Малькольма Брэдбери и лауреат Букеровской премии (за роман «Остаток дня») и нобелевский лауреат 2017 года.

Тридцатилетняя Кэти вспоминает свое детство в привилегированной школе Хейлшем, полное странных недомолвок, половинчатых откровений и подспудной угрозы. Это роман-притча. Это история любви, дружбы и памяти. Это предельное овеществление метафоры «служить всей жизнью». Экранизирован в 2010 году.

УДК 821.111-31
ББК 84(4Вел)-44

ISBN 978-5-04-107870-6

Литературно-художественное издание

Кадзуо Исигуро

НЕ ОТПУСКАЙ МЕНЯ
NEVER LET ME GO

Ответственный редактор *М. Яновская*
Художественный редактор *Н. Ярусова*
Технический редактор *О. Лёвкин*
Компьютерная верстка *М. Лазуткина*
Корректор *Г. Кузьмина*

В оформлении обложки использован кадр из фильма «Не отпускай меня»
(Never let me go), 2010 год: Entertainment pictures / DIOMEDIA

ООО «Издательство «Эксмо»
123308, Россия, Москва, ул. Зорге, д. 1. Тел.: 8 (495) 411-68-86.
Home page: www.eksmo.ru   E-mail: info@eksmo.ru
Өндіруші: «ЭКСМО» АҚБ Баспасы, 123308, Мәскеу, Ресей, Зорге көшесі, 1 үй.
Тел.: 8 (495) 411-68-86.
Home page: www.eksmo.ru   E-mail: info@eksmo.ru
Тауар белгісі: «Эксмо»
Интернет-магазин : www.book24.ru
Интернет-магазин : www.book24.kz
Интернет-дукен : www.book24.kz

Импортёр в Республику Казахстан ТОО «РДЦ-Алматы».
Қазақстан Республикасындағы импорттаушы «РДЦ-Алматы» ЖШС.
Дистрибьютор и представитель по приему претензий на продукцию,
в Республике Казахстан: ТОО «РДЦ-Алматы»
Қазақстан Республикасында дистрибьютор және өнім бойынша арыз-талаптарды
қабылдаушының өкілі «РДЦ-Алматы» ЖШС,
Алматы қ., Домбровский көш., 3«а», литер Б, офис 1.
Тел.: 8 (727) 251-59-90/91/92; E-mail: RDC-Almaty@eksmo.kz
Өнімнің жарамдылық мерзімі шектелмеген.
Сертификация туралы ақпарат сайтта: www.eksmo.ru/certification
Сведения о подтверждении соответствия издания согласно законодательству РФ о техническом
регулировании можно получить на сайте Издательства «Эксмо» www.eksmo.ru/certification
Өндірген мемлекет: Ресей. Сертификация қарастырылмаған

Подписано в печать 30.10.2019. Формат 76х100 ¹/₃₂.
Гарнитура «SchoolBook». Печать офсетная. Усл. печ. л. 28,15.
Тираж 4000 экз. Заказ 11487.

Отпечатано с готовых файлов заказчика
в АО «Первая Образцовая типография»,
филиал «УЛЬЯНОВСКИЙ ДОМ ПЕЧАТИ»
432980, Россия, г. Ульяновск, ул. Гончарова, 14

Москва. ООО «Торговый Дом «Эксмо»
Адрес: 123308, г. Москва, ул. Зорге, д.1.
Телефон: +7 (495) 411-50-74. **E-mail:** reception@eksmo-sale.ru

По вопросам приобретения книг «Эксмо» зарубежными оптовыми
покупателями обращаться в отдел зарубежных продаж ТД «Эксмо»
E-mail: international@eksmo-sale.ru

*International Sales: International wholesale customers should contact
Foreign Sales Department of Trading House «Eksmo» for their orders.*
international@eksmo-sale.ru

По вопросам заказа книг корпоративным клиентам, в том числе в специальном
оформлении, обращаться по тел.: +7 (495) 411-68-59, доб. 2261.
E-mail: ivanova_ey@eksmo.ru

Оптовая торговля бумажно-беловыми
и канцелярскими товарами для школы и офиса «Канц-Эксмо»:
Компания «Канц-Эксмо»: 142702, Московская обл., Ленинский р-н, г. Видное-2,
Белокаменное ш., д. 1, а/я 5. Тел./факс: +7 (495) 745-28-87 (многоканальный).
e-mail: kanc@eksmo-sale.ru, сайт: www.kanc-eksmo.ru

Филиал «Торгового Дома «Эксмо» в Нижнем Новгороде
Адрес: 603094, г. Нижний Новгород, улица Карпинского, д. 29, бизнес-парк «Грин Плаза»
Телефон: +7 (831) 216-15-91 (92, 93, 94). **E-mail:** reception@eksmonn.ru

Филиал ООО «Издательство «Эксмо» в г. Санкт-Петербурге
Адрес: 192029, г. Санкт-Петербург, пр. Обуховской обороны, д. 84, лит. «Е»
Телефон: +7 (812) 365-46-03 / 04. **E-mail:** server@szko.ru

Филиал ООО «Издательство «Эксмо» в г. Екатеринбурге
Адрес: 620024, г. Екатеринбург, ул. Новинская, д. 2щ
Телефон: +7 (343) 272-72-01 (02/03/04/05/06/08)

Филиал ООО «Издательство «Эксмо» в г. Самаре
Адрес: 443052, г. Самара, пр-т Кирова, д. 75/1, лит. «Е»
Телефон: +7 (846) 207-55-50. **E-mail:** RDC-samara@mail.ru

Филиал ООО «Издательство «Эксмо» в г. Ростове-на-Дону
Адрес: 344023, г. Ростов-на-Дону, ул. Страны Советов, 44А
Телефон: +7(863) 303-62-10. **E-mail:** info@rnd.eksmo.ru

Филиал ООО «Издательство «Эксмо» в г. Новосибирске
Адрес: 630015, г. Новосибирск, Комбинатский пер., д. 3
Телефон: +7(383) 289-91-42. E-mail: eksmo-nsk@yandex.ru

Обособленное подразделение в г. Хабаровске
Фактический адрес: 680000, г. Хабаровск, ул. Фрунзе, 22, оф. 703
Почтовый адрес: 680020, г. Хабаровск, А/Я 1006
Телефон: (4212) 910-120, 910-211. **E-mail:** eksmo-khv@mail.ru

Филиал ООО «Издательство «Эксмо» в г. Тюмени
Центр оптово-розничных продаж Cash&Carry в г. Тюмени
Адрес: 625022, г. Тюмень, ул. Пермякова, 1а, 2 этаж. ТЦ «Перестрой-ка»
Ежедневно с 9.00 до 20.00. Телефон: 8 (3452) 21-53-96

Республика Беларусь: ООО «ЭКСМО АСТ Си энд Си»
Центр оптово-розничных продаж Cash&Carry в г. Минске
Адрес: 220014, Республика Беларусь, г. Минск, проспект Жукова, 44, пом. 1-17, ТЦ «Outleto»
Телефон: +375 17 251-40-23; +375 44 581-81-92
Режим работы: с 10.00 до 22.00. **E-mail:** exmoast@yandex.by

Казахстан: «РДЦ Алматы»
Адрес: 050039, г. Алматы, ул. Домбровского, 3А
Телефон: +7 (727) 251-58-12, 251-59-90 (91,92,99). **E-mail:** RDC-Almaty@eksmo.kz

Украина: ООО «Форс Украина»
Адрес: 04073, г. Киев, ул. Вербовая, 17а
Телефон: +38 (044) 290-99-44, (067) 536-33-22. **E-mail:** sales@forsukraine.com

**Полный ассортимент продукции ООО «Издательство «Эксмо» можно приобрести в книжных
магазинах «Читай-город» и заказать в интернет-магазине:** www.chitai-gorod.ru.
Телефон единой справочной службы: 8 (800) 444-8-444. Звонок по России бесплатный.

Интернет-магазин ООО «Издательство «Эксмо»
www.book24.ru

Розничная продажа книг с доставкой по всему миру.
Тел.: +7 (495) 745-89-14. E-mail: imarket@eksmo-sale.ru

ISBN 978-5-04-107870-6

9 785041 078706 >